国家语委“十三五”科研规划 2020 年度重点项目
“非洲主要国家语言使用与语言管理研究”（项目编号：WT135-80）研究成果

“一带一路”上的语言系列丛书

Language along the "Belt and Road"

“一带一路”国家语言状况与语言政策

第四卷（非洲）

The Language Situation and Language Policy in the "Belt and Road" Countries Volume 4 (Africa)

王辉　主编

Edited By Hui Wang

社会科学文献出版社

SOCIAL SCIENCES ACADEMIC PRESS (CHINA)

“一带一路”，语言“铺路”*

——序“‘一带一路’上的语言系列丛书”

北京语言大学　李宇明

2013年9月7日，习近平主席在哈萨克斯坦纳扎尔巴耶夫大学演讲，提出共同建设“丝绸之路经济带”。同年10月3日，习近平主席在印度尼西亚国会演讲，提出与东盟共同建设“21世纪海上丝绸之路”。“一带一路”倡议，借用“丝绸之路”的历史符号，与沿线各国发展经济合作伙伴关系，共同打造政治互信、经济融通、文化包容的命运共同体。

“一带一路”是开放的体系，东接亚太，西进欧陆，沿途连通中亚、东南亚、南亚、西亚及东非，版图覆盖65+个国家，总人口约44亿，占全球的63%，经济总量约21万亿美元，接近全球的1/3。这些数据预示着，“一带一路”已不是一国一地之事，而是有关世界的大构想。

“一带一路”的语言地位

“近平倡议”不到两年，已成国内共识，并得国际广泛呼应。有关“一带一路”的会议、文论、工程，几乎日有所新，且有人开始关注“一带一路”的语言问题。海行靠舟，陆运需车。语言即思想之舟舆。语言问题的提出，表明“一带一路”事业已从宏观构想、意义认识进入如何起步实施的缜密思考阶段。

习近平总书记在哈萨克斯坦首谈“丝绸之路经济带”时，就高瞻远瞩地提出“五通”：政策沟通、道路联通、贸易畅通、货币流通、民心相通。

---

* 本文原载《人民日报》2015年9月22日《大家手笔》专栏。近悉，王辉“得风气之先”，正致力主编“‘一带一路’上的语言系列丛书”，首卷《“一带一路”国家语言状况与语言政策》已交付出版，其他各卷将陆续编成。这套丛书，能够满足中国及“一带一路”沿线各国的需要，与我的“‘一带一路’，语言‘铺路’”的观念也颇相合。恰巧王辉索序，说“‘一带一路’，语言‘铺路’”非常契合这套丛书，想将这篇文章作为丛书的总序，我非常高兴，特志于此，并希望这套丛书编写顺利，早日发挥“铺路”作用。

实现这五通，当需语言互通。

政策用语言表述。要深入了解各国的经济发展战略与对策，协商制定区域合作的规划与措施，并使这些政策、法律、规划、措施为民所知所用，环环都需语言参与。道路连通更需语言连通。道路是有形之路，语言是无形之路。共同规划道路、共同修建道路、共同使用道路，需先修建语言之路。语言之路不通不畅，道路规划和道路修建、使用的各种技术与服务，也都实难通畅。至于贸易畅通和货币流通，更是离不开语言服务，更需要语言支撑。

“五通”之中，民心相通看似最“软”，但要把“一带一路”建设为命运共同体，利益互惠，责任互肩，民心相通或比其他“四通”更为根本。“一带一路”，可以用英语等作为通用语，但这种通用语只能“达意”，难以“表情”，只能通事，难以通心。欲表情、通心，需用本区域各国各族人民最乐意使用的语言。粗略而计，“一带一路”65+个国家的国语或国家通用语就有近50种，算上这一区域民族或部族的语言，重要者不下200种。这50来种或者200来种语言，乃是表情通心之语，应当列入“一带一路”语言规划的项目单中。

“一带一路”的语言规划

实现“五通”，必得语言沟通。信息化时代，大数据与“互联网+”使语言的作用急遽放大，故而“一带一路”的规划，必须重视语言规划。

其一，研究“一带一路”的语言状况。摸清底细，列出清单，组织调研，建立语言数据库。在此基础上，编辑列国语言志，编纂单语词典、多语词典及各种专业词典，编写教科书及普及用书。

其二，培育“一带一路”的语言人才。改革开放以来，我国外语学习不断升温，公民的外语水平大有提高。但学习的语种较为单一，主要集中在英语等一些大语种上，而能使用“一带一路”上“表情通心”的语言人才则十分缺乏，甚至连应有的教育资源也十分匮乏。据说我国目前顶多只能开设20门这类语种的教育?!

而且，现在的语言人才概念正在发生变化，真正合用的是“语言+X”型复合人才。其中的X，要么是另外一种或几种语言，要么是专业知识与技能。这样的人才培养周期长、要求高，不能一蹴而就。在培养方略上，可先语言后专业，但更应发展专业人才的语言能力。应开展语言普查，或在人口普查中加入语言内容，建立国家语言人才库和语言人才市场，广罗社会语言人才，甚至包括国外的语言人才。努力实现语言人才的“培养、储备、足用”的理想机制。

其三，了解相关国家的语言政策及语言使用习惯。语言政策是公共政策的重要组成部分，语言使用习惯是重要的文化习惯。要有计划地研究相关国家语言政策及语言使用习惯，出版相关书刊，以便当事者遵守这些政策，尊重这些习惯。

其四，充分利用语言技术。当下人类的语言交际，多数都伴随着语言产品，得助于语言技术，比如智能手机、短信微信、电子邮件、PPT、翻译软件等。“一带一路”建设中，要重视搭建共用的语言技术平台，充分利用语言技术，全力发展语言技术，打造语言产业，共享语言红利。

其五，社会语言服务。通过语言智库和语言服务单位，向各国的政府、企业、社会机构及家庭、个人等，提供各种语言服务，包括语言规划、语言咨询、语言教育、语言翻译、语言技术支撑等。语言服务，要政府与民间双手推动，且更多地依靠民间力量；要公益服务与有偿服务双腿行进，且更多尝试有偿服务；要人工与互联网等现代信息技术双翼齐飞，且更注重运用现代信息技术。应适时组建“一带一路”语言服务团，把社会需求与语言服务对接起来。

“一带一路”的语言理念

“一带一路”既是命运共同体，其基本理念就应如习近平同志所讲的“互利共赢”。表现在语言理念上，就是提倡平等互惠。

在各种概念的中外翻译中，要尊重各种文化的语言习惯，要特别注意能让更多的人看得明白，看着顺眼，比如“一带一路”（One Belt and One Road）该如何译？“‘一带一路’战略”（the Belt and Road Strategy）的提法和译法是否稳妥？

在不同文化的接触中，要注意词语的得体使用。比如“小语种、非通用语种”和“汉语推广、中国崛起、过剩产能输出”等，都未必是合适的用语，因为这些词语要么含有不平等的话外之音，要么是用“中国眼光”看世界，容易引起误读。

此外，已见有人把“一带一路”分为“新起点、真正起点、黄金段、核心区、中心线、支点国家”等，特别是国内一些地区都在“抢占制高点”。其实如此“截路分等”是否合适，真是值得仔细思考。

如此看来，应当尽快启动“‘一带一路’术语研究”项目，制定有关术语使用与翻译原则，提供具体翻译词表，拟订“忌讳词表”或“不建议使用词表”，及时为社会提供语言咨询服务。

总之，“一带一路”建设，不是一时冲动，不是权宜之计，也不只是一个动人的口号；不是短期可建成，也不仅仅是中国的自我之利。因此，需要热情，更需要扎实持久地推进，需要更多的参与者，需要参与者都能团结互信、平等互利、包容互鉴、合作共赢。欲达此宏志，必须有科学的语言规划。“一带一路”，语言铺路。

目　录

阿尔及利亚 …… 001

埃塞俄比亚 …… 018

贝宁 …… 038

博茨瓦纳 …… 054

布基纳法索 …… 071

布隆迪 …… 094

刚果（布） …… 116

刚果（金） …… 135

加纳 …… 155

津巴布韦 …… 174

喀麦隆 …… 187

科摩罗 …… 208

卢旺达 …… 228

马拉维 …… 251

毛里求斯 …… 271

摩洛哥 …… 288

莫桑比克 …… 306

南非 …… 325

尼日尔 …… 344

苏丹 …… 362

索马里 …… 381

阿尔及利亚*

一　国家概况

阿尔及利亚民主人民共和国（阿拉伯语：الجمهورية الجزائرية الديمقراطية الشعبية al - Jumhūriyya al - Jazā᾿iriyya ad - Dīmuqrāṭiyya aš - Šaʿbiyya。英语：The People's Democratic Republic of Algeria），简称阿尔及利亚（阿拉伯语：الجزائر al - Jazā᾿ir。英语：Algeria），位于非洲西北部，北临地中海，东邻突尼斯、利比亚，南与尼日尔、马里和毛里塔尼亚接壤，西与摩洛哥、西撒哈拉交界，面积约 238 万平方公里，海岸线长约 1200 公里，是非洲大陆上领土面积最大的国家，首都是阿尔及尔（阿拉伯语：الجزائر al - Jazā᾿ir。英语：Algiers）。

阿尔及利亚目前是联合国、非洲联盟、阿拉伯联盟、石油输出国组织成员，及阿拉伯马格里布联盟的创始成员。现任总统为阿卜杜勒·马吉德·特本，2019 年 12 月 12 日当选。现政府于 2021 年 7 月成立。阿独立以来共颁布三部宪法：现行宪法于 1989 年 2 月颁布，1996 年、2016 年、2020 年，分别通过三次宪法修正案。现行宪法修正案规定总统只能连任一次。

阿尔及利亚经济规模在非洲居第四位，仅次于南非、尼日利亚和埃及。石油和天然气产业是阿尔及利亚的支柱产业，产值占国内生产总值的 30%，税收占国家财政收入的 60%。阿尔及利亚是非洲最大的天然气开采国、第二大输出欧洲的天然气供给国，同时也是非洲前三大石油生产国。

阿尔及利亚页岩气储量为 20 万亿立方米，排名世界第三，仅次于中国和阿根廷。阿尔及利亚旅游资源丰富，全境有 7 处自然、文化景点被联合

---

* ［作者简介］ 张婧姝，博士，副教授，大连外国语大学亚非语言学院副院长，突尼斯研究中心主任。研究方向：北非区域国别研究、语言政策与语言规划、阿拉伯语教育。

国教科文组织列为世界遗产。

人口约 4500 万人（2021 年）。阿尔及利亚地方行政机构划分为省（wilaya）和市镇（commune）两级。阿尔及利亚全国被划分为 58 个省、553 个区、1541 个市镇。2019 年 11 月 26 日，阿尔及利亚政府通过议案，把南部面积庞大的省分割成较小的省，增设 10 个省。大多数人口是阿拉伯人，其次是阿马齐格人（约占总人口 20%）。少数民族有姆扎布族和图阿雷格族。阿拉伯语为官方语言，通用语还有法语、阿马齐格语。2002 年 4 月，阿尔及利亚议会确定阿马齐格语为官方语言之一，2016 年宪法修正案将阿马齐格语列为国家语言和官方语言。伊斯兰教是国教，穆斯林占人口的 99.9%，大多数属逊尼派。

1958 年 12 月 20 日，中国与阿尔及利亚建交。建交以来，两国战略合作关系深入发展，两国领导人进行了多次互访，阿前总统沙德利、泽鲁阿勒、布特弗利卡曾先后访问中国，双方在政治、经济、军事、文化、卫生等各领域的友好关系发展顺利。中阿两国 1964 年 9 月签订第一个政府间贸易协定，1979 年 5 月和 1999 年 10 月两次签订新的贸易协定。2014 年，两国宣布建立全面战略合作关系，中国为阿尔及利亚第五大贸易伙伴、第十大出口目的地国、第一大进口来源国。2018 年中非合作论坛北京峰会期间，两国签署共建“一带一路”谅解备忘录。

二　语言使用状况

当今阿尔及利亚社会主要使用的是阿拉伯语、阿马齐格语和法语三种语言。

（一）宪法及其他法律对语言使用的规定

1. 阿拉伯语的法律规定

1963 年颁布的首部《宪法》第 4 条规定：“伊斯兰教为国教。”第 5 条规定：“阿拉伯语是国家的民族语言和官方语言。”第 76 条规定：“应尽快在全国范围内推广阿拉伯语，但是法语可以暂时和阿拉伯语一起使用。”阿尔及利亚的第一部宪法不仅规定了阿尔及利亚的阿拉伯伊斯兰属性，也明确了阿拉伯语的官方语地位，同时也能看出法语的影响依旧深远。从 1964 年 5 月 28 日通过的第 64—147 号法令起，“阿拉伯化”政策开始实施，其中也包括语言政策。《宪法》（1976 版）第 3 条修订为：“阿拉伯语是国家和官方语言，国家应致力于在官方层面推广使用。”1989 年和 1996 年修订后，《宪法》中写明：“阿拉伯语是国民属性的重要组成部分，是民族的核心价值观之一，使用阿拉伯语是主权和公共秩序的表现。”国家属性和国家语言政策都没有变。2016 年的《宪法修正案》补充说明：“总统设立阿拉伯语高级委员会，并委托其全力推动阿拉伯语的繁荣发展。”

2. 阿马齐格语的法律规定

2002 年 4 月 8 日，议员们对将阿马齐格语写入宪法投了赞成票。在出版领域，2012 年 1 月 12 日通过的第 12—05 号法令第 20 条中规定：“自此法令颁布之后，所有出版物应用国家民族语言的一种或两种出版。”这一条法令给予了阿马齐格语在传媒出版领域传播的合法权利。至此，阿马齐格语作为民族语言，其在教育和媒体等各个领域都得到了政府的重视和政策的支持。

2016 年 2 月 7 日，阿尔及利亚议会通过的《宪法修正案》第 3 条规定：“阿马齐格语也是国家语言和官方语言；国家致力于促进和发展本国所使用的所有语言种类；在阿尔及利亚总统的领导下建立阿尔及利亚阿马齐格语学院；依靠专家工作推广阿马齐格语，使其官方的地位得到具体化体现。”至此，阿马齐格语在阿尔及利亚的地位在宪法中得到了充分的承认，尽管在实际生活中推广使用阿马齐格语依然困难重重，但这项政策代表了政府对阿马齐格人身份认同需求的满足。

（二）国语或官方语言的使用状况

1. 阿拉伯语的使用状况

阿拉伯语属于闪族语言，是随着阿拉伯人进入阿尔及利亚的。阿拉伯语是阿尔及利亚的民族语言和官方语言，具有极强的宗教属性（Gellner, 1983：19），阿拉伯语对阿尔及利亚世居民众认同的影响随着伊斯兰教的传播而不断增强。但是，阿拉伯人到达北非约 1300 年后，阿尔及利亚人文盲率仍很高，标准阿拉伯语的书写与使用并未普及。在 1830 年法国殖民者到来以前，约有 50% 的阿尔及利亚人仍然只说阿马齐格语（Queffélec et al., 2002：23）。所以在法国人到来以前，阿尔及利亚的语言主要是阿马齐格语与阿拉伯语，阿拉伯语是官方语言和宗教语言，当时的阿尔及利亚还没有现代教育体系，教育主要是在宗教场所中用阿拉伯语完成。

阿拉伯语在阿尔及利亚的传播也衍生出本土化的变体，阿尔及利亚的阿拉伯语呈现双语现象（diglossia），即阿尔及利亚的阿拉伯语存在两种变体：一种是具有传统特性的古典阿拉伯语或称标准阿拉伯语；另一种是口语性质的阿尔及利亚阿拉伯语方言。

标准阿拉伯语是古兰经使用的语言，是阿尔及利亚的国家语言和官方语言，具有严密的语法结构，在官方、宗教等正式场合和官方文件中使用，是媒体的主要语言，也是教育领域中的主体语言，中小学的所有科目都是用阿拉伯语教授的；而在高等教育中，除了科学学科外的所有课程都用标准阿拉伯语教授。标准阿拉伯语因为书写和语法要求严格，习得难度较高，所以并不是阿尔及利亚人日常使用的语言。

阿尔及利亚的阿拉伯语方言，没有被系统化和标准化，被认为是阿尔及利亚非阿马齐格方言使用者的母语，用于日常口语会话。阿尔及利亚的阿拉伯语方言在不同地区也具有差别，它还吸收了大量的法语、英语和西班牙语词汇。在日常生活中，方言的使用频率和范围远高于标准阿拉伯语。

2. 阿马齐格语的使用状况

阿马齐格语的使用频率较低、使用范围也较窄，是北非阿拉伯国家的世居民众——阿马齐格人日常交流的用语之一。在早期的阿马齐格民族研究中，学者们更多使用“柏柏尔人”来称呼阿马齐格人，该词是外来侵略者对北非世居民众的称呼，意为“野蛮人”“未开化的人”，北非国家民众认为这种称呼有歧视含义，使用“阿马齐格人”一词代替，该词在阿马齐格语中意为“自由民”。绝大多数阿马齐格人分布在东起埃及锡瓦绿洲西至大西洋，北起地中海南到尼日尔河流域的区域，主要集中在阿尔及利亚和摩洛哥，零星分布在埃及、突尼斯和利比亚。阿马齐格并非一个单一民族的概念，而是许多部族的统称，包括卡比利亚地区的卡比尔人（阿拉伯语：القبائلي。英语：Kabyle），其是阿尔及利亚阿马齐格人中最大的一支，还有奥雷斯山脉的沙维亚人（阿拉伯语：الشاوي。英语：shawiya）、盖尔达耶附近的莫扎比特人（阿拉伯语：المزابية。英语：mozabites）和霍加尔沙漠地区的图阿雷格人（阿拉伯语：الطوارق。英语：tuaregs）等。每个族群内部都有差异明显的阿马齐格方言。阿马齐格语是这些方言的统称。有学者认为，通过两种语言的密切接触，阿马齐格语会在某种程度上趋近于阿拉伯语，然而这两种语言虽然有一定的相似性，阿马齐格语中也加入了一些阿拉伯语的借词，但是两种语言之间的差异依然巨大，不能够相互理解。

2007 年，政府建立了一个阿马齐格语电视频道，并增加阿马齐格语电视节目，从每天 15 分钟的新闻播报增加到每天 2 小时，并在之后增加到日均 6 小时。

（三）外语的使用状况

1. 法语的普及

殖民时期，法国殖民者在阿尔及利亚的行政、教育、司法、媒体各个领域广泛推广法语。独立后，阿尔及利亚的经济和法国密不可分，随着全球化浪潮的推进，阿尔及利亚人对法语的态度比殖民结束时期更加开放和宽容。阿尔及利亚政府进行了全面的教育改革，恢复了法语在教育领域的使用，作为法国曾经的殖民地，阿尔及利亚的经济、社会、文化无可避免地遭受了法国化的冲击，也卷入了西方经济体系。因此，国家独立后，政府曾采取全面的“阿拉伯化”政策，以切断这种联系，但这不符合阿尔及利亚国内实际的语言使用状况。阿尔及利亚独立后确定阿拉伯语为官方语言，法语渐渐退居外语地位。近几十年来，由于法国国际地位的下降，美国国际地位的上升，阿尔及利亚已宣布从 1998 年起，把英语作为第一外语，法语退居其后。尽管已经独立半个多世纪，国家也一直在推广阿拉伯语和提升英语的地位，但是国家经济仍然摆脱不了法国的影响，法语在日常交流和经贸活动中仍占主流地位，是行政领域仅次于阿拉伯语的第二重要语言，甚至是医疗、商业等领域最通行的语言，布特弗利卡政府对待法语的态度也出现了从收紧到开放的转变。阿尔及利亚的外语教学主要就是法语教学，比如从小学三年级一直到大学，法语都作为必修课程被纳入教育体系中。在大学教育中，医学、法学、工学和经贸等现代科学学科都是用法语教授的。法语还广泛应用于经贸合同等文书中，而且也常用于一般公共事务沟通，在公司招牌和餐厅菜单中也广泛使用法语。

2. 中文教育

截至 2020 年 6 月，阿尔及利亚全国有 5 所大学设置中文专业或开设中文课程，分别是阿尔及尔第一大学、阿尔及尔第二大学、奥兰萨尼亚大学、门图里—康斯坦丁兄弟大学、阿尔及利亚贝贾亚大学。阿尔及利亚目前没有孔子学院，但是中国公派教师会被派到阿尔及尔第二大学（语言中心）等院校教授中文。2013 年 9 月 26 日，中国驻阿尔及利亚大使馆文化参赞石岳文代表国家汉语国际推广领导小组办公室（以下简称“国家汉办”），与阿尔及尔第二大学校长哈努拉·萨利赫在阿尔及尔签署了《中国国家汉办与阿尔及利亚高教科研部阿尔及尔第二大学关于派遣汉语教师谅解备录》。根据该备忘录，中国国家汉办计划于2013～2014学年度派遣两名中文教师赴该校任教，教授汉语课程，为期2年。依托该协议，阿尔及尔第二大学与四川外国语大学开展密切合作。2013年9月，汉语课程顺利开课，共吸引了包括135名女学生和95名男学生在内的230名学生。阿尔及尔第二大学语言中心开设的一系列汉语课程有两个阶段的目标，第一个阶段目标是为阿尔及利亚学生提供一系列的汉语课程，第二个阶段目标是在阿尔及尔第二大学设立中国语言和文化专业的学士学位（萨布尔·C. 卡勒德，2014：26）。

学习中文是促进中国和阿尔及利亚人民相识和加强双方友谊的有效途径。中国驻阿尔及利亚大使馆通过官方Facebook账号，邀请想学习中文的阿尔及利亚人到各大学的语言中心查询和注册，并指出学习中文是增进中阿两国人民相识、巩固友谊的有效途径。2020年5月，阿尔及利亚总理阿卜杜拉齐兹·贾拉德（Abdelaziz Jarad）在参加国家电视频道的节目时，呼吁阿尔及利亚人学习中文。

阿尔及利亚有约567家中国公司和至少3.5万名中国人从事各类经济活动。阿尔及利亚的一些外国语言学校已经意识到汉语教学的重要性。随着中国经济快速发展，中国与阿尔及利亚的合作不断扩展，越来越多的阿尔及利亚人与中国人一起共事，其对中文的重视度日渐提升。

（四）社会领域中的语言使用状况

新闻、报刊、政府机构和文化组织网站、文学作品等书面形式中使用最广泛的是阿拉伯语，尤其是标准阿拉伯语，阿拉伯语方言则被广泛应用于电视电影作品、民众日常交流等口头形式中，也会用在部分广播、电视频道的节目中。

阿尔及利亚建立了很多法语学校和法国研究中心等科研机构；创办了专门的法语学术期刊，尤其是在科学、医疗等领域。在媒体领域，目前阿尔及尔广播3台和一个阿尔及利亚国家频道每天播放法语节目。值得一提的是，阿尔及利亚的医学领域，从教学到操作到科研，全部用法语来完成。

三　阿尔及利亚语言政策的发展变革

从法国殖民时期开始，阿尔及利亚政府在考虑本国语言状况的基础上，为了满足执政需要，在不同历史阶段制定了不同的语言政策，经历了从单语制政策向多语制政策的转变。阿尔及利亚语言政策经历过三个重要的时期，分别是：法国殖民时期、独立后国家建设时期、21 世纪国家发展期。

（一）第一阶段：法国殖民时期（1830～1962 年）

这一时期从 1830 年到 1962 年。1849 年法国全面占领阿尔及利亚以后，大批的欧洲尤其是法国的工人和农民定居阿尔及利亚，法语成为阿尔及利亚的官方语言。法国殖民时期的语言政策主要是“法语化”和“分而治之”。

一方面，实施“法语化”的语言政策，广泛传播法语，挤压并削弱阿拉伯语地位。法国占领阿尔及利亚以后，将其纳入“法国遗产”不可分割的一部分，占领日的早晨，法兰西殖民者接到指示：“占领阿尔及利亚并不能使它成为我们真正的一部分，只有当我们的语言成为阿尔及利亚的国家语言时，才能真正实现我们的目标。因此，应该把治理重点放在推广法语，最终取代目前通行的阿拉伯语。”（金荣荣，2015：10）因此殖民者制定了“法语化”语言政策，来辅助这一政治目的的实现。这一时期的语言政策单语制意图明显。殖民者在这一时期让大批阿尔及利亚人赴法留学，这也导致现当代阿尔及利亚文坛出现了一批用法语写作的小说家和诗人，如穆罕默德·迪布、阿西娅·杰巴尔、让·阿鲁什等。（仲跻昆，2004：422）

另一方面，实施“分而治之”的语言政策，扶持阿马齐格语，制造语言冲突。在语言政策方面，通过提升阿马齐格语的地位，强调阿马齐格语和阿拉伯语之间的差异，制造阿拉伯语和阿马齐格语的冲突，将阿拉伯语和阿马齐格语割裂开，激化两个民族之间的矛盾，实现“分而治之”即分裂阿拉伯民族和阿马齐格民族的政治目的，从而破坏阿尔及利亚的内部团结，最终实现对阿尔及利亚殖民地的有效控制。（慈志刚，2010：10）“分而治之”语言政策的最终目的是把整个阿尔及利亚纳入法国文化圈，但在此过程中，阿马齐格人的地位并没有得到实质性的提升，法国殖民者的语言政策忽略了一个客观事实，即在经历漫长的伊斯兰化后，阿马齐格人和阿拉伯人的文化共性远大于差异。

（二）第二阶段：独立后国家建设时期（1962～1999 年）

这一时期从 1962 年到 1999 年。阿尔及利亚在 1962 年获得独立后，为了确立其阿拉伯伊斯兰属性，便在宪法中确立了阿拉伯语和伊斯兰教的地位，并进行了更为细致和全面的“阿拉伯化”，其中就包括“阿拉伯化”语言政策。

独立后的阿尔及利亚，社会生活与教育体制仍然深受法国殖民的影响，国家的首要任务由民族主义斗争向去殖民化与建设民族国家转变，国家各方面建设都遵从“一种语言、一个宗教、一个民族”原则，即强化阿拉伯语、伊斯兰教、阿拉伯民族的认同。这个时期“阿拉伯化”语言政策的发展演变分为以下三个阶段。

第一阶段是本·贝拉执政的三年过渡期（1962～1965 年）。在独立后的第二年，政府就推行了“阿拉伯化运动”。1962 年小学每周阿拉伯语课程的课时为 7 小时，到了 1964 年变成了 10 小时。语言政策实施之初，效果有限，为了弥补师资力量的严重短缺，还雇用了大约 1000 名埃及人做阿拉伯语教师。到 60 年代末，法语教学已经完全退出小学课堂了。“阿拉伯化运动”有效提升了阿拉伯语化程度，并确立了标准阿拉伯语的官方语言地位。

第二阶段是布·迈丁执政时期（1965～1978 年）。教育领域实行全面、彻底的“阿拉伯化”语言政策。尽管政府内部也有分歧，但是改革还是大刀阔斧地进行着。1966 年 8 月教育部部长在一份政府报告中强调：“国家教育在某种程度上来讲就是一家根据自己需要生产商品的公司。”（Benrabah，2005：66）从他的态度可以看出，当时的政府十分重视该政策的实施，尤其是在教育领域。在公共行政领域，1968 年出台的法律规定，“所有政府官员要在 1971 年 1 月前证明自己能够掌握标准阿拉伯语”，如果达不到标准就会被解雇。到 1971 年，所有的政府文件、法庭案件和工作场所都使用标准阿拉伯语。“截至 1974 年，普通教育、技术教育和师范教育中 70% 的课程使用阿拉伯语教授，高等院校 50% 的文科课程和 30% 的理科课程使用阿拉伯语进行教学。”1976 年 4 月 16 日颁布的第 76—35 号法令规定：“在各级教育和培训机构的教学和教材中使用阿拉伯语，以及外语教学必须按照法律规定来组织。”“基础教育时期的语言目标，要求阿拉伯语教学达到能用口语和书面表达的程度。”至此，小学标准阿拉伯语的每周教学时间已经达到 15 小时。1977 年，阿拉伯化技术委员会成立，旨在加强标准阿拉伯语在政府工作中的使用情况。

第三阶段是沙德利政府时期（1979～1999 年）。该时期经济继续发展，但政治局势依然动荡，阿尔及利亚境内出现了内战，爆发了“阿马齐格之春”抗议游行。在语言政策方面，沙德利政府持续完善普及阿拉伯语的法律，教育领域的阿拉伯化程度得到进一步强化。1990 年 12 月，政府通过了一条更加严格的法律，法律规定在所有公私场合下举办的会议都应使用标准阿拉伯语，用其他语言编写的文件和记录将被视为无效，违者将受到至少 1000 阿尔及利亚第纳尔的重罚。1991 年 1 月，沙德利政府又通过了一系列关于各方面加强阿拉伯语普及的法律，阿拉伯语的系统化程度得到进一步强化。

（三）第三阶段：21 世纪国家发展期（1999 年至今）

这一时期语言政策和语言规划向多元化发展。1999 年布特弗利卡上台后，实施较为多元的语言规划，法语的地位开始逐渐恢复。

2002 年，阿尔及利亚的《宪法修正案》把阿马齐格语列为阿尔及利亚除阿拉伯语外的第二种“国家语言”。2013 年，阿尔及利亚的邻国摩洛哥修改宪法承认阿马齐格语官方地位，阿马齐格语在阿尔及利亚的地位问题再次凸显。2016 年，阿尔及利亚议会批准了《宪法修正案》中将阿马齐格语列为官方语言的条款，规定阿拉伯语和阿马齐格语同为官方语言和国家语言，再一次提升了阿马齐格语的地位。2002 年与 2016 年两次修宪将阿马齐格语国家化、官方化，有效地缓和了国内阿马齐格人和阿拉伯人的矛盾，稳固了社会团结的基础。

从象征意义上来讲，两次宪法修订提升了阿马齐格语的声誉和地位。阿马齐格语被列为国家语言，国家还建立了阿马齐格语国家规划中心、国家教育学院和阿马齐格语教学中心，证明该项决策乃长期的语言规划。同年 2 月 2 日，政府通过了第 3—470 号行政法令，对阿马齐格语教学中心做出了详细规划，其中第 5 条规定：“作为国家教育规划的一部分，该中心负责发展阿马齐格语言研究事宜：为了在教育体系的所有阶段发展阿马齐格语教学，该中心负责设计和制定相关计划；参与由国家机构发起的针对阿马齐格语及其语言变体和发展的研究调查；参与有关部门专门制定的师资培训计划。”

四　语言管理的特点和成效

（一）殖民地时期的语言政策分化国家认同

殖民地时期，殖民者不仅从地理区域上划分出阿马齐格人聚居区与阿拉伯人聚居区，还“以东方主义的逻辑将阿马齐格人划分为西方世界高贵的‘我们’，将阿拉伯人划分为东方世界粗鲁的‘他们’”（黄慧，2012：59）；法国殖民当局打算建造一个具有欧洲特色的阿马齐格族群来代表和反映欧洲人的价值观（慈志刚，2015：68）。法国殖民者一方面通过推行法语和法国文化抑制阿拉伯语的发展，试图以此消除阿尔及利亚的阿拉伯伊斯兰属性，将法国文化植根于阿尔及利亚社会，培养亲法的阿尔及利亚精英；另一方面为了达到“分而治之”的目的，在语言层面制造了“卡比利亚神话”，即阿马齐格人具有与阿拉伯人不同的原生民族属性，并不断地强调这种属性的优越性，人为地建构了一个高于阿拉伯人地位的“阿马齐格法语特权阶级”。殖民者无视阿尔及利亚阿马齐格人与阿拉伯人在漫长的历史中形成的共性，强行唤起阿马齐格人的民族诉求和民族认同，从而实现对阿拉伯人和阿马齐格人“分而治之”的目的。“阿马齐格神话”不完全是法国殖民主义的想象，阿拉伯人和阿马齐格人之间的差异是事实上的客观存在，但是差异不一定就是分歧。法国殖民主义者在阿尔及利亚的所作所为与西方殖民者在非洲的通行做法一致。他们无视阿尔及利亚阿马齐格人与阿拉伯人在漫长的历史中形成的共性，经历漫长的伊斯兰化浸染后，阿马齐格人和阿拉伯人的共性远大于差异。但是殖民者的政策激化了阿拉伯人和阿马齐格人的矛盾，并没有实质地提升阿马齐格人的地位，而是强化了阿尔及利亚民族差异性和阿马齐格人的民族意识。

阿马齐格人民族意识开始觉醒，并且与国内的阿拉伯民族不断发生冲突，为独立后的阿马齐格主义运动埋下了伏笔。一方面，虽然在反抗殖民者的民族解放运动时期，阿尔及利亚的阿拉伯民族主义非常强大，可以团结阿马齐格人，并获得他们的支持，但是在国家独立和反抗殖民的进程中，阿马齐格人和阿拉伯人也发生过权力和派系的争斗。另一方面，法国殖民者和法国学者极力宣扬阿马齐格人是欧洲人，但阿马齐格人并未因此成为阿拉伯人的敌人，也没有成为法国人的盟友，而是渐渐萌发了阿马齐格人的相对独立的身份认同。直到 20 世纪 20 年代，阿尔及利亚民族主义兴起，卡比尔人成为最顽强的反法力量，在阿尔及利亚民族解放运动中，卡比尔人发挥了重要作用。法国殖民主义一直都没有放弃对阿拉伯人和阿马齐格人进行分化，他们不再强调阿马齐格人的欧洲血统，转而强调阿马齐格人的独特认同。

“法语化”的语言政策，即殖民者企图通过普及法语与输出法国文化，抑制阿拉伯语的第一语言地位，削弱阿拉伯属性。“分而治之”的语言政策重新塑造了阿尔及利亚的民族认同。在法国殖民者到来之前，阿马齐格人与阿拉伯人并没有明显的民族认同差别，殖民者到来以后，阿马齐格人与阿拉伯人有了各自的民族认同。一方面，法国殖民时期的语言政策在一定程度上削弱了阿尔及利亚的伊斯兰属性；另一方面，殖民者扶持阿马齐格语的政策，让阿马齐格民族认同也渐渐觉醒。因此，法国殖民时期的语言政策导致了阿尔及利亚国内阿马齐格民族与阿拉伯民族边界的形成。再一方面，阿马齐格语多为口语表达，法国殖民者甚至帮他们创制阿马齐格语的字母和文字。（金荣荣，2015：17）这些政策都赋予了阿马齐格语独特的象征意义，强化了阿马齐格人的认同。阿马齐格人开始关注阿马齐格语在阿尔及利亚语言等级体系中的地位，法国殖民者的思想灌输，让他们觉得受到了不公平的对待，这在一定程度上也成为民族运动的动力。

（二）独立后语言政策强化阿拉伯认同

独立后，政府坚持“阿拉伯化”建设道路，把标准阿拉伯语作为国家唯一官方语言和国家语言。“阿拉伯化”语言政策深化了阿拉伯语的单语化程度，改变了法国殖民时期法语占主导的情况。“阿拉伯化”也被认为是“强化阿拉伯认同的一种方式”，而阿拉伯语则被认为是阿拉伯人的基本属性，也是阿拉伯主义的特征。一个国家的语言政策实施的结果，通常被国际社会视为审视和观察该国家凝聚力和整合程度的窗口。所以，“阿拉伯化”语言政策作为单语制政策，为推动阿拉伯人的语言、文化与政治统一做出了语言层面的贡献，有助于团结阿尔及利亚人，集中精力共同建设国家，建构同一的阿拉伯伊斯兰身份认同和阿尔及利亚国家认同，积极实践阿拉伯国家倡导的阿拉伯民族主义建设思想。就宗教而言，把标准阿拉伯语作为阿尔及利亚的官方语言和民族语言是确认阿尔及利亚从属于阿拉伯—伊斯兰世界的先决条件，在制定国家政策时应强调阿拉伯民族的同质性。

独立后的三任总统均推行“阿拉伯化”语言政策，本·贝拉政府认为阿拉伯伊斯兰化是恢复国民性的必要手段，尤其是恢复阿拉伯语“文明语言的尊严和效力”，“阿拉伯化”进程由此开始。在布·迈丁政府时期，“阿拉伯化”语言政策更加深化，阿马齐格语和阿马齐格文化受到忽略和压制，阿马齐格文化运动悄然兴起。沙德利总统将“阿拉伯化”政策继续深化。教育领域是推行“阿拉伯化”语言政策的主要阵地，政府在高等教育体系中制定了一套“阿拉伯化”的教育语言政策。除了教育领域，“阿拉伯化”语言政策也影响了阿尔及利亚人各个方面的生活。

“阿拉伯化”语言政策造成对阿马齐格语与阿马齐格文化的忽视，伴随着阿拉伯语的普及，政府的法令也明确对阿马齐格语做出很多限制，“阿拉伯化”语言政策助力了阿尔及利亚的统一，建构了强大的阿拉伯认同。

（三）多元化语言规划缓解民族矛盾

殖民地时期遗留下的阿尔及利亚语言文化问题使一些使用非阿拉伯语的群体感到歧视或被排除在国家之外，从而影响了社会稳定和民族和谐。1980年，“阿马齐格之春”的爆发把长期以来的阿马齐格运动推向了公开化。阿马齐格人提出要重新考虑“以牺牲阿马齐格语和文化为代价”的“阿拉伯化”语言政策。作为“独立以来最严重的一次挑战阿尔及利亚政权的群众运动”，（Roberts，1982：312）它给阿尔及利亚的局势带来长久的影响，阿尔及利亚主流的意识形态遭到挑战，多元化的话题被正式引入政治生活，阿尔及利亚政治动荡的序幕从此拉开了。（黄慧，2015：147）而阿马齐格语代表了阿尔及利亚辉煌的历史，其存在不容忽视，在目前的主流观点中，阿马齐格语也被认为是阿尔及利亚身份认同的主要组成部分。

20 世纪 90 年代末，阿马齐格人又回到了“阿马齐格之春”的运动轨迹，反政府群众运动开始回潮。1998 年，著名的阿马齐格歌手卢纳斯·马图卜（Lounés Matoub）被刺杀致死，引发了反政府群众的大游行，这是“阿马齐格之春”以来最严重的一次游行。1998 年以后，阿马齐格青年的示威活动频繁发生，新一代示威者的要求不再局限于语言、文化权利，还抗议被边缘化和“二等公民”的地位，以及受到不平等、不公正的待遇，批评政府在就业和住房分配上的腐败。阿马齐格问题开始表现出超出阿尔及利亚民族国家范畴的倾向——阿马齐格人的民族主义。这一时期不断爆发的群众运动，显示了阿马齐格人的语言文化权利并没有得到满足，反而随着“阿拉伯化”语言政策的深化越发被边缘化和忽视。所以，阿马齐格运动更加剧烈和频繁，从地下文化运动发展为直接公开与政府发生对抗。

21 世纪初，著名的“黑色春天”事件爆发。2001 年 4 月 18 日，18 岁的阿马齐格少年马西尼萨·古尔玛（Massinissa Guermah）在提济乌祖附近的一个小村庄的警察局遭宪兵枪击，这件事引发了卡比利亚多个城市的游行示威，造成社会动荡，随后，阿尔及尔爆发了 10 万人大游行。截至 2001 年 6 月底，“黑色春天”事件已造成 200 余人死亡，5000 多人受伤。

（Ruedy，2005：270）娜伊玛·马赫罗布对“黑色春天”事件做出如此评价：“当国家和语言身份不匹配，且大多数民众缺少政治自由的情况下，国家政权的合法性是会受到质疑的。”（Mouhleb，2005：2）“黑色春天”事件中，阿马齐格人对“阿马齐格民族认同”和“语言权利”这两个诉求呼声极高，虽然事件发展过程中，政府的官方立场依旧是回避“阿马齐格民族认同”和“语言权利”等诉求，但是，这次事件反映出阿马齐格人对语言文化权利的要求已经十分激烈，并且已经对国家政权的稳定产生了严重的负面影响，所以实施多元化的语言政策是必然趋势。

（四）语言管理理念趋向多元化

阿尔及利亚历史悠久、文化多元、民族众多。阿尔及利亚的世居民众大多数是阿马齐格人，曾被多个外来民族征服与统治，其文化与语言经历了多次融合，形成了丰富多元的阿尔及利亚语言文化状况。阿尔及利亚文化融合了阿马齐格文化、迦太基文化、罗马文化、阿拉伯文化、拜占庭文化、法国文化、西班牙文化等多种文化元素，在这样的文化历史背景下，多语和双语的语言生态得以形成。

公元7世纪，北非成为阿拉伯帝国的一部分，阿马齐格人逐渐皈依伊斯兰教。公元12世纪，大多数人成了逊尼派穆斯林。随着阿拉伯语的逐渐传播，越来越多的阿马齐格人开始使用阿拉伯语，使用频率逐渐超过阿马齐格语。阿拉伯语和阿马齐格语同属于亚非语系，而且有着互相吸收的倾向。但是，作为一种本土语言，面临征服和被征服人口之间的不平等接触，阿马齐格语对阿拉伯语在词汇上没有多少影响。尽管如此，阿尔及利亚的阿拉伯语的语音、形态和语法都深受阿马齐格语的影响。因此，北非通用的阿拉伯语方言，尤其是阿尔及利亚阿拉伯语方言，可以被称为“阿马齐格化”阿拉伯语，所以阿尔及利亚的母语是“阿马齐格语－阿拉伯语”双语复合的，体现了阿尔及利亚的“阿马齐格－阿拉伯”双重属性，显示出阿尔及利亚文化是以“阿马齐格文化－阿拉伯文化”为根基的。在法国殖民者到来之前，阿尔及利亚社会使用最多的就是阿拉伯语与阿马齐格语，也就是阿尔及利亚的母语。

法国殖民时期和独立后国家建设时期的语言政策是以法语为主的“法语化”单语制政策。国家独立后，推行的是以阿拉伯语为主的“阿拉伯化”单语制政策，21世纪之后的语言政策规划中则更体现出“多元化”

的理念，是多语制政策，这种思路的转换对民族问题、社会发展产生了深刻的影响。自从法国殖民起至今，语言政策一直是阿尔及利亚政权掌握者在制定国家政策时十分重视的内容。与前几十年的彻底“阿拉伯化”的语言政策相比，布特弗利卡政府从21世纪以来开始尝试多语制、多元化的语言政策，在语言政策上的变化体现出政府对不同语言的态度，执政者的治理思路向多元化转变，在这种思路转变的背景下，阿尔及利亚政府对阿马齐格语，以及对较能适应现代化的外语教育态度更加积极。

最新的《宪法修正案》中有关语言的规定体现出语言政策的多元化特色，这种多元化是阿马齐格人不断争取语言文化权利和阿尔及利亚政府在复杂条件下不断努力的共同结果。政府采取日趋多元化的语言政策，顺应了多元文化主义和经济全球化趋势，也在客观上增强了阿马齐格民族的国家认同感，从而促进了民族团结。自2010年底中东剧变以来，阿尔及利亚能够实现平稳、安全的过渡和政府积极采取的多元化语言政策不无关系。多元化语言政策之所以可以取得积极效应，与阿尔及利亚深厚的多元文化历史背景及强大的穆斯林认同不无关系，此外，阿尔及利亚政府对形势的判断和积极调整，也是阿马齐格问题趋于平静的另一重要原因。

五　结语

阿尔及利亚语言状况的复杂性，源于阿尔及利亚文化的多元性和民族的多样性，语言既是文化的载体，也是人们交流的工具。阿尔及利亚语言状况是多种语言并存的。阿尔及利亚历史背景复杂，在不同的历史时代存在多种语言和文化的接触与碰撞，形成了今天阿拉伯语、法语和阿马齐格语并存的现象。阿尔及利亚多语的社会现实对执政者制定和实施语言政策提出挑战，政府需要针对治理需要、国家发展需求和国内外环境，调整国家的语言政策。通过研究阿尔及利亚不同历史时期的语言政策，梳理其变迁历程，分析阿尔及利亚的语言状况，可以更好地理解该国民族认同与国家认同的建构，以及社会问题的缘起与变化。

阿尔及利亚在独立之初，为了维护国家统一，彻底摆脱法国殖民的影响，也为了防止分裂倾向的出现，对阿马齐格民族和阿马齐格文化、语言制定了同化政策。但随着矛盾激化，阿马齐格族人争取权益的运动此起彼伏，阿尔及利亚政府逐渐采取积极应对的态度，最终在宪法中把阿马齐格语定位为与阿拉伯语同样的地位。从更广阔的视角来看，阿尔及利亚文化多元化语言观发展也是人类文化多样性宏观发展趋势的一个表现。历史上，许多国家致力于追求建立单一的民族国家，经常出现在政策制定、实施过程中的单一化和绝对化，尤其在语言政策方面，很多国家都曾经实行过激进的语言同化政策。人类历史已经证明，过度追求单一化的语言政策乃至民族政策，对于像阿尔及利亚这样统一的多民族国家而言，极易引起民族矛盾和社会冲突。换言之，不管是法国殖民时期的法国当局，还是独立之后的政府，“同化”的语言政策是国内阿马齐格问题产生及发展的一个重要动因，这样的实践抹杀了阿马齐格文化和阿马齐格民族身份认同，是对本国文化多元性的挑战和威胁。

在经历了单语制的语言政策及其影响下的阿马齐格问题升温发酵之后，阿尔及利亚政府成功找到了缓和国内民族矛盾的突破口——多元化语言政策。布特弗利卡政府审时度势，对激化的阿马齐格主义运动做出积极理性的回应，调整语言政策，找到了应对和缓和矛盾的折中方案，即以阿马齐格语地位民族化和官方化为代表的一系列多元化语言政策。虽然在实施过程中，阿拉伯语和法语依然备受青睐，推广阿马齐格语也存在困难与挑战，但是该政策在缓和阿马齐格人与政府的矛盾，促进民族团结和文化多样性方面，还是做出了关键性贡献。在语言政策和阿马齐格问题的拉锯互动中，可以反映出阿尔及利亚社会中纷繁复杂的民族政治博弈，可以说，目前所实行的多元化语言政策正是阿尔及利亚社会不同民族间各种政治力量相互博弈、妥协的历史产物。通过阿马齐格语地位的提高，阿马齐格问题得到了缓解，民族团结得到了加强。布特弗利卡政府在语言政策方面做出的有效调整，即通过较为科学的语言政策加强国家内部民族团结，给马格里布地区具有相似经历的国家提供了良好的范例，也为其他多民族国家提供了有效的借鉴。

但是，多语言制政策也面临三个困境：一是标准阿拉伯语的普及与使用范围受到影响；二是法语地位不断提升，法语与阿拉伯语地位发生再调整，阿尔及利亚认同和阿拉伯认同受到法国及欧洲思想文化的冲击；三是阿马齐格语自身发展困难，使用率不高，习得难度大。

参考文献

[1]〔阿尔及利亚〕萨布尔·C. 卡勒德、张力玮，2014,《阿尔及利亚汉语教学的成功经验》,《世界教育信息》第18期，第26～27页。

[2] 慈志刚，2010，《阿尔及利亚政治危机研究》，博士学位论文，西北大学。

[3] 慈志刚，2015，《阿尔及利亚的柏柏尔人问题》，《阿拉伯世界研究》第 1 期，第 67 ~ 78 页。

[4] 龚雨楠，2009，《阿尔及利亚或成为中国商用车出口的第一大市场》，《汽车与配件》第 25 期，38 ~ 39 页。

[5] 古萍，2014，《马格里布地区语言问题研究》，硕士学位论文，上海外国语大学。

[6] 黄慧，2012，《阿尔及利亚卡比尔人问题探析》，《西亚非洲》第 1 期，第 50 ~ 66 页。

[7] 黄慧，2015，《阿尔及利亚柏柏尔主义研究》，社会科学文献出版社。

[8] 金荣荣，2015，《法国殖民者语言同化政策对阿尔及利亚文化的影响》，硕士学位论文，对外经济贸易大学。

[9] 刘馨瑶，2020，《当代阿尔及利亚语言问题初探》，《国际公关》第 7 期，第 251 ~ 252 页。

[10] 世界知识出版社编，1965，《阿尔及尔宪章》（内部读物），《阿尔及利亚民族解放阵线党第一次代表大会文件集》，世界知识出版社。

[11] 姚喜明、王胜利，2000，《论政治对语言演变的影响》，《郑州大学学报》（社会科学版）第 1 期，第 67 ~ 71 页。

[12] 赵慧杰，2005，《布特弗利卡执政方略浅析》，《西亚非洲》第 3 期，第 31 ~ 35 页。

[13] 仲跻昆，2004，《阿拉伯现代文学史》，昆仑出版社。

[14] 周海伟，2006，《非洲国家风情录》（第一册），中国民艺出版社。

[15] Benrabah, M. (2005). The Language Planning Situation in Algeria. *Current Issues in Language Planning*, *6* (4), 379 – 502.

[16] Bentahila, A. (1983). *Language Attitudes among Arabic – French Bilinguals in Morocco.* Clevedon, Avon: Multilingual Matters.

[17] Gellner, E. & Micaud, C. (1983). *Introduction in Arabs and Berbers: From Tribe to Nation.* London: Duckworth.

[18] Khelloul, S. & Benmaghrouzi, F. Z. (2020). The Linguistic History and the Ideological Inhibitions in Foreign Language Context in the Post – independence Algeria. *Arab World English Journal*, 11 (2), 187 – 201.

[19] Mouhleb, N. (2005). *Language and Conflict: Kabylia and the Algerian State.* MA Thesis in Arabic, Supervisors: Gunvor Mejdell, UiO; Åshild Kolås, PRIO/CSCW, Program for African and Asian Studies, Institute for Culture Studies & Oriental Languages, University of Oslo & Centre for the Study of Civil War, Oslo.

[20] Queffélec, A. et al. (2002). Le français en Algérie, *Lexique et Dynamique des Langues* et

al. Louvain - la - NeuveDe Boeck - Duculot - AUF.

[21] Roberts, H. (1982). The Unforeseen Development of the Kabyle Question in Contemporary Algeria. *Government and Opposition*, *17* , (3).

[22] Ruedy, J. (2005). *Modern Algeria: The Origins and Development of a Nation.* Indiana University Press.

[23] Tamazight Declared Official Language Algeria, Arabic Remains Only State Language. 8 Feb. 2016. https://www.nationalia.info/new/10709/rss.

埃塞俄比亚*

一 国家概况

埃塞俄比亚联邦民主共和国（The Federal Democratic Republic of Ethiopia），简称埃塞俄比亚（以下简称“埃塞”），是一个位于非洲东北部的内陆国家，东邻吉布提、索马里，西与苏丹、南苏丹交界，南接肯尼亚，北与厄立特里亚接壤。埃塞境内以山地高原为主，大部属于埃塞高原，占全国面积的2/3，平均海拔近3000米，素有“非洲屋脊”之称。① 埃塞俄比亚国土面积110.43万平方公里，人口达1.12亿人（数据截至2021年2月）。首都亚的斯亚贝巴（Addis Ababa）位于该国的中心位置，人口超过450万人。埃塞俄比亚是非洲之角（The Horn of Africa）面积最大、人口最多的国家。②

埃塞是世界上最不发达的国家之一。经济以农牧业为主，工业基础薄弱。农业是其国民经济和出口创汇的支柱，以种植和畜牧业为主，产值占GDP约40%。其中，咖啡产量居非洲前列，占世界产量的15%；牲畜存栏总数居非洲之首、世界第十。

埃塞实行民族区域自治基础上的联邦制和三权分立制下的议会内阁制。总理为掌权的政府首脑，由议会多数党或政治联盟领袖出任，任期5年，没有明确任届限制，总理和内阁集体向人民代表院负责。总统为国家元首，行使宪法所赋予的荣誉职责，由议会选举产生，任期6年，可连任1届。现任总统萨赫勒－沃克·祖德（Sahle－Work Zewde，1950～）2018

---

* ［作者简介］赵双花，博士，山东政法学院外国语学院讲师。研究方向：语言政策与外语教育。

① https：//www. fmprc. gov. cn/web/gjhdq_ 676201/gj_ 676203/fz_ 677316/1206_ 677366/1206x0_ 677368/.

② https：//www. worldatlas. com/maps/ethiopia.

年10月当选。联邦议会由人民代表院和联邦院组成，为国家最高立法机构。人民代表院系联邦立法和最高权力机构，负责宪法和联邦法律的制定与修改。联邦院拥有宪法解释权，有权决定民族自决与分离，解决民族之间的纠纷。

埃塞是一个族群多样化的国家。2012年的族群结构显示，奥罗莫族（Oromo）是埃塞最大的族群，占总人口的35.3%；阿姆哈拉族（Amhara）是第二大族群，占总人口的26.2%。索马里族（Somali）占6.1%，提格雷族（Tigray）约占5.9%，锡达莫族（Sidamo）占4.3%，古拉格族（Gurage）占2.7%，沃拉伊塔族（Welaita）占2.3%，其他族群占17.3%。[①] 埃塞宪法保障公民的宗教信仰自由，其主要宗教为埃塞俄比亚东正教、伊斯兰教、新教、原始宗教和罗马天主教。

1970年11月24日，我国与埃塞俄比亚正式建立外交关系。1977～1982年，两国关系一度恶化。1983年后，逐渐恢复正常。埃塞政府重视对华关系，坚持一个中国立场。自2010年"中非合作论坛第四届部长级会议"召开以来，双边政治互信不断增加，两国政府签署了一系列双边合作协议，涉及经济、技术、教育和投资等多个领域。中国已经成为埃塞最大的贸易伙伴、工程承包方和投资来源国。埃塞第一家工业园，第一条高速公路、城市轻轨、跨国电气化铁路等，都带有中国印记和中国元素。2019年4月，中埃两国签订了共建"一带一路"的合作规划。中埃经贸合作已成为南南合作和中非合作的领跑者和示范者。2020年以来，两国在抗击新冠疫情中相互支持，成为中非团结合作抗疫的典范（对外投资合作国别指南，2020）。

二　语言使用状况

埃塞的族群多样性造就了其语言多样性。根据1994年人口普查数据，埃塞共有88种语言：2种语言已消亡，5种语言近乎灭绝，8种语言濒临灭绝，14种语言处于发展中，18种语言保持了语言活力，41种语言属于机构语言。大部分埃塞语言属于亚非语系，包括库希特语族（Cushitic）、闪米特语族（Semitic）和奥莫语族（Omotic）。此外，还有一部分语言属于尼罗-撒哈拉语系（Nilo-Saharan）的尼罗语支（Nilotic）。根据2007年人口普查数据，使用最为广泛的2门语言是奥罗莫语（Oromo）和阿姆

① https://www.britannica.com/place/Ethiopia/Ethnic-groups-and-languages.

哈拉语（Amharic），使用人口分别占总人口的 33.8% 和 29.3%；其他使用人口较多的语言依次为索马里语（Somali，6.2%）、提格里尼亚语（Tigriniya，5.9%）、锡达莫语（Sidamo，4.8%）、瓦拉莫语（Wolaytta，2.2%）、古拉格语（Gurage，2.0%）、阿法尔语（Afar，1.7%）、哈迪亚语（Hadiyya，1.7%）、加莫语（Gamo，1.5%）、盖德奥语（Gedeo，1.3%）和卡法语（Kafa，1.1%），其他语言占 8.1%。

官方语言有 5 种，分别是阿姆哈拉语、奥罗莫语、提格里尼亚语、索马里语和阿法尔语。埃塞俄比亚的外语包括英语、法语、意大利语和阿拉伯语。英语是高等教育和中等教育的教学媒介语，阿姆哈拉语曾是基础教育的教学语言，但逐渐被地方语言提格里尼亚语和奥罗莫语所取代。①

（一）宪法及其他法律对语言使用的规定

埃塞俄比亚 1995 年宪法第一章第 5 条规定：①所有埃塞俄比亚语言享有平等的国家认可。②阿姆哈拉语是联邦政府的工作语言。③联邦政府的成员可依法决定自己的工作语言。

具有法律效能的《教育和培训政策》（1994）（*Education and Training Policy*）在第三章第 5 条“语言和教育”中对教育和教学媒介语中的语言使用进行了阐述。

> 3.5.1　认可儿童使用母语学习的教学优势和各民族促进其语言使用的权利，基础教育以民族语言为教学媒介语。
>
> 3.5.2　经过必要的准备，各州和各族群可使用自己的语言学习，也可依据族群和地区的划分选择教学媒介语。
>
> 3.5.3　幼儿园和小学教师培训应当采用当地的族群语言。
>
> 3.5.4　阿姆哈拉语将作为全国通用的语言进行教学。
>
> 3.5.5　英语将是中等教育和高等教育的教学媒介语。
>
> 3.5.6　学生需选择和学习至少一门族群语言和一门外语以推动文化和国家交流。
>
> 3.5.7　英语从一年级开始作为一门学科进行教授。
>
> 3.5.8　将采取必要的措施加强不同学段的语言教学。

---

① https：//www. worldatlas. com/articles/what - languages - are - spoken - in - ethiopia. html.

阿姆哈拉语作为国语，从 12 世纪起就是埃塞一种具有影响力的语言。2020 年 2 月 29 日，埃塞内阁部长理事会（Council of Ministers）宣布将 4 种地区性语言提升至同等地位——作为联邦政府的工作语言。[①] 这样，阿法尔语、奥罗莫语、索马里语和提格里尼亚语同阿姆哈拉语一样，具备了官方语言的地位。

英语虽然是教学媒介语，但无论是联邦宪法还是地区性法律，都未对英语的地位给予明确的阐述。此外，联邦宪法虽然以阿姆哈拉语和英语双语书写，但阿姆哈拉语版宪法具有最终法律解释权。1994 年颁布的《教育和培训政策》对英语的地位有所阐述，但仅限于教育体系。

（二）官方语言的使用状况

阿姆哈拉语是法律规定的埃塞民族语言，属于亚非语系闪米特语族。根据旧的行政区划，绝大多数阿姆哈拉语单语者主要居住在埃塞西北部和中部的戈贾姆（Gojjam）、贡德尔（Gondar）、西沃洛（Western Wello）和绍阿（Shewa）。截至 2018 年，以阿姆哈拉语为母语的人口达 3180 万人，作为第二语言使用的人口有 2500 万人，另有 300 万移民使用阿姆哈拉语，大多数埃塞犹太社区及以色列人也使用阿姆哈拉语（Eberhard et al.，2021）。此外，阿姆哈拉语也被拉斯特法里教视为神圣的语言，在全世界的信徒中广泛使用。

阿姆哈拉文字是音节文字，使用“斐德”（fidel）字母，也称作“阿布基得”（abugida）字母，源自吉兹语（Ge‘ez），由 247 个符号组成音节字母表。其有 37 个表示辅音的基本符号，每个符号都有 7 种表示元音的变化，其中 4 个带有复元音的符号只有 4 种变化。从左向右横写，词与词之间用两点隔开，句子末尾用 4 个点表示。

自 12 世纪末期起，阿姆哈拉语就是埃塞法庭、武装部队、贸易和日常交际用语。最早有文字记载的阿姆哈拉语出现在札格维王朝（Zagwe-Dynasty）衰落和所罗门王朝（Solomonic Dynasty）建立之初的 13 世纪，主要用来记载赞美叶库诺·阿姆拉克（Yekuno Amlak）的宫廷歌曲。阿姆哈拉语的口语使用出现在 13 世纪阿克苏姆王国的南部边缘地带。而后阿姆哈拉语发展成为埃塞法庭常用的交流方式，被称为“国王的语言”；其书写

---

① https：//www. africanews. com/2020/03/04/one - to - five - ethiopia - gets - four - new - federal - working - languages//.

方式采用吉兹语的方式，被称为“文学的语言”。吉兹语的使用者主要是埃塞牧师，吉兹语是书面记载的主要媒介。随着时间的推移，阿姆哈拉语逐渐发展成为法庭和军队的通用语。在扎拉·雅各布（1434～1468 年）统治期间，阿姆哈拉语随着军队的步伐向南发展。16 世纪末 17 世纪初，罗马天主教传教士放弃了吉兹语，转而使用阿姆哈拉语传教。19 世纪中期，阿姆哈拉语取代吉兹语成为埃塞的书面语。孟尼利克二世（1889～1913 年）统治期间，阿姆哈拉语成为埃塞多语国家统一的象征。19 世纪末 20 世纪初，阿姆哈拉语成为期刊、小说和教材的主要印刷语言。海尔·塞拉西统治时期（1923～1974 年），阿姆哈拉语成为埃塞的国语，其地位在 1955 年宪法中得到稳固。自 1956 年起，阿姆哈拉语成为基础教育阶段的唯一教学用语。社会主义政府时期（1974～1991 年），阿姆哈拉语享有最高社会地位，成为基础教育阶段事实上和法律上的教学语言。1991 年以后，阿姆哈拉语的社会地位发生了改变，政府对埃塞其他的语言进行了赋权，奥罗莫语、索马里语等语言成为基础教育阶段的教学语言，并成为行政机构的工作语言。尽管如此，阿姆哈拉语仍然是埃塞城镇的通用语（Meyer，2006）。

（三）族群语言的使用状况

奥罗莫语属于亚非语系库希特语支。根据 Ethnologue 的数据，以奥罗莫语为母语者已达 3740 万人，主要居住在埃塞中部和南部。奥罗莫语成为埃塞使用人口最多的语言，是奥罗莫地区的工作语言，也是奥罗莫人的母语。尽管海尔·塞拉西在统治期间禁止在教育、行政领域甚至谈话时使用奥罗莫语，但奥罗莫语已发展成为埃塞的通用语。奥罗莫语是埃塞联邦体系内奥罗米亚州、哈拉尔州、迪雷达瓦以及阿姆哈拉区的奥罗米亚区的工作语言；也是奥罗米亚、哈拉尔、迪雷达瓦、贝尼山古尔－古木兹、亚的斯亚贝巴和阿姆哈拉奥罗米亚基础教育阶段的教学媒介语；与提格里尼亚语一起被用作联邦互联网的网络语言。19 世纪，学者们开始用拉丁文字记录奥罗莫语。阿比西尼亚（Abyssinia）吞并奥罗莫领土后，该语言发展成为成熟书写工具的进程被打断。1960 年，索马里政府开始用奥罗莫语进行广播。为了弱化索马里的影响，埃塞政府创建了自己的奥罗莫语广播电台。目前，奥罗莫语在埃塞国家广播电台、电视台和地区政府报纸中广泛使用。1974 年革命后，政府开始用奥罗莫语开展扫盲运动，出版和广播也开始使用该语言。1991 年海尔·塞拉西政府被推翻之前，除了奥罗莫解放阵线（OLF）控制的地区外，学校教育中引入奥罗莫语作为教学语言的计划均未实现。埃塞在新的族群联邦制度下建立奥罗米亚州政府后，奥罗莫语成为该地区以及其他使用奥罗莫语的少数族群聚居区小学阶段的教学用语，并成为这些地区的行政用语。自 20 世纪 90 年代初奥罗莫解放阵线离开埃塞过渡政府以来，奥罗莫人民民主组织（OPDO）继续在埃塞发展奥罗莫语。

索马里语属于亚非语系库希特语支，以索马里语为母语者有 670 万人，主要居住在埃塞东部和东南部以及索马里和吉布提交界处的奥加登（Ogaden）和豪德（Hawd）。索马里语是库希特语支中记录最完整的语言，该语言的学术研究可追溯到 19 世纪晚期。索马里语由区域索马里语言学院（Regional Somali Language Academy）管理，该学院是吉布提、索马里和埃塞政府于 2013 年 6 月在吉布提市成立的政府间机构，是官方授权的索马里语保护组织。

提格里尼亚语属于亚非语系闪米特语支，主要在提格雷州使用，阿法尔地区和阿姆哈拉地区也有部分使用者。目前，以其为母语者已达 640 万人。提格里尼亚文学深受吉兹语的影响，尤其是与基督教生活、圣经名称等相关的术语。

锡达莫语属于亚非语系库希特语族东高地库希特语支，使用者主要为埃塞南部的锡达莫人。以锡达莫语为母语的人约 430 万。锡达莫语在 1993 年之前一直使用埃塞文字，后来改用拉丁字母。以锡达莫语为母语的人识字率较低，不到 5%。锡达莫语词汇与阿拉巴语（Alaba）、坎巴塔语（Kambaata）和哈迪亚语（Hadiyya）的相似性介于 53% ~64%，也受到奥莫罗语的深刻影响。

瓦拉莫语属于亚非语系北奥莫语族，1940 年才有书面形式。由于同周边语言缺乏清晰的边界，使用人口估计在 160 万 ~240 万人。

古拉格语属于南闪米特语支的一个方言连续体，使用人口大约有 210 万人，主要居住在埃塞中部南方各族州多族群聚居的古拉格地区。古拉格语有 3 个方言变体，即北部、东部和西部变体，用吉兹字母书写。

阿法尔语属于亚非语系低地东库希特语支，使用人口约为 128 万人，主要居住在迪纳基尔平原（Denakil Plain）。阿法尔语使用吉兹字母书写。1849 年以来，其他地区开始使用拉丁文字转写阿法尔语。此外，阿拉伯字母也曾被用来转写阿法尔语。20 世纪 70 年代初，两名阿法尔知识分子和民族主义者将阿法尔字母表规范化。从那时起，来自吉布提语言研究所、厄立特里亚教育部和埃塞阿法尔语研究和丰富中心的官员，同阿法尔语言学家、作家以及社区代表一起，从现有不同的书写系统中挑选一种标准正字法以进行该语言的转写。

哈迪亚语属于亚非语系高地东库希特语支，使用者主要居住在南方各族州的哈迪亚区（Hadiya Zone），大约有 130 万人使用。圣经《新约全书》已被翻译成哈迪亚语，由埃塞圣经协会于 1993 年出版。

加莫语属于亚非语系奥莫语支。

盖德奥语属于亚非语系高地东库希特语支，主要在埃塞的中南部使用，使用人口大约有 98 万人，具体分布在高地区域和西南的迪拉（Dila）和阿巴亚湖（Abaya Lake）东部。盖德奥语用动词标记人称、数、主语性别和语态。1986 年，使用埃塞音节的盖德奥语《新约全书》出版。

卡法语属于北奥莫语支。使用者主要居住在埃塞西南部的卡法区（Keffa Zone），大约有 83 万人使用。卡法社会有一部分传统牧民（Manja），他们使用不同于卡法语的词汇和语法结构同其他卡法人交流。有理论认为，这部分牧民曾经有自己独立的语言，后来被卡法语融合，但保留了自己的特点。

吉兹语是阿克苏姆王国时期的古代语言，是埃塞和厄立特里亚正统台瓦西多教会（Eritrean Orthodox Tewahedo）礼拜用语，其日常用法已经消亡。提格里尼亚语和阿姆哈拉语均来自吉兹语。由于结构简单，吉兹语曾经是埃塞的文学媒介语。

埃塞的语种分布如下：大部分居住在北部和中部的人说闪米特语，包括提格里尼亚语、阿姆哈拉语、古拉格语、吉兹语和哈拉尔语。最常见的库希特语族说索马里语、奥罗莫语和阿法尔语，主要在埃塞中、南和东部的阿法尔地区、奥罗米亚地区和索马里地区使用。奥莫语族不如其他语族常见，主要分布在人口不那么稠密的西南地区。尼罗语族是埃塞西低地区的人的母语。

（四）外语使用状况

1908 年，随着学校教育的引入，外语作为教学科目和教学媒介语也出现在埃塞的学校教育中。现代教育的开始是埃塞引进并扩大外语（以欧洲语言为主）学习的主要因素（Gerencheal，2019）。在埃塞的君主制教育体系中，法语（1908～1935 年）、意大利语（1935～1941 年）、英语（1941～1955 年）在不同时期的学校教育中占据主导地位，现代教育初期阶段也曾同时出现在埃塞的学校教育中。但是，只有英语贯穿了埃塞的整个学校教育并影响至今。此外，由于埃塞约有 1/3 的人口信奉伊斯兰教，阿拉伯语的使用有一定的人口基础。随着中埃两国政治、经济往来的日益频繁，汉语在埃塞发挥的重要作用也日益凸显。

1908 年，孟尼利克二世（Menelik Ⅱ）建立了第一所现代学校，学生可以学习法语、英语、阿姆哈拉语、意大利语、阿拉伯语等（Bahru，2002）。1935～1940 年，意大利占领埃塞并将官方语言改为意大利语。其后，国王海尔·塞拉西在英国政府的支持下重新登上王位，英语得以在学校教育中占主导地位。随着英国势力的衰退，国王将注意力转向美国。美国主张选择一门当地语言作为教学媒介语而不是继续使用殖民地语言。美国专家参与了 1955 年的长期规划委员会（Long Term Planning Committee）和 1971 年的部门审查（Sector Review）筹备工作。1958～1959 年，新的教育法案对课程设置进行了修订，规定阿姆哈拉语作为基础阶段的教学媒介语，英语作为中等教育的教学媒介语（Leyew，2012）。英语对埃塞教育的影响逐渐被阿姆哈拉语所取代。

在埃塞教育体系中，英语是一年级的一门课程，是九年级到大学阶段的教学媒介语。英语是所有大学的工作语言，用来颁发文件、召开会议，撰写会议记录和报告等。除了全国性的英语政策外，不同的地区又采取各自不同的英语政策，如，有的地区从七年级起将英语作为教学媒介语，有的地区则选择从八年级开始使用英语教学（Heugh et al.，2006）。埃塞大多数政府机构和私人组织同时使用英语和联邦政府的工作语言——阿姆哈拉语，但在跨境交流中仅使用英语。尽管英语的使用在联邦宪法中没有明确规定，但英语遍及埃塞所有部门和服务中，例如，国家有些主要部门的网站主页以英语界面为主，极少使用阿姆哈拉语。英语在商业和经济领域的使用可增强国家的全球竞争力，因此，越来越多的政府和商业部门加强了英语的使用以应对全球化的挑战。此外，在埃塞的日常交往中，使用当地语言的同时夹杂一些英语，被看作受教育和现代化的标志。

汉语在埃塞具有较高的语言声望，一方面，中国在帮助非洲国家争取独立的过程中赢得了非洲人民的尊重；另一方面，中非之间的贸易往来日益繁荣。这在一定程度上激发了埃塞学生学习汉语的兴趣。2008 年 1 月 25 日，埃塞驻华大使在接受新华社记者采访时提到，希望中国在埃塞设立孔子学院，为当地喜爱汉语学习的学生提供权威而系统的语言课程。[①] 2010 年，埃塞第一个孔子学院——亚的斯亚贝巴孔子学院正式揭牌成立。2013 年 3 月，亚的斯亚贝巴大学（Addis Ababa University，AAU）开设汉语本科专业，实现了埃塞汉语本科专业的历史突破。[②] 2021 年 10 月，根据埃塞媒体法纳广播公司报道，亚的斯亚贝巴大学已经完成了中文硕士课程的准备工作，这将是东非国家第一个汉语硕士课程。这一项目不仅有助于提升当地汉语教育的水平，也将推动汉语教师本土化进程，解决当地缺乏合格本土汉语教师的困境。

三 语言管理

（一）国家语言政策的发展变革

埃塞的语言政策与实践根据其政治体制的变化大致可分为三个时期：帝制时期（1 世纪至 1974 年）、军政府时期（1974 ~ 1991 年）和联邦制时期（1991 年至今）。

1. 帝制时期的语言政策（1 世纪至 1974 年）

埃塞是个有 3000 年文明历史的古国，从阿拉伯半岛南部移入的闪米特人是最早的居民，其君主制可追溯到阿克苏姆王国时期。阿克苏姆王国在公元 1 世纪达到鼎盛时期，控制着红海地区的领土。通过红海地区的贸易往来，阿克苏姆接触到了地中海地区的文化，基督教得以进入阿克苏姆王国。公元 4 世纪，基督教以正教的形式发展成为埃塞的国教，并与君主统治一起，成为影响埃塞社会的重要因素。这一时期，闪米特语言吉兹语成为礼拜和文学用语。

从 7 世纪起，帝国衰落，其疆域缩减到内陆的南方地区。国家权力于 10 世纪进入札格维王朝（Zagawe Dydasty）时期，但一直作为一个基督国家而存在。16 世纪，基督国家遭受到来自阿拉伯世界的穆斯林入侵的严重威胁。18 世纪中期，国家中心迁至贡德尔（Gondar），国王没有中央集权，实权掌握在地方领主手中。这种状况一直持续到 19 世纪中期。这一时期，

---

① http：//www. chinaqw. com/hwjy/kzxy/200801/28/104425. shtml.

② http：//www. chinaqw. com/hwjy/2015/01 - 04/32382. shtml.

阿姆哈拉语和吉兹语具有不同的地位和使用语境。吉兹语属于精英阶层使用的语言，是忠诚士兵和亲密盟友之间的秘密语言，是虔诚的基督教徒的语言。吉兹语在正教的地位得到巩固，也成为宫廷的使用语言。16世纪中期，随着伊斯兰教的扩张，阿拉伯语得以引入。阿拉伯语、吉兹语和阿姆哈拉语之间出现了语言竞争和语言替代。在这一过程中，阿姆哈拉语发展成为埃塞各地，尤其是中部和高地地区宗教和传教士口耳相传的语言。

特沃德罗斯二世（Tewodros Ⅱ）（1855～1868年）统治时期是埃塞现代历史的开始，其贡献在于试图建立一个帝国之下统一的埃塞俄比亚。这一时期，阿姆哈拉语被用来编撰皇家纪事并被赋予法律地位。自此，阿姆哈拉语成为学校的教学语言。其后的国王继续使用阿姆哈拉语作为文学语言，因此，阿姆哈拉语被称为“国王的语言”。在特沃德罗斯二世的语言实践中，阿姆哈拉语成为国家统一的工具和民族认同的象征。这是第一个赋予阿姆哈拉语巨大语言声望的语言政策（Záhořík 和 Teshome，2009）。约翰尼斯四世（Yohannes Ⅳ）统治期间，沿用了之前的语言政策。尽管他本人的母语是提格里尼亚语，但为了保持国家统一，并未改变阿姆哈拉语事实上的国语地位。孟尼利克二世统治期间，埃塞的政治地理疆界超过中世纪且更为清晰。在领土扩张过程中，阿姆哈拉语发展成为交际和教育通用语。孟尼利克二世也致力于国家现代化建设，修建了学校、医院、铁路等。在士兵、教会和精英的支持下，孟尼利克推行阿姆哈拉语单语政策。同时，埃塞其他的语言如库希特语、奥莫语、尼罗－撒哈拉语和南埃塞闪米特语也得到了保护和发展。

1904年，美国总统罗斯福与埃塞建立正式外交关系。法语是国王和官员的通用语，因此两国之间的贸易协定以阿姆哈拉语和法语双语签订。1908年，为了促进埃塞与英语国家的贸易往来，孟尼利克二世建立了第一所现代学校，学校教育完全以英语作为教学语言。

1930年，海尔·塞拉西一世加冕称帝。虽然国家宪法并未提出明确的语言政策，但宪法由阿姆哈拉语书写。这使阿姆哈拉语成为默认的官方语言。1935年，意大利占领期间，尝试推行基于族群的语言政策。1938年，一份意大利公告将埃塞划分成为6个教育语言行政区：厄立特里亚—提格里尼亚语和阿拉伯语区、阿姆哈拉—阿姆哈拉语区、亚的斯亚贝巴—阿姆哈拉语和奥罗莫语区、哈拉尔—哈拉尔语和奥罗莫语区等。在意大利的殖民统治时期，这一政策仅在厄立特里亚推行。1941年，意大利占领结束，国王英国流亡归来后制定了第一个语言政策，宣布阿姆哈拉语为小学前两个年级的教学语言，并在20世纪50年代前成为整个小学阶段的教学语言，阿姆哈拉语和英语成为升入当时唯一的大学——海尔·塞拉西一世大学的必修课程。1955年，海尔·塞拉西一世颁布了另一部宪法，其中第125条规定：阿姆哈拉语是帝国的官方语言。阿姆哈拉语继续在行政、司法、媒体和教育领域发挥官方语言的作用。国王采取激进的政治行动以加强中央集权，削弱地方贵族的势力，所以这一语言政策的颁发在埃塞历史上引发了灾难性的后果。提格里尼亚语言社区厄立特里亚的所有提格里尼亚教材被焚毁，提格里尼亚语也被禁止成为该地区的官方语言；奥罗莫语社区也遭受了同样的政策。厄立特里亚和奥罗莫省的市民发起了武装斗争以恢复自己的身份认同。1974年，海尔·塞拉西一世的统治被推翻前，其仍然在和这些武装团体做斗争。

2. 军政府时期的语言政策（1974～1991年）

1974年9月，一批少壮军官组成“军队、警察和地方军协调委员会”（DERGUE）发动政变，成立了“临时军政府”。同年12月，宣布埃塞为“社会主义国家”，实行土地、金融财政机构和工业国有化。1974～1991年，埃塞先后经历了临时军事行政委员会（Provisional Military Administrative Council，即Derg）和具有社会主义倾向的埃塞俄比亚工人党（Ethiopian Workers Party）的统治。1976年，《社会主义埃塞俄比亚国家民主革命计划》（*National Democratic Revolution Program of Socialist Ethiopia*）第5条规定：“所有民族的自决权都将得到承认和充分尊重。根据社会主义精神，每个民族的历史、文化、语言和宗教都将得到平等认可。因此，任何民族都不得主宰另一个民族……每个民族都有决定其内部事务的区域自治权。在其周边地区，每个民族都有权决定其政治、经济和社会生活的内容，使用自己的语言……”

国家认同民族语言群体的自决权以及基于语言和文化的平等权，这是埃塞历史上的首次重大变革。帝制时期的语言政策是落后的、压迫性的，而新的语言政策由于认可语言及其使用者的平等权而被认为是进步的，有利于民族国家的建立和族群紧张关系的缓和。措施之一是于20世纪80年代中期成立民族学院（Institute of Nationalities）。该学院由杰出的语言学家、经济学家、地理学者和政治科学家组成，主要目的是调查族群构成以及各个族群的社会、政治和经济状况，为政策制定者提供依据。1975年，埃塞俄比亚语言学院（Ethiopian Language Academy）成立，承担与语言相关的工作，主要任务是：对语言之间的关系和差异展开对比研究，对埃塞的语言进行登记和清点，为至今尚未有文字的语言引入书写系统，准备字典、语法书和文学作品的编写和整理工作，丰富各语言的词汇，对语法和社会语言学进行分类记载。1978 年左右，该学院分为 3 个小组分别负责词典编纂、文学作品搜集整理工作和语法描写。词典编纂组负责阿姆哈拉语、奥罗莫语、提格里尼亚语和瓦拉莫语的词典编纂；文学组主要负责收集和研究各个民族语言群体的故事、谚语和民间传说；语言学小组负责上述 4 种语言的语法描写和对比以及词汇、语音和正字法的探索等工作。以上的种种尝试说明，在军政府时期，语言政策的重点转向发展阿姆哈拉语之外更多其他的埃塞语言，语言规划的实践（本体规划和地位规划）或多或少是以一种协调的模式进行的。

1979 年 6 月，埃塞第一次全国扫盲运动（National Literacy Campaign）启动。该运动以苏联经验为模型，使用少数族群语言开展全国成人扫盲计划，高中毕业生和教师被派往全国各地，根据当地的情况使用 15 种语言开展扫盲工作。其目标是 1982 年完成城市地区扫盲，1987 年完成农村地区扫盲。这场扫盲运动最显著的贡献就是将这 15 种地方语言的文学使用制度化（Tilahun，1997）。这 15 种语言（包括阿姆哈拉语）在扫盲运动中成为学校的教学媒介语，使用人口占全国总人口的 95%。这些语言中的大多数首次成为书面语言。1975 年，信息部（Ministry of Information）出版了第一份奥罗莫语周刊《曙光》（*Bariisaa*）。1974 年，埃塞的文盲率高达 93%，经过大众扫盲以及教学媒介语语言的多样化使用，1989 年埃塞的文盲率已降至 23%（Minga，1997）。

1987 年，埃塞俄比亚人民民主共和国建立，政府的语言政策成为国家宪法的重要组成部分。《宪法》第 2 条第 3 款承认所有语言是平等的，语言使用者有发展各自语言的权利。第 116 条规定："埃塞俄比亚民主共和国的工作语言是阿姆哈拉语。"《宪法》也坚持埃塞族群的民族自决权，这些民族的定义主要是基于语言确定的。这些权利保障了各族群保存、实践和发展其文化、宗教和语言遗产的自由。

军政府时期的语言政策在很大程度上延续了帝制时期的语言政策，致力于将阿姆哈拉语推广为国家官方语言。非正规教育中的母语教育没有得到向正规教育转化的机会。全国范围内，基础教育阶段所有学校的教学媒介语仍然是阿姆哈拉语。所不同的是，帝制时期致力于培养阿姆哈拉语教育精英，而军政府时期则试图在全国范围内普及阿姆哈拉语。国家电视台使用阿姆哈拉语和一小部分英语播放，但在世居居民中埃塞广播电台用奥罗莫语、提格里尼亚语、索马里语和阿法尔语播放；至于外语，则使用法语、英语和阿拉伯语播放。这是大众媒体在语言使用方面的一大进步。综上所述，1974～1991 年，军政府时期的语言政策在语言处理方面有了相当大的改进，其语言规划工作比帝制时期更具进步性。国家对所有语言群体及其语言和文化平等的认同，唤醒了埃塞各族群的道德和心理建构。在扫盲运动中使用当地语言，不仅降低了文盲率，还积累了在教育中使用本地语言的良好经验。

3. 联邦制时期的语言政策（1991 年至今）

1991 年 5 月，以“提格雷人民解放阵线”为主的埃革阵军队占领首都亚的斯亚贝巴，推翻了门格斯图政权。1991 年 7 月 2～6 日，新政府迅速召集各族群召开了为期 4 天的会议，起草了一份以语言人权为核心议题的临时宪章。该会议宣布，所有 80 种语言即刻成为小学阶段的教学语言；同时，可自由选择文字的使用。拉丁文字代替了服务埃塞几个世纪的埃塞俄比亚文字。这是奥罗莫解放阵线 20 世纪 60 年代武装斗争的主要目的。该会议第一次阐明了未来的语言政策，该政策直到今天仍在实施。在此次由各族群和政治团体参加的会议中，阿姆哈拉语和英语是工作语言。各代表可在有翻译的情况下使用自己的民族语言。会议代表在译员协助下进行发言时表现出了自身的阿姆哈拉语语言能力，他们对每一次的误译都表达出了不满。这次会议期间，阿姆哈拉语固有的官方语言的地位首次遭到了漠视，而在官方语言使用方面被长期边缘化的奥罗莫语和提格里尼亚语则证明了其在这方面的作用。1991 年会议以后，埃塞重组为由 9 个地区组成的联邦政府，包括阿法尔、阿姆哈拉、贝尼山古尔－古木兹、甘贝拉、哈拉尔、奥罗米亚、南方各族州、索马里、提格雷，以及 2 个特许城市迪雷达瓦和亚的斯亚贝巴。每个地区都有权根据自己选择的文字开发和实施其教学语言。这些地区也有自由决定保留或开除某些教师和行政人员的权力。这一政策在全国范围内引起了混乱。尽管中央政府声称不干涉地方事务，但其设计不当的管理方案却给各个地区带来了各种麻烦。与其他地区不同的是，提格雷地区却没有任何麻烦。联邦政府的族群划分说明语言在政府的意识形态中发挥了核心作用（Meyer，2006）。

临时宪章B部分I条款提出：保障国家、族群和人民的自决权……保障实体的权利……推广其文化和历史，使用和发展其语言。临时宪章为1994年宪法的批准奠定了基础，其核心是振兴语言和人权，并证明联邦政府之前的语言政策和规划都是不民主的，军政府时期的语言规划和政策只是名义上的。1994年《国家宪法》第5.1条、第5.2条和第5.3条规定，埃塞俄比亚的每个族群都可以不受任何限制地使用和发展自己的语言。第5.1条规定保证所有埃塞俄比亚语言平等地享有国家认可。自1993年以来，埃塞俄比亚实施官方语言多样化的语言政策，对该国所有语言给予平等认可。第5.2条规定，阿姆哈拉语应为联邦政府的工作语言。因此，自1993年以来，埃塞俄比亚有工作语言但没有国家官方语言。该条款也说明现任政府遵循多语并行的语言政策，本土语言在其地方政府内外都可作为中央政府的工作语言。第5.3条强调，联邦州（地区政府）成员可以决定其工作语言。这项声明为阿姆哈拉语、奥罗莫语、提格里尼亚语和索马里语成为地区性官方语言提供了机会；这也说明联邦政府遵循不干涉主义的语言政策，地区政府保留了语言管理的权利以及教育语言使用的决定权。可以看出，第5.1条和第5.2条的内容和军政府时期的版本相似，但第5.3条则完全不同。就前两条的实用性而言，现任政府的执行情况比以往任何政府都有意义。阿姆哈拉语是前几届政府时期唯一的国家官方语言，但目前只是法律上的工作语言和事实上全国范围内广泛使用的语言。作为工作语言，阿姆哈拉语在中央政府层面的地位几乎相同，但在级别低一些的政府办公室地位略有差异。作为埃塞其他语言使用者的通用语，阿姆哈拉语在阿姆哈拉、南方各族州、贝尼山古尔－古木兹和甘贝拉地区是地区官方语言，也是亚的斯亚贝巴和迪雷达瓦自治市的工作语言。尽管阿法尔语在法律上是阿法尔地区的官方语言，但阿姆哈拉语却在该地区很多方面发挥了事实上官方语言的作用。该语言政策在官方层面是一种平均主义的语言政策，同时也是一种“语言合理化”的政策。

（二）语言管理机构

埃塞俄比亚语言和文化学院（The Academy of Ethiopian Languages and Cultures，AELC）行政上由隶属于亚的斯亚贝巴大学的负责研究和技术转让（Research and Technology Transfer）的副校长管理。

埃塞俄比亚语言和文化学院，成立于1968年，最初称作埃塞俄比亚语言学院（Academy of Ethiopian languages），隶属于当时的教育和艺术部（Ministry of Education and Arts）。1972 年，更名为阿姆哈拉语学院（Academy of the Amharic Language）。1975 年，重新命名为埃塞俄比亚语言学院，并移交给文化和体育部管理（Ministry of Culture and Sports）。1997 年年中，政府决定将其搬至亚的斯亚贝巴大学，并命名为埃塞俄比亚语言研究中心（Ethiopian Languages Research Centre）。经由文化部和其他相关的政府和非政府组织协商，大学将其升级为学院，并于 2010 年 4 月 30 日更名为埃塞俄比亚语言和文化学院。大学同意给予学院较大的自主权，使其能够成功地执行国家使命。

埃塞俄比亚语言和文化学院的任务是对埃塞俄比亚的语言和文化多样性展开研究。其主要职责是研究、记录、保存和推广埃塞的语言和文化，以及传播语言和文化研究成果。尽管名称更迭频繁，但该研究机构在过去的 48 年一直致力于在尽可能多的领域推广该国的语言和文化：设计正字法；开展语法描述工作；收集和记录口述文学、本土知识和智慧；使用阿姆哈拉语、奥罗莫语、提格里尼亚语、沃拉伊塔语和锡达莫语等不同的语言编写和出版词典和教科书。由于吉兹语是埃塞古代和中世纪的文学宝库，该学院也承担了将这些历史悠久的作品翻译成阿姆哈拉语并出版的任务。该学院还完成了由联合国教科文组织资助的自然科学领域 12 个跨学科研究领域的术语和科技术语的翻译等工作。

（三）领域语言管理

1. 教育语言管理

语言的主要功能是交际，语言在教育顺利运行中的作用是极其重要的。因此，在埃塞这种多语国家，语言政策仍然是重要的教育政策问题。联邦政府推出的多语政策有利于解决一种语言对其他多种语言的语言霸权问题，进而解决长期困扰埃塞的不同语言族群的语言人权问题（Heugh，2007）。现任埃塞联邦政府的多语政策体现在引入新的去中心化的教育政策。1994 年，埃塞《教育和培训政策》的颁布确保了该政策的可行性。《教育和培训政策》关于语言使用的核心内容如下。

（1）鉴于儿童的教育优势和少数族群发展语言的权利，小学教育将以少数族群语言进行；

（2）民族语言群体可以选择自己的族群语言或更广泛交流的语言作为

教学媒介语；

（3）幼儿园和小学教师的培训语言应为族群语言；

（4）鉴于阿姆哈拉语作为交际语言在全国范围内广泛使用的历史地位，阿姆哈拉语将成为一门课程。

该政策规定，英语作为一门外语应该从一年级开始教授，并应作为中等和高等教育的教学媒介语。除了在高等教育机构承担教学语言的角色外，英语也是南方各族州和甘贝拉地区五年级至六年级以及其他很多地区七年级及以上学段的教学语言。在有些学校，英语和教授其他学科的地方性语言一起成为科学课的教学媒介语。

2. 媒体语言管理

埃塞的广播和电视分别始于 1935 年和 1964 年。埃塞的广播电视业并不发达，仅有三个频道 Ethiopian Broadcasting Corporation（EBC）1、2 和 3。EBC1 使用提格里尼亚语、奥罗莫语、阿姆哈拉语、法语、阿拉伯语、索马里语、阿法尔语和英语播放；EBC2 仅以阿姆哈拉语向首都亚的斯亚贝巴播放；EBC3 是一个娱乐频道，每天 24 小时播放联合节目。国家国营广播电台是 EBC 埃塞俄比亚国家广播电台。埃塞俄比亚广播（Radio Ethiopia）使用阿姆哈拉语、奥罗莫语、提格里尼亚语、阿法尔语、索马里语、阿拉伯语、英语和法语播放，信号覆盖埃塞 80% 以上的领土。

19 世纪末期孟尼利克二世统治期间，印刷术进入埃塞。第一份报纸 *Aimero*（1902 ~ 1903 年）是以阿姆哈拉语出版的。一战期间，海尔·塞拉西一世创办了阿姆哈拉语报纸 *Yetor Wore*（战争新闻）以抵制德国的宣传。1925 年 1 月 1 日，另一份名为 *Berhanena Selam* 的阿姆哈拉语报纸创办。还有一份以多种欧洲语言和阿姆哈拉语出版的月刊。法语周刊 *L'Ethiopie Commerciale* 于 1932 年创刊。1935 年，意大利入侵埃塞，导致出版活动暂停。1941 年过渡期结束后，*Addis Zemen* 创刊，以阿姆哈拉语出版，归埃塞国家政府所有，至今仍然存在，是埃塞的主要报纸之一。

联邦政府的媒体政策为埃塞更多私人报纸的创办提供了动力，但这些私人报纸大多以阿姆哈拉语出版。一些以体育内容为主的周报也是以阿姆哈拉语出版。还有一些私人报纸以英语和其他地方语言出版。除了《箴言报》（*Daily Monitor*），所有的英语出版物都不是日报。相较于阿姆哈拉语报纸的读者而言，英语出版物的读者相对较少。

（四）语言管理的特点和成效

埃塞的语言规划和政策具有以下特点。

1. 去中心化的多语实践

埃塞现任政府推行去中心化的语言政策，推动地方语言在官方、行政、司法和教育方面的使用。在这一政策推动下，各地区政府出于不同的目的选择各自的官方语言。发展至今，除了阿姆哈拉语作为联邦政府的工作语言和亚的斯亚贝巴、迪雷达瓦以及阿姆哈拉州等4个地区的官方工作语言外，其他地方语言也发挥了地方官方语言的作用，如奥罗米亚的奥罗莫语、提格雷的提格里尼亚语、哈拉尔的哈拉尔语、阿法尔的阿法尔语以及索马里的索马里语。其他语言，如锡达莫语、卡姆巴语、哈迪亚语、卡法语、加莫语、瓦拉莫语、盖德奥语等语言也被用作地区性的官方语言。

现任政府明确表示将致力于发展所有埃塞语言的各种用途。2003年，青年、体育和文化部（The Ministry of Youth，Sports and Culture）在其文化政策中进行了明确阐述。

（1）埃塞俄比亚各族群、民族和人民的语言……文学……享有平等的认可、尊重和发展机会。

（2）为埃塞俄比亚各族群、民族和人民的语言和口头文学的科学研究和清查创造有利条件，使他们在努力发展中发挥作用。

（3）为埃塞俄比亚各族群、民族和人民的语言选择提供必要的专业帮助。

此外，阿姆哈拉语唯一的官方语言地位被打破。2020年，埃塞总理阿比·艾哈迈德批准了一项新的语言政策。在原有官方语言的基础上，又增加奥罗莫语、阿法尔语、索马里语和提格里尼亚语为官方工作语言。阿比·艾哈迈德认为，阿姆哈拉语在促进埃塞人民之间的交流上发挥了重要作用，但为了建设政治和经济一体化的社会，引入新的工作语言也非常重要。这些新的工作语言在团结国家和进一步加强埃塞人民之间的文化联系方面发挥了重要作用。

2. 重视母语的教学媒介语作用

埃塞政府推行母语教育政策并尊重各族群人民选择自己的语言作为教学媒介语和学校教学课程的权利。政府也保证少数族群可暂时使用另一种更为通用的语言，直到他们确保自己的语言具备引入学校作为教学语言的条件。自 1953 年以来，联合国一直推行母语教育，认为母语教育是一项前所未有的儿童教育制度。自 1993 年以来，埃塞政府首次在正规教育体系中推行提格里尼亚语、奥罗莫语和锡达莫语等少数族群语言的母语教育。目前，大约有 22 种语言进入学校成为教学用语和学校的教学科目。

根据埃塞政府的语言政策措施，地方政府的母语教育政策略有不同。教育部规定基础教育Ⅰ（Primary Ⅰ）和基础教育Ⅱ（Primary Ⅱ）阶段实施母语教育。这一政策最初在奥罗米亚、索马里和提格雷地区推行。自 2003 年起，在奥罗米亚州，奥罗莫语一直教到十二年级，阿姆哈拉语成为五年级的教学科目。索马里地区遵循同样的模式。在提格雷地区，提格里尼亚语是十二年级之前的教学科目，阿姆哈拉语则从三年级就开始教授。除了英语课，提格雷和奥罗米亚地区的教材都是用区域性官方语言编写的。在阿姆哈拉地区，初中阶段的教学语言为阿姆哈拉语和英语。大多数情况下，母语教学一直持续到四年级。联合国教科文组织认为一到六年级应使用母语教育，但依据国家内外部条件的不同，也可考虑其他的母语教育情况。

普遍认为母语教育有利于儿童在教学和认知方面取得好成绩，但母语教育也存在一定的挑战，如有些语言缺乏语法描述和字母表；母语教学的实用性值得商榷；母语教学增加了儿童后期第二语言学习的难度；在教育中使用本族语妨碍了国家的完整和统一；母语教育并没有可行的成本效益优势（Fasold，1984）。埃塞的母语教育也需考虑上述问题。Haugen（1969：287 - 298）认为在语言规划的基础上选择教学媒介语和语言教学科目，需考虑两个问题：成本效益和接受度。成本效益指的是语言推广所产生的财务方面的问题，接受度指的是社会在没有任何自上而下的强制措施的情况下对语言政策的支持。因此，埃塞政府在推行母语教育时，应将成本效益和接受度纳入考量范围。

四　结语

埃塞宪法尊重对语言的平等认可，尊重每种语言使用者推广和使用各自语言的权利，保证所有埃塞语言享有平等的国家认可。但是，当考虑政策的真正实施时，如何调适所有的语言以确保其平等使用是一个不可回避的问题，也是一个真正的挑战。尽管埃塞宪法保障所有地方语言获得平等认可和发展权，但并没有具体规定哪些语言、为什么以及以何种顺序享有获得进一步发展的国家支持。这一问题需要政府和规划者的共同干预，并向政策制定者提供必要而真实的地位规划（功能的分配）和本体规划（结构的充分性）信息，唯有如此才能制定合理的语言政策（Wagaw，1997）。多语国家要实施真正平等的语言政策，除了需考虑管理和政治成本外，忽视语言多样性或者片面追求选择一种更为广泛交流的语言也会带来巨大的民主成本（Smith，2004）。语言之间的事实平等和潜在平等是存在差异的。虽然所有的语言有可能是平等的，但出于社会原因，事实并非如此（Hymes，1992）。

参考文献

[1] 对外投资合作国别（地区）指南编制办公室，《埃塞》（2020 年版），2020 - 12 - 01。

[2] Bahru, Z. (2002). *Pioneers of Change in Ethiopia: The Reformist Intellectuals of the EarlyTwentieth Century*. Addis Ababa: Addis Ababa University Press.

[3] Eberhard, D. M., Simons, Gary F.; Fennig, Charles D. “Ethnologue: Ethiopia”. Ethnologue. SIL International. Retrieved 21 July 2021.

[4] Fasold, R. (1984). *The Sociolinguistics of Society*. Oxford: Basil Blackwell.

[5] Gerencheal, B. (2019). Foreign Languages in Ethiopia: History and Current Status. *International Journal of Research and Analytical Reviews*, *6* (1), 1431 - 1439.

[6] Haugen, E. (1969). Language Planning: Theory and Practice. In: *The Ecology of Language: Essays by Einar Haugen*, 287 - 298. Stanford: Stanford University Press.

[7] Heugh, K. et al. (2007). Final Report to the Ministry of Education. Available at http: //www. adeanet. org.

[8] Heugh, K., Benson, C., Berhanu B., Mekonnen, A. (2006). Study on Medium of Instructionin Primary Schools in Ethiopia, Final Report. Ministry of Educa - tion, Addis Ababa. Unpublished Paper. http: //www. vsointernational. org/where - wework/ethiopia. asp.

[9] Hymes, D. (1992). Inequality in Language: Taking for Granted. *Working Papers in Educational Linguistics*, *8*, 1 - 30.

[10] Leyew, Z. 2012. The Ethiopian Language Policy: A Historical and Typological Overview. Ethiopian Journal of Languages and Literature, *12* (2), 1 - 59.

[11] Meyer, R. (2006). Amharic as Lingua - Franca in Ethiopia. Lissan: *Journal of African Languages & Linguistics*, *20* (1/2): 117 - 131.

[12] Minga, N. (1997). Decentralization in Education: The Ethiopian Experience. In:

XIII *Proceedings of Ethiopian Studies*, VIII, 463 - 476.

[13] Smith, L. (2004). The Political Context of Language Policy in Ethiopia. *Proceedings of the 15th Annual Conference of the Institute of Language Studies*, 6 - 10.

[14] Tilahun, S. (1997). The Ethiopian Literacy Canon: Ambitions and Frustrations. *In*: XIII *Proceedings of Ethiopian Studies*, VIII, 506 - 521.

[15] Wagaw, T. (1997). Education and Language Policy in a Divided Ethiopia: Reversing the Quest of the Centuries and Pressing toward the Uncharted Future. In: XIII *Proceedings of Ethiopian Studies*, VIII, 391 - 400.

[16] Záhořík, J. & Teshome, W. (2009). Debatinglanguage Policy in Ethiopia. *Asian and African Studies*, *18* (1), 80 - 102.

贝 宁*

一 国家概况

贝宁全称为贝宁共和国，旧称达荷美（Dahomey）。贝宁地处西非中南部，国土面积 11.26 万平方公里，地形南北狭长，在地图上的版图呈钥匙状，地理位置得天独厚，是西非的重要门户。贝宁南濒几内亚湾，东邻尼日利亚，北隔尼日尔河与尼日尔共和国相望，西北与布基纳法索相连，西部与多哥接壤。贝宁南部地区称作南贝宁，南贝宁面积不到全国面积的三分之一，却是全国人口最密集、农业最发达的地区。中部和北部地区分别被称为中贝宁和北贝宁。

贝宁 1990 年颁布的宪法规定“建立一个法制和多元化的国家”，实行行政、立法和司法分离的原则和总统内阁制，设一院制议会。宪法规定总统为国家元首、政府首脑和武装部队统帅。任期 5 年，可连选连任一次，总统主持的内阁执掌行政权。国民议会为立法机构，1991 年 2 月贝宁全国代表会议通过决议，决定成立国民议会以取代原全国革命代表大会，行使立法权并对政府工作进行监督。议员由直接普选产生，候选人由政党或政党联盟提名，任期 4 年，不得兼任其他公职。新宪法规定，议会议员只要有三分之二的多数，即可弹劾总统。政府为最高行政机构，由总统主持内阁执掌行政权，各部部长由总统任命。贝宁的宪法和制度使贝宁成为最稳定的非洲国家。①

贝宁是西非经共体的一部分，又加上其优越的地理位置，因此是西非市场的重要口岸和贸易中心，但由于自然资源不太丰富，经济基础薄弱，

---

* ［作者简介］罗晖，讲师，浙江师范大学外国语学院法语系教研室主任。研究方向：法语国家与地区研究、语言政策与语言规划。

① 我国驻贝宁共和国大使馆网站，https：//www.fmprc.gov.cn/ce/cebenin/chn/ljbn/t217006.htm，2020 年 12 月 9 日。

发展缓慢，人民生活水平低下，贝宁属于联合国公布的世界最不发达国家之一。农业是贝宁国民经济的重要支柱产业。农业从业人口占总就业人口的70%。农业出口在国民经济和政府财政中占重要地位。贝宁工业基础薄弱，设备陈旧，生产能力较低。对外贸易在贝宁国民经济中占重要地位，其产值约占国内生产总值的40%，收入占到国家预算收入的60%～80%。目前贝宁宏观经济环境趋好，外援稳定，公共投资能力增强，进口和贸易需求增加。近年来GDP平均保持5%的增长，在西非经济联盟（UEMOA）中表现最好。①

贝宁境内在远古时代就有了人类居住的痕迹，但形成贝宁目前语言使用情况的历史，还要追溯到700年前。约在13世纪，阿贾人的支系胡埃达人和阿贾苏维人自多哥迁入贝宁南部，分别建立了维达王国和阿拉达王国。16世纪末，阿贾苏维人的一支又迁往东南海岸，建立了波多诺伏王国；另一支则北迁，约于1625年建立了以阿波美为首都的达荷美王国。17世纪中叶，达荷美王国日趋强盛，并于18世纪统治了南部和中部。同时，约从17世纪起，巴里巴人在贝宁北部的尼基、帕拉库、康迪和宽代等地建立了国家，约瓦人在朱古建立了王国。在贝宁境内一些民族成立自己的王国和酋长国的同时，列强也开始殖民入侵贝宁。1913年贝宁沦为法国殖民地。1960年8月1日，贝宁完全独立，成立达荷美共和国。1972年10月26日以陆军副参谋长克雷库少校为首的青年军官发起革命，宣布“走社会主义发展道路”，成立军政府，1975年11月30日改国名为贝宁人民共和国。20世纪80年代后期，贝宁开始了民主转型进程，并于1990年2月通过新宪法实行多党制，同年3月1日国名又改为贝宁共和国。②

截至2016年，贝宁的总人口约为1100万人，首都波多诺伏为全国第二大城市，是国民议会所在地，人口仅28万人。经济中心科托努为第一大城市，是政府所在地，人口82万人。贝宁人口分布比较集中的城市还有朱古（13万人）、帕拉库（12万人）。贝宁虽然国土面积小，但民族却不少，贝宁国内共有60多个民族，人口较多的民族主要是丰族、阿贾族、约鲁巴族，分别占全国人口的42.2%、15.6%和12.1%。贝宁是一个多宗教信仰国家，贝宁居民多信仰本地传统宗教，部分信仰外来的基督教和伊斯兰

---

① http://bj.mofcom.gov.cn/article/about/201504/20150400954142.shtml，2021年2月3日。

② 贝宁历史发展简介，https://www.sohu.com/a/415639357_501385，2020年8月15日。

教。贝宁有61%的人信仰认为万物有灵的拜物教和原始巫术（巫毒崇拜），19%的人信仰天主教，3%的人信仰基督教，15%的人信仰伊斯兰教。贝宁被认为是世界拜物教（伏都教）的中心，这是一种致力于崇拜祖先的传统宗教。不仅在非洲，在世界上也久负盛名。[①]

贝宁同中国于1964年11月12日建交，1966年1月贝宁单方面与中国断交，1972年12月29日克雷库政府与中国复交。两国签订有经济技术、医疗合作以及贸易、文化等协定，开展了卓有成效的合作。在贝宁，中国是最好的采购商和供应商，而贝宁仅次于尼日利亚，是中国在西非地区的第二大贸易伙伴。（阿多伟兰德、邓颖平，2018）

二 语言使用状况

（一）宪法与其他法律对语言使用的规定

1. 立法确立法语的绝对优势地位

从殖民时期到今天，法语一直是贝宁的官方语言。贝宁1990年颁布的宪法明确规定：“贝宁的官方语言是法语。”[②] 宪法规定法语是官方语言，是国家的语言，奠定了法语的绝对优势地位，明确了在总统府、议会、行政、司法、教育中都要使用法语。

在贝宁，议会使用的唯一语言是法语，议会用法语辩论，起草和颁布法律等条文的语言也是法语。法庭上，为了照顾不会说法语的人，允许使用丰语、约鲁巴语和巴里巴语等民族语言作为口语，但书面文件只能用法语表述，法官裁决也使用法语，且其他口语必须翻译成法语，或根据需要将法语翻译成其他口语以进行交流。在行政当局，为便于交流，公职人员通常用公民的当地语言进行回答，但书面文件只能使用法语。

《劳动法》第65条规定：“劳动合同必须使用书面的官方语言，一式四份，提交签证。”第124条规定：“集体协议必须使用书面的官方语言……”《个人和家庭法典》第2002－07号法律第41条规定：“公民身份记录是用官方语言写成的。”2000年10月31日颁布的《选举法》第2000－18号第55条规定要求政治候选人参加选举必须掌握法语。[③]

---

① http：//bj. mofcom. gov. cn/article/about/201504/20150400954142. shtml，2021年2月3日。

② http：//www. axl. cefan. ulaval. ca/afrique/benin. htm，2019年2月19日。

③ http：//www. axl. cefan. ulaval. ca/afrique/benin. htm，2019年2月23日。

在贝宁，法语占主导地位，民族语言只用于口语交流。因此在贝宁如果不懂法语，就难以有效获得由政府提供的公共管理和服务，也难以了解国家和社会的现状。

2. 民族语言的发展缺乏强有力的法律保障

民族语言一直以来被贝宁政府视为民众间的交流工具，未受到明确的扶持或重视。虽有法律提到国家应重视和发展民族语言，但并未提出切实的措施以提供有力的法律保障。

贝宁《宪法》第 11 条有以下规定："1. 所有国民都享受自由使用他们的口头和书面语言发展自己的文化的权利，同时要尊重他人使用自己的语言发展自己的文化的权利。2. 提倡发展民族语言交流。"1999 年制定的第 99 号法律记载："促进民族语言以书面和口头形式的使用。"2002 年制定的第 874 号法律记载："文盲等不会法语的人，可用民族语言口述其遗嘱，但必须由记录人员用法语做书面记录。"①

从以上法律不难发现，贝宁国家对民族语言态度较模糊。为了促进民族语言的发展，官方在扫盲运动中将民族语言作为推进扫盲工作的工具。

贝宁的成人扫盲运动始于 19 世纪下半叶。起初是天主教和新教为了让人们能阅读《圣经》而进行的活动，后来才成为一项政府行动。政府对民族语言发展的推动进程可追溯到 20 世纪 70 年代。（Madou Sanni & Atodjinou，2012：11）1972 年 11 月，贝宁政府出台政策，启动了成人扫盲计划。之后，贝宁《宪法》第 40 条扫盲计划提出："国家必须确保以一切大众传播手段，特别是广播电视传播的形式推动民族语言教育，确保民族语言享有与其他语言同等的地位。"

语言学家和其他研究人员选择了丰语、阿贾语、巴里巴语、登迪语、奥塔马利语和约鲁巴语这六种民族语言来推进扫盲运动。但这六种语言未能充分发挥作用，同时六种语言之间的翻译也成为棘手问题，因此这些民族语言的文字记录工程也无法系统、长效地进行。

在扫盲运动的推动下，贝宁政府逐渐意识到民族语言的重要性。关于扫盲的第 45 / MCC / CAB / DA / SA 号命令（1994 年）中提到："扫盲局负责通过恢复、提升和促进民族语言作为扫盲运动推进等手段，促进民族凝聚力和民族团结；组织和确保人民识字率和教育水平，以此促进贝宁的

---

① http：//www. axl. cefan. ulaval. ca/afrique/benin. htm，2019 年 2 月 23 日。

解放和政治、经济、社会文化的发展；在本国、外国和国际组织的协助下，为成人提供扫盲和终身学习的机会；与教育部的主管部门密切合作，考虑在教育中引进民族语言并进行必要的改革。”此外，1999 年 1 月 15 日关于贝宁共和国市镇组织的第 97－029 号法律第 99 条规定，“市政当局必须确保提倡以书面和口头形式使用本国语言”。

此后，贝宁的国家应用语言学中心也对民族语言的发展做出了贡献，它们为民族语言制定标准化字母和正字法；研究传统口头文学，并通过文字形式记录文化遗产，尤其是文学；编写单语和多语字典；组织贝宁国立大学开展语言研究、传统口语语言培训和与语言学有关的高级课程。

扫盲工作的开展在一定程度上促进了民族语言地位的提高，但各项规定的执行遭到重重困难，且一些对民族语言持有积极态度的规定也仅停留在提出规定的层面。

如贝宁的《文化宪章》强调对民族语言的推广：“贝宁承认发展民族语言的迫切需要，民族语言是文化载体，是文化和社会发展的重要工具。”“贝宁在确保所有民族语言平等的同时，必须将这些语言有步骤有计划地引入教育改革。”“确保平等地推动各民族语言的发展，进行民族语言推广介绍，并逐步推进系统的教学改革。”虽然这些政策对民族语言采取了积极态度，但落实起来很难，事实上，到目前为止，政府的行动力度还远远不够。如公立学校仍然不将民族语言作为教学语言。虽然贝宁官方支持在小学教育阶段使用民族语言，但关于民族语言的教材编写进程非常缓慢，没有专门为小学教育设计的相关教材，也没有相关的教材在小学教育中使用。

（二）国语和官方语言

贝宁的民族语言众多，但使用民族语言的人口比例却不高。因此，国家无法明确地将某种民族语言定为官方语言，也无法选出一门可以提升到国语地位的民族语言。受法国殖民的影响，贝宁在摆脱法国的殖民统治后，正式认可了法语的强势地位，将法语定为其官方语言。根据 2014 年的数据统计，35% 的贝宁人说法语，也就是说约 400 万的贝宁人说法语，这些人主要分布在城市地区。经济首都科托努 15 岁及以上的居民中，有 57.3% 的人能够读写法语，58.6% 的人可以说法语、听懂法语。法语作为贝宁官方语言的优势促使大量贝宁人学习法语，尤其在城市地区。[①] 法语在贝宁的政治、经济、外交、公共服务和人民生活等各个领域都发挥着至关重要的作用。在官方事务方面，只有法语是官方认可的具有法律效力的语言，因此贝宁的法律、正式文件均须用法语书写。

虽然大多数贝宁人使用法语，但由于文盲率较高，丰语、约鲁巴语和巴里巴语等民族语言也被作为交流的通用语使用。然而，法语作为各民族和各领域间交流时不可或缺的语言，在贝宁所有语言中数法语地位最高，因此许多贝宁人即使是文盲，也都努力用法语来表达。贝宁的法语有好几种类型：第一类是学院派的“学术”法语，即学校教授的、官方规定使用的标准法语。第二类是非正式的“街头”法语，此类法语适用于不太正式的商业或休闲场所，以及其他不太正式的场合，使用者可能未接受过正规教育。第三类是一种“刻板”法语，使用者为了显得与众不同，给人留下深刻印象，会有意地使用罕见词汇，以及一些复杂的时态。第四类是随着社会发展应运而生的“网络”法语，是新信息和通信技术带来的新的法语表达形式。（Madou Sanni & Atodjinou，2012：33）

（三）民族语言

贝宁的民族语言共有60多种，从北到南，使用最广泛的民族语言分别是丰语、约鲁巴语、巴里巴语、登迪语、古恩语、阿贾语。在所有这些民族语言中，丰语的使用人数最多，占全国总人口的24%，是贝宁最具发展潜力的民族语言（李岩，2021）。贝宁主要民族语言情况如表1所示。

表1　贝宁的民族语言

单位：%，种

民族	占全国总人口的百分比	语言数	民族语言
丰族	39.2	10	丰语（Fon）、艾佐语（Aïzo）、马伊语（Mahi）、韦梅语（Wémè）、多篱语（Tori）、可塔丰语（Kotafon）、阿古纳语（Agouna）、舍多语（Sèto）、德希语（Tchi）、古恩语（Goun）

① www. consulat - benin - aux - antilles - françaises. com/langues，2021年4月5日。

续表

民族	占全国总人口的百分比	语言数	民族语言
阿贾族	15.2	9	阿贾语（Adja）、萨乌额语（Sahouè）、克斯乌拉语（Xwla）、朴拉语（Pla）、米纳语（Mina）、北塔语（Péda）、乌尔达语（Houéda）、乌阿舍语（Ouatchi）、波波语（Popo）
约鲁巴族	14.5	10	约鲁巴语（Yoruba）、那戈语（Nago）、伊达阿夏语（Idaasha）、奥利语（Holli）、伊菲语（Ifé）、德夏贝语（Tchabé）、伊特夏语（Itcha）、马尼格日语（Manigri）、巴赫多各语（Partogo）、莫克勒语（Mokolé）
巴里巴族	9.2	3	巴里巴语（Bariba）、嘘语（Boo）、博科语（Boko）
贝勒特族	7.3	3	贝勒特语（Peulh）、夫勒富勒德语（Fulfuldé）、刚德语（Gand）
奥塔马利族	6.4	10	贝尔巴语（Berba）、奥塔马利语（Ottamari）、贝迪约贝语（Betyobé）、嘎巴嘎语（Gabanga）、古芒特思语（Gourmantché）、奥索里语（Hossori）、那丹巴语（Nataimba）、瓦那语（Waama）、杨德语（Yendé）、贝索那贝语（Bésorabè）
约阿-洛克帕族	4.3	13	约阿语（Yoa）、东帕哥语（Dompargo）、洛克帕语（Lokpa）、达内卡语（Taneka）、卡巴耶语（Kabyè）、科托语（Koto）、科立语（Koli）、比拉-比拉语（Pila-Pila）、索鲁巴语（Soruba）、比约贝语（Biyobè）、文德纪-文德纪语（Windji-windji）、弗多语（Foodo）、阿尼语（Ani）
登迪族	2.5	2	德也尔玛语（Djerma）、登迪语（Dendi）
其他	1.4	—	则尔马语（Zerma）、豪萨语（Haoussa）、可丹巴语（Cotimba）以及其他语言

资料来源：贝宁国家经济统计与分析研究院（l'Institut National de la Statistique et de l'Analyse Économique）2002年人口普查的统计数据。

如表1所示，将贝宁的民族分为9组的话，每组的民族语言分别为2种至13种，从中不难看出，贝宁民族语言虽然数量繁多，但各民族语言的使用人口相对而言却不占多数。另外，贝宁的民族语言地位不高，因而民族语言的使用范围也相对较窄。民族语言主要作为交流工具，民众以口头的形式在交流中使用民族语言，日常交流中也会使用法语，但若交流各方都会同一种民族语言的话，往往会优先使用民族语言交流。

除了日常交际外，民族语言还用于部分处理公共事务的场合，如法庭。由于贝宁文盲率较高，为了照顾不会说法语的公民，国家允许在法庭上以口语的形式使用丰语、约鲁巴语、巴里巴语等民族语言，不过需要相应的法语翻译。

由于社会各界越来越意识到民族语言的重要性，贝宁民族语言的地位越来越高，这种地位的提高体现在各个领域，尤其在行政服务、媒体与教育领域。贝宁民族语言的快速发展始于20世纪70年代中期，即1975年选择社会主义道路后，政府开始注重推动民族语言的发展。由于民主和政治权力下放，贝宁的民族语言近年来更是得到了发展。地方当局和政党都知道运用民族语言与选民拉近距离，以获得更多的选民支持。（Madou Sanni & Atodjinou，2012：20）

（四）外语使用情况

1. 英语

除了法语和民族语言外，英语在贝宁的影响也不容忽视。英语在贝宁的使用主要体现在外语教学和贸易往来方面。英语之所以在贝宁受到重视，与贝宁的语言教育政策以及贝宁的地理位置不无关系。首先，贝宁的语言教育政策实质上把法语规定为一种官方教学语言，把英语作为备选教学语言。在贝宁的教育体系中，初中阶段，英语是必修的第一外语，也就是说，所有的学生上初中就开始学习外语（英语）。另外，贝宁学生在高中期间选修的外语课程还有西班牙语和德语。有一点需要注意的是，语言专业的学生可以根据自己的实际需求，将西班牙语或德语选为自己的第一外语，在这种情况下，英语将自动被视为第二外语，但仍然为学生的必修课程。其次，从地理位置上看，贝宁与两个英语国家距离很近，一个是多哥以西的加纳，另一个是与之接壤的非洲第二大经济体——尼日利亚。在贝宁说英语的群体主要是在贝宁经商的尼日利亚人。贝宁人如果想和尼日利亚人进行贸易往来，掌握英语非常重要。因此，许多边境城市的贝宁家庭会将自己的孩子送到邻近的尼日利亚城镇学习英语。另外，随着双语（法语—英语）学校的发展，贝宁人对英语也有了更高的热情，越来越多的贝宁家长选择在孩子中学毕业后把孩子送到经济更发达、教育资源更丰富的加纳和尼日利亚继续深造。总之，作为国际通用语的英语在贝宁的东西部边境省份受到大力推崇，呈地区性崛起的趋势。（李岩，2021）

2. 中文

贝宁与中国的日益密切，促进了贝宁与中国在政治、经济、文化、教育等各方面的交流与联系，在越来越多的中国企业入驻贝宁后，贝宁人民对中文表现出极大的热情。贝宁本土的中文学习者主要集中在南部地区，该地区是贝宁最发达、人口最多的地区，学习中文的人多为大学生和社会工作人员，包括政府官员、海关人员、工程师和商人等。在贝宁，中国文化中心和孔子学院是教授中文、传播中国文化的主要机构。1988 年 9 月 27 日，非洲国家的第一个中国文化中心在贝宁的科托努成立。2009 年，贝宁在阿波美卡拉维大学成立第一所孔子学院。孔子学院于 2013 年 11 月 25 日在阿波美卡拉维大学开设中文专业，从此贝宁有了中文的本科教育。2016 年，孔子学院还开设了汉语师范专业，招生 13 人。到 2018 年，其中 10 人毕业，在贝宁从事汉语教学工作。贝宁孔子学院从成立时的 100 多名学员，逐步发展到今天累计学员人数 30000 多名，约占贝宁 1100 万总人口的 0.27%。除了通用汉语的教学项目（兴趣班和本科汉语教学）外，孔子学院还将“汉语 + 职业技能”的教学模式引入工程、商业和新闻等专业的汉语教学中。孔子学院实行“一院多点”的办学模式，开设了多个教学点，除了在大学里开设中文学分制选修课以外，还与贝宁中国文化中心合作在社区开办了成人中文教学点。① 目前，贝宁的中小学尚未开设汉语课程，中文没有全面纳入贝宁的教育体系。

三 贝宁语言管理

（一）贝宁语言政策的发展与变革

从主权独立后直到今天，贝宁的语言政策经历了三个阶段。第一个阶段是达荷美时期的语言政策，当时国家的发展目标是发展经济，推行言论自由，视法语为发展工具。第二个阶段是贝宁军政府、贝宁人民共和国时期的语言政策，该时期的语言政策表现出民族主义的发展方向，当时引入

---

① https://baijiahao.baidu.com/s?id=1655878413933309349，2021 年 1 月 9 日。

了民族语言，取消了法语的官方语言地位。第三个阶段是贝宁共和国时期的语言政策，该语言政策源于当时召开的国民大会。这三个阶段的语言政策的具体情况如表 2 所示。

表 2　贝宁语言政策（1959 年至今）

时　期	达荷美时期的语言政策（1959～1972 年）	贝宁军政府、贝宁人民共和国时期的语言政策（1972～1990 年）	贝宁共和国时期的语言政策（1990 年至今）
时代背景	经济落后，受法国殖民统治	不均衡的西化，北方民众不满	召开国民议会，调整语言政策
语言政策标准化目标	发展国民经济	重新确定民族主义方向	国民议会的决议得到民众拥护
语言政策实施战略	确立、巩固法语的官方语言地位	引入贝宁民族语言，取消法语官方语言地位	宪法重新确立法语的官方语言地位，并出台其他相应语言法规

1972 年 11 月 30 日的《国家新学校建设纲要》强调贝宁国家语言政策的目标为：将民族语言引入地方行政体系（省、区、乡镇、村等地方行政体系）；将民族语言引入正式的教育体系（小学、中学、职业培训中心、大学）；促进民族语言的研究；对从事民族语言研究的专业机构投入资金。振兴民族语言，将民族语言引入教育体系是革命军事政府最关注的重点。

在国民议会召开后，1990 年 12 月 2 日出台的宪法对语言进行规定，贝宁共和国调整了语言政策。此次立法首先重新确立了法语的官方语言地位。在整个殖民统治时期，包括取得独立之后，无论实行何种政治体制，法语在贝宁一直作为官方语言使用。贝宁独立后，从宪法层面上法语在各个文本中都被视为官方语言，除了 1977 年的文本。贝宁在 1977 年之后的 5 年里经历了一段宪法外的政治生活，其间法语的官方语言地位无法得到确立，换而言之，法语不再是官方语言。不过贝宁和所有法语国家都保持正常关系，其中包括法国，因而贝宁也无法制定政策将法语排除在外。其次新立法涉及民族语言政策的调整。贝宁政府确定了要发展民族语言的目标，强调各种民族语言间的互通性。其用意是希望促进民族语言发展，这也是贝宁语言政策目标的隐含调整。原则上该目标调整针对贝宁的所有民族语言。但此目标实现的可能性不大，至少在现阶段而言。不过需发展的民族语言的数量得到调整后，发展民族语言还是可行的。贝宁民族语言政策调整的另外一个层面是在延续原有政策的基础上进行合理规划。制定行动计划将民族语言引入科研、教育以及扫盲领域。继续保留革命时期成立的语言研究机构。因认识到要限定需发展的民族语言的数量，贝宁的学者、语言学家，甚至是极力主张要均衡发展各种民族语言的人，都意识到要重新确定民族语言的发展方向。另外，引入民族语言开展扫盲运动的举措受到广大民众的好评，国家确定了 6 种语言作为扫盲语言。行动计划的制定促进了贝宁语言政策的发展。与此同时，民族语言在扫盲工作中也得到了一定发展。

（二）社会各领域的语言管理

1. 教学语言

贝宁对教育事业比较重视，虽然国家经济非常困难，但政府用于发展教育的预算占当年国家预算的四分之一到三分之一。贝宁的教育体制可分为初等、中等和高等三级。初等教育为免费义务教育，学制 6 年，其中一年为预备年，称作启蒙阶段，主要目的是学习法语。

在法国殖民统治下，20 世纪初，贝宁的中小学教育在天主教、新教的影响以及世俗教育的倡导下形成。长时间的殖民统治导致前宗主国语言和民族语言的发展严重失衡，这种失衡突出体现在教育领域。直到今天，贝宁政府依然采用从殖民时期沿袭的教育体系，用法语教学。语言教育政策延续着语言群体间的不平等关系。

自 1960 年独立以来，贝宁的教育政策经历了三个阶段：第一，从 1960 年到 1972 年，教育制度效仿法国教育制度。第二，1972 年社会主义革命后，政府采取了基于社会主义发展模式的“新学”改革，此改革直到 1989 年才被采用。第三，1990 年 10 月召开的教育总会（EGE）标志着第三个时期的开始。（Madou Sanni & Atodjinou，2012：13）

在 1972 年至 1989 年的社会主义革命期间，革命军事政府决定编纂自己的教科书和本国语言材料，但具体实施起来问题重重。虽然在学前教育阶段使用民族语言，但从小学开始民族语言便不再作为教学语言使用。而且使用民族语言教学这一决定遭到了家长们的一致反对，他们认为国家这样做是要剥夺孩子们学习法语的权利，若孩子掌握不了法语将来就业便会失去很多机会。（Mossi & Amouzou - Glikpa，2016）

1991 年，贝宁政府根据教育总会的请求启动了整个教育部门的改革计划。当时法语是贝宁小学和中学教授的唯一语言，教育部部长在 1991 年 4 月的《国家教育发展报告》中提到缺少优秀师资及缺乏有效的教育管理是阻碍贝宁教育发展的两个主要因素。由于教师法语水平低，贝宁的法语教学工作困难重重。1990 年，因为预算紧缩，位于帕拉库等地的三所小学教师师范学校被迫关闭。同年，地处波多诺伏的中学教师高等师范学校也宣布关闭。

2001 年，贝宁学龄儿童入学率为 89%，女童入学率为 73%；初中毕业会考合格率为 45.6%，高中毕业会考合格率为 37.96%。全国人口文盲率居高不下。2000 年，男子文盲率 43.1%，女子文盲率高达 75.3%。[①] 在贝宁的主要城市科托努，波多诺伏和帕拉库，官方语言法语有取代当地语言的趋势，从而危及这些当地语言的未来，只有采取专门的、针对性强的战略举措才能保护这些语言。

2003 年 11 月 11 日的《国家教育发展方向》的第 2003 - 17 号法律第 8 条明确了“1. 主要用法语、英语、民族语言进行教学；2. 民族语言首先作为教学材料使用，然后作为教学用语使用；3. 国家应该促进幼儿园、小学、中学以及高等教育阶段的民族语言教育的教学研究”。该法律第 23 条规定了要在幼儿教育中使用民族语言：“1. 幼儿教育的本质目的是唤醒孩子的身体、心理和智力功能并促进其发展；2. 幼儿教育学制两年，教育对象为至少两岁半的儿童；3. 幼儿教育使用的教学语言为法语、英语和当地的主要民族语言或任何其他民族语言。”民族语言在教育中发挥了一定的作用。首先，在国民教育中，幼儿园阶段的教育是使用民族语言作为教学语言，但再往上，民族语言只作为教学材料使用，而不作为教学语言。其次，为了降低文盲率，国家将阿贾语、巴里巴语、登迪语、丰语、奥塔马利语和约鲁巴语定为扫盲运动的使用语言。在贝宁的学校里，法语是最主要的教学语言，除了幼儿园阶段教育和外语课以外，其他阶段的所有课程均用法语教学。

在贝宁，鲜有孩子努力学习父辈们使用的当地语言，而现实情况是政府希望推广民族语言教学。2006 年，政府发起了一场运动以广泛推动民族语言的发展，但种种困难阻碍了政府的推动进程。首先缺乏资金上的支

① http：//www. fmprc. gov. cn/ce/cebenin/chn/，2020 年 12 月 8 日。

持，教育年预算过少、人口迅速增长，但教育资源供应不足，学校基础设施在地理空间上分布不均衡，社会文化负担过重导致低入学率。其次师资方面也存在问题，教师教育和就业之间不匹配，缺乏合格的教师。多数老师认为用法语传授知识更为便捷，促进该战略的实施需要极大的耐心和意志力。同时在法语教学中，不合格的教师通常采用法国殖民时代的镇压方法，对不会正确讲法语的学生进行体罚或口头诋毁。虽然1962年和1981年，教育部通告要求教师不得对学生使用体罚手段，但没有任何法律明确禁止体罚。

由于贝宁学校的教学语言只有法语，用民族语言教学非常困难。而且贝宁虽然民族语言丰富，但它们很难得到学生们的青睐。因为考虑到今后的就业前景，学生们不愿意学习非本民族或本地区的语言。民族语言融入教育体系迫切需要政府的战略引导。如果继续保持听之任之的态度，贝宁的民族语言将不会繁荣发展，因此急需选择一种合适的民族语言发展成贝宁的母语。

就目前贝宁的文盲率来看，民族语言教育是使大部分人参与国家事务的有效途径。法语是贝宁的公共服务部门和行政部门的工作语言或交际语言，这对贝宁数目庞大的文盲群众构成很大的障碍，他们因此被排除在国家生活之外，只能偶尔读到用民族语言出版的报纸、杂志。或者看到用民族语言交替翻译的电视节目。语言障碍阻碍了贝宁大部分人参与国家事务，阻碍了国家经济发展，也损害了公民受教育的权利。在高文盲率的背景下，贝宁迫切需要修订学校课程，兼顾民族语言与法语，降低文盲率，甚至是扫除文盲，促进社会经济发展。致力于推进民族语言发展事业的扫盲部长嘉里欧·索格罗（Galiou Soglo）也认为，贝宁并未准备好促进民族语言的蓬勃发展。很少有年轻人可以说好他们本地区的语言。民族语言的振兴长路漫漫。①

不过近年来，由于贝宁民主进程的加快，政府权力下放，年青一代新思想的萌生、邻近英语国家经济的快速发展……这些因素都在一定程度上冲击了法语。在法属西非（AOF）一体化后，达荷美人得以进入公职人员队伍，或在联邦其他部门任职，贝宁当时常被称为非洲的拉丁区。从殖民

① Bénin – L'Aménagement linguistique dans le Monde – Université Laval，www. axl. cefan. ulaval. ca/afrique/benin. htm，2019年3月1日。

时期沿袭的教育体系用法语教学，学生毕业后多从事公职，但随着公职人员就业的日趋饱和，年轻人失业现象严重，亟待教育体系改革以培养自主择业的学生。因而人们认为将民族语言纳入教育体系，用本族语言教育学生的话，学生能够更快地接受新知识，掌握新技能。政府也开始与国际组织合作，共同推进将民族语言逐步引入教育体系的双语教学计划：在小学阶段推行法语与民族语言的双语教学。2013 年至 2014 年，贝宁有 30 所小学引入民族语言教学。

2. 媒体语言

贝宁媒体使用最多的语言是法语，主要的电视节目及广播节目都使用法语有时甚至可以说法语是媒体唯一使用的语言，比如贝宁的报纸基本上都使用法语，因为报纸面向的对象都是具备阅读能力的人。电台的情况则不同，其受众更为广泛，播放语言是法语和民族语言，这是因为有很多听众家住农村、郊区。这些听众中有很多人不识字，只懂民族语言。由于基础设施薄弱，民众上网困难。贝宁拥有 6 家国家及私人电视台，报刊 20 余种，这些媒体大多使用法语。主要报纸《民族报》为贝宁官方报纸，用法文出版。贝宁新闻社为国家通讯社，国际新闻主要来源于法新社。贝宁广播局拥有国家电台和电视台各一家，贝宁国家电台前身为革命之声电台，建于 1953 年，每天播音约 18 小时，用法语、英语和民族语言广播。自 1992 年起，开始转播法国国际广播电台的节目。电视台本国制作的节目约占五分之一，用法语和民族语言播出。此外还有 18 种民族语言（或称方言），其中 6 种民族语言为贝宁扫盲中心、电台和电视台用语，但均无正式文字。[①] 另外，公共服务领域、公共场所的标语、广告牌、饭店里的菜单等都使用法语表述。

（三）贝宁语言管理特点

贝宁民族语言虽然具有多样性的特点，但受制于官方语言法语的绝对优势地位，民族语言未能得到长足发展，从中我们可以总结出贝宁语言管理的特点。一是高度强调外来语法语的绝对优势地位，没有处理好外来语与民族语言之间的关系。殖民时期，法国在贝宁采取直接统治方式，即完

① 我国驻贝宁共和国大使馆网站，https：//www. fmprc. gov. cn/ce/cebenin/chn/ljbn/t217006. htm，2020 年 12 月 9 日。

全架空贝宁本土统治，推行法国式的教育模式，向当地符合条件的精英授予法国公民权，大力同化本土居民，对其实行精神殖民化。独立后的贝宁又正式认可了殖民语言强势的地位，法语成为贝宁的官方语言、工作语言、教育语言，这对贝宁的政治、经济、文化、教育等领域产生了深远的影响。与法语相比，贝宁的民族语言发展严重失衡。二是对民族语言保护不力。贝宁政府不干涉民族语言的使用和发展，数量繁多的民族语言与官方语言并存。但贝宁针对民族语言的政策与规划并不具备强制性，民族语言对国家来说只是一种用于交流的工具。从一定程度上来看，这只是延续了殖民时期的语言习惯，殖民时期的语言政策对现行的语言政策影响很大。另外，虽然政府出台的一些官方文件对民族语言持有积极态度，也开始重视民族语言的应用与发展，但国家的执行力不够，仅停留在出台文件的层面，且各文件之间还存在不协调和相互矛盾的问题。这种不作为在某种程度上促进了官方语言法语的快速扩张，限制了贝宁民族语言的发展。

四　结语

综上所述，贝宁的语言分布极不均衡，贝宁的宪法规定法语是该国的唯一官方语言，却无法掩盖贝宁民族语言多样性的特点，与此同时，民族语言虽然在贝宁社会生活中使用广泛，但目前还没有哪种民族语言能与法语相提并论。法语为贝宁打开了世界的大门，为贝宁广泛参与国际事务提供了语言保障，而贝宁人同时又想保护与发展自己的民族语言。贝宁工会联合会秘书长保尔·埃斯·伊柯（Paul Ess Iko）认为非洲人就得发展自己的语言，发展自己的文化。殖民者强加给被殖民者的不仅仅是语言，还有思维和行事方式，几十年过去了，受殖民影响，贝宁几乎没什么发展。① 促进民族语言的发展，减少社会经济与文化领域的不平等现象，从而减少贫困成为贝宁人民的心声。② 那么，贝宁民族语言的出路又在哪？首先需要转变态度，即政府与民众不能对民族语言的发展继续保持听之任之的漠视态度，要有敏感的民族语言保护意识，这是复兴民族语言的重要因素。其次制定语言政策的内容要符合实际，要有针对性，有意识地鼓励民族语言文化的发展，且执行政策的行动有力才能真正有效提高民族语言的地

① http：// www. fraternitebj. info/. . . /utilite - de - la - langue - francaise - au，2020 年 12 月 5 日。

② http：// www. africapresse. com/benin - les - langues - nationales - seront，2020 年 12 月 7 日。

位，实现既定的民族语言文化发展目标。如为受限于口头传播的民族语言创建书写系统，促进其在教育体系的发展乃是当务之急。今天在既没故事书，又没网站和作为学习指南的移动应用程序的情况下指导孩子学习民族语言绝非易事。最后贝宁的民族语言若要获得与法语同等重要的地位，还需要国家的财政支持，需要国家社会经济的全面发展提供有力保障。因此，贝宁在复兴民族传统文化和语言实践过程中必然会面临巨大挑战，任重而道远。

参考文献

[1] 何俊芳、周庆生，2010，《语言冲突研究》，中央民族大学出版社。

[2] 李秀华，2018，《语言・文化・民族：民族语言认同与民族共同体的建构》，《西北民族大学学报》（哲学社会科学版）第 2 期，第 7～12 页。

[3] 李岩，2021，《非洲国家多语言共生图景揭秘——以贝宁为例》，《世界知识》第 2 期，第 68～70 页。

[4] 西蒙・皮埃尔・阿多伟兰德、邓颖平，2018，《贝宁的期待》，《中国投资》第 13 期，第 63～66 页。

[5] 徐亮，2010，《贝宁中国文化中心汉语教学分析和未来发展模式探讨》，《贵州师范学院学报》第 2 期，第 62～65 页。

[6] 周庆生，2003，《国家、民族与语言——语言政策国别研究》，语文出版社。

[7] Adjibodou，A. A. （2006）. *L'enseignement Apprentissage en Langues Nationales：Une Alternative au Renforcement des Competences Intellectuelles pour un Développement Durable*，Université d'Abomey – Calavi（BENIN） – DEA en sociolinguistique.

[8] Albaugh，E. A. （2005）. Language Policies in African Education. *Brunswick：Bowdoin College.*

[9] Halaoui，A. （2006）. Annexe 8 Politique Linguistique au Bénin de 1990 – 2007，Extrait de *Langue et Systèmes Éducatifs dans les Etats Francophones d'Afrique Subsaharienne*，Edition Autrement，Collection Frontiers.

[10] Madou Sanni，A&Atodjinou，M. C. （2012）. État et Dynamique des Langues Nationales et de la Langue Française au Bénin，*Québec*，*Observatoire Démographique et Statistique de L'espace Francophone*/Université Laval，Collection Rapport de Recherche de l'odsef.

[11] Mossi A. & Amouzou – Glikpa A. （2016），L'Action Publique et le Rapport Global – local dans le Secteur de L'Alphabétisation au Bénin：Mécanisme et Stratégie des Acteurs ，*Etudes Togolaises*，*Revue Togolaise des Sciences*，10，N°2，159 – 174.

[12] Omoniyi，T. （2007）. Alternative Contexts of Language Policy and Planning in Sub – Saharan Africa. *TESOL Quarterly*，41（3）：533 – 549.

博茨瓦纳*

一 国家概况

博茨瓦纳共和国（茨瓦纳语：Lefatshe la Botswana。英语：The Republic of Botswana）简称博茨瓦纳，是非洲南部的内陆发展中国家，被公认为是非洲最稳定的国家之一。博茨瓦纳位于非洲南部内陆，东接津巴布韦，西连纳米比亚，北邻赞比亚，南接南非。自1966年宣布独立以来，博茨瓦纳从世界上最贫穷的国家发展成为"非洲的小康之国"，并保持可持续发展的势态。作为非洲最大的钻石出口国，博茨瓦纳保持着较高的经济增长率，被称为"非洲成功典范"，并被世界银行评为中等收入水平国家。博茨瓦纳拥有丰富的矿产资源，主要矿藏为钻石，储量和产量均居世界前列，钻石业是其经济支柱，产值约占国内生产总值的三分之一。①

博茨瓦纳实行多党议会制，议会的主要职权包括选举总统、制定法律、修改宪法、审议国家发展计划和政府财政预算，立法、司法、行政三权分立。酋长院是议会的咨询机构，职责和权力范围限于特定传统事务，如民族财产、部落首领的任免、宪法修正案等。酋长院在议会开幕前召开例会，向议会提出动议，但不具约束力。总统由国民议会选举产生，任期5年，最多可以连任两次。总统是国家元首、政府首脑兼武装部队总司令，国民议会通过的决议和法案须经总统的批准才能生效，并且总统有权召集和解散议会。② 国会由总统和国民议会组成。由此可见，博茨瓦纳在国家政体方面既建立了总统内阁制，又保留了传统的酋长制。博茨瓦纳独立以

* ［作者简介］吴坤，北方民族大学外语学院副教授。研究方向：语言政策与语言规划、翻译理论与实践。

① 数据来源于中华人民共和国外交部官网"博茨瓦纳国家概况"，http：//www. fmprc. gov. cn/web/gjhdq_ 676201/gj_ 676203/fz_ 677316/1206_ 677438/1206x0_ 677440/。

② 数据来源于中华人民共和国外交部官网"博茨瓦纳国家概况"，http：//www. fmprc. gov. cn/web/gjhdq_ 676201/gj_ 676203/fz_ 677316/1206_ 677438/1206x0_ 677440/。

来对内实行多党联合的民主政体，对外奉行不结盟政策，反对种族主义和殖民主义。重视改善和发展与周边国家的睦邻友好关系，治国作风严谨，国家政局一直处于稳定状态。博茨瓦纳因其政局长期稳定、人民生活安定，被国际社会赞誉为“和平与安定的绿洲”。博茨瓦纳是非洲国家借鉴西方的民主与管理最充分的国家，也是腐败指数最低的国家之一。[①] 博茨瓦纳符合国情、谨慎务实的外交政策，为博茨瓦纳经济发展创造了良好的外部和平环境，也为其在争取外援、投资和贸易多元化等方面开辟了广阔天地（徐人龙，2005：45）。

20 世纪 80 年代末，博茨瓦纳的人均国内生产总值已达 2000 美元。到了 2007 年，它的国内生产总值已达到 132 亿美元，人均国内生产总值为 8000 美元，在非洲名列前茅，有“非洲瑞士”“非洲大陆最具竞争力的国家之一”的美誉，还被联合国称为“非洲经济奇迹和样板”。[②] 2016 年博茨瓦纳的国内生产总值为 153.63 亿美元，人均国内生产总值为 7567 美元。[③] 博茨瓦纳自独立以来建立了自由市场经济体制，经济实现了快速持续发展，经济增长率一直保持世界较高水平。畜牧业占农业产值的 70%，是农民的主要收入来源。养牛业已经成为国民经济的一个重要支柱和第二大外汇收入来源。该国经济发展极度依赖自然资源，钻石业是其经济支柱，产值约占国内生产总值的三分之一。由于钻石业的拉动，博茨瓦纳的竞争力大大提升，被评为“非洲最自由经济体”。为改变对钻石业的依赖状况，政府开始推行经济多元化政策，并取得一定成效。实行自由市场经济，坚持经济多样化，发挥本国养牛业和矿产资源丰富的优势，是博茨瓦纳发展经济的成功之道。

博茨瓦纳人口普查显示，2018 年博茨瓦纳人口总量约为 230 万人。绝大部分由班图语系的茨瓦纳人构成，占总人口的 90%。茨瓦纳人由 8 个部族构成，分别是恩瓦托（Ngwato）、昆纳（Kwena）、恩瓦凯策（Ngwa-keete）、塔瓦纳（Tawana）、卡特拉（Kgatla）、莱特（Lete）、罗龙（Rolong）和特罗夸（Tlokwa），其中恩瓦托族规模最大，约占总人口的 40%。这八大部族以各自酋长的名字命名，有着相互交织的血亲关系和相

① 资料来源于《国际商报》2010 年 3 月 8 日第 12 版“文化商务”。

② 资料来源于《国际商报》2010 年 3 月 8 日第 12 版“文化商务”。

③ 数据来源于中华人民共和国外交部官网“博茨瓦纳国家概况”，http://www.fmprc.gov.cn/web/gjhdq_676201/gj_676203/fz_677316/1206_677438/1206x0_677440/。

似的语言文化传统。非茨瓦纳人是指与八大部族有着不同历史、文化的少数族群，主要包括卡兰加（Kalanga）、伊姆布库苏（Hambukushu）、卡拉哈迪（Kgalagadi）、叶伊（Wayeyi）、布须曼（Bushman）、赫雷罗（Herero）等 30 多个未被国家承认的少数族群（徐薇，2013a：26）。另外，该国还有数万名欧洲人和亚洲人。多数居民信奉基督教，农村地区部分居民信奉传统宗教。基督教为该国的官方宗教，其他宗教包括巴哈教、伊斯兰教、印度教、佛教和锡克教等。

二　语言使用状况

综观世界语言使用情况，非洲语言数量最多、谱系最繁杂。没有一个非洲国家是单一民族或单一语言的。从人口总量来看，博茨瓦纳属非洲小国，但其族群关系复杂，语言呈现多样性的特点。

（一）语言立法

关于语言立法，一般国家是在宪法或有关法律中做简要的规定，主要是语言地位规划和语言权利保护，少数国家制定了专项语言法（陈章太，2002：20）。周庆生（2002：38～39）在《国外语言立法概述》中提到："国际上的语言立法，一般采取三种形式：第一种是在一个国家的宪法中设立专门的语言章节或条款；第二种是在有关国际公约中设立专门的语言条款；第三种是指一个国家专门制定的语言法。"博茨瓦纳目前尚未制定专项语言法，主要通过国家宪法、政府决议、相关报告和蓝图，以及有关国际公约来明确不同语言在博茨瓦纳的地位，规范国家语言的使用，并引导社会语言生活向着健康的方向发展。

博茨瓦纳独立时，政府通过宪法宣布茨瓦纳语为国语，英语是国家的官方语言。英语广泛应用于司法、行政、教育和商业领域，茨瓦纳语主要在非正式情况下或传统事务中使用。国家宪法倡导权利平等和言论自由，但并没有特别明确公民在语言和文化方面所享有的权利。1993 年国家教育委员会（National Committee on Education）（Republic of Botswana，1993）报告第 18 条提出：茨瓦纳语应该成为所有博茨瓦纳公民整个小学阶段的必修课程；同时，如果父母要求学校教授他们的孩子其他当地语言，学校须做出回应，在课程辅助活动中做出相应安排。该条建议在 1994 年《国家教育政策（修订版）》（*Revised National Policy on Education*）（Republic of

Botswana, 1994）中得到采纳。1994 年《国家教育政策（修订版）》第 18 条（a）项声明，在切实可行的情况下，英语将从二年级开始成为教学语言。第 31 条规定初中三年课程的目标是使学生熟练使用茨瓦纳语和英语进行有效交流、学习和工作。为了促进少数民族语言的发展，第 32 条（b）项规定，初中课程应包括英语和茨瓦纳语在内的 8 门核心课；（d）项规定，学生在初中综合教育阶段应选择 2 门至 3 门选修课，可选修第三语言课程。为了提升茨瓦纳语的教学质量，第 46 条（a）项规定：教师应尽可能多地接触语言教学法，注重使用交际教学法以使茨瓦纳语成为更富趣味性的课程。第 103 条规定：茨瓦纳语教师应享有更高的入门薪水和与科学、数学教师相同的发展机会。

另外，博茨瓦纳 2016 年远景规划（1997）中提到，在教育系统中，博茨瓦纳丰富的语言和文化传统将会得到承认、支持和加强。该报告进一步强调，博茨瓦纳居民不会由于母语不是官方语言英语或国语茨瓦纳语而在教育系统中处于劣势地位。联合国教科文组织（UNESCO）发布的《本地语在教育中的使用》（*The Use of Vernacular Languages in Education*）（1953）指出，母语是教育儿童的最好媒介，在教育最初阶段应该使用儿童的第一语言作为教学媒介语。博茨瓦纳等一些独立之后的国家，在小学阶段已经开始使用占主导地位的母语作为教学语言。

（二）国语和官方语言

“博茨瓦纳”意为“茨瓦纳人的国家”，即以茨瓦纳人为主导的现代民族国家。茨瓦纳人是由英国殖民政府承认的有着相似历史文化传统的 8 个部族构成的民族共同体。英国殖民时期，茨瓦纳人被确立了统治地位；独立后，茨瓦纳人在此基础上成为博茨瓦纳公共生活中起主导作用的主体民族。茨瓦纳人讲茨瓦纳语（属于班图语系），茨瓦纳语是最主要的使用语言、全国通用语和国语。以茨瓦纳语为母语的人数约占博茨瓦纳人口总量的 80%，另有 10% 的博茨瓦纳人以茨瓦纳语为第二语言（转引自 Adeyemi, 2008：23）。茨瓦纳语是唯一被认可的地方语言，还被赋予了某些特定的官方角色（Nkosana, 2011：130）。茨瓦纳语有时在政界被称为第二种官方语言，也是该国在小学和初中阶段的学校必修课程。语言与文化归属感和民族认同感息息相关。茨瓦纳语是绝大多数人使用的国家通用语，被博茨瓦纳政府指定为国语，这有利于巩固政权和维护民族团结。但以某种地方语言作为国家官方语言不符合该国在全球化背景下谋求发展的国情。虽然博茨瓦纳的本土语言在数量上享有优势，但力量薄弱，原宗主国的语言英语在社会生活中占据重要地位。受殖民统治时期语言政策的影响，前殖民语言英语成为博茨瓦纳的官方语言。

（三）少数族群语言

讲茨瓦纳语的茨瓦纳人由历史文化传统相似的八大部族构成，博茨瓦纳这一国家名称也强调了茨瓦纳民族共同体的主导地位，但事实上该国仍是一个多族群多语言的国家（参见表 1 和表 2）。博茨瓦纳有着复杂多元的族群关系，莉迪亚（Lydia Nyati - Ramabobo）① 的调查显示，博茨瓦纳拥有 55 个世居族群，26 种语言，仅仅是科伊桑人（Khoisan）就分为 9 个不同部族，说着 23 种语言和方言。今天的博茨瓦纳拥有至少 25 个语言文化完全不同的族群，属于科伊桑（Khoisan）和班图（Bantu）两大语系（转引自徐薇，2015：56）。

表 1 使用与茨瓦纳语相似的语言的部族及其语言使用情况

部族名称（复数形式）	方言/语言	个体名称
Bakgalagadi/Makgalagadi	Sekgalagadi	Mokgalagadi
Babirwa	Sebirwa	Mmirwa
Batswapong（Baseleka）	Setswapong	Motswapong
Bahurutshe	Sehurutshe	Mohurutshe
Bakhurutshe	Sekhurutshe	Mokhurutshe
Bakgothu	Sekgothu	Mokgothu
Bashaga	Seshaga	Moshaga
Bangologa	Sengologa	Mongologa
Batlhwaring	Setlhwaring	Motlhwareng
Batalaote	Setalaote	Motalaote
Bakaa	Sekaa	Mokaa

资料来源：Nyati - Ramahobo，L.，2000，“The Language Situation in Botswana”，*Current Issues in Language Planning*，*1*（2），294.

① 莉迪亚时任博茨瓦纳大学副校长，是旨在保护和发展叶伊语言文化的非政府组织“遗留协会”的领导者，该组织出版了多种有关叶伊语的读本和教材，还通过组织工作坊、举办叶伊文化节等来加强本族人的身份认同。

表 2 使用与茨瓦纳语不同的语言的部族及其语言使用情况

部族名称（复数形式）	方言/语言	个体名称
Ovaherero（Baherero）	Herero（Seherero）	Herero（Moherero）
Wayeyi（Bayeyi）/Bayei	Shiyeyi（Seyeyi）	Muyeyi（Moyeyi）
Hambukushu（Ma/Bambukushu）	Thimbukushu（Se－）	Hambukushu（Mombukushu）
Kalanga（Ma/Bakalaka）	Ikalanga（Sekalalaka）	Kalanga（Mokalalaka）
Subia（Ma/Basubia）	Subia（Sesubia）	Subia（Mosubia）
Ciriku（Ma/Baciriku）	Othiciriku（Seciriku）	Mociriku
Ba/Masarwa（includes 13 Khoisana languages）	Sesarwa	Mosarwa
Ba/Manajwa	Senajwa	Monajwa

资料来源：Nyati－Ramahobo，L.，2000，“The Language Situation in Botswana”，*Current Issues in Language Planning*，*1*（2），294.

在博茨瓦纳第一次大选期间，具有官方性质的竞选文件使用了5种语言，即英语（English）、茨瓦纳语（Setswana）、卡兰加语（Ikalanga）、阿非利堪斯语（Afrikaans）和赫雷罗语（Otjiherero）。由此可见，除英语以外的其他4种语言也曾进入官方领域成为工作语言。这一情况随着1966年国家独立而成为历史。然而，5种语言共同使用于竞选文件这一事例证明了博茨瓦纳社会的多语特点。一般而言，少数族群语言在博茨瓦纳不享有官方地位，甚至有些没有得到统治精英们的认可和支持，因此未能获得充分的保护和发展。例如，某些地方语言没有正字法①，更不要提书面语语法了。少数族群的精英阶层意识到文化是民族的根基，而对本族语的忽视可能会造成文化疏远和身份丢失，因此他们通过建立相关组织、开展系列活动来保护自己的语言和文化传统。例如，叶伊人利用法律手段要求政府承认他们的语言和文化，并建立非政府组织“遗留协会”（Kamanakao Association）致力于本族语言文化的保护和传承。经过多年努力，“遗留协会”搜集了大量口述资料，出版了诸多关于叶伊语言文化的书籍，还开设叶伊语学习班教授本族孩子和成人学习叶伊语（徐薇，2013b：181）。

① 正字法，即确定正规使用的、书写和语法符合相关规范的文字。大部分的正字运动由政府强制推行。

（四）外语使用情况

英语广泛应用于政府、教育、商业、司法和国际事务等各个领域，支配了该国的语言市场，与全球政治、经济和社会生活等密切相关。例如，英语与西方援助、外资引入关系紧密，这直接影响了该国的经济发展与社会进步。全球化浪潮中，抵制或放弃英语并不是明智的选择，也是不现实的。因此，由于历史背景和现实的需要，英语成为一种全球语言、机会语言和象征权力的语言。富人和统治精英们意识到精通英语使他们的孩子在教育方面具有优势，因此在一定程度上使用英语而不是地方语言作为交流的媒介，这样他们的孩子更易获得学业和职场上的成功，对社会的影响和贡献也就更大。Nkosana（2011：134）的一项调查发现，由于英语作为教育语言具有象征意义且在国家考试制度中发挥着实际作用，小学老师支持英语成为教学媒介语。正如非洲大多数其他国家一样，博茨瓦纳的精英阶层已经把英语看作赢得教育、经济和社会等优势地位的权力工具，而茨瓦纳语是保持国家统一的工具（Nkosana，2011：129）。

中博两国自1975年建交以来，特别是2000年中非合作论坛成立以来，在人文合作与双边交流方面取得了进展。随着中国经济的发展，汉语国际地位逐渐提高。2007年10月，我国国家汉办与博茨瓦纳大学签署了《关于合作建设孔子学院的协议》，中方合作院校为上海师范大学（刘彦华，2012：2）。2008年，博茨瓦纳大学成立孔子学院进行非学历汉语教育，2011年设立中文系开始进行中文专业本科生的培养，并推出了中国驻博茨瓦纳大使馆中文课等一系列教育合作项目。由于近年来博茨瓦纳当地人对汉语学习的需求不断增长，博茨瓦纳大学孔子学院招收学生不局限于大学生，也对社会各界对汉语学习感兴趣的人士开放。其中，包括公司职员、商人、公职人员等在内的社会人员是学习者中的主要构成部分。博茨瓦纳大学中文系无论是在课程设置还是在教材选择、教学方法、教学目标等方面都还处于积累经验的探索阶段（马奕男，2016：2）。

三　语言管理

语言管理指在不同的语言域中，拥有或声称拥有权力的个人或组织对该语言域的参与者采取的修正其语言行为或信念的明确行动（Spolsky，2009）。由于历史、经济、政治、文化和民族认同感等因素的影响，博茨瓦纳政府和社会团体对国家语言生活进行了有目的、有计划的干预、协调和管理，以解决语言矛盾和语言问题，促使语言文字更好地服务于国家、社会和民族的发展。博茨瓦纳的语言管理主要体现在国家宪法、国家教育委员会报告、国家发展规划、语言教育课程以及社会团体一系列活动的相关规定和举措之中，现从以下几个方面进行梳理。

（一）国家语言政策的发展变革

语言政策是指人类社会群体在言语交际过程中根据对某种或某些语言所采取的立场、观点而制定的相关法律、条例、规定、措施等（蔡永良，2002：194）。博茨瓦纳政府自独立以来受前宗主国英国发展模式的影响，意图建立一面旗帜下只有一种语言、一个民族和一种文化的现代民族国家。英语是官方语言，茨瓦纳语是全国通用语。语言多样性被认为是一个问题，会影响文化同质化、民族认同和国家建设。而忽视少数族群语言、文化多元化和文化多样性的语言政策难以维持社会的可持续性发展。茨瓦纳语同化政策凸显了一种本土语言的权力关系，这是以牺牲其他少数族群语言的利益为代价的。

50 多年以来的同化政策未能完全达到目的，反而强化了少数族群的群体意识，激化了矛盾。迫于社会冲突的现实、族群精英的抗议和国际社会舆论的压力，执政者废除了歧视性法令，修改相关法案赋予少数族群平等的政治权益，还逐步放开了媒体和公共领域对少数族群语言的限制。语言权利问题从来都是政客们关心的热点问题。2004 年博茨瓦纳大选之时，包括当时的执政党在内的所有政党都承诺要认可和发展该国的少数族群语言（Kamwendo & Mooko，2006：127）。

博茨瓦纳于 1966 年脱离英国殖民统治获得独立后，试图建立一个以茨瓦纳人为主的统一的现代民族国家，实行民族同化政策，少数族群无法得到与主体民族同等的身份认同和语言权利。少数族群约占全国总人口的 15%，其中大部分人以茨瓦纳语为第二语言。

1979 年，国家茨瓦纳语言委员会（Setswana National Language Committee，SNLC）受教育部委托修订了 1937 年正字法，旨在消除拼写上的方言差异。该委员会于 1981 年制定了《茨瓦纳语标准正字法》，后来受到舆论的质疑“正字法未能涉及所有人，一些单词未能标准化”。教育部常务秘书处设立协会代替了该委员会。由教育部领导的国家茨瓦纳语言协会

（National Setswana Language Council，NSLC）于1986年通过总统令获得合法化，在1986年至1996年间进行了一系列活动并推出诸多举措，强化了茨瓦纳语的国语地位，规范了茨瓦纳语的使用规则，促进了茨瓦纳语的持续发展。该协会的职责范围包括：核查正在使用的各种拼写方法，规定全国统一拼写形式；对阻碍使用茨瓦纳语作为有效沟通工具的异常现象提高认识；协助教育部进行茨瓦纳语言与文化的保护和传播工作；确定正字法和拼写方法；就媒体可用语言的选择提供建议；监控外来词的引用和新词汇的创造等（Nyati - Ramahobo，1998：50 - 51）。这一机构的运行在一定程度上不利于博茨瓦纳多语社会的发展。因此，1993年国家教育委员会建议将这一协会改名为“博茨瓦纳语言协会”，以适应语言多样性的国情而制定出更富包容性和综合性的语言政策。

（二）语言管理机构

为了保护和促进少数族群语言的发展，一些非政府组织应运而生，发挥着举足轻重的作用。“卡兰加语促进会”（The Society for the Promotion of Ikalanga Language）由族群精英于1981年创立，旨在维护和发展卡兰加人的语言和文化，在国家语言规划的历史中扮演着重要的角色。卡兰加人在少数族群中人数最多，有着强烈的民族身份认同感，包括城镇里中上层家庭的卡兰加儿童在家中说本族语。身居政府要职的卡兰加人表面上支持同化政策，实则一直致力于本族语地位的提升和权利合法化。虽未能影响政府在广播和教育等领域赋予卡兰加人合法的权利，但仍做了诸多有益的工作，如修订独立前卡兰加语正字法、出版卡兰加语赞美诗、翻译《圣经新约》以及发行卡兰加语简报等新闻出版物。正如前文所述，由叶伊族群精英建立于1955年的“遗留协会”呼吁政府对叶伊语言和文化引起重视，在路德圣经翻译协会、联合国教科文组织和社会团体的资助下，该组织进行了赞美诗、《耶稣传》等的叶伊语翻译工作，出版了叶伊语语言学习类图书，还制作了叶伊语日历等。文化组织联盟RETENG（意思是“we are here”或“we are present”），是一个跨越不同边缘化群体的组织，致力于博茨瓦纳语言与文化多样性的保护和发展。通过这一联盟的协调努力，一些旨在促进当地语言书写系统发展的研讨会得以召开。这一机构已经获得了一些国际组织的资金援助，在社会语言生活的关键方面发挥着重要作用。

“博茨瓦纳语言协会”自1987年以来开始使用茨瓦纳语作会议备忘录，呼吁国家议会尊重国语地位而正式使用该语言，并致力于将该语言推向与英语同样的官方语言地位。协会工作人员在走访村落、收集信息的过程中发现，语言政策和社会现实都对作为官方语言的英语给予了过度的重视，甚至以牺牲茨瓦纳语为代价，导致茨瓦纳语言和文化的衰落。例如，在就业方面，英语水平甚至比工作能力更为重要。由此，协会呼吁政府应调整相关政策，保护并传承茨瓦纳语言和文化，改变民众对该语言的消极态度。

茨瓦纳语言教育方面的情况也不容乐观，学生在小学和初中阶段的茨瓦纳语言考试成绩不佳。协会将其原因归纳为国家语言政策对英语成绩要求更高、学生的消极态度以及茨瓦纳语优秀师资的不足等。教育部由此开始进一步关注茨瓦纳语与就业的关联性、教师的职业培训以及学习资料的适用性等。另外，协会意识到1981年正字法的局限性而继续推进茨瓦纳语的标准化和现代化发展。正字法并不是茨瓦纳语言教学问题产生的主要原因。总体来说，提高茨瓦纳语言的社会地位是最为迫切需要解决的问题。

（三）社会各领域的语言管理

1. 教育领域

语言教育政策是指为了让公民获得国家语言、官方语言或是教育媒介语言等的运用能力而引进的政策和策略等（斯波斯基，2011：60）。博茨瓦纳政府重视公民的教育问题，将接受基础教育看作一项基本人权，认为教育应该尊重不同民族的语言和文化、消除歧视、促进团结和维护社会的公平正义。博茨瓦纳语言政策可以在语言教育政策的制定和实施中得到体现。

博茨瓦纳的语言政策是以过渡型双语教育模式为基础的，这意味着孩子在受教育的初始阶段以第一语言（L1）为教学媒介语，然后转到下一个阶段使用第二语言（L2）。过渡型双语教育模式用本族语为学生们提供一些教学指导，同时也加强英语语言教学。这个模式中的L1只作为过渡的手段，是用来掌握L2的，一旦学生可以足够熟练地使用L2进行理解和学习，就可以使用L2作为媒介语进行除了茨瓦纳语以外的所有学科的教学（转引自Adeyemi，2008：24）。Matiki（2006：240）也指出，博茨瓦纳已经建立了过渡型双语教育模式，即孩子在受教育的最初阶段使用第一语言，接着使用第二语言，然后使用第二语言作为媒介语来教授所有其他科目，此时第一语言成为一门课程。根据1994年《国家教育政策（修订版）》，这一模式（见表3）做了一些修改，比如：将使用L1作为教学语言的时间从四年减少到两年。本土语言或母语可以成为教育初始阶段的教学语言，这反映了政府从政策方面对发展少数族群语言的支持。政府还确定了6种可以教授的少数族群语言来启动以母语为教学语言的双语教学。

表3　博茨瓦纳过渡型双语教育模式

群　体	教学语言	语言课程	涉及内容
少数族群	一年级至二年级为第一语言；三年级开始为茨瓦纳语和英语	三年级开始教授英语和茨瓦纳语课程	所有文化（关注儿童母语文化）
以茨瓦纳语为主要语言的社会群体	一年级至二年级为茨瓦纳语；三年级开始为英语	三年级开始教授英语和少数族群语言课程	所有文化
以一种少数族群语言为主要语言的社会群体	一年级至二年级为主要语言；三年级开始为英语和茨瓦纳语	三年级开始教授英语和茨瓦纳语课程	所有文化

资料来源：Adeyemi，D. A.，2008，Bilingual education：Meeting the Challenges of Diversity in Botswana，*Nordic Journal of African Studies*，17（1），29.

在博茨瓦纳诸多小学里，一年级至二年级使用茨瓦纳语授课，从三年级开始全部用英语授课。茨瓦纳语和英语是全国通用语言，少数族群的孩子们要花大量时间学习这两种语言。徐薇（2015：57）在叶伊人聚居的村子塞波帕（Sepopa）调研时了解到，当地小学从一年级到三年级，老师用茨瓦纳语授课，教材也是用茨瓦纳文字书写，到了小学四年级及以上，学生的教材文字与授课语言全部使用英语。对语言文化权利的呼声促成了非政府组织如“遗留协会”和“卡兰加语促进会”的建立，这两个协会分别旨在保护并发展叶伊语和卡兰加语，已经开展了各种各样的活动以促进叶伊语和卡兰加语成为学前教育、初级教育早期阶段以及成人教育扫盲阶段的教学媒介语言（Adeyemi，2008：24）。受英国影响的博茨瓦纳在被殖民时期，早期识字和幼儿教育通常使用母语或就近社区的语言，因而用本土语言阅读和书写等实用性的活动开展得较早（罗美娜，2011：77）。在殖民统治时期，与其他本土语言相比较而言，茨瓦纳语获得了更多关注，广泛应用于学校教育的初级阶段。私立小学和中学严格使用英语进行交流。同时期，在主要使用少数族群语言卡兰加语的区域，卡兰加语是小学阶段最初两年的教学语言，而独立后，卡兰加语也随之退出了国家教育系统。

2. 媒体领域

博茨瓦纳现有官方日报《每日新闻》（*The Daily News*）、私营日报《报道者》（*Mmegi/The Reporter*）等 12 种报纸。[①] 其中，《每日新闻》是免费报纸，日发行量约 6.5 万份，用英语和茨瓦纳语出版，大部分新闻为英文版。这份报纸共 8 页，6 页半为英语，剩余页面则是把前页英语内容翻译成了茨瓦纳语。《报道者》主要使用英语进行出版，有一档茨瓦纳语栏目；另外，还有一档少数族群语言卡兰加语栏目，每周一次刊登半页卡兰加语文章。*Mokgosi* 发行于 2000 年，是一份纯茨瓦纳语报纸，创建者的初衷是要保护和传承国语茨瓦纳语。杂志 *Kutlwano* 的语言使用较为均衡，用英语写成的文章占 50%，用茨瓦纳语写成的文章占 50%。1965 年创建的博茨瓦纳广播电台为官方电台，用英语和茨瓦纳语进行广播。博茨瓦纳两家官方电台的数据显示，42% 的节目使用茨瓦纳语，22% 的节目使用英语，35% 的节目使用双语。该国一家私营电台的广播使用语言为英语，使用率为 70%（Nyati - Ramahobo，2000：272）。由以上数据可以得知，博茨瓦纳政府报纸语言多为英语，电台语言多为茨瓦纳语。另外，电视台于 2000 年 7 月开播，可通过卫星覆盖非洲大部分国家和地区，播放英语和茨瓦纳语节目。[②] 博茨瓦纳的媒体语言只有英语和茨瓦纳语两种，在政府、学校和医院等公共场所中，人们也必须使用茨瓦纳语或英语进行交流。绝大多数政府文件用英文书写。

（四）语言管理的特点和成效

博茨瓦纳的语言管理在历史发展进程中呈现出了显著特点，独立后语言政策的制定深受原宗主国发展理念和模式的影响，主要具有以下几个方面的特点。

第一，原宗主国殖民思想深深影响其语言格局，英语成为国家的官方

① 资料来源于中华人民共和国外交部官网“博茨瓦纳国家概况”，http://www.fmprc.gov.cn/web/gjhdq_676201/gj_676203/fz_677316/1206_677438/1206x0_677440/。

② 资料来源于中华人民共和国外交部官网“博茨瓦纳国家概况”，http://www.fmprc.gov.cn/web/gjhdq_676201/gj_676203/fz_677316/1206_677438/1206x0_677440/。

语言，本土语言发展失衡。正如非洲许多经历过殖民统治的国家一样，为了发展本国经济，增加与非洲其他国家乃至整个世界互动的机会，博茨瓦纳将原宗主国语言英语规定为国家的官方语言，广泛应用于政府、学校和媒体等各个领域。官方事务用英语进行，政府文件用英语书写。报纸、书刊、音像、电影和网络等文化传媒的英文印刷品比茨瓦纳语的要多得多。博茨瓦纳官方语言的选择体现了语言规划思想之一，即语言国际化（internationalism）。[①] 去殖民化和国际化思想在博茨瓦纳后殖民地时期产生了碰撞。英语在法律上官方语言地位的确立，使其在语言教育规划中的地位急剧上升，成为各个教学阶段的教学媒介语言。甚至，一部分小学教师还推崇将英语作为整个小学阶段的唯一教学语言。英语也频繁进入私人交流领域，这影响了少数族群的民族文化身份认同，也不利于母语的保护和传承。政府试图通过对英语的重视培养出精通国际语言、具有国际视野的社会精英阶层，使其能应对国际竞争的挑战而为国家现代化发展贡献力量；而个人希望通过学习和使用英语获得社会优势资源的分配，比如富于发展机遇的就业岗位等。然而，无论是政府还是个人，在教育中过分强调对英语的投入，忽视对本土语言的保护与发展，都会造成语言生活中的不和谐甚至是冲突。另外，语言和文化息息相关，文化是立国之本，忽视本土语言在一定程度上会造成文化流失。学习、研究、使用和传播英语符合国家现代化发展的需要，开展以英语为基础的语言教学可以说是世界性的趋势。然而，一个国家想要制定出成功的语言政策，首先应确保对本土语言和文化的保护和发展。

第二，受一元化建国理念的影响，博茨瓦纳对母语教育的重要性缺乏认识，少数族群的语言权利未得到真正保护。正如前文所述，独立后的博茨瓦纳深受英国发展模式的影响，意图建立只有一种语言、一个民族和一种文化的现代民族国家，希望借此维护国家统一、民族团结，建立自己的政治和文化身份，克服语言文化差异带来的隔阂和障碍，并参与和享用全球化浪潮带来的发展。博茨瓦纳是以茨瓦纳语为母语的茨瓦纳民族主导的国家，具有很强的政治意义。博茨瓦纳语言政策对该国语言文化多样性的忽视体现在语言教育政策方面。徐薇（2013b：178）的一项调查发现，叶

① 语言国际化，这是若干年前殖民地国家实行的语言规划思想，是指选择一种国外的通用语言作为本国的官方语言或教学用语。

伊人聚居的塞波帕村随着社会变迁，很多年轻人，特别是中小学生在生活中很少使用叶伊语，有的孩子能听得懂却不会说，大部分孩子已经丧失了运用本族语言的能力，因为只有懂得茨瓦纳语的孩子才能在学校里毫无障碍地学习，博茨瓦纳小学一年级至三年级用茨瓦纳语授课，从四年级开始全部用英语授课。由此可见，叶伊人正在逐渐丧失自己的本族语言、民族身份和文化传统。博茨瓦纳政府将语言多样性看作问题，限制少数族群语言的使用，牺牲非茨瓦纳人的利益，使其无法正确认识自己母语的价值，不能理解学习母语的重要性，少数民族使用和传承本族语的权利未能得到真正的保护。

第三，语言政策的制定、实施和贯彻取得一定的成绩，但政策和实践存在相脱节的问题。随着社会发展和少数族群精英群体意识的觉醒，博茨瓦纳政府基于社会现实和少数族群的合理诉求，对语言政策进行了调整或修改。诚然，语言政策的实施和贯彻是一个循序渐进的过程。然而，由于相关机构执行不力和一些人为因素，语言政策的制定、实施和贯彻显得缓慢，甚至有些政策未能落到实处。国家茨瓦纳语言协会促进了茨瓦纳语的传承和发展，但在一定程度上忽视了博茨瓦纳语言文化多样性的社会现实。因此，国家教育委员会于 1993 年建议将这一协会改名为“博茨瓦纳语言协会”，而事实上这一举措并未及时有效地助力该机构制定出更加包容的语言政策。1993 年国家教育委员会报告第 18 条提出：茨瓦纳语应该成为所有博茨瓦纳公民整个小学阶段的必修课程，但如果父母要求学校教授他们的孩子其他当地语言，学校须做出回应，在课程辅助活动中做出相应安排。而现实中这条政策和实践是相互脱节的，政府总是以缺乏人力、物力和财力为理由进行推脱，适应国情而制定的举措就成为一纸空文。这些做法在某种程度上增强了少数族群的群体意识，助推了他们为争取合法权益而进行的斗争。

四　总结与展望

任何民族为了维护团结和身份认同，任何国家为了捍卫统一和谋求发展，都需要制定和实施与之相适应的语言政策，既要立足于国情，又需拓展国际视野，从而有利于巩固政权、繁荣经济和促进社会的可持续发展。这是发展中国家在语言规划过程中所要面临的难题。在全球化时代，受殖民语言意识形态影响的非洲后殖民时期语言管理的核心问题是母语的教育问题。英语等西方国家语言的地位难以撼动，英语的传播是受利益驱使的多维联动问题，无疑会压制本土语言的使用范围，如何提高本土语言在国家事务中的地位和活力是非洲国家面临的重要难题。博茨瓦纳有着同样的发展需求和困境，现对其语言管理的经验教训做出总结，并对其语言未来的前景做出展望。

首先，加强国语地位规划，同时重视母语教学，在习得外语的过程中平衡外语和母语的关系，加强外语语种规划。博茨瓦纳语言政策在某种程度上缺乏对少数民族语言的重视，也少有落到实处。例如，卡兰加语在博茨瓦纳独立后逐渐退出了国家教育系统。祝畹瑾（1992：232）认为：“语言是表达民族感情的一种基本手段，民族矛盾往往都有语言上的原因或借口，新型的民族国家也往往在某种共同语里寻求认同感。”如果某个社会环境不能平等地保护和发展所有语言，最终会导致非主流的当地语言文化传统走向衰落，甚至是死亡，少数族群的文化身份日渐消失，也会加剧各民族之间的矛盾和冲突。对博茨瓦纳而言，前宗主国语言和本土语言发展失衡，突出体现在教育领域，英语通过成为教学语言和学校学习科目实现其语言资本的作用，从而获得了相应的经济效益。然而，持续加强母语教学，扩大母语的使用范围才能彰显本族语言的功能和价值。英语作为国际通用语具有突出的影响力，然而在经济全球化和文化多元化的背景下，国家间战略合作框架的不断拓展对外语语种规划提出了新的要求，以“语言安全”为指向的关键语种规划也迫在眉睫。

其次，发挥语言保护、语言服务等组织的积极作用，制定审慎、包容和放眼未来的语言政策。博茨瓦纳政府的民族同化政策激起了少数族群精英群体为争取合法权益而进行的斗争，一方面向法院提起诉讼寻求法律支持，另一方面建立相关工作坊、论坛和社会团体等抗议政府的不公平待遇。在这样的社会背景下，旨在传播、保护和发展少数族群语言的“遗留协会”“卡兰加语协会”等非政府组织应运而生，它们的活动内容丰富，组织形式多样，效果积极有效，它们开展调查搜集工作、出版书籍、开办语言学习班等，在一定程度上促进了语言文化传统的保护和传承，也推动了当地经济的发展。博茨瓦纳的执政者们也因此通过调整修订政策条款，消弭族群间的矛盾与冲突。这一点具有重要的借鉴意义，政府语言规划管理机构和民间语言文化组织可以展开合作，在语言保护、传播和服务规划等领域，在语言培训、翻译、咨询、教育和技术等方面，积极发挥各方的促进作用。

再次，积极研究和开发语言资源，保护语言生态，促进语言生活的和谐健康发展与人类社会的可持续发展。长期以来，博茨瓦纳对各少数族群语言和民族方面的数据资料缺乏调查和研究。因为执政者们将“语言多样化”看作一个问题，数据的搜集记载不利于国家统一和民族团结。这一做法忽视了少数族群的语言价值和语言权利，造成了文化隔阂，加剧了民族矛盾。由此，对博茨瓦纳而言明智的做法是研究和开发语言资源，重视少数族群语言的保护和传承，促进语言生态的均衡发展和语言生活的健康发展。

最后，加强本土语言和少数族群语言的声望规划，注重挖掘语言背后的经济价值和经济力量，提高语言规划实现既定目标的能力。Cooper（1989：182）曾指出，“规划语言就是规划社会”。立足国情、面向未来的语言规划和积极审慎、及时有效的语言管理，是一个民族、国家乃至全人类社会可持续发展的重要条件。不可否认，人们学习和使用语言是出于经济利益的考虑。因此，收获经济利益是旨在扶持本土语言或少数族群语言的语言政策顺利实施并取得成功的关键，将博茨瓦纳本土语言赋予经济优势，创造市场需求，将本土语言学习的表现与就业、政治话语权、国家事务的参与等挂钩，或许是保护其语言生态、继承和发展其语言的正确选择。

参考文献

[1] 蔡永良，2002，《论美国的语言政策》，《江苏社会科学》第 5 期，第 194 页。
[2] 陈章太，2002，《说语言立法》，《语言文字应用》第 4 期，第 20 页。
[3] 刘彦华，2012，《博茨瓦纳高等院校课程设置研究》，浙江师范大学硕士学位论文，第 2 页。
[4] 罗美娜，2011，《非洲国家的多元语言使用问题》，《世界民族》第 2 期，第 77 页。
[5] 马奕男，2016，《博茨瓦纳大学中文专业课程设置调查与分析》，上海师范大学硕士学位论文，第 2 页。
[6] 徐人龙，2005，《博茨瓦纳独立后政治发展刍议》，《西亚非洲》第 2 期，第 45 页。
[7] 徐薇，2013a，《博茨瓦纳民族问题研究》，《世界民族》第 2 期，第 26 页。
[8] 徐薇，2013b，《博茨瓦纳叶伊人与奥卡万戈三角洲》，《人类学高级论坛》2013 卷，第 177 ~ 181 页。
[9] 徐薇，2015，《博茨瓦纳的族群关系与社会变迁》，《国际论坛》第 17 卷第 1 期，第 56 ~ 57 页。

[10]〔以〕博纳德·斯波斯基，2011，《语言政策——社会语言学中的重要论题》，张治国译，商务印书馆。

[11] 周庆生，2002，《国外语言立法概述》，《语言与法律研究的新视野——语言与法律首届学术研讨会论文集》，第 38 ~ 39 页。

[12] 祝畹瑾，1992，《社会语言学概论》，湖南教育出版社，第 232 页。

[13] Adeyemi, D. A., 2008, Bilingual Education: Meeting the Challenges Ofdiversity in Botswana, *Nordic Journal of African Studies*, *17* (1), 23 - 24.

[14] Cooper, R. (1989). *Language Planning and Social Change*. Cambridge: Cambridge University Press, 182.

[15] Kamwendo, G. & Mooko, T., 2006, Language Planning in Botswana and Malawi: Acomparative Ssudy, *International Journal of the Sociology of Language*, 182, 127.

[16] Matiki, A. J. (2006). Literacy, Ethnolinguistic Diversity and Transitional Bilingual educationin Malawi, *The International Journal of Bilingual Education and Bilingualism*, *9* (2), 240.

[17] Nkosana, L. (2011). Language Policy and Planning in Botswana, *The African Symposium*, *11* (1), 129 - 134.

[18] Nyati - Ramahobo, L. (1998). Language Planning in Botswana, *Language Problems and Language Planning*, *22* (1), 50 - 51.

[19] Nyati - Ramahobo, L. (2000). The Language Situation in Botswana, *Current Issues in Language Planning*, *1* (2), 243 - 300.

[20] Ruiz, R., (1984). Orientations in Language planning, *NABE Journal*, *8* (2), 15 - 34.

[21] Republic of Botswana, (1993). *Report of the National Commission on Education*. Gaborone: Government Printers.

[22] Republic of Botswana, (1994). *Revised National Policy on Education (RNPE)*. Gaborone: Government Printers.

[23] Republic of Botswana, (1997). *Long Term Vision for Botswana*, *Vision* 2016: *Towards Prosperity for All*. Gaborone: Government Printers.

[24] Spolsky, B. (2009). *Language Management*. Cambridge, England: Cambridge University Press.

布基纳法索*

一　国家概况

布基纳法索（The Burkina Faso）（以下或简称“布”）是位于非洲西部的一个内陆国家，其旧称为上沃尔特（Upper Volta）。“布基纳法索”的国名由不同语言的两个词组成：“布基纳”来自莫西语，表示正直；“法索”源于Jula语，表示祖先的屋子或国家。因此，“布基纳法索”整体可释义为“正直的人的土地”。[①]

布基纳法索处于沃尔特河上游，与尼日尔、贝宁、多哥、加纳、科特迪瓦和马里六国接壤，国土面积达274200平方公里，[②] 相当于法国国土的一半。自1996年国家行政改革以来，布基纳法索全国分为13个大区、45个省和301个市镇。[③] 首都瓦加杜古（Ouagadougou）是布基纳法索最大的城市，位于卡迪奥果省（Kadiogo），同时也是该省的首府。

截至2021年7月，布基纳法索人口总数已达到2138.3万人，人口密度约为78人/平方公里，是非洲大陆人口密度较大的国家之一，但全国人口分布并不均衡，大部分人口集中于该国的中部和南部地区，尤其是首都瓦加杜古市，居住了180万名居民，而北部和西南部广大省份的人口则较为稀少。该国的城市化水平较低，至2022年，仅有31.9%的居民居住于

---

* ［作者简介］韩进拓，浙江师范大学国际中文教育研究院特聘研究员。研究方向：国际中文教育、社会语言学。

① 信息来源于非洲遗产（African Heritage）博客，https：//afrolegends. com/2013/09/12/why－the－name－burkina－faso/（2022年2月11日读取）。

② 信息来源于美国中情局世界概况（The CIA World Factbook）官方网站，https：//www. cia. gov/the－world－factbook/countries/burkina－faso/#people－and－society（2022年2月12日读取）。

③ 信息来源于中华人民共和国外交部布基纳法索概况，https：//www. fmprc. gov. cn/web/gjhdq_ 676201/gj_ 676203/fz_ 677316/1206_ 677462/1206x0_ 677464/。

城市地区，其余人口均在农村。[①] 近年来，布基纳法索还吸引了不少来自科特迪瓦、加纳和马里的难民，他们通常和当地人有着共同的种族背景，截至2017年5月，约有3.35万马里难民被该国收容。[②] 布基纳法索的人口始终保持着高水平的增长态势，这给国土面积和自然资源有限的布基纳法索造成了越来越大的压力。

布基纳法索境内共有60多个部族，可划分为沃尔特和芒戴两大族系。沃尔特族系约占全国人口的70%，主要有莫西族（Mossi）、古尔芒则族（Gourmantché）、洛比族（Lobi）、古隆西族（Gurunsi）和博博族（Bobo）；芒戴族系约占全国人口的28%，主要有萨莫族（Samo）、马尔卡族（Marka）、布桑塞族（Boussanse）、塞努福族（Senufo）和迪乌拉族（Dioula）。在北部地区，还有一些从事游牧业的颇尔人（Peul，西非富拉尼人的一支）和经商的豪萨人（沐涛、杜英，2011：16）。莫西族是布基纳法索最主要的部族，约占总人口的52%，[③] 主要分布于该国的中部和东部地区。

布基纳法索1960年8月5日宣布独立，国名为上沃尔特共和国。1984年8月4日，正式更改国名为“布基纳法索”。

布基纳法索现行宪法为第四共和国宪法，于1991年6月2日经全民投票通过。宪法规定：布基纳法索是一个民主、统一、非宗教的国家；实行三权分立和多党制；共和国总统是国家元首、部长会议主席、最高司法委员会主席、武装力量最高统帅，须从年满35岁的布基纳法索公民中直选产生。2000年4月，国民议会大会通过宪法修正案，规定总统任期5年，可连任一次；总统临时或最终不能行使职权时，由议长代为行使；解散国民议会时，总统需与议长协商；国家司法机构由最高法院、行政法院、审计法院和各级法庭组成。[④]

独立60余年来，布基纳法索的政权几经更迭，形成了文官政府和军人政府交替执政的局面（沐涛、杜英，2011：63）。2022年1月24日，军方

---

① 信息来源于美国中情局世界概况官方网站，https：//www. cia. gov/the – world – factbook/countries/burkina – faso/#people – and – society（2022年2月12日读取）。

② 信息来源于美国中情局世界概况官方网站，https：//www. cia. gov/the – world – factbook/countries/burkina – faso/#people – and – society（2022年2月12日读取）。

③ 信息来源于美国中情局世界概况官方网站，https：//www. cia. gov/the – world – factbook/countries/burkina – faso/#people – and – society（2022年2月12日读取）。

④ 信息来源于中华人民共和国外交部布基纳法索概况，https：//www. fmprc. gov. cn/web/gjhdq_ 676201/gj_ 676203/fz_ 677316/1206_ 677462/1206x0_ 677464/。

发动政变，罢免了罗赫·马克·克里斯蒂安·卡博雷的总统职位。由军方支持的保卫和恢复爱国运动组织（Mouvement Patriotique pour la Sauvegarde et la Restauration，MPSR）发布声明，称“为让国家团结所有的力量维护领土完整”，军方决定“为卡博雷政权画上句号”。[①]

布基纳法索的经济以农牧业为主。全国 84% 的劳动力以务农为生，2019 年，农牧业产值达国内生产总值的 25%。5% 的劳动力从事工业生产（主要为农牧产品加工和轻工业），2018 年，工业产值约占国内生产总值的 29%。[②]

作为一个内陆农业国，布基纳法索一向重视发展对外贸易。一方面，该国严重依赖进口工业制品；另一方面，它需将当地的农矿产品推向海外市场（沐涛、杜英，2011：94）。2020 年，布基纳法索的进出口总额达到 65.6 亿美元，主要进口国为中国、科特迪瓦、法国、美国和俄罗斯，主要出口国为瑞士、印度、科特迪瓦和新加坡。[③]

此外，由于布基纳法索是联合国公布的世界上最不发达的国家之一，它在经济发展过程中非常依赖外国援助。主要援助国包括法国、德国、丹麦、荷兰与日本；援助国际组织包括世界银行、国际货币基金组织、欧盟、非洲发展基金和联合国开发计划署等。[④]

在宗教方面，布基纳法索人主要信奉当地传统宗教、伊斯兰教和基督教。根据美国中情局估算，2017 年，布基纳法索居民中，有 63.2% 是穆斯林，24.6% 是罗马天主教徒，6.9% 是新教徒，4.2% 是万物有灵论者。[⑤]

在教育方面，布基纳法索被联合国列为世界上识字率最低的国家，成人识字率仅为 36%，国民平均受教育年限为 8.1 年。目前，该国共有 3368 所小学（含约 70.6 万在校生）、293 所中学（含约 14.7 万在校生）和 3 所高等学府（瓦加杜古大学、博博工科综合大学和库杜古高等师范学校）。

---

① 信息来源于英国广播公司（BBC）新闻，https：//www. bbc. com/news/world - africa - 60118993（2022 年 2 月 17 日读取）。

② 信息来源于中华人民共和国外交部布基纳法索概况，https：//www. fmprc. gov. cn/web/gjhdq_ 676201/gj_ 676203/fz_ 677316/1206_ 677462/1206x0_ 677464/。

③ 信息来源于中华人民共和国外交部布基纳法索概况，https：//www. fmprc. gov. cn/web/gjhdq_ 676201/gj_ 676203/fz_ 677316/1206_ 677462/1206x0_ 677464/。

④ 信息来源于中华人民共和国外交部布基纳法索概况，https：//www. fmprc. gov. cn/web/gjhdq_ 676201/gj_ 676203/fz_ 677316/1206_ 677462/1206x0_ 677464/。

⑤ 信息来源于美国中情局世界概况官方网站，https：//www. cia. gov/the - world - factbook/countries/burkina - faso/#people - and - society（2022 年 2 月 12 日读取）。

除本国学生外，国内还有非洲九国的数百名留学生。[①]

布基纳法索长年同西方国家（尤其是法国）保持着密切关系。21 世纪以来，该国更加注重加强同美国及亚洲国家交往，此外，还积极谋求在非洲事务中发挥积极作用。[②]

布基纳法索与中国的外交关系较为曲折。1973 年 9 月，布基纳法索与中华人民共和国正式建交。1994 年 2 月 2 日，布与台湾当局签署所谓的“复交”公报，2 月 4 日，中国政府宣布中止与布的外交关系。1973 年至 1994 年间，中国除了经济援助之外，还累计向布派遣了 163 位医疗队员，接收了 23 名布留学生。2018 年 5 月 24 日，布基纳法索宣布同台“断交”；5 月 26 日，布基纳法索与中国政府签署《中华人民共和国与布基纳法索关于恢复外交关系的联合公报》，两国正式恢复大使级外交关系。[③] 复交后，两国恢复了经贸关系和经济技术合作，2020 年，中布贸易额达 4 亿美元，同比增长 24.5%。[④]

二　语言使用状况

根据民族语网（Ethnologue），布基纳法索境内共有 71 种正在使用的语言，[⑤] 包括法语和非洲本土语言，语言资源相当丰富。

（一）官方语言

法语是布基纳法索唯一的官方语言。法语在布传播的历史最早可追溯至 19 世纪末法国殖民统治时期。在取得独立后，布基纳法索新政府保留了法语作为官方语言的地位，其在该国社会生活中始终发挥着重要作用。

目前，法语是公共行政、司法、外交和正规教育等领域中规定使用的语言，是公职人员必须掌握的语言，甚至是学习其他语言（如英语和德

---

① 信息来源于中华人民共和国外交部布基纳法索概况，https://www.fmprc.gov.cn/web/gjhdq_676201/gj_676203/fz_677316/1206_677462/1206x0_677464/。

② 信息来源于中华人民共和国外交部布基纳法索概况，https://www.fmprc.gov.cn/web/gjhdq_676201/gj_676203/fz_677316/1206_677462/1206x0_677464/。

③ 信息来源于中华人民共和国外交部中布关系简况，https://www.fmprc.gov.cn/web/gjhdq_676201/gj_676203/fz_677316/1206_677462/sbgx_677466/（2022 年 2 月 17 日读取）。

④ 信息来源于中华人民共和国外交部布基纳法索概况，https://www.fmprc.gov.cn/web/gjhdq_676201/gj_676203/fz_677316/1206_677462/1206x0_677464/。

⑤ 信息来源于民族语网，https://www.ethnologue.com/（2019 年 2 月 1 日读取）。

语）的媒介语，在布基纳法索享有极高的社会声望。然而，在布基纳法索，仅有少部分社会精英才能够理解和使用法语。据联合国统计司2009年的调查结果，布基纳法索共有421万名法语使用者，尚不及当时总人口的30%，其中，将法语作为第一语言的使用者仅17万人，404万人将法语作为第二语言。①

（二）非洲本土语言

布基纳法索绝大部分的非洲本土语言属于尼日尔－刚果语系（Niger－Congo），它们主要来源于两大语族，即大西洋－刚果语族（Atlantic－Congo）和曼德语族（Mande）（详见表1）。此外，还有若干门语言来自尼罗－撒哈拉语系（Songhay，Humburi Senni语和Zarma语两门语言）和亚非语系（Hausa语和Tamasheq语两门语言）。

表1　布基纳法索主要非洲本土语言系属分类

大西洋－刚果语族	Biali；Birifor，Malba；Bomu；Buamu；Bwamu，Cwi；Bwamu，Láá Láá；Cerma；Dagaari Dioula；Dagara，Northern；Dogon，Jamsay；Dogon，Tomo Kan；Dogosé；Dogoso；Dyan；Fulfulde；Gourmanchéma；Cascades；Kaansa；Kalamsé；Karaboro，Eastern；Karaboro，Western；Kasem；Khe；Khisa；Koromfé；Kusaal；Lobi；Lyélé；Moba；Mòoré；Natioro；Farefare；Nuni，Northern；Nibulu，Southern；Paleni；Pana；Phuie；Sénoufo，Nanerigé；Sénoufo，Senara；Sénoufo，Sìcìté；Siamou；Sissala；Téén；Tiéfo；Toussian，Northern；Toussian，Southern；Turka；Viemo；Wara；Winyé
曼德语族	Bisa；Bobo Madaré，Southern；Bolon；Dzùùngoo；Jalkunan；Jowulu；Jula；Konabéré；Kpeego；Marka；Samo，Matya；Samo，Maya；Samo，Southern；Seeku；Sininkere

在布基纳法索的非洲本土语言中，最有影响力的三种语言是莫西语、Jula语和颇尔语。

莫西语（Mòoré，也称Mossi、Moré等）是布基纳法索最主要的语言，在该国民族认同建构中发挥着重要作用。2009年，布基纳法索约有636万人使用莫西语，接近全国人口的一半。以首都瓦加杜古为中心，该种语言的使用区域广泛分布于布基纳法索的中部地区，它在各大城市均有使用

① 信息来源于民族语网，https：//www.ethnologue.com/（2019年2月1日读取）。

者，主要作贸易用语，它还是广播和电视节目的常用语言。莫西语共有7种方言变体，分别为Saremdé、Taolendé、Yaadré、Ouagadougou、Yaande、Zaore（Joore）和Yana（Jaan或Yanga）。其中，Yana方言与Ouagadougou方言较为相似，相互可懂度超过90%；Yana方言和Zaore方言的相互可懂度为75%~80%；Zaore方言和Ouagadougou方言的相互可懂度为88%~95%。此外，在全球共有约783万名莫西语使用者，其中包括马里的3.9万人和多哥的3.3万人。莫西语主要采用拉丁字母进行书写，莫西语盲文体系于2010年面世。①

Jula语（也称Dioula、Diula、Dyula等）是布基纳法索迪乌拉族的语言。在布基纳法索，Jula语的使用者超过361万人，约为全国人口的24%，其中61.6万人将其作为第一语言、300万人将其作为第二语言。该种语言在布基纳法索的布克莱迪穆翁大区、瀑布大区和上盆地大区的各大城市均有使用者，主要用于贸易，它还是广播和电视节目所使用的语言。需要说明的是，全球共有约1248.6万人使用Jula语，它是邻国科特迪瓦的重要语言，在科共有850万名使用者，包括150万名一语使用者和700万名二语使用者。Jula语可以用阿拉伯字母或拉丁字母书写②，但布基纳法索和科特迪瓦的使用者均使用非洲本土的N'ko书写系统③。

颇尔语（Peul，也称Fula、Fulfulde、Fulani等）是布基纳法索重要的国家语言之一。调查显示，2009年，布基纳法索共有117万名颇尔语使用者，超过全国总人口的7.7%，主要分布于东北部撒哈拉沙漠的边缘地带。在当地，以Gourmanchéma语、Koromfé语等为第一语言的人常将颇尔语作为第二语言。在地域方言方面，布基纳法索的颇尔语存在Barani、Gourmantche、Bogandé和Jelgoore等多种变体。此外，颇尔语还是尼日尔官方承认的国语之一，在尼日尔共有45万名使用者，在贝宁也有众多使用者。在书写系统方面，颇尔语可用阿拉伯字母和拉丁字母进行书写。④

除了以上三种重要语言，布基纳法索还有10种全国使用人数超过13

① 信息来源于民族语网，https：//www.ethnologue.com/，2019年2月1日。

② 信息来源于民族语网，https：//www.ethnologue.com/，2019年2月1日。

③ N'ko是首个为非洲语言创造的本土书写系统，由几内亚作家与教育家Soloman Kante于1949年创建。"N'ko"在所有曼德语中都表示"我说"，字母表共包含19个辅音、7个元音和8个变音符号。该文字拥有自己的电脑字体。

④ 信息来源于民族语网，https：//www.ethnologue.com/，2019年2月1日。

万人的非洲本土语言，大致情况如下。

Gourmanchéma 语（也称 Goulmacema 等）。2009 年在布基纳法索共有 77.2 万名使用者，超过了总人口的 5%，主要分布于中东大区的 Koulpelogo 省、中北大区的 Namentenga 省和东部大区的多个省份。在地域方言方面，分为北部方言、中部方言和东部方言，其中，中部方言享有更高的社会声望，为当地报纸、广播电视用语，东部方言可与其相互理解。全球总共有超 106 万位 Gourmanchéma 语使用者，在贝宁、尼日尔和多哥均有分布。在书写系统方面，使用拉丁字母进行书写。①

Bisa 语（也称 Bissa、Boussanse 等）。布基纳法索约有 39.9 万名使用者，分散于中东大区和中南大区。Bisa 语在加纳和多哥也有使用者，全球掌握 Bisa 语的人总共有 70 多万人。在地域方言方面，Bisa 语存在 Barka、Lebir、Lere 和 Gormine 四种变体。在书写系统方面，Bisa 语可使用拉丁字母进行书写。②

Buamu 语（也称 Bobo、Bomo 等）。使用人数超 26 万人，均位于布基纳法索境内，主要在布克莱迪穆翁大区、中西大区、东部大区和西南大区。Buamu 语是当地扫盲计划中所使用的本土语言之一，也是广播电台中所使用的语言之一。③

Dagara，Northern 语（也称 Dagaara、Degati、Northern Dagaare 等）。仅分布于布基纳法索，在该国的中西大区、东部大区、上盆地大区和西南大区共有 24.7 万名使用者。在地域方言方面，Dagara 语有 Lober、Wule 和 Nura 三种变体。使用者们对该种语言抱有积极的语言态度，它还是广播电台、电视节目使用的语言。此外，Dagara 语使用拉丁字母书写系统。④

Lobi 语。在 2009 年，共有 22 万名 Lobi 语使用者分布于布基纳法索的瀑布大区和中南大区。该语言在全球共有 49 万名使用者，其余使用者均分布于科特迪瓦。Lobi 语使用者一般也使用 Jula 语和法语，而当地以 Kaansa 语、Téén 语等为第一语言的人则常学习 Lobi 语为第二语言。在书写系统方面，Lobi 语可用拉丁字母进行书写。⑤

---

① 信息来源于民族语网，https://www.ethnologue.com/，2019 年 2 月 1 日。

② 信息来源于民族语网，https://www.ethnologue.com/，2019 年 2 月 1 日。

③ 信息来源于民族语网，https://www.ethnologue.com/，2019 年 2 月 1 日。

④ 信息来源于民族语网，https://www.ethnologue.com/，2019 年 2 月 1 日。

⑤ 信息来源于民族语网，https://www.ethnologue.com/，2019 年 2 月 1 日。

Lyélé 语（也称 Gurunsi、Lela 等）。共有 21.3 万名使用者，仅分布于布基纳法索境内。Lyélé 语大致有四种地域方言变体：南部方言、中部方言、北部方言和 Kandéré 方言。其中大部分中部方言及北部方言的使用者可完全理解南部方言，精通 Kandéré 方言的人可理解南部方言的 75%。50% 的使用者的年龄在 15 周岁及以下，掌握 Lyélé 语的人可能也掌握法语、莫西语和 Jula 语。该种语言可使用拉丁字母书写，是布基纳法索政府扫盲计划中所指定的本土语言之一，因此民众对 Lyélé 语的识字率正在不断增加。①

Koromfé 语。根据 2001 年的统计数据，在布基纳法索有 19.6 万名 Koromfé 语的使用者，集中分布于国家的中央大区和北部大区的多个省份，当地掌握 Koromfé 语的人也常精通莫西语。在马里也有少量使用者。在地域方言方面，Koromfé 语有 Koromba 和 Fulse 两种变体。此外，该种语言可使用拉丁字母书写，是当地识字项目中所使用的语言之一。②

Bobo Madaré, Southern 语（也称 Black Bobo、Bobo Madaré 等），为布基纳法索的一种声调语言，在全国共有 18.1 万名使用者，分散于东部大区、布克莱迪穆翁大区和上盆地大区。在地域方言方面，有 Benge、Sogokiré、Voré 和 Syabéré 等，其中 Syabéré 享有较高声誉，用于写作。Bobo Madaré, Southern 语同样使用拉丁字母进行书写。③

Nuni, Southern 语（也称 Nibulu、Nuna 等）。14.7 万名使用者分布于布基纳法索中南大区和中西大区等地区的 100 多个村庄中。Nuni, Southern 语使用者一般也使用莫西语或法语。在地域方言方面，有 Micari、Basinyari、Yatini、Gori、Bwana 和 Sankura 六种变体。在书写系统方面，其使用拉丁字母系统。④

Marka 语（也称 Dafing）。布基纳法索的布克莱迪穆翁大区共存在 13.5 万名使用者，在马里也约有 5 万名可使用 Marka 语进行交际的人。在地域方言方面，共有 Safané、Nouna 和 Gassa 三种变体。Marka 语在广播电台中也得以应用。此外，在书写方面，Marka 语同样使用拉丁字母系统。⑤

---

① 信息来源于民族语网，https：//www.ethnologue.com/，2019 年 2 月 1 日。

② 信息来源于民族语网，https：//www.ethnologue.com/，2019 年 2 月 1 日。

③ 信息来源于民族语网，https：//www.ethnologue.com/，2019 年 2 月 1 日。

④ 信息来源于民族语网，https：//www.ethnologue.com/，2019 年 2 月 1 日。

⑤ 信息来源于民族语网，https：//www.ethnologue.com/，2019 年 2 月 1 日。

在布基纳法索，也有部分语言正逐渐走向衰亡。根据美国国际语言暑期学院（SIL International）的调查结果，布基纳法索的濒危语言包括：Jalkuna 语，在 1995 年时仅有 500 人使用 Jalkuna 语；Khe 语，在 1983 年时仅留存 1300 名使用者；Khisa 语，在 1991 年时仅有 3000 位使用者；Tiéfo 语，在 1995 年当地仅有 1000 位使用者；Téén 语，1999 年使用人数仅为 2000 人；Zarma 语，在 1987 年时当地仅剩 600 人使用 Zarma 语。[①]

（三）手语

布基纳法索的聋人使用的法语非洲地区手语（Langue des Signes d'Afrique Francophone，LSAF），是美国手语（American Sign Language）在非洲地区的方言变体。美国手语与法国手语（French Sign Language）关系密切，但均缺乏完善的书写系统。布基纳法索当地的 LSAF 与标准的美国手语相互理解度状况还需继续调查。

（四）其他语言

除了官方语言法语和非洲本土语言之外，布基纳法索还有阿拉伯语、英语和汉语等其他语言。

阿拉伯语是随着伊斯兰教而传播开来的，主要存在于布基纳法索民众的宗教生活中。早在 15 世纪，布基纳法索地区就已存在伊斯兰教育，在当时的宗教学校（Medersas）中，学生不仅可以学到基本的伊斯兰教知识，还可以接受实用技能学习（如农业生产）（Wodon，2015：81）。然而，传统的古兰经学校的教育水平相对较低，原因在于，在这些伊斯兰教学校中，学生只需进行古兰经的口头记忆，却并未接受阿拉伯语的系统学习，无法真正理解阿拉伯经文的含义（Smith，2018）。在法国殖民期间，古兰经学校与天主教学校和世俗学校同时存在，但殖民当局对阿拉伯语持打压态度。20 世纪 80 年代后，在中东各社会组织的支持下，布基纳法索的法语－阿拉伯语双语学校数量开始在城市地区迅速增长，这种教学机构不仅提供法语、阿拉伯语及伊斯兰宗教知识的教学，还融入了公立学校的相关教育知识。2000 年以来，布基纳法索累计开设了 2400 所古兰经学校和法语－阿拉伯语双语学校，在布基纳法索的私立学校中，有 66% 为法语－阿拉伯语双语学校。然而，布

---

① 信息来源于民族语网，https：//www. ethnologue. com/，2019 年 2 月 1 日。

基纳法索当前仍存在一定数量的传统宗教学校，亟须改进，美国驻布基纳法索大使馆经过为期一年的调查后发现：在古兰经学校中，仅有7%的教师接受过正规教育或理解法语，同时，由于缺乏科学的教学法，学生均无法理解阿拉伯语，大多为文盲（Smith，2018）。2010年后，布基纳法索政府开始推行伊斯兰教育改革计划，与伊斯兰国家银行联合实施法语－阿拉伯语双语小学教育支持项目（PREFA），① 旨在加强对国内伊斯兰学校的监管、建立统一的国家课程体系（Smith，2018）。

英语处于世界通用语的地位，但由于布基纳法索语言情况非常复杂，民众学习新一门外语的精力相当有限，该国很少有人能够熟练使用英语。但是，在布基纳法索的正规教育体系中，英语是一门重要的外语课程，学生在中学阶段起均需接受为期七年的英语学习。国内的大部分英语教师是本国公民，主要接受瓦加杜古大学和库杜古高等师范学校的培训，从业资质不一（Zongo & Somé－Guiébré，2021；Bado，2014）；学生的英语成绩也并不理想，许多学习者都无法使用英语完成自我表达。

同阿拉伯语和英语相比，汉语在布基纳法索是一门处于边缘地位的外语。1994年至2018年间，来自中国台湾地区的人员是布基纳法索汉语传播的主要力量，如1998年起开始施行“华语文教学推广计划”，其围绕语言教学、文化讲座与文化推广项目开展工作，当地共有3名来自台湾地区的专任教师推广汉语；2015年，布基纳法索首次举办了“华语文能力测验”；此外，当地还时常举行与书法、茶文化等中国文化相关的活动。自从与中国复交之后，布基纳法索的汉语传播进入了新的发展阶段。2019年1月28日，由博博迪乌拉索工业大学和我国天津工业大学合作共建的孔子学院正式设立，这是布基纳法索国内的首家孔子学院。② 2021年底，我国驻布大使馆和当地的布约瑟夫·基－泽博大学合办“汉语小课堂”，旨在立足现有资源，填补在布汉语教学空白，以语言为桥梁，让更多的民众了解中国、亲近中国。③ 总之，在新时期，随着中布两国交流与合作越发紧

---

① PREFA的全称为Project d’Appui à l’Enseignement Primaire Bilingue Franco－Arabe。在2015年至2018年，它以“全民教育”为发展目标，进行了完善教育设施、提供法语和阿拉伯语双语教育培训、开发双语教学材料等重要工作。

② 信息来源于天津工业大学官方网站，https：//io. tiangong. edu. cn/2019/1227/c5836a50327/page. htm，2021年2月18日。

③ 信息来源于布基纳法索大使馆，http：//bf. china－embassy. org/sbjw/202201/t20220101_10478194. htm，2021年2月18日。

密，汉语在布基纳法索的传播必将蒸蒸日上。

三　语言管理

（一）国家语言政策的演进

布基纳法索的语言政策大致可以分为法国殖民时期和独立时期两个阶段，每一阶段的规划随着统治阶级政治目的的变化而有着不同的内容和特点。

1. 法国殖民时期

在法国殖民统治时期，殖民当局施行语言同化政策。一方面，语言是文化、价值观的载体，殖民者期望以语言为桥梁，建立被殖民者对其文化、宗教以及情感上的认同，减轻被殖民者的反抗情绪，塑造积极的情感态度；另一方面，殖民当局期望通过培养当地的双语者（指掌握法语和本民族语言的本土居民），建立与本土居民的联系，以方便殖民统治。法国的语言同化政策非常严苛，殖民者在大力推广法语的同时，极度排斥布基纳法索本地语言以及阿拉伯语（伊斯兰教语言）的使用。他们不仅强迫当地居民在公共、公开场合使用法语，将法语规定为教学语言，还在意识形态上排斥、贬低非洲本土语言，认为非洲语言存在数量多、缺乏固定语用规则等问题，而法语则与先进、高贵等词相挂钩，以此来提高法语的声望。

事实上，尽管殖民政府的语言规划行为大大挤压了民族语言的生存空间，但法语在布基纳法索的推广仍未取得很大成效，主要原因有三：一是布基纳法索的教育水平落后，国民识字率低，大部分居民对本土语言尚未达到熟练掌握的程度，更不用说学习一门新的外语；二是法国殖民者政策制定得并不合理，以教育政策为例，幼童进入校园后，语言环境的骤变引起幼童的不适，师生间的语言沟通障碍也是一大问题，法语教学在布基纳法索难以奏效；三是殖民政府在当地的暴力统治引起了当地居民的不满，居民对殖民政策的配合程度低，不愿意学习殖民者语言。

2. 独立时期

1960 年，布基纳法索脱离法国独立。在这一阶段，民族主权的重拾促进了政府重新规划国家语言。语言与民族认同不可分割，非洲国家语言的多样性使语言成为同一言语社区的重要情感维系，但同时，各民族之间语言隔阂而导致的沟通问题使不同民族无形间被分割开来。选用合适的通用语言，将有助于增进民族间的沟通交流，促进各民族的融合和统一。因此，对布基纳法索这一新兴独立的多民族国家来说，官方语言的选择成为和平争取民族发展的关键。

经过权衡之后，布基纳法索新政府并没有抛弃原殖民语言，它在宪法中赋予其官方语言的地位。1997 年的《宪法》第 35 条规定“官方语言为法语”。布基纳法索之所以选用法语为官方语言，主要有以下几点原因。

第一，殖民语言具有相对的政治中立性，将其定为官方语言有利于民族团结、国家稳定发展。不同民族在意识形态、身份认同上难免存在对立矛盾。民族的和平以及和谐发展会受到语言生态的影响，在公共领域中，不可避免地存在不同语言的竞争，从而产生语言地位不平等状况和居民对不同语言的态度的差异。部分使用人口较多的本土语言，如莫西语和颇尔语，被认为更有权力和优越性，在社会中占主导地位；而一些使用人口较少的语言，则被视为处于劣势地位。政府将任何一种民族语言选为官方语言都会引起其他民族的不满，会被视为带有政治倾向性，致使各民族间的竞争与仇视，国家因此动荡不安。而原殖民语言法语具有相对的政治中立性，不对任何种族有偏向性，以法语为官方语言可避免民族分歧。

第二，客观来看，在现代社会，非洲本土语言所能发挥的功能相当有限，无法完全满足居民的使用需求。在布基纳法索的本土语言中，尚没有一种语言是规范的、具有统一的使用标准的。本土语言体系发展不完善，无法应对现代生活。比如，本土语言中缺少部分学科专业名词的表达，局限于本土语言将会抑制学生学业的发展。相反，在语言多样性的环境下，法语作为官方语言，是知识现代化、国家建设和非洲内部贸易的关键（Ricento，2000）。

第三，“精英封闭”（elite closure）也是法语得以延续其官方语言地位的原因之一。“精英封闭”是指当权者通过语言选择来维护自身权力和地位的一种策略（Myers - Scotton，1990）。布国独立后，不仅法语作为官方语言被保留了下来，对本土语言的轻视与排斥也在部分本土精英身上被保留了下来。本土语言因其局限性不能满足精英阶层的发展需求，难免会被精英阶层淘汰，他们转而使用具有更高交际和市场价值的国际语言——法语，他们还有意地将自己与说本土语言的民众区分开来。从某种程度上说，在布基纳法索使用法语已经成为一种身份标识。尽管政府表示将大力推广本土语言，但这种推广似乎仅限于民间，精英阶层抗拒本土语言的使用，甚至一些精英阶层禁止子女对本土语言的学习，以延续其地位和特权。

第四，全球化浪潮下自我发展的需要。其一，本土语言的使用范围受限，抑制了居民与国际社会的沟通往来，使居民的生产和生活局限在本民族的一方天地，较为闭塞，而法语作为一种世界范围内广泛使用的语言，更能帮助居民与国际接轨。转用国际语言，不仅能加强他们与世界的沟通交流，更能促进他们认识和融入世界、实现自我发展。其二，布基纳法索作为世界上最不发达国家之一，经济落后，将外国援助作为国家财政收入的主要来源。布基纳法索的前宗主国法国是其最主要的援助国，布基纳法索的稳定发展很大程度上依赖于法国，因此，它在对外交往时对法语产生了较大的依赖性。

在确认法语官方地位的同时，布基纳法索政府也声称将推广本地语言。1997 年《宪法》第 35 条在规定官方语言的同时也写明了："法律规定了促进民族语言走向官方化的路径。"事实上，布基纳法索政府的确推行了多项举措推动本土语言的发展，例如，1969 年，新政府成立沃尔特语言全国委员会，下设 15 个小组委员会，共同制定语言规划，推广当地语言；1970 年，与联合国教科文组织合作举办了第一次全国扫盲运动（Alido，2011）；1974 年，成立终身教育与功能性和选择性扫盲国家办公室（office national pour l'éducation permanente et l'alphabétisation fonctionnelle et selective），专门负责提高本土语言的识字率，几经演变发展，这一部门最终于 1993 年成为国家扫盲研究所（institut national d'alphabétisation）；政府还先后组织多次扫盲运动，如 1986 年的"阿尔法突击队"（Alpha Commando）、1988 年聚焦妇女的"班塔雷行动"（Bantaaré）和 1995 年的 ZANU 行动等（Balima，2006），这些扫盲运动的力度较大、覆盖人数相对较多。

尽管如此，布基纳法索政府对本土语言的正规发展始终持观望立场，它并没有制定具体的法律法规来促进本土语言的官方化发展，也并未对本土语言的功能使用做出良好规划。在实际生活中，本土语言在公共领域的使用仍然是受到限制的，部分场合仍然只允许法语的使用。与本土语言相关的活动仅仅常见于成人扫盲中心和双语教育项目（Hien & Napon，2017），但除非所推广的识字语言获得地方、区域乃至国家层面的认可，否则拥有本土语言的读写能力并不可能对大众产生预期影响（Kedrebeogo，1997）。因此，有研究者认为，将“民族语言的官方化发展”写入宪法是布基纳法索政府平息将本土语言引入教育领域热潮的一种微妙手段。[①] 总体来看，本地语言始终处于较为边缘的地位。

（二）国家语言教育政策的发展

布基纳法索教育领域的语言管理同样呈现出阶段性特点。在殖民时期，法国殖民者将现代教育引入了布基纳法索，以培养替殖民当局服务的当地人才，方便攫取殖民地的利益，教育从此沦为了殖民统治的工具。殖民当局所开办的法语学校仅面向白人学生和地位较高的当地男性，而女性和地位较低的当地人完全被排除在外。这一时期的教育给当地社会造成了一定的负面影响。首先，对布基纳法索本土居民的教育产生消极影响。法语作为学校教学的唯一媒介语言对于布学生而言是陌生、难以理解的，他们无法通过法语接受新知识，导致教学效率低下，教学产出较差；同时，殖民当局对本土语言的打压，还给学生学习本土语言造成了困难。其次，法语学校仅面向地位较高的男性学员，法语成为上流社会的语言，导致社会分化加剧，甚至引发了男女性别不平等的社会问题。

在布基纳法索独立前期，受教育改革资源与模板匮乏、国内政治考量等因素的影响，新政府完全沿袭了殖民时期的法国教育体制，教育发展非常依赖法国，法语仍为唯一的教学用语，在 20 世纪 70 年代之前，学校的法语教师均来自法国（Lavoie，2008）。但事实上，仅将法语作为教学用语给布基纳法索的教育带来了相当大的负面影响，即使布基纳法索的历届政府十分重视对教育的投入，教育支出一度高达整个国家财政支出的 25%，教育状况仍然极不理想（Kouraogo & Dianda，2008）。由于缺少法语基础，绝大部分学生在直接进入法语教育体制后都无法理解教学内容，导致教学效率低下，教学结果极不理想。例如，1994 年，布基纳法索的入学率仅为

---

① 信息来源于各国语言规划（L'aménagement linguistique dans le monde）网站，https://www.axl.cefan.ulaval.ca/afrique/burkina.htm，2019 年 2 月 16 日。

36.776%，复读率高达 15.995%，辍学率高达 23.516%。[①] 高复读率和高辍学率直接宣告以法语为教学用语的体制的失败。

面对严峻的教育状况，布基纳法索政府不得不展开教育改革。早在 20 世纪 80 年代，布基纳法索就已经做出过将非洲语言引入教育体制的尝试。在时任总统托马斯·桑卡拉（Thomas Sankara）的支持下，1979 年，布基纳法索开启了一项教育改革，试点学校将莫西语、Jula 语和颇尔语三种国家语言引入学校教育，但在种种压力下，1984 年，改革项目被迫中止。1987 年，桑卡拉总统死于政治暗杀，继任者布莱斯·孔波雷（Blaise Compaoré）彻底废除了改革项目，恢复了在教育系统中仅使用法语的做法。[②] 由于改革结果没有得到及时的评估，我们无法获知当时教育改革的效果是否理想。

1994 年，布基纳法索召开了"国家教育论坛"（Etats Généraux de l'Education），对教育领域存在的问题与教育改革措施进行探讨。根据论坛的讨论结果，布基纳法索决定将本地语言引入教育领域，进行双语教育改革（Sambaré，2014），双语教育即指一开始以学生能理解的语言（如国家语言）为媒介语进行教学，而后逐渐向以外语（殖民语言）为教学用语转变（Lavoie，2008）的教育方式。同年，瑞士的工人团结组织[③]与布基纳法索政府开始合作，共同实施双语教育项目，[④] 并于当年建立了当地的第一

① 信息来源于世界银行（World Bank）网站，https：//data. worldbank. org. cn/country/burkina - faso? view = chart，2019 年 2 月 16 日。

② 信息来源于各国语言规划网站，https：//www. axl. cefan. ulaval. ca/afrique/burkina. htm，2019 年 2 月 16 日。

③ 瑞士的一个民间机构。全称是 L'Oeuvre Suisse d'Entraide Ouvrière。

④ 双语教育项目（Programme d'éducation bilingue）由瑞士民间机构工人团结组织与布基纳法索的基础教育和扫盲部（Ministère de l'Enseignement de Base et de l'Alphabétisation，MEBA）合作开展。它同时存在于正规教育和非正规教育之中，基于学生的年龄特点和认知特点，项目为 3 岁至 16 岁的儿童和青少年提供教学。所建立的教学场所包括：面向 3 至 6 岁儿童的教育探索区（espaces d'eveil educatif），面向 7～12 岁儿童的双语小学（Les Écoles primaires bilingues），面向 12～16 岁青少年的特殊多语中学（Collèges multilingues spéciaux），面向失学儿童和 9 岁至 14 岁未上过学的青少年的强化扫盲发展计划（Alphabétisation fonctionnelle intensive pour le développement）和面向成年学习者的非正规扫盲计划（Apprentissage non formel de la lecture et de l'écriture pour les adultes）。本文对正规双语小学的发展进行了重点介绍。

所双语小学。1996 年 5 月，政府通过了第 013/96/ADP 号法令，[①] 法令的第 4 条规定“教学用语将是法语和民族语言”。在此之后，布基纳法索正式开始在正规教育中使用法语以外的语言。[②]

与法语单语小学不同，双语小学的学制为五年，一年级与二年级的教学用语为当地语言，从三年级开始，法语开始过渡成主要教学用语；到五年级时，法语在教学活动中的比例提高至 90%（见表 2）。

表 2　布基纳法索双语小学语言使用标准

单位：%

年级	本土语言	法语
一	90	10
二	80	20
三	50	50（教学用语）
四	20	80（教学用语）
五	10	90（教学用语）

双语小学的五年级学生需与法语单语小学的六年级学生同时参加国家毕业考试，考试语言为法语（Sambaré，2014）。与法语单语教育相比，双语教育使用学生能够理解的本地语言进行教学，学生的学习效率更高，教育产出状况更加理想，具有一定优越性，已获得布基纳法索政府与广大人民的认可。根据 1998 ~ 2007 年布基纳法索全国统一的小学毕业考试结果（见表 3），除 2003 年之外，双语小学毕业生的考试通过率要显著高于全国平均水平，证明双语教育产出效果良好。此外，也有调查显示，双语学校的运营成本低于传统学校。[③]

① 第 013/96/ADP 号法令已被废除。但对学校教学语言的规定维持不变。2007 年 7 月 30 日《关于教育指导法的第 013 - 2007 - AN 号法律》规定：布基纳法索所使用的教学语言是法语和在教学实践及评估中使用的国家语言；根据现行文书，其他语言可被用为教育机构的教学媒介语和教学科目。

② 信息来源于各国语言规划网站，https://www.axl.cefan.ulaval.ca/afrique/burkina.htm，2019 年 2 月 16 日。

③ 信息来源于联合国教科文组织终身学习研究所，https://uil.unesco.org/case - study/effective - practices - database - litbase - 0/bilingual - education - programme - burkina - faso，2022 年 2 月 17 日。

表 3　1998～2007 年布基纳法索小学毕业考试通过率

单位：%

年份	全国平均水平	双语小学
1998	48.60	52.83
2002	62.90	85.02
2003	70.01	68.21
2004	73.73	94.59
2005	69.01	91.14
2006	69.91	77.19
2007	66.83	73.69
平均	65.69	78.16

资料来源：信息来源于联合国教科文组织终身学习研究所，https：//uil.unesco.org/case－study/effective－practices－database－litbase－0/bilingual－education－programme－burkina－faso，2022 年 2 月 17 日。

双语学校因其良好的教育效果和潜在的经济效益得到了广泛认可，布基纳法索的双语教育实验项目取得初步成功。截至 2006 年，布基纳法索已有 112 家双语小学，在校学生达到 14301 人，其中女生占比 46.82%。2008 年，已有 8 种非洲本土语言在双语学校中用作教学媒介语，它们分别是莫西语、Jula 语、颇尔语、Lyélé 语、Gourmanchéma 语、Dagara 语、Bisa 语和 Nuni 语（Lavoie，2008）。

（三）社会各领域的语言管理

1. 公共行政领域

布基纳法索的诸多法令法规均对行政文件的语言使用进行了明确规定。1989 年《个人和家庭法》（*Code des personnes et de la famille*）的第 80 条规定：公民身份文件必须“以官方语言书写”。该部法令同时也授权使用官方语言以外的语言起草遗嘱，但起草人员需使用法语版本进行说明，即第 923 条：可以用法语以外的语言书写遗嘱；如遗嘱人因缺乏识字能力或不认识遗嘱的语言种类，复制了其所不认识的文字，则不认定遗嘱有效。第 926 条规定：“当起草官员与见证人理解该语言时，可以用法语以外的语言口述遗嘱；此后由官员用法语起草……”2005 年 2 月 3 日《关于采矿许可和所有权管理的第 2005－047/PRES/PM/MCE 号法令》（*Décret n°* 2005－047/*PRES/PM/*

MCE du 3 *février* 2005 *portant gestion des autorisations et titres miniers*）也对行政文件的语言规范做出了说明，其中，第 5 条规定：“信函和请求必须以法语写成，否则不予受理。”第 6 条规定：“申请人以任何其他语言所提供文件，须附有主管部门所正式认证的译文。”1992 年 12 月 22 日《关于劳动法的第 11－92/ADP 法律》（*Loi no* 11－92/*ADP du* 22 *décembre* 1992 *portant Code du travail*）的第 42 条规定：“学徒合同应以书面形式订立，以官方语言书写，如有需要，可用学徒语言书写。”第 184 条规定：“公共服务部门雇主评估员必须拥有布基纳法索国籍……必须能够阅读和书写官方语言。”又如，《关于司法机构的第 010/93/ADP 号法律》（*Loi n°* 010/93/*ADP portant organisation judiciaire*）规定，法院部门成员必须“有熟练的法语书写和口语能力，如果可能的话，还须掌握部门最常用的语言”。[①]

然而，在公共行政领域，口头语言的使用则较为灵活，并未受到很大的限制。例如，由于大多数居民都是文盲，懂法语的人极其有限，使用当地语言处理行政工作不可避免，因此公职人员通常用公民可理解的语言做出答复。又如，法官被要求使用法语正式做出判决，但在此之后，法院还有必要将法语翻译成另一种本地语言，以便部分不懂法语的当事人员能够获知信息。[②] 但需要指出的是，在布基纳法索，语言不仅是单纯的交际工具，还是阶级地位的象征标识，由于法语在当地享有极高的社会声望，在口语使用中人们会刻意使用法语来凸显自身的社会地位。一些政治家在公共场合发表讲话时会使用法语，再由口译员将信息翻译成当地语言。

2. 大众传播领域

在纸媒领域，布基纳法索有报刊 40 多种，多数为私营刊物。官方报刊有：法文日报《希德瓦亚报》（发行量 1 万份）、法文周刊《非洲十字架报》和法文月刊《希德瓦亚画报》等。主要私营报刊有：法文日报《帕尔加观察家》（1 万份）、《国家》（8000 份）和法文周刊《周四新闻》（1 万份）等。[③] 官方通讯社为布基纳法索新闻社（Agence d’Information du Burkina），成立

---

① 信息来源于各国语言规划网站，https：//www. axl. cefan. ulaval. ca/afrique/burkina. htm，2019 年 2 月 16 日。

② 信息来源于各国语言规划网站，https：//www. axl. cefan. ulaval. ca/afrique/burkina. htm，2019 年 2 月 16 日。

③ 信息来源于中华人民共和国外交部布基纳法索概况，https：//www. fmprc. gov. cn/web/gjhdq_ 676201/gj_ 676203/fz_ 677316/1206_ 677462/1206x0_ 677464/。

于 1964 年，所用语言也为法语（沐涛、杜英，2011：133）。

布基纳法索将视听媒体资源视为推动本土语言的传播媒介。《关于私人无线电和电视广播的任务和规范的第 95 - 306/PRES/PM/MCC 号法令》（*Décret n° 95 - 306/PRES/PM/MCC portant cahier des missions et charges des radiodiffusions sonores et télévisuelles privées*）规定："所有有声广播电台或电视都应该通过其节目推动民族文化和语言的发展。"[①] 布基纳法索民众热衷于听广播节目，2019 年，该国 15 岁及以上居民平均每天收听广播的时间超过 3 个小时，远超它的邻国。目前，布基纳法索至少有 154 个广播电台，包括 47 个社区电台、39 个宗教电台、38 个商业电台和 7 个国有电台，电台所用语言为法语和十余种本土语言，为听众了解其他语言和其他媒介所载信息提供了一个有效途径。布基纳法索国家广播电台于 1959 年落成，每天用法语和民族语言播音约 19 个小时，每周还有固定时间的英语对外播放。Savane FM 是收听率最高的广播电台之一，其代表节目是 Sonré 新闻综述，使用莫西语进行播报。[②]

布基纳法索国家电视台于 1963 年建成，2006 年底电视覆盖全国，[③] 电视节目使用法语和 6 种本土语言进行播放，包括莫西语、Jula 语、颇尔语、Bisa 语、Dagara 语和 Gourmanchéma 语。

3. 学校教育领域

前文对布基纳法索正规学校的教学语言进行了较为详细的说明。还需要注意的是，除了法语和非洲本土语言之外，该国的学生从中学起还需学习两门外语。

1983 年，布基纳法索正式确定了本国外语教学的目标：使学生获得一定的交际能力（Some - Guiebre，2021）。正规教育体系内的外语科目为英语与德语。在初中，七年级、八年级的学生每周有 5 个小时的英语课程，课程内容包括语法、词汇和诵读；九年级、十年级的学生每周有 3 个小时的英语课程，课程内容包括语法、词汇和阅读理解。进入正规高中后，学

---

① 信息来源于各国语言规划网站，https：//www. axl. cefan. ulaval. ca/afrique/burkina. htm，2019 年 2 月 16 日。

② 信息来源于联合国教科文组织，https：//en. unesco. org/courier/2020 - 1/burkina - faso - addicted - radio，2022 年 2 月 17 日。

③ 信息来源于中华人民共和国外交部布基纳法索概况，https：//www. fmprc. gov. cn/web/gjhdq_ 676201/gj_ 676203/fz_ 677316/1206_ 677462/1206x0_ 677464/。

校对学生进行了文理分科，但英语仍是所有学生的必修科目，学生每周有3小时的英语课程，文科的学生还需进行德语的学习（Bado，2014）。

（四）语言管理的特点和成效

与许多非洲国家一样，布基纳法索在独立初期就面临语言管理的困境。但由于布政府语言推广工作的不彻底，大多数公共事务场合仍以法语为主要沟通媒介，这抑制了只掌握本土语言的公民对公共活动的参与度。截至2019年，布基纳法索15周岁及以上人口的识字率仅有39.3%，[①] 可见布基纳法索的语言规划未取得显著成效。总之，布基纳法索政府并没有成功将法语推广开来，主要民族语言的地位并未显著提高，民族语言的规范化也仍未实现。

阻碍布基纳法索语言管理工作推进的因素有以下几点。其一，布基纳法索缺乏稳定实施语言政策的条件。布基纳法索极度贫困，缺乏语言推广与语言教育所需的各类物质资源和人才资源；同时，自独立之后，布基纳法索的政局连年动荡，阻碍了语言推广进程。其二，布基纳法索国内的语言生态过于复杂。共有70余种语言存在于布基纳法索，这不仅给公民之间的交流带来了阻碍，还让语言的选择成为一个问题——选择学习和使用哪一种语言将直接影响公民的未来发展。一方面，法语是重要的国际语言，是当地精英的标识，掌握了法语的公民在求职、参与政治与社会生活时无疑将处于优势地位；但另一方面，本土语言承载了厚重的文化底蕴和使用者的情感及民族认同，完全放弃本土语言并不现实。其三，政府对非洲本土语言的态度始终较为模糊，政策执行力度不够。尽管布基纳法索的法律规定要推动本土语言的正规化发展，且政府将多门非洲语言纳入了扫盲计划，但在部分公共场合仍仅允许使用法语。从这一角度来看，本土语言推广计划与语言实践的脱节显然会打击居民学习非洲语言的热情，也使利用非洲语言进行扫盲的各类项目显得“缺乏意义”。

四 总结和展望

布基纳法索语言国情复杂，从殖民时期到独立时期，其语言政策和语言教育历经了多次变革。在殖民时期，为方便殖民统治，法国当局推行严

---

① 信息来源于联合国教科文组织，http：//uis. unesco. org/en/country/bf，2022年2月20日。

格的语言同化政策，并长期宣扬“法语高贵、非洲语言低贱”的观点，压制了本土语言的发展，给布基纳法索地区的语言生态带来了严重后果，影响延续至今。独立初期，出于对法语的政治中立性、客观优越性、上层民众意愿和融入全球化等因素的综合考量，布基纳法索新政府沿用了法语作为官方语言，同时表明要推动民族语言的发展。然而，政府对待非洲本土语言的态度极为微妙：它的确为非洲语言的发展做出了一定的努力，但始终未对非洲语言的功能进行明确规划，没有从根本上提高本土语言在国家公共事务领域的地位。其结果就是，布基纳法索的语言问题并未得到解决，识字率仍然较低，语言导致的社会鸿沟始终影响着国家的团结与社会发展。总之，独立之后，布基纳法索的语言格局并未发生根本改变：法语居于最中心的位置，在社会各领域中均需使用法语，在当地享有较高声望，而其余非洲本土语言与外来语言则均处于边缘地位。

布基纳法索教育用语的选用也体现出阶段性。在殖民时期，法语是唯一的教学媒介语，教育完全为殖民服务。殖民者虽将现代教育引入布基纳法索，但其所开办的现代法语学校仅面向白人学生和地位较高的当地男性。在布基纳法索独立前期，政府完全沿袭殖民时期的法国教育体制，法语仍为唯一的教学用语。但由于绝大部分学生都缺少法语基础，他们无法理解教学内容，教学结果极不理想。迫于严峻的教育形势，布基纳法索于20世纪末开始正式实行双语教育项目，从此改变了法语单语教育的单一格局。在法语－非洲语言的双语学校中，教学用语起初为学生所熟悉的非洲本土语言，而后逐渐向法语过渡。这一特色的双语教育方式已被证实具有相当大的优势，也给布基纳法索的教育和语言生态带来了新的生机。

在布基纳法索，汉语教育规模仍然较小，具有相当大的发展空间。在新时期，随着中布两国在经济贸易、公共卫生和国际关系等领域的合作不断加强，我们应主动对接、服务当地的汉语学习需求，以汉语为桥梁，促进人文合作、实现民心相通，使两国人民相知相亲，并推动汉语教育为两国经济社会发展服务。

参考文献

[1] 沐涛、杜英，2011，《布基纳法索多哥》，社会科学文献出版社。

[2] Alido, H. (2011). Use of African Languages for Literacy: Conditions, Factors and Processes in Benin, Burkina Faso, Cameroon, Mali, Tanzania and Zambia. In Ouane,

A. , & Glanz, C. (Ed.), *Optimising Learning, Education and Publishing in Africa: The Language Factor – A Review and Analysis of Theory and Practice in Mother – Tongue and Bilingual Education in Sub – Saharan Africa* (pp. 217 – 249). Hamburg: UNESCO Institute for Lifelong Learning.

[3] Bado, N. (2014). Video games and English as a Foreign Language Education in Burkina Faso. PhD Thesis, Athens: Ohio University.

[4] Balima, P. (2006, March). Integrating Literacy and Non Formal Education Programs within the Educational Policies of Burkina Faso. Paper Presented at the ADEA Biennale on Education in Africa, Libreville, Gabon.

[5] Hien, A. , & Napon, A. (2017, Feburary). Language Policies and Access to Information and Services: Comparative Study of Ontario (Canada) and Burkina Faso (West Africa). Paper presented at the International Conference on Language Policy in Multicultural and Multilingual Settings, Mandalay, Myanmar.

[6] Kedrebeogo, G. (1997). Linguistic Diversity and Language Policy: The Challenges of Multilingualism in Burkina Faso. *Hemispheres: Studies on Cultures and Societies*, (12), 5 – 27.

[7] Kouraogo, P. , & Dianda, A. Y. (2008). Education in Burkina Faso at Horizon 2025. *Journal of International Cooperation in Education*, *11* (1), 23 – 38.

[8] Lavoie, C. (2008). "Hey, teacher, speak black please": The Educational Effectiveness of Bilingual Education in Burkina Faso. *International Journal of Bilingual Education and Bilingualism*, *11* (6), 661 – 677.

[9] Myers – Scotton, C. (1990). Elite Closure as Boundary Maintenance: The Case of Africa. InB. Weinstein (Ed.), *Language Policy and Political Development*, (pp. 25 – 32). Norwood: Ablex.

[10] Ricento, T. (2000). Historical and Theoretical Perspectives in Language Policy and Planning. *Journal of sociolinguistics*, *4* (2), 196 – 213.

[11] Sambaré, B. (2014). The Introduction of Bilingual Schools in Burkina Faso: From Theory to Reality. In Orwenjo, D. O. et al. (Eds.), *Multilingualism and Education in Africa: The State of the State of the Art* (pp. 72 – 85). Newcastle upon Tyne: Cambridge Scholars Publishing.

[12] Smith, J. C. (2018). Contemporary Educational Reform in Burkina Faso: Lessons from History. Master's Thesis, New York: Cornell University.

[13] Some – Guiebre, E. (2021). Implementing Communicative Approaches in English Language Teaching: The Case of Burkina Faso. *International Journal of English Language Studies*, *3* (11), 52 – 56.

[14] Wodon Q. (2015). *The Economics of Faith – Based Service Delivery: Education and Health in Sub – Saharan Africa (Perspectives from Social Economics)*. New York: Palgrave Macmillan.

[15] Zongo, A., & Somé – Guiébré, E. (2021). Analyzing English language teaching practices in Burkina Faso: A sociocultural perspective. *Creative Education*, *12* (11), 2687 – 2699.

布隆迪*

一　国家概况

位于非洲中部的布隆迪共和国（基隆迪语：Repubulika y'Uburundi。法语：République du Burundi。英语：Republic of Burundi。斯瓦希里语：Jamuhuri ya Burundi），简称布隆迪，是世界上最不发达、最贫穷的国家之一。布隆迪与北部的卢旺达、东部和南部的坦桑尼亚以及西部的刚果民主共和国接壤，是非洲最小的国家之一。

布隆迪的经济以农业为主，制造业不发达，工业基础薄弱。布隆迪虽然拥有稀土、泥炭和高岭土等丰富的自然资源，但因技术和基础设施落后，其自然资源的利用仅限于初级开采，二次加工需送至其他国家，达不到应有的经济收益。

截止到 2021 年 7 月，布隆迪约有 1224 万人口，[①] 人口密度大，居非洲第三位，主要由胡图、图西和特瓦三个民族组成。特瓦族是非洲最原始的民族，占布隆迪总人口的 1%，胡图族以农耕为生，占比达到了 84%，是其最主要的民族。图西族是崇尚武力的游牧民族，占布隆迪总人口的 15%，大约公元 10 世纪，图西人来到布隆迪，后来在布隆迪建立国家，统治胡图族和特瓦族。布隆迪的宗教是多样化的，基督教是布隆迪人的主要信仰。

1963 年 12 月 21 日，布隆迪与中国建交，1965 年，在美方的压力之下，布隆迪单方面同中国断交，1971 年，两国恢复外交关系。此后，布中两国不断进行互访，相互扶持，一直保持着良好的外交关系。1993 年，布隆迪由于内战，

---

* ［作者简介］穆军芳，博士，河北大学外国语学院副教授。研究方向：语言政策与语言规划、语篇分析、系统功能语言学。

① 数据来源：The World Factbook - Burundi，https：//www.cia.gov/the - world - factbook/countries/burundi/。

再加上西方国家的经济制裁，经济遭受重创，中方及时向布隆迪提供援助，两国在国际场合相互支持，政治互信逐步上升（Rwantabagu，2020：83－99）。

中国和布隆迪于1972年签订了贸易协定，1981年，布隆迪和中国共同成立了贸易混合委员会，并于两年后扩大为经济技术贸易合作混合委员会。自成立以来，该委员会已经召开12次会议，极大地促进了布中两国之间的经济往来。多年来，中国不断对布隆迪实施经济援助，进行多项工程项目援建，并进行粮食援助，极大地促进了布隆迪的经济和民生发展。2020年，两国贸易额更是达到了0.84亿美元。

1982年，布隆迪政府和中国政府签订文化协定，文化交流日益频繁。2012年，布隆迪大学孔子学院正式成立，布隆迪学生开始学习汉语，随着两国文化互动的日益加深，汉语学习和中华文化传播在布隆迪取得了显著的成效。

二　语言使用状况

在语言使用方面，布隆迪是一个特殊的非洲国家。大部分布隆迪人从出生起就开始学习基隆迪语，该语言是布隆迪全境的方言，是农村地区唯一已知的语言，也是大多数布隆迪人的母语，在日常生活中很少见到布隆迪人使用其他语言进行交流（Frey，1995：172）。随着历史的发展和人口的流动，法语、英语和斯瓦希里语以及其他语言也在这个国家占据一席之地，但这些语言一般是在学校习得的，且学习得较晚，因而使用人数和范围也相对有限（Clément et al.，2020：29－30）。

（一）宪法或其他法律中对语言使用的规定

1962年，布隆迪获得独立。独立后的布隆迪规定其国语是基隆迪语，基隆迪语和法语作为官方语言享有平等地位。[①] 布隆迪1981年宪法第7条规定："布隆迪的民族语言是基隆迪语，官方语言是基隆迪语和其他法律规定的语言。"正是在这一宪法的基础上，布隆迪1982年宪法第1/28号法令规定法语为第二官方语言，是行政语言和对外开放的语言。法语主要是通过学校教育学习的，因此被认为是一门精英语言。由此可见，基隆迪语和法语这两种语言的互补性得到正式保证，法律或其他基本文本以这两种语言出版（Ntahombaye，1994：518）。布隆迪1992年宪法第8条规定：

① 参见《布隆迪1962年王国宪法》第21条和《布隆迪1974年共和国宪法》第3条。

“国家语言是基隆迪语，官方语言是基隆迪语和法律规定的其他语言。”此后，布隆迪1998年过渡宪法延续了1992年宪法的规定，其中第10条规定：“国语为基隆迪语，官方语言是基隆迪语和法律规定的其他语言。”

2000年，布隆迪代表团在坦桑尼亚签署了《布隆迪阿鲁沙和平协定》。该协议禁止种族、民族、语言、宗教等歧视，并于第5条规定：“国家语言是基隆迪语，官方语言为基隆迪语和国民议会规定的所有其他语言。”这与1992年宪法第10条的规定有细微差别。2004年10月20日过渡后的临时宪法延用2000年第5条的规定，并对此条进行了补充：“所有立法文本都应以基隆迪语为原始文本。”（Knop - Kostková，2013：19 - 20）布隆迪2005年宪法第5条规定：“该国的民族语言是基隆迪语，官方语言是基隆迪语和法律规定的所有其他语言，所有原始立法文本必须用基隆迪语。”2006年6月6日，布隆迪共和国总统签署第100/135号法令，设立和组织国家立法局。该国家行政机构的任务之一是“将法律和条例翻译成基隆迪语”，这就意味着法律和条例首先以法文起草和公布（Bigirimana，2008：39）。布隆迪2010共和国宪法第9条规定：（1）国家语言是基隆迪语，官方语言为基隆迪语和法律规定的所有其他语言；（2）所有立法文本必须有基隆迪语原文。

2014年8月28日，国民议会一致通过了一项关于语言地位的法律草案。会议认为，2005年的宪法规定的布隆迪官方语言是基隆迪语和法律规定的其他语言，但并未具体规定这些“其他语言”是哪些语言，该草案旨在明确这一问题，为布隆迪的语言环境提供新秩序，因此英语被引入，成为布隆迪的官方语言之一。[①] 布隆迪2018年宪法规定：“该国的民族语言是基隆迪语，官方语言是基隆迪语和法律规定的所有其他语言，并且所有立法文本必须有基隆迪语文本。”

（二）国语或官方语言使用状况

1. 基隆迪语

与许多其他非洲国家相比，布隆迪的语言情况相对简单。基隆迪语是大部分人从出生就开始接触的语言，是布隆迪人的母语。在殖民者（德国

---

① 资料来源：English is Now Official Language of Burundi，https：//web. archive. org/web/20151117024558/http：//www. iwacu - burundi. org/blogs/english/english - is - now - official - language - of - burundi/。

人、比利时人）到来之前，大部分布隆迪人只讲基隆迪语，且被广泛用于国民生活的所有领域。随着社会的发展，布隆迪通过各项法规政策确定了基隆迪语作为布隆迪的国家语言和民族语言地位。正是基隆迪语塑造了布隆迪的历史，巩固了布隆迪的文化，维护了布隆迪人的团结，因此，布隆迪可以说是一个语言和文化同质的国家（Ntahombaye，1994：517）。此外，基隆迪语与卢旺达语联系紧密，拥有共同的语法结构和基本词汇，二者共同构成了尼日尔－刚果语系班图语族中的第三大支系。基隆迪语通用于全国，但存在方言和地区性差异。图西人和胡图人所使用的基隆迪语非常相似，但特瓦人讲的基隆迪语有自己鲜明的特点。

在殖民时期，同法语相比，基隆迪语作为本土语言的地位较低，在行政改革迫使殖民官员讲基隆迪语前，其地位甚至低于殖民初期的斯瓦希里语。然而，布隆迪自 1962 年独立后，采取了一系列措施保护和发展其民族语言基隆迪语。例如：布隆迪 1962 年的第一部宪法规定了，基隆迪语和法语作为官方语言共同享有平等地位（Bigirimana，2008：27）。2007 年，布隆迪政府实施了一项文化政策，重申了基隆迪语对于国家统一的必要性："在布隆迪这样的国家，一半以上的人没有上学学习外语，基隆迪语是所有布隆迪人共有语言，它将不同的社会组成部分结合在一起，并用于政治、经济和社会生活，是国家统一的重要因素。"

目前，居住在农村地区近 95% 的人口都在使用基隆迪语，学校和教会正在逐渐让其获得书面语言的地位（Djihouessi，2014：2）。布隆迪人的受教育程度较低，大部分国民只会讲基隆迪语，因此，基隆迪语被广泛运用于社会生活的各个领域。在政治领域，面向公众的文本和演讲用基隆迪语呈现。因此，当时的执政党民进党各委员会的正式会议都使用基隆迪语，包括《宪法》和所有重要行政行为在内的法律文本也均以基隆迪语和法语在《官方公报》上联合出版。此外，一些基本文本，例如《党的章程》、《民族团结宪章》及《经济和社会发展宪章》等也都使用基隆迪语进行起草。在经济领域，基隆迪语是国内贸易活动的沟通语言。在教育领域，基隆迪语是小学的教学媒介之一，也是中学和高等教育的教授科目，非正式教育也广泛使用基隆迪语。此外，民族文化的传播也是通过基隆迪语进行的。更为重要的是，基隆迪语有功能性识字服务。因此，基隆迪语在国民生活中发挥着极为重要的作用（Ntahombaye，1994：519－520）。

2. 法语

法语在大多数非洲国家的各个部门都发挥着非常重要的作用。根据法语国家国际组织（OIF）的报告（2014），“法语是互联网的第四种语言，商业的第三种语言，媒体的第二种国际信息语言，大多数人的第二种工作语言”①。在殖民者入侵之前，布隆迪是单语国家，基隆迪语是其国家和民族语言，殖民者的入侵给布隆迪带来了法语。法语国家组织的每个成员国和/或观察员至少有一种地方（国家）语言，同时采用法语作为官方语言和教学语言，从而促进功能性双语发展（Bigirimana，2018：48）。布隆迪于1970年加入该组织，是法语国家国际组织的正式成员。作为布隆迪的官方语言和教学语言，法语是“一种保证社会成功的语言，一种确保社会凝聚力的语言，一种在布隆迪经常交流的语言，一种在布隆迪日常中使用的有用工具，一种有用的语言，一种有声望的语言，是一种科学/技术语言”（Ntiranyibagira，2017）。可见法语在布隆迪的影响力。此外，法语一直是该国公共生活中使用的主要语言之一，与基隆迪语一起在教育和行政领域使用。然而，同喀麦隆、刚果民主共和国和加蓬等非洲法语国家相比，布隆迪讲法语的人数较少，法语语料库在布隆迪几乎不存在（Ntahonkiriye，2007）。然而，由于法语的使用仅限于教育、行政、政治和其他正式领域的活动，只有少数完成高等教育的布隆迪人精通法语，所以法语在布隆迪是一种精英语言，掌握的人相对较少。这表明，虽然法语在布隆迪享有官方地位，是一种社会认可的语言，但是法语在布隆迪的根基较弱，植入缓慢。同时，英语的渐进式入侵也对法语的地位造成威胁。在一定程度上，法语正在衰落（Clément，2020：38－39）。长期以来，布隆迪经历了持续存在的政治危机和经济危机。随着布隆迪经历的危机，法语教学遇到了教师素质、英语国家难民返回、大班授课等方面的各种困难，极大地降低了法语在布隆迪的接受度。此外，英语和汉语等在全球范围的广泛使用，也对法语在布隆迪的语言地位产生冲击。但总体来说，布隆迪对法语还是相对重视。由于地处讲法语的中非地理位置使布隆迪继续使用法语，布隆迪也是东非共同体中唯一一个主要使用法语作为官方语言的国家。2014年底，在达喀尔举行的国家元首和政府首脑会议期间，布隆迪更是与法语国

---

① 资料来源：La Langue Française dans le Monde 2014，https：//www.francophonie.org/sites/default/files/2019－10/Synthese－Langue－Francaise－2014.pdf。

家组织签署了一项语言协定和一项行动计划，承诺通过制订适合国家和区域情况并有利于使用法语的语言管理措施，加强各级教育系统的法语教学及促进其人民接触文化产品（书籍、电视节目等）与法语媒体等一系列措施来维持和加强法语在该国的地位。[①] 由此可见，法语在布隆迪的存在和使用由来已久，并将在未来继续发挥作用。

3. 英语

1962 年布隆迪获得独立后，出于外交和国际事务的战略目的，英语被逐步引入该国（Rwantabagu，2011a），但法语一直以来在该国占据主导地位，只有不到 5% 的人口说英语（Mazunya & Habonimana，2010）。近年来人们对英语的兴趣不断增长。在布隆迪的内战时期（1993 ~ 2005 年），许多布隆迪人被迫逃亡至北美、欧洲和其他非洲国家。迫于生存，他们不得不学习英语，在这之后，这些人更是将英语带回国内，部分民众，尤其是归国儿童，已经具备一定的英语语言技能。此外，在多年的政治动荡中，南非和坦桑尼亚等非洲国家在其中斡旋，再加上国际社会和维和部队的介入使布隆迪人使用法语的频率大幅下降，英语的使用率极大提高，在种种客观条件下，民众学习英语的兴趣日益高涨（郭煦，2018：101）。布隆迪对英语的兴趣日益高涨的另一个原因是与其联系紧密的周边国家卢旺达实施的强有力的英语政策（Nizonkiza，2006）。两者在地理和文化特征上及其相似，被描述为“假双胞胎”（Nassenstein，2019：14）。1994 年种族灭绝后，英语成为卢旺达的官方语言。2008 年，卢旺达的语言政策发生了极大变化，将英语设为公立学校的教学语言，英语逐渐取代法语，成为该国占主导地位的第二大语言。此外，布隆迪在大湖区寻找外贸伙伴也是英语学习人数大幅上升的一个因素。东非共同体（以下简称“东共体”）制定的《东非共同体条约》第 137 条规定，东共体的官方语言是英语。因此，英语不仅是世界市场的语言，而且也是非洲大陆国家间进行贸易和谈判的语言（Plonski，2013：14）。因此，作为东共体的一员，为了争夺其在该组织中的话语权，获取更大的利益，英语的学习势在必行。2014 年，东共体同欧盟签订了《经济伙伴协议》，而英语是欧盟成员国最常使用的语言之一。因此，为了更好地促进布隆迪的发展，英语学习的势头日益高涨，在

① 资料来源：Pacte Linguistiqueentre la Francophonie et la République du Burundi，http：//www. axl. cefan. ulaval. ca/afrique/burundi - pacte - fr - 2014. htm。

布隆迪的地位不断提高，于 2014 年成为布隆迪的官方语言之一。目前，布隆迪大学纯科学专业的学生日益认识到英语在全球的重要作用，以及它在科学和研究中的主导地位（Nduwimana，2019）。

（三）民族、族群语言使用状况

斯瓦希里语在布隆迪有着悠久的历史。多年来，人们对斯瓦希里语的看法发生了多次变化：最初它是一种将不同背景的人团结在一起的语言，但后来变成了陌生人、穆斯林和未开化人的语言。近年来，斯瓦希里语的地位逐渐上升，成为非洲地区的一种重要语言（de Bruijn & Merolla，2010：76）。斯瓦希里语最初由德国殖民政府引入。在殖民时期，德国政府根据“间接统治”政策，使用基隆迪语和斯瓦希里语对布隆迪实行间接统治，计划通过斯瓦希里语统一坦桑尼亚、布隆迪和卢旺达人民。因此，德国出资创办的学校主要使用斯瓦希里语进行教学，迫使当地人们学习斯瓦希里语，并在日常生活中使用（Ntahombaye，1994：517 - 518）。此后，比利时接管了布隆迪，延续德国“间接管理”的政策，加强斯瓦希里语的使用以便更好地管理当地。但是，随着时间的推移，斯瓦希里语在布隆迪的地位不断发生变化。比利时当局认为，斯瓦希里语同伊斯兰教有着密切的联系，对穆斯林和非穆斯林社区、城市和农村进行了划分，其目的就是将穆斯林和讲斯瓦希里语的人赶出去。自 1932 年以来，比利时迫使殖民地官员讲布隆迪的本土语言基隆迪语，而非斯瓦希里语。1933 年之后，掌握基隆迪语是殖民地工作人员升职的重要条件（Ntahombaye，1994：518）。基隆迪语成为殖民地官员与人民交流的语言，斯瓦希里语逐渐被边缘化。Ntahombaye（1994：518）认为，斯瓦希里语之所以没有在布隆迪站稳脚跟，主要有两个原因：第一，布隆迪人非常固执地维护他们自己的语言；第二，传教士反对斯瓦希里语的扩张，因为对他们来说，斯瓦希里语意味着伊斯兰教的扩张。总之，在比利时的殖民统治下，斯瓦希里语不断被污名化。在殖民时代末期以及后殖民时代，布隆迪公众对斯瓦希里语的使用持轻视态度（Karangwa，1995：165），斯瓦希里语最终因此落在了语言金字塔的底部（Belt，2010）。2007 年，布隆迪加入东非共同体。《东非共同体条约》第 119 条规定，成员国应通过以下方式促进共同体内文化和体育领域的密切合作：“发展和推广本土语言，特别是将斯瓦希里语作为通用语。”（Gertrude，2020：51）斯瓦希里语已经成为非洲大湖地区重要的通用语，是东非使用人数最多的语言。为加强与东非联盟其他国家的政治联系，布隆迪小学开始教授斯瓦希里语和英语，这些措施也极大地推动了斯瓦希里语在布隆迪的使用。2014 年 11 月 3 日第 1/31 号法律规定斯瓦希里语为区域交流语言，布隆迪保留了东非共同体赋予斯瓦希里语的地位（Gertrude，2020：56）。2014 年 10 月，布隆迪大学非洲研究系举办了题为“在布隆迪推广标准斯瓦希里语”的研讨会，目的是在布隆迪推广和宣传标准的斯瓦希里语。2019 年 12 月，部长理事会在其议程上提议：将斯瓦希里语作为布隆迪的官方语言。目前，斯瓦希里语在布隆迪被广泛使用，虽然不是官方语言，但是地位仅次于法语、基隆迪语和英语。在今天的布隆迪，斯瓦希里语是一种与城市化、青年文化和现代生活方式相联系的语言，许多城市青年、穆斯林和外国人，特别是非洲裔移民使用斯瓦希里语。很长一段时间以来，斯瓦希里语不再被视为穆斯林社区的群体内语言。相反，它被理解为与其他语言实践和语言形式交织在一起产生的一种新的创造性语言，并经常显示出基隆迪语、法语、英语，有时甚至是林加拉语的影响（Nassenstein，2019：213 - 214）。

（四）汉语使用状况

随着中国综合国力的增强，汉语在国际社会的传播和影响力越来越大。根据《语言杂志》2021 年报告，现有 70 多个国家正式将汉语教学纳入国家教育体系，这些国家包括美国、英国、俄罗斯、澳大利亚、日本、韩国和许多非洲国家。[①] 随着中国在非洲大陆的投资、援助和影响力的持续增长，非洲对汉语学习表现出了极大兴趣。2005 年，第一所孔子学院在内罗毕成立。随后，孔子学院在非洲日益发展壮大，成为传播汉语言文化的重要机构。在布隆迪，位于布隆迪大学的孔子学院在传播汉语和中国文化方面发挥了重要作用。2011 年 10 月 23 日，由中国国家汉办发起，布隆迪大学和渤海大学共同签订了布隆迪大学孔子学院执行协议，2012 年布隆迪大学孔子学院正式建立。布隆迪大学孔子学院的汉语教学包括大学和中学汉语课程，学习汉语的人既有大学生，也有中学生，还有少量的社会从业人员。自开办以来，布隆迪大学孔子学院通过完善课程设置、加强教学

---

① 资料来源：Chinese Progresses as a World Language，https：//www. languagemagazine. com/2021/01/06/chinese - progresses - as - a - world - language/。

管理和课程宣传、开设更多的汉语课程、开展丰富的文化活动、扩大教学对象的层次和覆盖面、增强文化交流与互动等举措，不断增强汉语的影响力。2014 年 10 月 22 日，在布隆迪学校教授汉语的法案获得参议院一致通过。[①] 在孔子学院的积极努力下，2015 年，布隆迪大学决定率先在人文社科学院法语研究生班开设汉语学分课程。截止到 2016 年，布隆迪大学和私立大学共建立 19 个汉语教学中心，在中学开设了 15 个汉语教学中心，2021 年，在两所国际学校中又建立了 2 个汉语教学中心（Ferdinand，2021：29）。整体来讲，布隆迪的汉语教育事业呈快速发展态势，在汉语和中华文化推广方面取得了丰硕成果。因此，布隆迪大学孔子学院被认为是发展中布两国汉语教学和文化交流的中心，汉语是近年来加入的两门教学语言之一（江帅，2016），在布隆迪的传播力和影响力不断扩大。

三 布隆迪的语言管理

（一）布隆迪语言政策的发展变革

相较于其他非洲国家，布隆迪的语言状况十分简单。基隆迪语是国语和官方语言，亦是各部族的族际通用语，在布隆迪人的日常交流中占据重要地位。98% 的布隆迪人能够熟练使用基隆迪语，坦噶尼喀湖附近的部分居民讲斯瓦希里语。19 世纪下半叶，殖民者开始入侵布隆迪，其中对布隆迪语言造成重大影响的是比利时的统治。1922 年，国际联盟在德国战败后将布隆迪交给比利时监管。比利时的统治给布隆迪带来了法语，直到今天，法语仍在布隆迪占据重要地位，是该国的官方语言之一。除了基隆迪语和法语，其他语言也逐渐发展起来。布隆迪对语言政策的选择可以说是在殖民时期和独立之后进行的，具体可以分为以下四个时期。

1. 殖民时期

在殖民时期，德国使用基隆迪语和斯瓦希里语对布隆迪进行间接统治。但在比利时接管后，斯瓦希里语逐渐被污名化。在进行殖民地管理时，比利时和法国实行了截然不同的语言政策。法国实行同化法国语言和文明的政策，强制其殖民地使用法语，打压当地本土语言。而比利时此前没有殖民传统，其对布隆迪实行间接管理，把教育的主动权交给传教士。

---

① 资料来源：中华人民共和国驻布隆迪大使馆，“布隆迪要求全国学校教授英语和中文”，https：//www. mfa. gov. cn/ce/cebi/chn/zjbld/bldyw/t1204282. htm。

这些传教士为简化教学，选择基隆迪语作为教学语言，法语只在比利时的行政、教育、军事和宗教精英中使用。在布隆迪，白人神父将基隆迪语提升为识字和传福音的语言，这在一定程度上缓和了民族主义的要求（Maurer，2010：35）。相较于法国殖民地，比利时的这种语言政策给布隆迪留下了相对发达的民族语言（Skattum，2009：173）。

2. 独立之后至 2007 年

1962 年，布隆迪获得政治独立后，实行基隆迪语和法语双语政策（Kioko，2014：24）。此后，基隆迪语和法语一直在布隆迪争夺语言使用空间。

1973 年，为推广民族语言，布隆迪开始对教育制度进行改革，以“基隆迪化和农村化”为重点，旨在扩大母语教学和实践研究。改革侧重实现“基隆迪化”，将基隆迪语设定为整个基础教育阶段的教学语言，以期提高学生的学习成绩，恢复布隆迪的文化遗产。然而基隆迪语只是小学一年级至三年级的教学语言，在经过四年级的过渡之后，法语成为小学五年级、六年级至高等教育的教学语言（郭煦，2018：101－102）。语言改革虽然致力于将基隆迪语直接引入学校系统和国家生活的其他领域（如广播、电视、印刷媒体、政治、司法等），但行政、军队、教育等领域主要使用法语，因此法语更具支配地位。1989 年，在全国中小学教育座谈会上，专家就指出，基隆迪化没有按照 1973 年教育改革的预期进行，乡村化也没有真正奏效。

2006 年，布隆迪政府规定在基础教育阶段开设英语和斯瓦希里语课程。“布隆迪的未来在于双语，甚至是多语。人们必须学会用所有的语言表达自己，他们必须从东到西，从北到南，带着掌握该地区所说语言的附加价值，在这个地区（东非共同体）活动。”① 2007 年，布隆迪加入了东非共同体，在某种程度上促使布隆迪审查其语言政策，并做出一些调整，特别是在语言教学方面。由于英语和斯瓦希里语的重要性，布隆迪在语言教学方面加入了这两门语言。此后，英语和斯瓦希里语日益受到重视。

3. 2008～2013 年

2007 年加入东非共同体对布隆迪来说既是新的机遇又面临着新的挑战，英语和斯瓦希里语的重要作用迫切需要布隆迪实施新的语言政策，实

① 资料来源：Jérémie Ndayiziga，Directeur National du Projet Williams Academy，le Programme Négocié par le Ministère à la Présidence Chargé des Affaires de la Communauté Estafricaineet Financé par Trade Mark East Africa，@ rib News，31/08/2013 – Source Xinhua。

现多种语言的互补。自 2008 年以来，布隆迪在语言政策的实施上进行了诸多探索。然而，截止到布隆迪 2010 年《宪法》的制定，只有基隆迪语在法律上明确被规定是官方语言，没有明确指出法律规定的“其他语言”具体是哪种语言，各语言的地位和功能不确定。2012 年，布隆迪大学孔子学院正式建立，在布隆迪掀起了汉语学习热潮。2013 年，布隆迪开展语言政策项目，从制定语言政策的缘由、布隆迪的语言教学现状和战略方向等方面分析布隆迪的语言状况，并为未来的语言发展规划指明方向。[①]

4. 2014 年以来

2014 年的《语言地位法》明确规定了各语言的地位，将基隆迪语、英语和法语定为官方语言，将斯瓦希里语定为区域交流语言。

2015 年，布隆迪通过了一项新的语言政策，重点在于提高国家语言的地位，使其成为国家发展的文化跳板，在遵守国际运行规则的前提下，建立实用、方便民众的、互补的多种语言。一方面，该政策强调发展民族语言，主张建立一个包括图书馆、翻译业、网站和出版社的布隆迪语言文化中心；另一方面，该政策强调多语并存，重要的行政表格和文件，如护照、国民身份证、驾驶执照和支票等将均以基隆迪语—法语—英语形式提供，以符合区域一体化的要求（Mazunya，2016：92 -94）。

总的来讲，在殖民统治之前，布隆迪大部分人使用基隆迪语，比利时的统治给布隆迪带来了法语。法语的引入改变了布隆迪的语言景观，自此，基隆迪语和法语长期处于竞争状态，自 1962 年独立后，布隆迪一直实行双语政策。2007 年，布隆迪加入东非共同体，为了更好地融入共同体并从中获取更大的红利，布隆迪开始审查其语言，并对语言的使用进行调整，逐渐重视英语和斯瓦希里语的作用。2012 年，布隆迪大学孔子学院建立，自此之后，汉语在布隆迪广泛传播。法语和英语同为世界通用语，在全球化和区域化的背景下，布隆迪在讲法语的中非国家和讲英语的东非国家间左右为难。最终，为更好地使流动中的人民融入社会，同时面向其他国家开放，在全球化进程中实现发展，布隆迪努力制定合适的语言政策，确保语言多样性，以满足人民多样化的交流需求。因此，布隆迪在 2014 年给予基隆迪语、法语和英语同等官方语言地位。自此之后，布隆迪在保护和推广民族语言的

---

① 资料来源：Politique Linguistique du Burundi Projet，http：//apf. francophonie. org/IMG/pdf/11_ projet_ politique_ linguistique_ burundi. pdf。

前提下，致力于实现多种语言协同发展。

（二）语言管理机构

1989 年举办的关于布隆迪教育的讨论会，就提议设立国家语言学院，负责基隆迪语的研究（Ndayipfukamiye，1996）。Ntahombaye（1994）曾建议建立一个设计、指导和协调语言政策和规划的机构。然而，布隆迪一直没有成立正式的语言管理机构对社会语言进行规划和管理。直至 2014 年，布隆迪设立了布隆迪学院（Burundi Acadamy），其作为国家机构，负责国家语言政策的制定和调整。此后，其就布隆迪的语言使用做出了明确的规定。2014 年的布隆迪《语言地位法》明确了各个语言的地位（Bigirimana，2018：50）。

（三）社会各领域的语言管理

1. 媒体语言管理

基隆迪语、法语和英语是布隆迪主要的媒体语言。根据国际媒体和营销研究公司（IIMAR）2014 年的一项调查，在 2015 年危机之前，对于至少 85% 的人口来说，无线电广播是主要的通信手段和获取信息的渠道。布隆迪全国各地建立了越来越多的社区广播电台，许多听众收听在线广播电台。调查显示，10 名布隆迪人中有 8 名以上拥有收音机，而不到三分之一的布隆迪人拥有电视机，报纸读者和互联网使用者人数则更少。[①]

由于识字率低，广播是布隆迪人的主要信息来源。布隆迪国家广播电视台（La Radio Diffusion – Télévision Nationale du Burundi，RTNB）是国家电台，分为一台和二台。其中，一台使用基隆迪语对国内广播，二台使用法语、英语和斯瓦希里语对国内外广播。除国家电台外，布隆迪还有数家民办电台，例如，CCIB FM + 由商会资助，以促进商业发展，只以法语广播。由欧盟资助的 Umwizero 电台 75% 的广播使用基隆迪语，除此之外，该电台还会使用法语和斯瓦希里语广播。此外，宗教频道 Radio Maria 使用基隆迪语、法语和斯瓦希里语进行广播，Radio Culture 和 Radio Nderagakura 使用基隆迪语和法语进行广播。同时，布隆迪还有国际广播电台。英国国

---

① 资料来源：Burundi – Media Landscapes，https：//medialandscapes. org/country/burundi/media/print。

际广播电台 BBC 使用基隆迪语和英语进行广播，美国国际广播电台 VOA 使用基隆迪语和法语进行广播，法国国际广播电台 Radio France Internationale 使用法语进行广播（Knop - Kostková，2013：23）。

布隆迪于 1975 年引进电视，1985 年开始使用彩色电视。到 2004 年，布隆迪只有一家政府所有的国家电视台，该电视台 1982 年 12 月由法国援建，每天 17：00～23：00 运用基隆迪语和法语播放新闻和专题节目。

布隆迪的报纸主要有：《新生报》（*LE RENOUVEAU*），为法语官方日报；1978 年 4 月创刊的《团结》周刊，主要面向农村，是基隆迪语官方刊物；《我们的家园》（*IWACU*），是由布隆迪反对派主办的法文和基隆迪语双语周报。除官方报纸外，布隆迪还有多家私营报纸。

2. 教育语言管理

布隆迪的教育语言和其历史发展密不可分。从历史上看，该国在某一特定时间实行单语制。在传教士和殖民者引入他们的语言之前，布隆迪使用基隆迪语，是一个纯粹的单语国家。当时，法语作为统治政权的语言首次被纳入教育系统。独立后，在殖民主义的影响下，法语在课堂上被用作教学语言，布隆迪成为双语国家。此后，更多的外语（英语、斯瓦希里语和中文）被正式引入布隆迪的教育体系。

自 2006 年以来，政府就将基隆迪语、法语、英语和斯瓦希里语这四种语言引入教育，教育政策变得复杂化，许多教育人士对这四种语言之间缺乏间隔的问题提出批评。2007 年，布隆迪加入东非共同体，这四种语言被确定为教学语言，以获取利益最大化。

2012 年，布隆迪大学孔子学院正式建立，布隆迪掀起了学习汉语的热潮。2014 年，在布隆迪学校教授中文的法案通过。

2013 年，布隆迪出台了关于基础和中等教育的第 1/19 号法令。第 11 条规定掌握本国语言和其他语言是基本教学目标的一部分；教学语言为基隆迪语、法语和英语；教授的语言为基隆迪语、法语、英语和斯瓦希里语，法律可以引入其他语言。第 29 条规定，在幼儿园和社区设施中，学生用基隆迪语和/或法律承认的其他语言进行学习。第 38 条规定，除语言外，公共基础教育前两个阶段的所有学科都用基隆迪语教授。公共教育的最后两个阶段使用英语或法语进行授课。第 61 条规定，职业教育课程使用法语、英语或任何其他学习者容易理解的语言进行。第 81 条规定，除教授的语言外，中学的教学语言为法语、英语或法律规定的任何其他语言。中等教育中教授的语言有：基隆迪语、法语、英语和斯瓦希里语。

2015 年，布隆迪通过了一项新的语言政策，对早期同时学习 4 种语言的政策持保留意见。它保留基隆迪语作为幼儿园至小学六年级的教学语言，保留法语作为大学的教学语言，但某些高等教育机构和部门除外，这些机构和部门根据其具体情况将以英语授课。高等教育也是如此，专业科目将以基隆迪语或斯瓦希里语进行教授（Mazunya，2016：93）。

2019 年，第 100/078 号法令规定了小学的教学语言和教学语言分级。该法令规定，基础教育阶段学习基隆迪语、法语、斯瓦希里语和英语这 4 个学科（第 1 条）。基隆迪语和法语是教学语言。英语可以成为符合要求的学校的教学语言，这些条件将在部长法令中加以规定（第 2 条）。教学语言是分阶段引入的，除了数学这门课程从小学四年级开始用法语授课以外，基隆迪语是前两个阶段的教学语言，除了人文、艺术和体育课程继续以基隆迪语授课以外，法语是第三个阶段的教学语言（第 3 条、第 4 条、第 5 条、第 6 条）。英语和斯瓦希里语分别从三年级和五年级开始教授（第 7 条和第 8 条）。

布隆迪的中等教育和高等教育的教学语言大多为法语，变化相对较小，小学教学语言变化较大，表 1 为布隆迪小学教学语言演变史（Nsengiyumva et al.，2021：394）。

表 1　布隆迪小学教学语言演变史

时　期	教学语言	语言学科
1961～1972 年	一年级基隆迪语，二年级法语	基隆迪语贯穿整个课程，法语从二年级开始
1973～1988 年	一年级到四年级基隆迪语，五年级到六年级法语	基隆迪语贯穿整个课程，法语从二年级开始
1989～2005 年	一年级到四年级基隆迪语，五年级到六年级法语	基隆迪语贯穿整个课程，法语从一年级开始
2006～2017 年	一年级到四年级基隆迪语，五年级到六年级法语	基隆迪语贯穿整个课程，法语、英语和斯瓦希里语从一年级开始
2018 年至今	一年级到四年级基隆迪语，五年级到六年级法语	基隆迪语贯穿整个课程，法语从一年级开始，英语和斯瓦希里语从二年级开始

通过教育系统的不断改革，布隆迪今天已经发展成为多语种教育体系，有四种教育语言，即基隆迪语、法语、英语和斯瓦希里语。然而，这四种语言的教学和作为教学语言的应用对教师教学和学生学习来说都是极大的挑战。调查和相关研究表明，这种做法并不适用于所有学生，教师也没有能力将这些语言作为内容进行教学。根据调查，学生在家里和在学校里都表现出了混淆这四种语言的倾向（Mivuba，2009）。此外，相关研究发现，公共教育系统中的小学教师接受的职业培训可能无法使他们充分适应复杂的多语言课堂环境（Passauer，2019）。

3. 议会和法律语言管理

议会主要使用法语和基隆迪语。在法律领域，主要使用法语起草法律，有时会用基隆迪语。在法庭上，法院采用诉讼当事人的语言，法官使用基隆迪语，但使用法语写报告，法庭会议记录也使用法语。虽然基隆迪语在法律上被认定为唯一的国家语言和官方语言之一，但是目前基隆迪语的地位并没有在实践中得到体现。原则上，在所有机构中必须使用官方语言，但基隆迪语的情况并非如此，很少有法律和规章文本是用基隆迪语编写、起草和颁发的。相反，法语在不同的机构中发挥了更大的作用。在国民议会和参议院，监管文本、报告和其他行政文件首先用法语起草，然后在必要时才翻译成基隆迪语。尽管法律规定，议会讨论的任何文本都必须从基隆迪文本开始，但这一规定从未得到执行。①

4. 公共行政语言

公共行政部门间日常用基隆迪语进行口头交流，但一般使用法语进行书面文件的书写，基隆迪语官方文本较少。护照、身份证、货币等都是用法语和基隆迪语两种官方语言书写的。一般来讲，公共行政部门的工作语言仍然是法语。事实上，法语在中央政府中占主导地位，基隆迪语在地方政府中占主导地位。

各部门的计划和内部文件都使用法语进行编写。但向公民公布这些信息时，就会改用基隆迪语进行公布。各部门的会议一般用法语举行，大多数文件，包括报告、活动方案、行政信函等，基本都用法语编写，但地方政府起草的文件会使用基隆迪语。除了少数情况下，未受过教育的工作人

---

① 资料来源：*L'aménagement Linguistique dans le Monde*，Université de Laval. Retrieved 23 October 2016，http：//www. axl. cefan. ulaval. ca/afrique/burundi. htm。

员会使用基隆迪语，行政通信几乎全部用法语进行。在军队和警局中，命令、行政文件、训练手册、官方信件等都是用法语起草的，但如果必须口头向有关团体进行传达时，则会改用基隆迪语。[①]

总体来讲，尽管布隆迪是以基隆迪语为主的单语国家，法语是殖民时期的残余，布隆迪也曾为发展其民族语言而对法语进行限制，尤其是1993年和2005年的宪法规定法语不再是官方法律语言，但事实是，在过去的一个世纪里，法语一直是一种强势语言，在立法和行政领域占据着事实上的主导地位（Bigirimana，2008：23－24）。

（四）布隆迪语言管理的特点与成效

非洲不同国家根据本国不同的政治历史文化背景和多样化的语言发展状况，制定了不同的语言规划和语言政策。通过上文对布隆迪语言使用情况和语言政策的发展分析来看，布隆迪采取包容性国家语言政策，旨在将国家的本土语言提高到国家一级，以便尽可能在所有公共职能中使用（Batibo，2015：16－17）。布隆迪语言管理的特点具体表现为以下几个方面。

（1）重视本土语言

在语言管理上，布隆迪从多方面保证基隆迪语作为母语、国语、官方语言和公共交流语言的四重地位。在非洲国家独立、教育改革和其他区域一体化里程碑时期的许多语言政策，其核心是对身份认同的强化。特别是由于全球化的发展，许多非洲国家越来越意识到本土语言对于提升国家语言和文化的认同感和凝聚力的重要性，越来越重视语言本土化发展。基隆迪语是布隆迪唯一的本土语言，布隆迪日益重视该语言的作用，通过多种措施强化其民族地位。1973年布隆迪的教育改革以“基隆迪化和农村化”为重点，强化基隆迪语的教学实践，从法律上不断强化基隆迪语的国家地位和官方地位，虽然未能按其预想施行，但后来的各项举措从立法等方面不断确定和提升了基隆迪语的地位和影响力。

（2）重视语言多元化发展

提倡多种语言并存，有助于保护语言和文化的多样性，促进国家更好地融入世界，更好地发展。布隆迪在不断保证本土语言国家地位的同时，

---

① 资料来源：Politique Linguistique du Burundi Projet，http：//apf. francophonie. org/IMG/pdf/11_ projet_ politique_ linguistique_ burundi. pdf。

也十分重视多种语言共同发展。在世界发展的大趋势中，交流与合作是大势所趋。布隆迪的地理位置十分巧妙，位于讲法语的中非和讲英语的东非之间，而法语和英语作为国际性交流语言，对于布隆迪更好地参与国际事务具有重大意义。因此，布隆迪通过不断努力，完善语言政策，逐渐将英语确立为官方语言，赋予基隆迪语、法语和英语三者共同的官方语言地位。同时，在不断的教育改革中，布隆迪逐步将英语、斯瓦希里语和中文纳入教育体系，从教育出发，培养多语发展人才。同时，随着“一带一路”的蓬勃发展，中非之间的交流日益加深，孔子学院在布隆迪不断发展壮大，布隆迪人民学习中文的热情日益高涨，人数不断增加，有利于促进中布进一步友好交流与合作。

（3）语言政策相对开放，能够与时俱进

布隆迪能够随着国家的发展不断调整国家语言政策，但由于一直处于动乱之中，布隆迪在国家语言政策规划上投入精力有限，在2014年才设立专门的语言管理机构对国家语言进行规划，且一直处在探索中。

四　总结和展望

在撒哈拉以南的非洲国家中，布隆迪是罕见的单语国家，95%以上的国民使用其国语和官方语言基隆迪语。比利时的殖民统治给布隆迪带来了法语，法语是布隆迪的第二大语言，是布隆迪的官方语言之一，也是布隆迪的精英语言，主要用于行政管理、法律、教育等各种正式场合。然而，20世纪八九十年代以来，法语的地位不断遭遇危机，特别是2007年，布隆迪加入东非共同体，英语和斯瓦希里语成为教学科目，这两种语言地位不断提高，英语更是在2014年被正式列为三大官方语言之一。

随着“一带一路”倡议的提出，中非友好交流不断加强，中布之间的政治、经济和文化交流日益深入。自2012年孔子学院在布隆迪大学建立以来，中文的学习在布隆迪日益掀起热潮，学习中文的人数日渐增长，两国语言文化交流日益增强。总体来讲，基隆迪语是布隆迪的国语，是官方语言，也是民众普遍使用的语言，法语和英语作为国际语言，是布隆迪的官方语言，斯瓦希里语是其少数民族语言。在社会各领域中，基隆迪语和法语是最常使用的语言，其中法语多用于正式场合。由于在获得独立后，布隆迪一直处于动乱之中，各届领袖无暇顾及语言政策规划，因此布隆迪一直没有明确的语言政策。直到2014年设立了布隆迪学院，其作为国家机构负责国家语言政策的制定和调整，对布隆迪的语言地位规划、教育规划和应用做出了调整和明确规定。

整体来看，布隆迪采用的是相对开放的语言政策，在保证基隆迪语重要地位的基础上，倡导语言多样化，坚持多种语言并存以适应不断发展变化的世界潮流。然而，法语、基隆迪语、英语和斯瓦希里语这四种教学语言的应用对教师和学生来说都是极大的挑战，目前布隆迪教师的语言能力，尤其是后来加入的英语和斯瓦希里语的语言能力较低，教师的培训并没有为多种语言教育和教学语言的多样化做好准备。同时，多语言习得对于学生来讲是极大的负担，对学生的发展产生了一些不利影响。布隆迪的语言政策目前处于过渡阶段，从长远来看，布隆迪需要不断做出调整。

虽然布隆迪把基隆迪语设为教育语言等措施来推广该语言，但是并未达到预期的效果。例如，Ntahomvukiye（1992）认为："由于殖民化，能够决定布隆迪现在和未来命运的所有领域都被法语所统治，而民族语言被边缘化，被限制在被认为对社会没有真正影响的领域。"此外，一项关于布隆迪国语基隆迪语使用情况的评估研究发现，相较于法语和英语，基隆迪语几乎在所有公共行政部门和正规教育中处于边缘地位（Bukuru，2008）。因此，在非洲，法语是所谓的"高"语言，是有声望的语言，主要用于正式场合（比如政府部门、公共服务、教育、媒体、文学等），而非洲语言是所谓的"低"语言，这种语言影响很小，甚至是没有威望，主要用于非正式场合的一些日常活动（家庭、朋友等）（Skattum，2009：173－174）。这种功能上的差异既源自人们的态度，也反映在人们的态度上，人们普遍对自己的民族语言持消极态度，这种情况在布隆迪尤为典型。联合国教科文组织 2008 年研究发现，尽管 95% 以上的人口使用基隆迪语，但根据其活力指数，它是一种濒临灭绝的语言（Bigirimana，2009：233）。国家语言有利于维护文化统一，保持民族特性，因此，未来布隆迪应继续采取措施大力推广基隆迪语。在布隆迪，基隆迪语和法语占主导地位，但英语和斯瓦希里语在大湖国家经济共同体和优惠贸易区的交流和贸易中发挥更大的作用，因此，必须根据这些发展情况，发挥布隆迪政府和学术机构在制定、指导和协调语言政策和规划方面的作用，采取适当的措施，明确不同语言的功能，实施高效的语言规划，根据国际国内局势变化，适时、动态地对其语言政策进行调整。

参考文献

[1] 郭熙，2018，《中国语言生活状况报告》，商务印书馆。

[2] 江帅，2016，《布隆迪语言教育现状调查分析及启示》，硕士学位论文，渤海大学。

[3] 于红、吴增田，2011，《卢旺达・布隆迪》，社会科学文献出版社。

[4] Appiah, A., & Gates, H. L. (Eds.). (2010). *Encyclopedia of Africa* (Vol. 1). Oxford University Press on Demand.

[5] Batibo, H. M. (2015). Searching for an Optimal National Language Policy for Sustainable Development. In *The Cape Town Language and Development Conference: Looking Beyond*. 16 – 20.

[6] Belt, L. (2010). How Linguistic Features and Social Arrangements Can Interrelate: The Position of Swahili and Its Speakers in Bujumbura. *Researching Africa*, 76 – 88.

[7] Bigirimana, C. (2018). Le Burundi à l'heure de la Mondialisation et la Question de L'identité Linguistique. *Revue Roumaine d'Études Francophones*, *9* (10), 47 – 57.

[8] Bigirimana, J. B. (2008). Langue et Droit: Le droit à la Langue en Contexte de Diglossie Français – kirundi au Burundi. *Language Problems and Language Planning*, *32* (1), 23 – 46.

[9] Bigirimana, J. B. (2009). Le Kirundi Face Aux Langues Étrangères Sur la Toile: Fracture Numérique ou/et Violation du Droit Linguistique? . In *Direito, Língua e Cidadanía Global*. 224 – 245.

[10] Bukuru, D. (2008). Evaluation de L'usage du Kirundi dans Les Secteurs Prioritaires de la vie Nationale. Bujumbura: UNESCO.

[11] Cleghorn, A., Merritt, M., & Abagi, J. (1989). Language Policy and Science Instruction in Kenyan Primary Schools. *Comparative Education Review*, *33* (1), 21 – 39.

[12] Clément, B., Constantin, N., & Pierre, N. (2020). La Crise Socio – Politique et L'enseignement du Français au Burundi. *Journal of Sciences and Technologies of University of Burundi*, *17* (1), 25 – 44.

[13] de Bruijn, M. E., & Merolla, D. (2010). *Researching Africa: Explorations of Everyday African Encounters* (No. 26). African Studies Centre.

[14] Djihouessi, B. C. (2014). Choix des Langues de Scolarisation en Contexte Multiculturel: cas de l'Afrique Francophone. *Littérature, Langues et Linguistique.*

[15] Eggers, Ellen K. (2006). *Historical Dictionary of Burundi (3 rd ed.)*. Lanham, Maryland: Scarecrow Press.

[16] Eisemon, T. O., Prouty, R., & Schwille, J. (1989). What Language Should be Used for Teaching?: Language Policy and School Reform in Burundi. *Journal of*

Multilingual & Multicultural Development, *10* (6), 473 -497.

[17] Ferdinand, M. (2021). A Comparative Study of the Teaching of Chinese and Swahili credit Courses at Burundi University. *Chinese Language Teaching Methodology and Technology*, *4* (2), 26.

[18] Frey, C. (1995). Au Burundi: Le Plurilinguisme Entre L'ordre et la Contestation. *Le Bulletin du Réseau des Observatoires du Français Contemporain en Afrique Noire*, (10).

[19] Gertrude, K. (2020). Langues et Intégration Régionale: Contribution ά L'élaboration de la Politique Linguistique de la Communauté Est - africaine. *Journal of Sciences and Technologies of University of Burundi*, *17* (1), 45 -62.

[20] Karangwa, J. D. D. (1995). *Le Kiswahili dans L'Afrique des Grands Lacs: Contribution Sociolinguistique* (Doctoral Dissertation, Paris, INALCO).

[21] Kioko, A. N. (2014). Development of National Language Policies in East Africa: The Interplay of Opportunity, Equity and Identity. In *The Cape Town Language and Development Conference: Looking Beyond*. 21 -29.

[22] Knop - Kostkovά, M. (2013). La Position et les Particularités du Français dans les Anciennes Colonies Belges. *Mémoire de Master en Linguistique, Université Palacký à Olomouc.*

[23] Martinet, André 2008. *Éléments de Linguistique Générale* (5è éd). Paris: Armand Colin.

[24] Maurer, B. (2010). *Les Langues de Scolarisation en Afrique Francophone. Enjeux et Repères pour L'action.* Organisation Internationale de la Francophonie.

[25] Mazunya, M. (2016). Promouvoir la Langue Nationale et Instaurer un Multilinguisme Fonctionnel au Sein de L'EAC. *Synergies Afrique des Grands Lacs*, (5), 87 -98.

[26] Mazunya, M., & Habonimana, A. (2010). Les Langues de Scolarisation dans L'enseignement Fondamental en Afrique Subsaharienne Francophone: Le cas du Burundi. *Bujumbura: Agence Universitaire de la Francophonie*, 94 - 147.

[27] Mivuba, A. (2009). The impact of the Language of Instruction on Learning Outcomes in Burundi Primary Schools. Bujumbura: Action Aid.

[28] Nassenstein, N. (2019). Kinyarwanda and Kirundi: On Colonial Divisions, Discourses of National Belonging, and Language Boundaries. *Modern Africa: Politics, History and Society*, 7 (1), 11 -40.

[29] Nassenstein, N. (2019). On The Variability of Kiswahili in Bujumbura (Burundi). In *Swahili Forum* (No. 26).

[30] Ndayipfukamiye, L. (1996). The Contradictions of Teaching Bilingually in Post - Colonial Burundi: From Nyakatsi to Maisons en Etage. *Linguistics and Education*, *8* (1), 35 -47.

[31] Nduwimana, A. (2019). Pure sciences Students' Attitudes towards Learning English: the Case of University of Burundi. *International Journal of Research in English Education*, *4* (2), 1 - 13.

[32] Nizonkiza, D. (2006). English in Burundi: A Non - colonial Heritage. *Trans. Internet - Zeitschrift für Kulturwissenschaften.*

[33] Nsengiyumva, D. S., Oriikiriza, C., & Nakijoba, S. (2021). Cross - Linguistic Transfer and Language Proficiency in the Multilingual Education System of Burundi: What has the Existing Literature so Far Discovered? *Indonesian Journal of English Language Teaching and Applied Linguistics*, *5* (2), 387 - 399.

[34] Ntahombaye, P. (1994). Politique et Aménagement Linguistiques au Burundi. *Langues et sociétés en contact. - Tübingen: Max Niemeyer*, 517 - 528.

[35] Ntahomvukiye, H. (1992). La Question Linguistique au Burundi: Les Préalables d'une Entreprise Terminologique dans une Situation de "Langue Dominée". *Terminologie Nouvelle*, *RINT.*

[36] Ntahonkiriye, M. (2007). Le Français Comme Langue de L'élite au Burundi: un Inconvénient Plutôt Qu'un Avantage. *Université du Burundi, Bujumbura, Burundi. Repéré à: http: //afelsh. org/wp - content/uploads/*2012/04*/Ntahonkiriye - Melchior - MEF - Final. pdf.*

[37] Ntiranyibagira, C. (2017). La Politique Linguistique du Burundi: Évolution et Perspectives. Revue Sénégalaise de Langues et de Littérature, 10, 69 - 80. https: //bit. ly/2F2ZKwm.

[38] Passauer, L. (2019). Language Matters: What are the Primary School Teachers' Perspectives and Lived Experiences of Burundi's Language Policy.

[39] Plonski, P., Teferra, A., & Brady, R. (2013). Why are More African Countries Adopting English as an Official Language. In *African Studies Association Annual Conference* (Vol. 23).

[40] Rwantabagu, H. (2011). Tradition, Globalisation and Language Dilemma in Education: African Options for the 21st Century. *International Review of Education*, *57* (3), 457 - 475.

[41] Rwantabagu, H. (2011a). Education in Burundi: An Evolutionary Perspective. Bujumbura, Burundi: University of Burundi.

[42] Rwantabagu, H. (2020). Building Dialogue among Nations through Educational and Cultural Cooperation: The case of Burundi and the PR China. *Espacio, Tiempo y Educación*, 7 (2), 83 - 99.

[43] Simbagoye, A., & Sow - Barry, A. (1997). Bilinguisme Scolaire dans L'enseignement

du Français en Afrique Noire Francophone: les cas du Burundi et de la Guinée. *Revue des Sciences de L'éducation*, *23* (3), 665 – 682.

[44] Skattum, I. (2009). French or National Languages as Means of Instruction? . *Language and Power. The Implications of Language for Peace and Development: The Implications of Language for Peace and Development.* 172 – 181.

[45] Strizek, H. (2006). *Geschenkte Kolonien: Ruanda und Burundi unter Deutscher Herrschaft; Mit Einem Essay über die Entwicklung bis zur Gegenwart* (Vol. 4). Ch. Links Verlag.

刚果（布）*

一　国家概况

刚果（布）全称为“刚果共和国”，位于非洲中部偏西，西南毗邻大西洋的几内亚湾，海岸线长150多公里。刚果河是世界上平均流量仅次于亚马孙河的第二大河流。热带雨林覆盖了刚果（布）近三分之二的领土。

刚果（布）于1960年8月15日获得独立，独立后的刚果（布）曾经制定过九部宪法。现行的宪法是2015年宪法。宪法规定：国家主权属于人民，总统为国家元首，任期5年，可以连任两次；总理为政府首脑。刚果（布）宪法还规定，国家采用立法、司法和行政三权分立的制度。

刚果劳动党是刚果（布）当代最重要的政党，于1969年正式成立，成立之初以马列主义为主要指导思想，在20世纪七八十年代成为刚果的唯一执政党，随后在多党制浪潮中逐渐失去这一地位，但在1997年内战结束后，重新成为执政党。

刚果（布）是发展中国家，被列入重债穷国名单。刚果（布）经济主要以大西洋沿岸的油气开采为基础，石油约占该国出口的90%。石油勘探和生产集中在黑角市郊区，这使其成为刚果（布）的经济首都。木材也是刚果（布）出口的重要组成部分，其中近60%被森林覆盖，总面积达2100万公顷。

刚果（布）农业不发达，大部分农业产品（木薯、水果和蔬菜）在当地消费，大米、面粉等需要大量进口；其工业也不发达，工业产品有限。刚果（布）正在推进国家经济多元化发展。

刚果（布）是一个人口密度较低的国家，国土面积为34.2万平方公

---

* ［作者简介］王永康，博士，广东外语外贸大学西方语言文化学院副教授。研究方向：非洲历史与文化。

里，平均人口密度为 13 人/平方公里。大部分人口居住在城市，占总人口的 62.2%，主要集中在首都布拉柴维尔市和黑角市，这两个城市分别有大约 110 万和 65 万居民。该国第三大城市多利吉只有大约 10 万居民，另有其他 15 个城镇居民超过 1 万人。[①]

刚果（布）“现有部族 56 个，除俾格米人以外，均属班图语系的尼格罗人”（张象、车效梅，2005：17）。所有部族中，人口居前四位的为刚果族、太凯族、姆博希族和桑加族，分别占全国总人口的 40.5%、16.9%、13.1% 和 5.6%。

刚果（布）绝大部分民众信仰原始宗教和基督教。“在刚果（布），50% 的居民信奉原始宗教（主要是金邦古教、万物有灵论），45% 的居民信奉基督教（包括罗马天主教、基督新教、觉醒教会/基督教复兴会、救亡会、耶和华见证人等），2% 的居民信奉伊斯兰教（主要是逊尼派），还有少数居民信仰其他宗教。”（黄玉沛、王永康，2020：14）

1964 年，中刚建交，马桑巴－代巴总统当年访问中国并参加了国庆典礼。自建交以来，中国对刚果（布）的经济技术支持从未间断，中国为刚果（布）提供了在基础设施建设、教育和医疗方面的援助，并开展了文化和体育方面的交流。恩古瓦比总统于 1973 年访华。

20 世纪 70 年代，萨苏上台之后，刚中关系也进入了新的阶段。利苏巴总统在 1994 年应邀访华。2000 年萨苏总统第 7 次访华，表示两国要继续发展密切关系。2006 年 6 月，国务院总理温家宝访问刚果（布），双方表示愿共同努力加强在农业、能源、电信、交通、基础设施建设及人力资源开发等领域的合作。

2013 年 3 月，习近平主席访问刚果（布），加深了两国的传统友谊。2015 年“中非合作论坛约翰内斯堡峰会”提出中非“十大计划”后，中国把刚果（布）等个别国家列为对非产能合作先行先试示范国家。2016 年 7 月，萨苏访华时，两国决定将中刚关系提升为全面战略合作伙伴关系，全面深化和拓展两国各领域的友好互利合作。

中刚双方都非常重视两国关系。近年来，中刚高层互访不断，推动两国在政治、经济、贸易、教育、文化等各个领域深入合作。

---

① 本段数据来自维基百科网站，https：//fr. wikipedia. org/wiki/République_ du_ Congouou。

二 语言使用状况

（一）宪法或其他法律对语言使用的规定

自刚果（布）独立以来，制定的 9 部宪法都规定法语为官方语言；1992 年宪法第一次确定林加拉语和基图巴语的国语地位。刚果共和国 2015 年宪法第 4 条规定：“官方语言为法语。国家媒介语言为林加拉语和基图巴语。”即官方语言为法语，国语为林加拉语和基图巴语（也叫“莫努库图巴语”）。

（二）官方语言和国语的使用情况

刚果（布）和非洲不少国家相似，把曾经的殖民语言法语作为官方语言，国语是自己的民族语言。官方语言为外来语、国语为本族语的法律规定造成了如下后果：所有议会生活（辩论、起草和颁布法律）、所有法律程序、所有政府行政、教育（从幼儿园到大学）、大公司的事务等都以法语进行；非官方生活（人际交往、休闲、家庭、宗教等）由法语或者基图巴语和林加拉语等民族语言传达。基图巴语在南方通用，林加拉语在北方通用。

在学校里，教学语言只有法语，导致接受过一定学校教育的人，一般会用法语进行口头和书面表达，而大部分民众不会正确地使用民族语言书写。笔者在对首都布拉柴维尔部分民众访谈的过程中了解到，越来越多的孩子在家里经常使用法语而不用民族语言和自己的父母交流，一些家长认为将会有越来越多的孩子不再使用民族语言，甚至长大后也听不懂自己的民族语言。

（三）民族语言使用情况

刚果（布）大大小小的部族或族群有 56 个，大都属于班图语系的尼罗格人。在众多部族中，人口最多的是刚果族，约占全国人口的 45%，分布在国家的南部地区；太凯族约占总人口的 20%，主要分布在中部地区；姆博希族约占 16%，主要分布在北部地区；桑加族约占 3%；马卡族约占 2%。

刚果（布）部族数量众多，方言数量也多，民族语言主要有基刚果语

（或称“刚果语”）、基图巴语、林加拉语、姆博希语和基太凯语。基刚果语属于班图语支，是刚果族人所说的语言，刚果（布）境内的刚果族人主要分布在国家的南部，约有12种方言。基图巴语由基刚果语简化、衍变而来，但不能简单地把基刚果语等同于基图巴语。基图巴语的使用主要在布拉柴维尔至黑角之间的南部区域。姆博希语也属于班图语支，使用姆博希语者主要分布在盆地省、博拉多省、奥龙博周围地区以及布拉柴维尔的达郎盖伊区等中部和北部地区，约有10种方言。基太凯语主要在刚果（布）中部及北部农村使用，约有10种方言。

在语言使用方面，刚果（布）官方语言、国语以及其他民族语言的关系和地位可以概括如下：“林加拉语和莫努库图巴语围绕着法语——超级中心语言——运转，而其他地方语言（维利语、永贝语、多恩多语、卡姆贝语、太凯语、比姆贝语、拉里语等）又围绕着林加拉语和莫努库图巴语。”（Mfoutou，2021：357）

（四）外语使用情况

在刚果（布），本国人民除了使用官方语言法语、国语基图巴语和林加拉语以及其他族群的语言外，外语的使用比较有限，主要存在于学校课堂上，另外在刚外资企业、驻刚国际组织代表处等地方使用。

1. 英语使用/教学情况

从学校教育上看，刚果（布）最重视的外语是英语，根据国家中小学教学大纲，[①] 外语科目中只有英语贯穿于初中和高中两个学习阶段，都是必修课。在高中阶段，除了英语，文科学生还必须选修德语、俄语、西班牙语、葡萄牙语、意大利语、阿拉伯语、日语、汉语等外语科目中的一种，选何种科目，要看所在高中都开设了什么外语科目。高中毕业会考时，在外语科目的选择上，文科学生要考英语科目和其他一门外语，理科学生只考英语一门外语。

初中一年级至三年级，英语平均每周3个小时的学时，初中四年级（毕业班）平均每周4个小时的学时。初中英语教学总目标主要包括：“①理解

---

① 本文参考的刚果（布）中小学教学大纲有：刚果（布）普通中学（初中）英语教学大纲（2009）、刚果（布）普通中学（高中）英语教学大纲（2016）、刚果（布）普通中学（高中）汉语教学大纲（试行）、刚果（布）普通中学（初中）法语教学大纲（2018）、刚果（布）普通中学（高中）教学大纲（2018）、刚果（布）小学教学大纲（2018）。

口头信息；②口头表达；③理解书面信息；④书面表达；⑤在学习中发挥积极主动性，制定学习时间，持有笔记本，自己纠错，组织小组学习，管理时间，记笔记，自我评估，丰富词汇；⑥发展所学技能，参与交谈，编拟文本，使用词典，组织小组学习，填写表格，电话交流，使用参考工具。”

高中英语教学大纲规定，高一文科生每周英语课时为 4 个小时，理科生 3 个小时；高二文科生 4 个小时，理科生 3 个小时；高三文科生 5 个小时，理科生 2 个小时。高中英语教学总体目标和初中总体目标保持一致，只是高中阶段在个别方面有所深化。语音、词汇、句子、文本等基础知识构成了教学的主要内容，着重强调了听、说、读、写四项基本能力，同时兼顾培养学生自主学习的能力。初中 4 年，高中 3 年，根据教学大纲，高中阶段可以看作对初中阶段内容的巩固与提高。从实际的教学效果来看 7 年的英语教学效果不甚理想，应付高中毕业会考英语科目，通过考前训练达到及格分数是可能的，然而，在其他英语语言测试以及英语语言输出能力方面，表现欠佳。

位于首都的布拉柴维尔国际学校和位于黑角市的英国国际学校使用的分别是美国和英国的中小学课程大纲，学生从小就在英语环境里学习。刚果（布）高校英语专业的学生，例如马里安·恩古瓦比大学高等师范学院和人文艺术学院英语专业的学生，因其专攻英语，语言水平也自然较高，他们是中小学英语教师的主要来源。刚果（布）有不少外语培训中心，一般都会有英语培训，能够有效地提高学员的英语水平，由于需要缴纳学费，加上当地英语人才需求量不是太大，学员人数并不是很多。另外，刚果（布）有数量众多的英语俱乐部，很多年轻人喜欢加入俱乐部学习，比如“年轻天使”（Youngs Angels ou les Jeunes Anges）俱乐部，成立已有 7 年之久，成员达 300 人以上，他们定期举办英语活动，以提高英语水平。美国驻刚使馆积极支持刚果（布）的英语教学活动，例如最近几年实施了“盒中英语”（English in a Box）项目，旨在通过赠送教材及教学设备，提高农村地区 50 个英语俱乐部的英语教学能力。

总之，英语作为全球使用最广泛的语言，在刚果（布）学校教育中受到重视，除了学校教师岗位，部分英语水平高的人员就职于在刚外资企业、驻刚国际组织办事处、英语国家驻刚使领馆以及刚果（布）政府外事部门等。

2. 汉语使用/教学情况

中国和刚果（布）在各个领域的交流与合作日益密切，尤其在经贸合作领域，因而需要越来越多的刚果（布）汉语人才。刚果（布）近些年来汉语教育取得了突飞猛进的发展，这和马里安·恩古瓦比大学孔子学院的创建密不可分。

马里安·恩古瓦比大学孔子学院于2012年6月15日揭牌成立，中国合作高校为济南大学。彼时，刚果（布）全国中学中仅有3所高中开设汉语课程，由4位20世纪80年代到北京语言学院学习并获得汉语本科学位的教师任教。另外，马里安·恩古瓦比大学人文学院的学生可以选修中文课程，任课教师由经济学院的1位曾在中国拿到经济学博士学位的老师兼任。

孔子学院自2013年开始运营以来，硕果累累，大大促进了汉语在当地的传播，主要体现在汉语学习者数量和本土汉语教师数量的增长。在新冠疫情暴发前，每年到孔子学院学习汉语的学员达到1000人次左右。针对当地汉语学习需求日益增长而汉语师资匮乏的情况，孔子学院向当地中小学推荐大量汉语师资，建立了20多个汉语教学点，主要分布在布拉柴维尔市的公立高中。目前，刚果（布）首都除了一所只有理科生的高中之外，其他15所公立高中都开设了汉语课，首都还有20所左右的私立中小学开设了汉语课。另外，在黑角、马丁古以及奥约等城市的部分公立高中也开设了汉语课。孔子学院还在马里安·恩古瓦比军事学院开设了汉语课程，该军事学院隶属于国防部，旨在培养本国及非洲部分国家的军事人才。孔子学院还计划逐步在马里安·恩古瓦比大学各个学院开设汉语课程。值得一提的是，在孔子学院的协助下，当地华人于2019年创建了一所中文国际学校，学制从幼儿园到高中，贯穿整个基础教育阶段，目前在校生200余人。学校采用刚果（布）中小学教学大纲，学生从幼儿园开始学习汉语，对未来中刚交流势必产生重要影响。

自2013年至2021年，孔子学院已经有126人次获得孔子学院奖学金（现名“国际中文教师奖学金”）到中国留学，他们的在华学习时间从一学期至4年不等，包括短期进修，攻读本科、硕士、博士学位。另外，为了促进汉语教学在刚果（布）的发展，中国驻刚使馆已经选拔多名学生到中国攻读汉语言文学类专业学位。

由于孔子学院的创建和发展以及对汉语教学工作的推进，2021年下半年，刚果（布）全国本土汉语师资达到了35人左右，每年全国汉语学习者人数达到10000人次左右。在汉语于早年已经进入高考科目的情况下，刚果（布）教育部对于高中汉语教学的管理也越来越规范，任命了全国中学汉语教学总督学和布拉柴维尔中学汉语教学总督学，负责统筹全国及布拉柴维尔的汉语教学。这两位汉语教学总督学系原高中四位汉语教师中的两位。刚果（布）中学外语教育中，除了英语，其他语种长期没有官方的教学大纲。汉语教学督导在教育部的支持下，在孔子学院和各位本土汉语教师的协助下，刚刚拟定了全国高中汉语教学大纲（试行版）。该教学大纲沿袭了第一部中学外语教学（英语）大纲的编撰精神，存有很多相似之处。该大纲规定的高中汉语教学目标是：①理解中国文化；②理解口头信息，包括阐释信息，对信息做出反应，语音语调正确；③口头表达；④理解书面信息；⑤书面表达。

与中学英语教学大纲相比，高中汉语教学大纲内容比较简洁，注重学生听、说、读、写能力的培养，同时关注对中国文化的了解。在实际教学过程中，授课教师非常注重词汇及语法教学，高三的时候，会强化高考题型的练习，比如选词填空、阅读理解、句子成分分析等。高中阶段，文科生除英语之外的外语课程学时是：高一每周3个小时，高二和高三每周4个小时。

在刚果（布），汉语学习者在和中国人接触、使用汉语方面占有绝对优势，因为当地的中资企业以及华人企业众多，很多学生自主找到了工作，孔子学院也向相关企业输送了大量学员。即使如此，高水平汉语人才仍然供不应求。

就高中教学而言，存在如下问题。

一是教师水平参差不齐。目前各中学汉语教师大部分是之前孔子学院的学员，不属于国家编制教师序列，大部分没有到中国留过学，当时也只是通过了HSK三级考试。在最近的一次中学汉语教师研讨会上，汉语督学要求各位还没有通过HSK四级考试的教师，尽快报名参加HSK四级考试，教育部将考虑只临聘HSK四级及以上人员。刚果（布）全国最近新建了8所公立高中，教育部请求孔子学院推荐汉语教师，也要求HSK四级及以上人员报名。结合中国教育部中外语言交流合作中心的政策，孔子学院也在积极为刚果（布）遴选优秀本土汉语教师，如选拔通过HSK五级和HSKK中级考试的人员作为孔子学院专任本土教师，分配他们到各个汉语教学点工作。

二是没有稳定师资。目前的教师队伍大部分为教育部临聘，工资待遇没有保障，部分教师会因为中资企业的招聘而改行。在马里安·恩古瓦比大学创建汉语专业，特别是汉语师范专业迫在眉睫，因为唯有此举，才能源源不断地为全国中小学培养稳定的师资。然而，根据相关规定，拥有具有汉语言文学类专业博士学位的刚果人，才可以创建专业。孔子学院初期的汉语学习者当中，已有部分学生在中国攻读汉语言文学类博士学位，汉语专业的创立指日可待。

三是没有统一教材。刚果（布）几乎所有中学外语科目都没有统一教材，都是任课教师个人准备教学材料。教育部曾请求中国驻刚使馆给予协助，根据高中汉语教学大纲编写统一教材，中国驻刚使馆让孔子学院着手参与此事。未来，中刚势必会合作进行教材编写事宜。

据调查，当地学生希望学习中文最主要的原因是想到中国留学或者以后到中国企业工作。随着中国综合国力的不断增强及中非合作的不断深化，特别是越来越多的中国企业到当地投资，必将会有越来越多的当地青年学习汉语。孔子学院也将为当地“汉语热”做出更多的贡献。

三 语言管理

（一）国家语言政策的发展变革

刚果（布）1960 年获得独立前，长时间被法国殖民统治，法国对非洲殖民地在语言、文化上实行严格的同化政策，殖民地区人民没有自由使用本民族语言的权利，更不用说自主制定语言政策了，只能执行宗主国的语言、文化同化政策。

法国启蒙运动以后，特别是法国大革命之后，法国人对法语及法国文化更加推崇，在逐渐对非洲部分地区进行殖民统治后，更是强制推行法语和法国文化。1910 年，法国创立殖民地联邦政权——法属赤道非洲，大致包括现在的刚果共和国、加蓬共和国、中非共和国和乍得共和国，法属赤道非洲的首府设在布拉柴维尔市。学校是推行语言和文化政策最重要的场所。1911 年 12 月 28 日，法属赤道非洲总督维克多·奥格纽尔在布拉柴维尔签署法令：“任何学校如果不用法语授课都是不允许的。其他任何语言的教学都是禁止的。”（Obenga，2011：244）法国的目的非常清楚，法语是连接法国和殖民地的坚强纽带，为此禁止在公共场合讲其他语言，殖民地人民和法国人沟通更是只能用法语。

除了语言在殖民地的传播外，西方传教士在非洲积极传播上帝的福音。然而，教会不太理会法国在殖民地的语言政策，因为掌握当地民族语言并用民族语言和当地民众沟通，反而能更好地进行福音的传播。阿勒芒·拉维热里主教1868年在非洲创立传教会，他曾经指示传教士们只使用非洲当地语言传教，要求他们在到达当地后6个月内掌握当地语言。深入非洲腹地的传教士们学习当地语言，用当地语言传教，并用法语描述当地语言，编撰民族语言词典，用当地语言编写教理教义。传教士们主观上是为了更好地传播福音，客观上反而促进了对当地民族语言的描述和记录，并引起后世欧洲语言学家对非洲民族语言的关注。

刚果（布）独立以后，从社会政治层面看，可以把刚果（布）历史划分为三个时段：1960～1963年的尤卢总统执政时期，1963～1991年的社会主义革命时期，1991年至今的多党制时代。

1. 尤卢总统执政时期（1960～1963年）

刚果（布）独立之后的第一部宪法（1961年3月2日开始实施）规定国家的官方语言是法语，完全忽略了本国民族语言。做出这样的选择，主要是出于现实的原因：一是民族语言一般只存在于口头表达，还没有系统的书写符号。二是学校教育及正式场合长期使用法语，一时难以改正。三是本土精英人士用法语接受的法式教育，已经固化成社会地位的象征，精英人士也不愿意随意改变。四是使用法语更加方便国际交往。五是法国的控制力依然存在，甚至能起决定性作用。

2. 社会主义革命时期（1963～1991年）

1963年8月“光荣三日”革命后，刚果（布）意识形态转为马列主义。国家新的领导人们虽然对西方的新殖民主义颇有微词，但他们大都是法国培养出来的学生，接受的是法式教育，难以摆脱重视法语的惯性。在1963年12月的新宪法中，仍然忽视了对本民族语言的保护和发扬，规定官方语言为法语。

对于包括刚果（布）在内的非洲法语国家，在语言政策和语言使用上，法语国家和地区国际组织也发挥着重要的作用。法语国家和地区国际组织于1970年3月20日在尼亚美成立，目前包括88个国家和政府。该组织以法语为纽带，在其成员国之间开展政治、教育、经济和文化合作，为成员国人民服务。然而，其成立之际各成员国签署的协议里，在语言层面只提到了法语，到1975年11月毛里求斯峰会时才对此有所纠正，提到了推广非洲语言和文化。刚果（布）于1981年12月加入该国际组织，除了保护和弘扬法语外，刚果（布）也和其他成员国一起为促进非洲民族语言和文化传播而努力。社会主义时期的刚果（布）执政党一直为刚果劳动党，在国内层面，刚果劳动党多次召开研讨会或者特别会议探讨本国语言和文化推广问题。

1974年12月刚果劳动党第二次代表大会上提出用民族语言进行扫盲工作，加强国民团结。1975年8月召开的国民教育干部研讨会提倡在中学、职业培训学校及大学用民族语言授课，在幼儿园和小学用民族语言唱歌、讲故事。1979年5月刚果劳动党第三次特别大会提出：要创造使用本国语言的政治环境，本国语言要进入职业教育教学大纲，劳动党内负责人要带头使用民族语言，党的文件要翻译成本国通用的语言。

与此同时，教育部也积极行动，争取把民族语言纳入国民教育体系中。1979年2月23日134号备忘录显示，要在教育行为研究院成立准备委员会，以调研刚果（布）语言政策的基础情况。据1979年10月5日971号备忘录，教育部要把林加拉语和莫努库图巴语引入职业教育学校和马里安·恩古瓦比大学。1980年9月11日20/80号教育法第4条规定："在人民学校教授林加拉语和莫努库图巴语两种国民语言。"1981年1月17日的备忘录显示，要在马里安·恩古瓦比大学提供国民语言培训。1982年10月16日1813号备忘录显示，教育部要针对国民语言学科教育成立专门委员会。

1984年7月刚果劳动党第三次代表大会倡议创建民族语言学院，要求解决与民族语言教学和使用相关的问题，与邻国共同制定拼写规则，创造有利于民族语言兴起的环境。1987年4月17日，媒体界、教育界、政界针对"刚果民族语言：问题与前景"展开讨论，达成如下共识：制定系统的国家语言政策，创立民族语言学院作为集中推广民族语言的机构，培养对语言问题开放而敏感的公共舆论，配备民族语言研究的设备，培养民族语言教师。1988年7月的教育研讨会及1989年7月刚果劳动党第四次代表大会在语言政策层面没有再提出具有新意的思想。

总之，刚果（布）社会主义时期，刚果劳动党和政府相关部门争取振兴本国民族语言的姿态是积极的，提出了一些想法或措施，遗憾的是，这些想法或措施只停留在纸面上，大多并没有得到贯彻和执行，所以，刚果（布）实际上还停留在法语独大的状况。

3. 多党制时代（1991年至今）

刚果（布）进入多党制时代的重要事件是1991年2月25日至6月10

日召开的全国协商会议。在全国协商会议期间，第一次允许使用林加拉语和基图巴语作为工作语言，另外两种工作语言分别为法语和英语。会议期间出台了一系列关乎政治认同和民族语言使用的相关文件。其中《基本条例》第8条肯定了公民的语言权利：“刚果（布）公民享有文化、教育和文化身份受到尊重的权利。组成刚果（布）民族的各部族享有使用本族语言和文化的自由，不能损害其他部族的语言和文化。”（Obenga，2011：257－258）《民族团结章程》认可在行政领域使用民族语言，第九章规定：“国家必须扫除影响行政管理领导及政治领导人必须正确说民族语言的障碍。”（Obenga，2011：258）名为《教育》的文件要求制定确定民族语言地位的法律文本，还要求设立制定民族语言政策的委员会。名为《文化与艺术》的文件要求制定民族语言书写的法律文本、成立国家研究委员会以研究创设国立语言学院的可能性，制定民族语言政策，在媒体上更多地宣传刚果（布）民族语言和多元民族文化。《权利与自由章程》规定“不得剥夺族裔、宗教或语言少数群体与其群体的其他成员一样拥有自己文化生活、信奉和实践自己宗教或使用自己语言的权利”（Obenga，2011：258）。

全国协商会议制定的和语言相关的各种文件侧重于承认由国家民主管理新原则产生的文化和语言多样性，反映了民族团结对民族语言使用的诉求。1992年宪法确立了林加拉语和莫努库图巴语这两种使用最广泛的民族语言的国语地位，该部宪法规定法语为官方语言，国语为林加拉语和莫努库图巴语。后来的各部宪法都沿袭这一规定，与此同时，民族语言始终没有提升到官方语言的地位。

（二）语言管理机构

作为官方语言的法语本质上是刚果（布）的外来语言。作为联合国、非洲联盟以及法语国家和地区国际组织等的成员国，刚果（布）既承担着保护法语的任务，又承担着保护民族语言的任务。刚果（布）对语言起管理作用的机构主要包括中小学及扫盲教育部、马里安·恩古瓦比大学非洲语言系和民间机构如刚果国际语言学协会等（Obenga，2011：262－266）。

中小学及扫盲教育部下属的教育行为研究院负责中小学教学大纲的制定、教材的编写以及民族语言的保护。由于法语为官方语言，中小学教学大纲对法语科目的教学内容和课时分配侧重明显，并且非法语科目的教学语言也都是法语。根据教学大纲要求，小学开设的法语科目包括诗歌、阅读、阅读理解、阅读交际、语言、书写、口头表达、书面表达、语法、阅读游戏、语法拼写、使用拼写、词汇、动词变位、档案材料等；初中和高中的法语科目名称不再细分，统称“法语”课。在小学和初中阶段，法语科目的课时在所有科目中占比最高。高中阶段，文科生的法语课课时占比仍然最高，理科生的法语课时低于数学科目。总的来说，法语是中小学教育中最受重视的科目。

教育行为研究院也肩负着保护本民族语言的责任。教育行为研究院民族语言处的主要任务是设计和开发林加拉语和基图巴语教材，并帮助将民族语言作为工具和学习对象引入学校课程；把一些戏剧文本以及国际组织的一些文本翻译成林加拉语和基图巴语；出版林加拉语和基图巴语的词汇、语法及阅读类书籍；把刚果劳动党的文件翻译成林加拉语和基图巴语；在刚果广播电台开设专题节目，推广林加拉语和基图巴语。

中小学及扫盲教育部下属的扫盲司对于法语和民族语言的推广也发挥着重要作用。扫盲司于 1965 年 9 月成立，初始任务是用法语开展扫盲工作。在扫盲司的努力下，大量未曾接受学校教育的民众参加了扫盲班。20 世纪 70 年代初期，扫盲司把民族语言纳入扫盲工作中，此举得到了联合国教科文组织等国际组织的支持。随着林加拉语和基图巴语国语地位的确立，扫盲司更加注意平衡官方语言和国语在扫盲工作中的地位。

马里安·恩古瓦比大学民族语言教学始于 1969 年，最开始教授太凯方言伏姆语（Fumu），1971 年开始教授基刚果语和林加拉语。1977 年非洲语言系开始从语音、词汇、句法等方面系统地教授林加拉语和基图巴语。1984 年以前，林加拉语和基图巴语只是现代文学、历史、地理、心理学、哲学和社会学专业学生的选修课。1984～1985 学年，它们是非洲语言以及非洲文学和文化本科专业学生的必修课。目前，马里安·恩古瓦比大学非洲语言系教授多门刚果（布）民族语言及部分周边国家的语言，形成了本、硕、博连贯而系统的育人体制，语言本体研究成果丰富，并和国外一些大学或者机构开展合作，同时和国内相关部门，如教育行为研究院合作，保护和推广非洲民族语言。

除了官方的语言管理或者推广机构，刚果（布）还有一些民间的组织或机构执行推广民族语言的任务，比较重要的机构为刚果国际语言学协会。刚果国际语言学协会于 1983 年在刚果（布）成立，致力于培养保护和振兴刚果语言所需的技能和能力。协会的工作不仅仅局限于刚果（布）

各部宪法所规定的国语（林加拉语和基图巴语），还包括制作扫盲教学工具、翻译和搜集鲜为人知的其他民族语言、传授刚果语言拼写等。其项目涉及刚果语言（音位、语法和词汇）的深入研究、语言口头传统各种文本的收集和分析、磁介质上的语言样本记录、语言地图的绘制等。该协会还成立了用所研究的语言进行文学创作的作家团体，以期通过写作来持续或巩固学习。协会和刚果（布）政府合作，1988 年与科学研究部签署了一项协议，以更好地了解刚果（布）的社会语言状况以及与刚果（布）语言相关的应用。该协会还和中小学及扫盲教育部的教育行为研究院及扫盲司合作，推广使用林加拉语和基图巴语。

（三）社会各领域的语言管理

对社会各领域语言的管理，起根本性作用的还是刚果（布）的根本大法。刚果（布）宪法一直规定国家的官方语言为法语，后来又规定了林加拉语和基图巴语两种国语，同时又规定种族、性别、语言、文化等平等的原则。在现实中，这些规定一方面意味着所有议会生活（辩论、起草和颁布法律）、所有法律程序、所有政府行政事务、教育（从幼儿园到大学）、大公司的事务等，都必须完全使用法语；另一方面也意味着所有非官方生活（人际交往、休闲、家庭、宗教等）的交际由个人自由选择语言的使用，而人们大多数选择林加拉语或基图巴语或者其他民族语言。

1. 司法

刚果（布）法院通常在法律诉讼中使用法语。如果公民或外国人不会说官方语言，法院必须聘请翻译。1963 年 1 月 13 日颁布的关于刑事诉讼法典的 1－63 号法律第 240 条有如下规定：庭长可以委派一名陪审员进行询问；如果被告不会说或不懂法语，则必须征召翻译人员。另外，第 295 条也规定：如果被告、证人或其中一个人不会充分讲法语，或者如果需要翻译用于辩论的文件，庭长会指定一名翻译。第 295 条相关内容如下：（1）如果被告、证人或其中一个人不会充分讲法语，或者如果需要翻译用于辩论的文件，庭长将指定一名年龄至少 21 岁的翻译，翻译需要宣誓忠实地完成他的使命。（2）公诉人、被告人和民事当事人可以通过说明理由拒绝翻译。法院对此拒绝行为做出裁决，并要求不得对其决定进行上诉。（3）即使经被告人或公诉人同意，口译员也不能是法庭的法官、陪审员、主持听证的书记员、当事人和证人等身份。最后，根据该法律第 342 条，如果被告是聋哑人并且不会写字，法庭庭长会指定最习惯与他交谈的人充当翻译。

2. 公共行政管理

刚果（布）公共行政部门仅以法语运作，除非所有各方都使用相同的语言进行口头交流。它通常是法语、林加拉语或基图巴语。但在书面上，只允许使用法语。例如，2000 年 12 月 30 日颁布的关于土地所有权制度的 17 - 2000 号法律第 60 条要求使用法语，或者如果是外文文件，则必须附有经过认证的法语翻译。

2009 年 5 月 20 日颁布的关于公共采购法的 2009 - 156 号法令第 41 条涉及招标的语言使用规定："招标文件包括以下法语文件：招标公告；一般行政条款；招标具体规定；特别行政条款书；一般技术条款；特殊技术条款、职权范围或供货说明；单价表框架；估计细节框架，包括要执行的数量；价格分项框架；特别是与投标和保证金有关的标准表格；在适用的情况下，计划、图纸、计算说明、技术文件或订约当局或受委托的订约当局认为必要的任何其他文件。"

关于儿童的语言问题，2010 年 6 月 14 日颁布的关于刚果共和国儿童保护的 4 - 2010 号法律，授权儿童使用其族群的语言，而儿童必须尊重身份、语言和国家价值观。该法律第 40 条规定："无论其出身如何，都不能剥夺儿童享有文化生活、经父母同意信奉宗教、与本族群的人一起使用该族群语言的权利。"

2010 年 10 月 22 日《非洲青年宪章》获得批准，刚果（布）第 2010 - 686 号法令承诺融合学校和非学校教育，实施和加强非洲语言教学；规定任何青年都有义务以适当的形式展示语言文化遗产。

但总的来说，法语在刚果（布）社会中占主导地位。由于震撼该国的内战，法语已成为各武装派别的避难语言。不掌握基图巴语（特别是在南部）或林加拉语（特别是在北部）甚至基刚果语的言谈者，出于"安全"原因更喜欢说法语。由于害怕暴露他们的种族血统，刚果（布）人改用法语交流，这使他们能够在一定程度上隐瞒自己的身份。

3. 教育

刚果（布）教育体制包括学前教育（3 年）、小学教育（6 年）、中学教育（初中 4 年，高中 3 年）和大学教育。

上文提到，1980 年 9 月 11 日 20/80 号教育法第 4 条规定："在人民学校教授林加拉语和莫努库图巴语两种国民语言。"在具体教学实践中，林加拉语和基图巴语都不是教学语言，而是某些学校的科目或学科，与法语以外的外语相同。但结果是，引入民族语言，即使作为一门学科，也近乎空谈：政治介入低，尽管有现成文本，但总体资源短缺；志愿服务存在问题，方法不足，扫盲时成年人抵制学习民族语言。由于在正式场合中，民族语言不被重视，法语一直是学校和大学课程中唯一的教学语言。2002年，负责扫盲的中小学及扫盲教育部发布了题为《全民教育国家行动计划》的文件。在该文件中，介绍了小学教育目标、战略、预期成绩和计划开展的活动。

小学教育目标：在基础阶段促进民族语言的引入和使用。

战略：引入、加强和使用语言的方式；开发民族语言课程与教材；促进语言教育的国际交流；逐步推广；学校和扫盲中心有益结合。

预期成绩：孩子们可以用民族语言阅读、写作、计数、交流和解决日常问题；在基础学校实施的教育系统中引入民族语言。

计划开展的活动：法语和民族语言共用；设置教学流程；围绕提高学科和跨学科教学法的能力而学习；引入民族语言作为教学语言；在小学低年级学习；用民族语言培训教学和监督人员以及评估人员；建立行动者和合作伙伴的沟通和动员机制。

然而，上述计划从未得到实施。

现行的学校法律虽然不涉及教学语言，但对扫盲工作比较重视。以下是 1995 年 11 月 17 日第 25/95 号法律部分条款。

第 49 条：扫盲的主要目标是为所有未能从学校系统的教育活动中受益或失去教育活动的公民提供基础教育。

第 50 条：大众扫盲在扫盲中心组织。

第 51 条：功能性识字在行政部门和公司中组织。

第 52 条：①行政部门和公司负责员工的扫盲工作和继续教育。②非政府组织、基金会和协会可以为民众扫盲做出贡献。③教育检查、文件准备和扫盲活动的协调是教育部的职责。

在这方面，个人、协会、非政府组织、企业、行政机构和宗教团体被准许开设扫盲中心。一般来说，扫盲是用基图巴语、林加拉语或法语进行的，很少用另一种语言。2008 年，大约 20% 的刚果（布）人口（其中三分之二是妇女）是文盲，然而在 1980 年代，刚果共和国被列为非洲受教育程度最高的国家之一，超过 90% 的人能够读写。20 世纪 90 年代末的刚果（布）内战导致刚果（布）的识字率有所下降。

刚果（布）的中小学和高等学校，不论是私立的还是公立的，教学语言都是法语。然而，基础教育存在的一些问题，在一定程度上会影响学生对语言及其他知识的掌握。这些问题主要包括教材严重缺乏，正式师资数量不足且缺乏必要的教学培训，教学设备陈旧、匮乏，等等。

4. 媒体

大多数刚果人依靠收音机获取信息，这主要是由于文盲率相对较高。刚果（布）广播电台和布拉柴维尔广播电台是使用法语、基图巴语和林加拉语广播的国家广播电台。刚果（布）法国国际广播电台的听众也很多，另外，他们还可以接收刚果（金）的部分用法语或者民族语言广播的电台，还有部分民众收听美国之音的英语节目。

首先，刚果（布）国家电视台是全国公共综合电视频道，由刚果国家广播电视中心100%拥有，该中心是刚果（布）的一家公立广播电视公司，该电视台在刚果（布）第二大城市黑角设有分公司。刚果电视台主要使用法语，有时也用林加拉语和基图巴语播报。另外，刚果（布）还有两家出名的私立电视台：迪埃尔电视台（DRTV）和沃克斯电视台（VOX TV），这两个频道也大都使用法语，少量时间使用林加拉语和基图巴语。另外，当地付费用户主要选择法国 Canal + 公司的电视频道，语言为法语。需要指出的是，2021 年 11 月 3 日，刚果（布）Canal + 宣布将推出纯林加拉语的电视频道玛博凯电视台（Maboké TV），为娱乐频道，包括电影、电视剧、音乐、幽默节目等。[①] 最后，值得一提的是，中国四达时代公司在刚果（布）的电视用户逐渐增多，四达时代电视节目正在成为中非文化交流的重要平台。

刚果（布）大多数报纸来自首都布拉柴维尔，均以法文出版。发行量较大的报纸主要有《布拉柴维尔快讯》和《非洲周报》等。《布拉柴维尔快讯》为日报，创建于 20 世纪 90 年代末，周一至周五出版发行，每周发行 10000 余份。[②] 同时，在其官方网站上可以下载每天报纸的电子版。《非洲周报》历史更加悠久，可以追溯到 1952 年，其是教会报纸，目前每周发行大约 2500 份。[③] 其他一些报纸所使用的语言也都是法语，可见法语作为官方语言的地位。

---

① 根据《刚果河流域快讯》报 2021 年 11 月 5 日报道。

② 数据来自 https://fr.wikipedia.org/wiki/Les_D%C3%A9p%C3%AAches_de_Brazzaville。

③ 数据来自 https://fr.wikipedia.org/wiki/La_Semaine_africaine。

（四）语言管理的特点和成效

刚果（布）语言管理方式与法语为官方语言、林加拉语和基图巴语为国语这一宪法给予的地位密切相关。

对法语和国语的管理有如下特点：①法语官方语言的地位以及法语国家与地区国际组织相关保护法语的规定，使得法语在刚果（布）的推广处于绝对优先的地位，尤其体现在整个学校教育过程中所使用的教学语言为法语。②以使用法语为主，以使用民族语言为辅。官方文件均使用法语，大众传媒主要使用法语，林加拉语和基图巴语这两种有法律地位的国语作为媒体语言的有益补充。③扫盲教育对于推动法语和国语的推广也发挥着重要的作用。④官方出台过多种保护和推广民族语言的文件，但实际上没有实施。

刚果（布）语言管理的方式造成了如下语言使用情况：①接受过学校教育的人都有基本的法语听说读写能力。刚果（布）入学率比例较高，“小学阶段的入学率为 95.7%，15 至 24 岁的年轻人的入学率为 88.4%”（Kianguebeni，2019：144）。因此推断，大部分年轻人都有一定的法语听说读写的能力。②学校里以及大部分正式场合，人们都使用法语，在家庭内部以及其他私人交谈，人们自由使用法语或者本民族的语言。③由于中小学教育将民族语言排除在外，对于民族语言，大部分民众主要停留在听说层面，读写能力有限，特别是不能很好地书写自己的民族语言。

四　总结与展望

刚果（布）实现国家独立之后，选择法语作为官方语言，并且至今没有改变，原因是多样的：一是由于长期受到法国的殖民统治，刚果（布）接受了其语言文化同化教育，法语的普及力度较大。二是上层精英人士大都接受的是法国教育，法语成为一种特定身份的象征。三是部族众多，相对应的民族语言过多，难以选取其中某一语言作为官方语言，选择不慎的话，容易造成部族之间的矛盾。统一使用法语，反而有利于部族之间的和谐，法语在一定程度上成为不同部族之间语言沟通的安全语言。四是保留和发扬法语是刚果（布）所加入的部分国际组织的内在要求。学校教育和扫盲教学及传媒大部分情况下使用法语，使得大部分刚果（布）人具有一定的法语听说读写能力。

本民族的语言文化是一个民族特有的身份的象征，随着对民族语言保护和发扬意识的增强，刚果（布）把林加拉语和基图巴语定为国语，写进宪法，同时还规定不同种族、语言、文化、宗教信仰等一律平等。刚果（布）曾经制定一系列旨在推广民族语言的文件，但大都没有实施。同一部族成员用自己的民族语言口头交流是很自然的，然而一般民众没有接受过正规的民族语言教育，导致他们在书写上存在困难。所幸的是，教育行为研究院、马里安·恩古瓦比大学非洲语言系、民间民族语言研究组织等机构，能够编写林加拉语和基图巴语等民族语言教材或提供教学，使得部分民族语言能通过专门、正规的渠道得到传承。

在对待外语教育方面，刚果（布）秉承非常开放的态度，任何外语都可以在其国内教授。鉴于英语的国际地位，初中和高中英语作为必修科目存在。另外，在高中阶段，除了英语，文科生还必须要选修另外一门外语。因此，从理论上讲，学生至少会用本族语、法语、英语和另外一门外语进行表达。然而，刚果（布）中小学存在师资、教材、设备等各方面的困难，学生也鲜有机会进行语言实践，导致刚果学生的外语学习效果并不理想。值得一提的是，自 2012 年马里安·恩古瓦比大学孔子学院成立至今，刚果（布）的汉语教学得到了突飞猛进的发展。随着中刚合作的不断深化，越来越多的学生希望在中小学阶段选修汉语，然而，首都之外中小学汉语教师匮乏，汉语在刚果（布）的传播仍然任重道远。

近些年来，不断有刚果（布）人提出要从立法层面上提高民族语言的地位，然而，大部分刚果人对目前的语言状况似乎并未感到特别沮丧，法语化在主要城市尤其是布拉柴维尔非常鲜明。例如，奥迈尔·玛苏姆（Omer Massoumou）对布拉柴维尔居民进行的抽样调研显示：他们当中 88.06% 的人能够用法语自如书写，仅有 3.32% 的居民能够用林加拉语自如书写，没有人能够用基图巴语自如书写。[①] 刚果（布）人还有其他更紧迫的问题需要解决，最主要的还是吃饭、就业等民生问题。

刚果（布）的语言状况在非洲很有代表性，即尚未摆脱其原殖民语言的束缚。从这个意义上说，刚果（布）要实现其民族语言和殖民语言之间的某种协调，还有很长的路要走。当这个国家的经济社会发展到较高水平，才有可能做出实质性调整，提升本民族语言的地位。

---

① 数据来自 http://www.unice.fr/bcl/ofcaf/21/Massoumou.pdf。

参考文献

[1] 黄玉沛、王永康，2020，《刚果共和国》，社会科学文献出版社。

[2] 张象、车效梅，2005，《刚果》，社会科学文献出版社。

[3] Kianguebeni, U. K. (2019). *Droits Linguistiques et Patrimoine Immatériel au Congo*. Paris: Edilivre.

[4] Mfoutou, J. - A. (2021). Plurilinguisme, Politique linguistique et Enseignement en République du Congo: De la Colonisation À nos Jours. *Etudes de Linguistique Appliquée*, 203 (3), 355 - 369.

[5] Obenga, T. (Sous la direction de) (2011). *Histoire Générale du Congo des Origines à nos Jours: IV. Le Congo et son Avenir*. Paris: L'Harmattan.

刚果（金）*

一　国家概况

刚果民主共和国（The Democratic Republic of the Congo / La République Démocratique du Congo），简称刚果（金），面积 2344885 平方公里，是非洲中部最大的国家。[①] 刚果（金）东邻乌干达、卢旺达、布隆迪和坦桑尼亚，南邻赞比亚与安哥拉，北邻南苏丹和中非共和国，西邻刚果（布），中隔刚果河。首都为金沙萨（Kinshasa），原名利奥波德维尔（Leopoldville）。

刚果（金）是联合国公布的世界最不发达国家之一。历史上，刚果（金）曾是非洲经济较好的国家，但 20 世纪 90 年代以来，动荡的政局和曾经爆发的战乱，使得刚果（金）的国民经济遭到严重破坏。2001 年卡比拉继任总统及 2003 年组成临时过渡政府后，刚果（金）曾经调整经济政策，一定程度上改善了宏观经济状况。从 2006 年到 2011 年，刚果（金）启动国家重建计划和“五大工程”，卡比拉总统提出国家“现代化革命”战略。2019 年，齐塞克迪总统推行“执政百日紧急计划”，推进涉及国民经济各领域的项目的实施。

刚果（金）的农业较为落后，2019 年农业产值占国内生产总值的 19.7%。刚果（金）农村人口占全国人口 70% 左右，其中主体是农民，刀耕火种依然是他们的主要生产方式。矿业是刚果（金）的重要经济支柱。2018 年工矿业产值占国内生产总值的 32.3%。刚果（金）的对外贸易对国民经济有着巨大影响，主要出口钴、铜、原油、钻石、农林产品，进口

---

* ［作者简介］栾婷，博士，讲师，首都经济贸易大学外国语学院副院长。研究方向：法国与欧洲语言政策与语言规划、外语教学。

① 概况部分中的所有统计数据均来自中华人民共和国外交部网站，https：//www. fmprc. gov. cn/ web/gjhdq _ 676201/gj _ 676203/fz _ 677316/1206 _ 677680/1206x0 _ 677682/和 https：//www. fmprc. gov. cn/web/gjhdq _ 676201/gj _ 676203/fz _ 677316/1206 _ 677680/sbgx_ 677684/。

粮食、日用消费品、机电产品、各类原材料等。

2017年，刚果（金）的人口数为8960万人。全国总共有254个民族，这些民族使用的语言分别属于班图、苏丹和尼洛特三大语系。使用班图语系的民族主要分布于刚果（金）的东部、中部和南部，占全国总人口的84%，包括全国第一大族——刚果族。在苏丹语系中，阿赞德和孟格贝托两族人口最多。苏丹语系民族主要居住在北部。尼洛特语系的各民族是最早生活在刚果（金）境内的世居居民，现今，尼洛特语系民族除少数几个生活在赤道密林中外，其余民族已被其他语系民族同化。刚果（金）的官方语言是法语，官方承认的民族语言有林加拉语（Lingala）、斯瓦希里语（Swahili）、基孔果语（Kikongo）和契卢巴语（Kiluba）。在刚果（金），国民的文化教育问题颇大，15岁以上人口文盲率约为22.7%。国内有大量因贫困而失学的儿童和青少年。

欧洲基督教在15世纪后半叶传入刚果（金）。天主教传教团后来一度垄断了该地区的教育。天主教热衷于培养本土牧师，进行进一步的传教活动。在刚果（金）独立以后，刚果（金）天主教会依然具有不小的势力，对政治局势具有影响力，并能暗中支持游行示威活动。目前，在刚果（金）居民中，由于上述历史因素的影响，50%信奉天主教，20%信奉基督新教，10%信奉伊斯兰教，其余信奉各类本土的原始宗教。

1960年刚果共和国独立时，周恩来总理和陈毅外长曾对卢蒙巴政府表示祝贺。1961年，两国建交。1972年11月24日，两国实现关系正常化，并发表联合公报。在这之后，双方关系继续发展。王毅国务委员兼外长于2021年1月访问刚果（金）。自1982年至今，两国的互利合作有了长足的发展。2011年两国签署《双边投资促进和保护协定》。不少中国企业在刚果（金）进行投资与兴办产业。中国对刚果（金）的经济援助主要是承担了刚果（金）的体育场、稻谷技术推广站、贸易中心和金沙萨邮件分拣中心、金沙萨综合医院等成套项目。2019年，刚果（金）中央银行批准人民币进入该国的外币流通体系，人民币结算服务也在刚果（金）开展。2020年，两国双边贸易额为90.44亿美元，同比增长39%。中国还向刚果（金）共派出过19批医疗队计503人次。两国之间还有多种文化交流活动，例如刚果（金）文艺团参加上海世博会和刚果（金）孔子学院的成立等。

二 语言使用状况

刚果（金）的主要语言包括官方语言（法语）、民族语言（林加拉语、基孔果语、斯瓦希里语和契卢巴语）和其他本地语言及外语（主要为英语）。刚果（金）的语言使用主要通过宪法及各领域的法律法规进行规定。接下来结合法律法规，对以上主要语言的使用情况进行梳理。

（一）宪法对语言使用的规定

刚果（金）的语言使用在宪法和法律中有明确规定。刚果（金）的宪法与法律在历史中有较多变革，其中对语言使用的规定也有所变化。

1960 年，刚果共和国独立之后，第一部宪法宣布法语是唯一官方语言，荷兰语和民族语言没有得到认可。这一政策体现了刚执政的政治精英试图消除部落主义的弊端，因此缺乏对民族语言以及其他本地语言的规定。1990 年，蒙博托当政期间通过了一部新宪法。虽然蒙博托大力推行扎伊尔化运动，试图复兴非洲文化和语言，但是 1990 年《宪法》没有改变过去的任何语言政策，法语的唯一官方语言地位依然被保留。1994 年，又一部新宪法得到通过，该宪法宣布“在不影响民族语言的情况下，本国官方语言是法语”①。该宪法没有关于四种民族语言——斯瓦希里语、林加拉语、基孔果语和契卢巴语——的规定。事实上，在整个蒙博托政权期间，甚至没有通过任何法律来正式承认这些语言。对于其他本地语言更没有具体规定。1998 年 11 月，在推翻了蒙博托政权的洛朗·德西雷·卡比拉当政期间，有一个宪法草案，其中第 6 条涉及四种民族语言和两种官方语言的地位：“在不影响民族语言的情况下，官方语言是英语和法语。”② 这是刚果（金）第一次试图在宪法中引入英语作为官方语言，不过这一宪法草案没有获得通过。2003 年 4 月 4 日，刚果民主共和国总统约瑟夫·卡比拉颁布了新宪法，其第 4 条第 7 款和第 8 款涉及语言问题：“（7）国语为基孔果语、林加拉语、斯瓦希里语和契卢巴语。（8）官方语言为法语。”③ 该宪法没有提及英语和其他本地语言。

---

① Sans préjudice des langues nationales, sa langue officielle est le français.

② Sans préjudice des langues nationales, les langues officielles sont le français et l'anglais.

③ (7) Les langues nationales sont: le kikongo, le lingala, le swahili et le tshiluba. (8) La langue officielle est le français.

2006 年新宪法废止了以前的所有宪法条款，对官方语言、地方语言、法律用语、司法用语等都做了具体规定。它的第 1 条规定：“（7）官方语言为法语。(8）刚果的民族语言是基孔果语、林加拉语、斯瓦希里语和契卢巴语，国家应一视同仁地推广这些语言，其他国家语言是刚果文化遗产的一部分，国家应予以保护。”① 尽管有官员施压，要求法语与英语分享官方语言地位，但最终该宪法只承认法语是唯一官方语言，而且该宪法承认了四种民族语言并明确了它们的地位，还首次正式提及其他刚果语言。不过，对于其他刚果语言，宪法没有具体提及它们的名称，也没有具体规定如何保护这些语言。该宪法第 142 条对议会语言规定如下：“（2）在任何情况下，政府应确保法律在通过之日起 60 天内以法文和四种国语同时颁布。”② 第 18 条对司法中的语言使用规定如下：“应立即以被逮捕者通晓的语言将逮捕他的理由和对他提出的任何指控通知他。”③ 这其实意味着可以使用国内通行的任何一种语言。

（二）官方语言使用状况

自比利时对刚果的殖民统治时代起，法语一直是刚果地区的官方语言，即行政与司法语言。1935 年，殖民地当局通过法律正式确定法语为官方语言。独立及刚果（金）共和国成立之后，法语也一直是官方语言。

作为官方语言，法语被广泛使用在行政管理、教学、法律、科技等方面。所有法律文本、演讲稿和官方公报都由法文书写。媒体中的日报和周报有 97% 使用法语（OIF，2014：123）。学术成果和文学作品绝大部分也以法文呈现。技术和科学类书籍，包括研究刚果民族语言的著作也都以法文呈现。60% 至 70% 的无线电节目使用法语（OIF，2014：121），这些节目被传播到这个国家最偏远的地区。国歌也由法语传唱。剧院中占主导地位的戏剧目前也是法语的，虽然民族语言近些年在剧院得到倡导。

---

① （7）Sa langue officielle est le français. （8）Ses langues nationales sont le kikongo, le lingala, le swahili et le tshiluba. L'État en assure la promotion sans discrimination. Les autres langues du pays font partie du patrimoine culturel congolais dont l'État assure la protection.

② Dans tous les cas, le gouvernement assure la diffusion en français et dans chacune des quatre langues nationales dans le délai de soixante jours à dater de la promulgation.

③ Toute personne arrêtée doit être immédiatement informée des motifs de son arrestation et de toute accusation portée contre elle et ce, dans la langue qu'elle comprend.

根据2010年法语国家组织公布的《法语使用报告》，刚果（金）46%的人口掌握法语的读写，68%的10岁及以上年龄的人口能够使用法语读写。而在首都金沙萨，掌握法语的人口比例更高，2010年，首都金沙萨说法语的人占比达92%（OIF，2010：11）。另外，据法语国家组织报告，法语人口的增长及法语能力的提高主要得益于法语教学的加强。由于广播等媒体的传播，事实上，在刚果（金）能够听懂法语的人口比例应更高。

使用法语的刚果（金）人大多数为政治与经济精英，政府和国营或私营公司的行政人员、医生、律师这样的独立知识分子，以及公职人员、技术人员、教师、记者、大学生和中学生、受教育水平较高的商人。因此，使用法语的人大多集中在城市。从殖民时代到独立之后的几年，法语一直是刚果（金）本地人接受更好的教育、获得更高的社会地位和更大的物质财富的重要工具，因此，说法语的人一直是本地人的效仿对象。刚果（金）的法语使用者会根据对方的职业类型、教育程度、社会地位、生活方式甚至居住地点选择使用法语或民族语言或其他语言与其交谈。来自同一语言地区的刚果人之间的个人交流使用法语的频率要高于使用民族语言的频率。在少数学者家庭中，特别是那些在欧洲受过教育的家庭，以及在与少数族群通婚的情况下，法语是真正的母语。刚果（金）具有良好法语知识的人的法语说写能力与法国人几乎一样，但在语音、形态句法和词汇层面上有一些差异。

在教育方面，刚果（金）的孩子6岁开始上小学。对城市中心的许多儿童来说，小学教育之前是三年学前教育。严格地说，这一学前阶段没有法语教学，但有些教师会用法语进行对话，并用法语组织大部分启蒙活动。在小学阶段，法语既是教学科目，也是教学媒介语。作为学科，法语是学校课程中的主要学科之一，与数学并列。法语不及格会导致学生留级。在中学教育中，法语既是教学语言，也是教学科目。根据学生的选择，课时从每周4小时到10小时不等。法语不及格会严重影响学生的学业。在高等教育中，法语也同时是教学媒介语和教学科目。法语课程已列入所有大学的第一学年课程，以及所有高等师范学院和技术学院的第一学年课程。在高等教育中，法语教学面对以法语为专业的学生和非法语专业的学生是不一样的。除英语语言文学系外，所有高等教育课程一直都用法语授课。

刚果（金）的法语教学也存在一些问题。首先，法语教师中具备法语教学资质的人并不多。André Nyembwe Ntita（2010：5）指出，在 Lemba 市的一所中学，法语教师中有 62.25% 的人不具备法语教学资格。其次，法语教学的教材和教学工具不足。虽然刚果（金）市面上有大量法语教材，但是真正适合刚果（金）学生的教材却很少，农村和城市中大量学生甚至教师都缺乏法语教材和教学设施。最后，班级学生过多，这一点在一定程度上也阻碍了学生更好地深入学习法语。

在刚果（金），人们学习法语并不局限于学校教育。校外学习法语主要有两种方式。第一种是从小习得，通过与讲法语的人直接接触而自然习得，或在法语联盟等语言中心习得。从小习得法语的是年龄极小的孩子，他们的父母一般在城市工作或生活，且受过教育。这些儿童将法语作为家庭中的第一语言或主要交流语言。第二种是通过直接接触交流习得法语。通过这种方式习得法语的人一般是为外国人服务的工作人员或是与这些工作人员密切接触的人，如咖啡馆、餐馆和旅馆的服务员、保镖等。

另外，在教育体系中，近些年法语教育也在很大程度上被削弱。自 1985 年以来，在大学校园中，学生们开始更多地使用民族语言或其他本地语言进行交流，甚至在法语课上，学生之间的交流也不再使用法语（OIF，2014：124）。此外，由于没有相应的物质（教科书和教学资源）和人力资源（教师培训）支持、在教育中过快过广地推行法语，以及其他社会原因，法语教学质量也在下滑，很多学生因为自身法语水平不高而不热衷于说法语。未来，民族语言的使用将会进一步普遍。

然而，法语依然是刚果（金）的官方语言，在公共、科学、教育、文化领域里占据首要位置。法语也深刻地影响了其他民族语言和本地语言，例如词汇方面。而学龄前儿童对法语的早期习得在刚果（金）城市地区越来越普遍，这一点是法语未来在刚果民主共和国充满活力最重要的标志。

（三）民族语言使用状况

虽然刚果（金）的官方语言是法语，但是刚果（金）宪法也承认四种使用得最为广泛的民族语言——林加拉语、基孔果语、斯瓦希里语和契卢巴语。它们虽然不是官方语言，但是在刚果（金）的实际社会交往中占据重要地位。

根据恩多洛 1992 年的研究，说林加拉语的人数为 1240 万人，占全国人口的37.46%。说斯瓦希里语的人数排名第二，有910万人，占全国人口的27.49%。有630万说契卢巴语的人，占全国人口的19.30%。说基孔果语的人以520万人排名第四，占全国人口的15.75%（Mputubwele，2003：274）。

林加拉语最早是刚果河沿岸国家通用的当地语言，属于班图语系。1900年，林加拉语的名称逐渐被确定。早在刚果（金）获得独立以前的殖民时代，武装部队中的林加拉语使用率就已经较高。20世纪30年代，林加拉语在首都地区已经非常流行。在20世纪后半叶，尤其是扎伊尔时代，林加拉语又获得了极大的发展，因为扎伊尔时期的统治者蒙博托来自林加拉语地区。他大力推广这种语言，林加拉语被他的政党使用，在政治演讲、群众会议、电视和广播电台以及其他带有意识形态倾向的活动中动员群众。林加拉语还被广泛运用于军队中，时至今日，依然如此。首都金沙萨地区使用的林加拉语已经形成了独特的语言变体形式，其吸收了其他语言的成分，既有口语也有书面语，几乎被认为是标准的林加拉语形式。林加拉语有着较为庞大的母语群体，是许多出生在金沙萨、姆班达卡等城市的儿童的母语。在今天的刚果（金），除了在军队中外，林加拉语还在媒体、政治交流（官方讲话），以及音乐、戏剧等面向国民的文化活动中发挥越来越重要的作用。到目前为止，林加拉语最有影响力的社会文化领域一直是现代流行音乐。在扎伊尔时代，这种音乐不仅渗透到个人生活的所有私人领域，也渗透到宗教甚至政治领域。今天，刚果（金）大部分音乐是用林加拉语创作的，这些音乐甚至风靡整个非洲中部。除了交流的需要之外，刚果（金）人学习或说林加拉语，要么是为了表明他们的城市血统，要么是为了表达他们作为刚果人的自豪感，从而表明他们的爱国意愿。从此可以看出，林加拉语的普及能够更好地消除部落主义的弊端，使国民的凝聚力加强。

基孔果语属于班图语系。从历史角度看，基孔果语最早被命名是在17世纪，指的是古刚果帝国的语言。也被称作Kikongo Kileta、Kilongo ya leta［刚果（金）对该语言的称呼］或Munukutuba［刚果（布）对该语言的称呼］。基孔果语主要在刚果（金）、刚果（布）和安哥拉等国家使用。在刚果（金），基孔果语的使用主要集中在中部地区的奎卢省（Kwilu）、宽果省（Kwango）和西开赛省（Kasaï - Occidental）西部。刚果（金）国内有一些使用基孔果语出版的报纸和杂志，还有使用该语言的电台广播和电视节目。

斯瓦希里语属于班图语系。使用这种语言的人主要集中在加丹加省（Katanga）、马涅马省（Maniema）、北基伍省和南基伍省（Nord et Sud -

Kivu）及东部省（Province Orientale）。斯瓦希里语的具体起源目前尚待考古发现，不过它的起源地基本确定在索马里以南和肯尼亚以北的海岸，以及毗邻这条海岸线的岛屿上。有一种观点认为，斯瓦希里语是受阿拉伯语的影响而产生的。这种说法不管是否正确，阿拉伯语言文化的确深深影响了斯瓦希里语。早在公元 9 世纪左右，斯瓦希里文化在诸多沿海城市逐渐发展起来，那里的人已经说着斯瓦希里语。后来，通过贸易和奴隶贩卖以及宗教活动，这种语言逐渐传入非洲内地，被广泛运用于贸易和旅行。19 世纪，这种语言传入刚果。传教士运用这种语言来传教。1930 年起，殖民当局试图使这种语言标准化，最终形成了现在的斯瓦希里语。1960 年刚果共和国独立以后，说斯瓦希里语的某些地区曾经宣布独立，蒙博托当政期间对斯瓦希里语有所提倡。不过从那时开始，斯瓦希里语总与一些政治思想联系在一起。今天，斯瓦希里语从英语、阿拉伯语、德语和葡萄牙语中吸收了词汇，斯瓦希里语本身也影响了法语，在军队中的使用也较多。

契卢巴语属于班图语系，使用这种语言的居民主要集中在加丹加省、东开赛省（Kasaï - Oriental）、西开赛省、马涅马省和南基伍省（Sud - Kivu）。该语言因为地域不同而有几种变体。最早说这种语言的人被称为“开赛巴鲁巴人”，也被称为“贝纳 - 开赛人”。他们由几个部落组成。今天的契卢巴语在德语、荷兰语、法语、英语的影响下，在使用这种语言的几个省份中，有了语音和词汇上的差异。在城镇和乡村，该语言的使用也有差别。在乡村，契卢巴语的使用形式比较纯粹，而在城市，口语有大量外来词，主要来自法语和其他刚果语言。契卢巴语是刚果（金）第二大音乐语言，仅次于林加拉语，许多刚果（金）音乐艺术家选择使用契卢巴语进行歌唱。

（四）刚果（金）外语使用状况

1. 英语使用状况

刚果（金）与 9 个国家接壤，其中 5 个国家的官方语言是英语，刚果（金）还是讲英语的南部非洲国家经济共同体（南共体）的成员，因此英语对于刚果（金）社会而言具有一定影响力。英语在今天的刚果（金）是最为热门的外语，甚至写进了刚果（金）的相关法令中。英语的使用与刚果（金）的历史、社会发展息息相关。

1998 年，在洛朗 · 德西雷 · 卡比拉当政期间，曾有过将英语与法语都规定为官方语言的宪法草案，但这部宪法草案最终没能通过。不过，目前流通的刚果货币依然保留着该政权对语言政策的影响，仍然有三种语言（法语、英语和斯瓦希里语）的铭文。2006 年新宪法通过之前，曾有势力要求把英语和法语都认定为官方语言。这主要是因为自从 1998 年刚果（金）邻国乌干达和卢旺达等军事介入刚果（金）导致内乱以来，说英语的邻国军队实际控制了刚果（金）的许多地区，英语在这些地区的使用越来越广泛，军事法庭中英语的使用也变得较多。因此，刚果（金）国内的一些政治势力试图让国家在法律中承认英语的官方语言地位，但这一企图最终没能实现。

虽然英语始终没能成为刚果（金）的官方语言，但是英语近些年在刚果（金）的使用越来越广泛且得到社会的重视，这对法语也构成了长期性的挑战。在刚果（金）东部地区，因为上文已经介绍过的历史原因，出现了大量说英语的非政府组织。这些组织通常受到过英美国家的资助，给当地民众提供了较多的就业机会。同时，进入这一地区的联合国组织中的人员也大多说英语，联合国组织招募当地人做翻译员，这也提升了当地青年人学习英语的热情。刚果民主共和国东部几乎所有的贸易商都从讲英语的国家采购，每个人都努力学习和使用英语，以更加便利贸易活动。他们进口的货物的商标和说明文字是英文的，出售的药品和电子产品来自英语国家，其标签是英文或另一种语言（中文、日文等），通常没有法语。刚果（金）东部的一些媒体，尤其是广播电台，已经开始用英语广播，以扩大听众。在南基伍省省会布卡武（Bukavu），美国人开设了快速英语学习中心。在金沙萨，现在有以英语广播的电视频道，有些频道甚至制作英语节目，让观众用英语发言。

在教育方面，很多小学，尤其是私立小学在一年级就引入了每周半小时的英语学习课程。而在高中，一年级开始也有英语的必修课程。在大学，2003 ~ 2004 学年已经要求开设英语必修课。曾负责高等教育的一位高级官员一再表示，希望确保任何完成高等教育或大学学业的学生都能用英语进行口头和书面表达（Nyembwe Ntita & Matabishi，2012：110 – 112）。20 世纪 90 年代，刚果（金）经历了政治开放，年轻人可以走出国门，去南非、美国、加拿大等地工作或生活，而法语不能很好地帮助他们。随着经济全球化和互联网技术的高速发展，以美国文化为首的英语文化通过高度发达的信息媒介和文化输出使得刚果（金）的年轻人对英语更为热衷。

英语能够提供在国际社会中更好的就业机会，这也使得许多刚果人更倾向于学习英语。刚果（金）出国学习的留学生，2010 年至 2015 年间增加了 85%，而且留学生最愿意去的国家是南非与美国，不再是法国和比利时（Eyssette，2020：530）。这意味着刚果的年轻学生把英语当作更有利于未来发展的语言。

在刚果（金）本地人的心理认知层面，英语也具有一些独特的特点或者优势。由于刚果（金）在历史上长期受到欧洲法语国家的殖民统治，因此，法语国家殖民统治的帝国主义式的专制统治手段必然给刚果（金）当地人民带来更加鲜明的印象和长期的记忆。而法国对蒙博托独裁政权的支持也在刚果（金）人民心中留下消极的一面。因此，刚果（金）人民虽然对法语有着依恋的感情，但是也对法语的帝国主义意识形态有较深刻的印象。英语国家虽然也曾对刚果（金）有政治干涉，不过相较于法语国家，其在刚果（金）人民心中依然有较好的政治形象。因此，英语在今天很多刚果（金）人的心中多与自由开放联系在一起。这是英语在刚果（金）民众心中较为独特的优势。①

外国投资者和大企业进入刚果（金）是近些年促进英语在当地传播的主要催化剂。“在商业部门有立足点的大型组织和小型组织，特别是矿业和重工业，以及跨国公司的子公司，他们热衷于宣传自己的品牌……他们保持完整的英语名称和描述来维护他们的品牌文化。”（Kasanga，2012：48）同样，刚果（金）近些年无论是城市还是乡村都出现了大量英语的广告牌，或者是纯粹商业性质的，或者是带着公益性质的。据学者调查，2012 年，在刚果（金）第二大城市卢本巴希市中心的一小部分地区，超过 40% 的广告含有英语（Kasanga，2012：65）。这些商业文化中的英语使刚果（金）人民加深了对英语的熟悉程度。另外，说英语的赞比亚、南非如今是刚果（金）的主要贸易伙伴，这也使英语在刚果（金）的商贸活动中占据重要地位（Eyssette，2020：531）。不过，英语虽然借助于媒体和商业活动，在刚果（金）日益为大众所熟知，但是，法语和地方语言的深入普及以及英语教育惠及的人数毕竟有限，因此，掌握英语的刚果（金）本地人并不多。据 Laval 大学的一份报告估计，只有 1% 的刚果（金）人完全掌

① https：//www. teluq. ca/diverscite/SecArtic/Arts/99/kasoro/kasoro _ txt. htm #：~：text = L’anglais% 20n’est% 20pas% 20encore% 20tr% C3% A8s% 20r% C3% A9pandu% 20en% 20R% C3% A9publique，technologique) % 2C% 20communicationnelles% 2C% 20etc.

握英语（转引自 Eyssette，2020：527）。可见，英语的影响力在刚果（金）虽然逐渐扩大，但还无法获得如法语和地方语言那样的地位。

2. 汉语使用状况

刚果（金）的汉语教学与汉语推广工作主要由刚果（金）外交学院孔子学院承担。刚果（金）外交学院孔子学院由刚果（金）外交学院与我国中南大学合作共建；2017 年 12 月 12 日，时任中国国务院副总理刘延东向时任外交学院校长 Dede Birhonga Ndemba 授牌；2018 年 8 月 21 日，孔子学院正式启动运行。在刚果（金）外交学院校长祖玛·哈希迪（Djuma Kauzeni Rashidi）书面同意孔子学院转隶安排后，2020 年 9 月 14 日，中国国际中文教育基金会正式发布授权书，同意中南大学与刚果（金）外交学院合作建设刚果（金）外交学院孔子学院，并授权其使用孔子学院品牌、名称和标识，确认刚果（金）外交学院与中国国际中文教育基金会、中南大学一道，继续履行《中国孔子学院总部与刚果（金）外交学院关于合作设立刚果（金）外交学院孔子学院的协议》。这标志着刚果（金）外交学院孔子学院成功完成从孔子学院总部转隶至基金会的工作，成为全球首批完成此项工作的孔子学院之一。

刚果（金）外交学院孔子学院目前有行政管理及后勤人员 4 人，包括中方院长、刚方院长、行政秘书以及司机。日常工作由中方院长和刚方院长共同主持，主要通过周例会的形式进行工作安排和总结。本地对外联络工作主要由刚方院长牵头，行政秘书具体执行。行政秘书和翻译人员主要由外方选任，以增进互信。孔子学院经费开支以及学费管理由行政秘书负责会计工作，中方院长负责出纳工作，刚方院长负责监督工作。

目前孔子学院的国家公派汉语教师为 1 人，截至 2020 年 10 月，孔子学院注册学员累计 350 人次，目前在读学员 80 余名，其中初级班两个，中级班一个。受新冠疫情影响，目前为在线授课。2020 年 10 月，孔子学院获批设立刚果（金）国内第一个中文考试考点，以满足当地学员的考试需求，为推动赴华留学、在中资企业就业等奠定基础。

为增加当地学生及民众对中文和中国文化的了解，孔子学院组织了共计十余场次的文化体验活动，包括中医讲座、春节文化体验活动、中秋文化体验活动等，吸引了当地政府官员、社区居民以及青年学生积极参与，总计 1000 余人次。尤其是 2020 年 9 月 28 日举办的孔子学院成立两周年庆典活动，结合中国传统节日文化展，为当地民众提供了一场文化盛宴，提升了孔子学院知名度，参与者包括当地政府官员、大学师生、中资企业、中国医疗队等，受到外方以及大使馆的广泛好评，当地主流媒体也进行了跟踪报道。文化活动的开展帮助孔子学院迅速成为当地居民文化生活的服务供给者，为他们了解汉语和中国搭建了平台。

受新冠疫情影响，孔子学院自 2020 年 3 月以来，一直坚持通过 whatapp 群组进行汉语在线教学，每周 8 课时，确保学生汉语学习的连续性，并利用推特和 Facebook 官方账号定期做学员汉语学习感受分享，取得良好效果。其间孔子学院学员、刚方院长、外交学院校长通过公益歌曲、视频以及书信的形式与中国驻刚果（金）大使馆、孔子学院总部、中南大学相互致以问候和支持。

未来，孔子学院总体将以汉语教学为基础，文化理解为特色，教育交流为目的，平台建设为支撑，发挥文明互鉴的桥梁作用。与当地知名中学合作，将汉语课程逐步引入当地国民基础教育体系（目前外方主导，与当地三所中学正在进行前期接洽）；与中资企业合作，开展“中文＋技能”中文工坊培训项目（目前正与威海国际进行前期接洽，拟申办职业技术学校）；与中国驻刚果（金）大使馆文化部门合作，建设中刚语言文化远程交流中心，定期举办中刚文化节，搭建文化交流平台；与当地的高校和机构合作开发林加拉语汉语教材。相信随着我国经济实力的增强以及与刚果（金）经贸关系日益密切，汉语在刚果（金）会越来越受欢迎。

三　刚果（金）语言管理

（一）国家语言政策的发展变革

1960 年获得独立之前，刚果（金）地区的语言现状与语言政策很大程度上是受殖民统治影响，由殖民统治者决定的。1960 年独立之后，刚果（利）和刚果（金）的语言政策都是由独立以后的政府决定的，对于独立之前的语言政策有所继承也有所改变。其独立之前的语言政策是，在殖民政府以及掌握教育的传教士之间使用法语和荷兰语，确定法语和荷兰语的官方语言地位，对于刚果本地人民，只培养极少数的为殖民政府服务的精英说法语。对于刚果民族语言，殖民政府有所了解但不施加任何管理。国家独立以后的语言政策是，一方面，一步步巩固法语的官方地位，并且对全体刚果人民施行法语教育；另一方面，从法律上逐渐承认刚果民族语言以及其他本地语言，并且意识到了推广它们的重要性。

1. **独立前的语言政策**

刚果地区在19世纪下半叶被划归为比利时国王利奥波德二世的私人领地，在那之后，比利时殖民者和法语同时进入刚果地区。早在1887年，国王便发布通告规定了某些术语的使用，以及在与本土居民和士兵的交流中应该使用的语言；1895年7月1日的命令提醒官员，必须为各种方言编制一份词汇表；1895年8月6日的通告规定了刚果地名拼写应遵循的规则；1906年5月26日罗马教廷与刚果自由国之间签订的协约标志着建立天主教学校的开始（Mpoyi Cilo，2015：19）。当时的刚果自由国在促进比利时民族语言（荷兰语和法语）教学的同时，鼓励学习和教授刚果语言。1908年，比利时宣布刚果为殖民地（比属刚果），比利时国王不再具有统治权力。1908年比利时议会颁布的《殖民地宪章》第3条称："所有具有一般性质的法令和条例都以法语和佛兰芒语起草和公布，这两个文本具有同等效力。"① 这等于是承认了比利时国内通用的两种语言——法语和荷兰语为比属刚果的官方语言。1936年6月28日的法令规定：法语为殖民地政府中唯一的官方语言，荷兰语主要由下级官员与传教士使用。但是与法国在其殖民地推广法语的政策不同，比利时并不热衷于在比属刚果推广法语或荷兰语。在1950年之前，比利时政府将比属刚果的教育几乎完全交给了传教士。比属刚果的传教士并不鼓励当地人学习法语或荷兰语。殖民时期，传教士甚至阻碍了法语在刚果的传播。殖民地的天主教和新教传教士并不赞成教授现代欧洲语言，因为他们认为它会增强非洲人的流动性，并且会使刚果人产生能够进入政府部门工作的希望，这是传教士们不愿看到的。大多数比利时人也反对对刚果人教授法语。当时的一位比利时政府高级官员曾表达过这样的观点，非洲人学习了法语之后会渴望不再从事体力劳动，渴望与欧洲人具有相同的社会地位，这不利于殖民统治（Mputubwele，2003：277）。而20世纪初期，共产主义和反帝国主义的思潮在世界范围内传播，比利时殖民政府认为，让刚果人学习法语会使得他们接触到这些思想，更加不利于对刚果的殖民统治。因此，殖民政府只是试着培养少数驯顺的刚果精英学习法语。直到1950年，比利时政府才真正开始培训刚果当

---

① Tous les décrets et règlements ayant un caractère général sont rédigés et publiés en langue française et en langue flamande. Les deux textes sont officiels.

地的精英，向他们教授法语。

2. 独立后的语言政策

独立后的语言政策变迁充分反映了法语与民族语言的地位变化与力量对比。

1960 年独立之后，当时的政治领导人为殖民者扶持的刚果精英，他们熟练掌握法语，渴望用法语来避免部落主义和语言的过度多元，并希望以此保持与国际社会的联系，发展本国的经济。因此，刚果（利）时期的第一部宪法规定法语为唯一官方语言。1962 年第 174 号总统令中关于学校语言政策的部分，取消了小学中的民族本土语言的教学和使用，开始在学校中正式大规模推广法语。

1965 年之后，蒙博托掌权。在蒙博托执政期间，他提出“真实性”的概念（recoursà l'authenticité），并以此为口号在全国推行非洲化运动，渴望确认刚果的非洲性。蒙博托政府将国家名称改为“扎伊尔”，改写国内地名，仅承认传统的非洲姓氏，各种称呼和货币名称也随之改变。在教育领域，蒙博托把民族语言重新引入小学教育，但是这一政策并没有明确的法律法规规定。1976 年 8 月 31 日，蒙博托政府通告，小学实行双语制，头两年只使用法语口语。蒙博托政权还在一些高等院校引入刚果语言，如所有高等教育学院（教师培训学院）、卢本巴希大学文学学院和科学与技术学院（新闻学院）。然而，虽然官方强调民族语言，但是很多名称依然用法语书写，货币虽然改名可是印在货币上的还是法语。扎伊尔当局始终缺乏明确的语言政策法令和坚决的执行力。因此，法语在教育体系中依然占据主要地位。1994 年，新宪法规定官方语言为法语。法语成为议会、政府、司法、学校、媒体等的唯一语言。而民族语言则没有被任何法律正式承认，它们只是在事实上具有重要地位。不过有一种民族语言在扎伊尔时期的确获得了巨大的支持和发展，那就是林加拉语。在殖民时期，林加拉语就成为某种范围内和某种程度上的通用语言，在军队和警察队伍中使用极为广泛。蒙博托进一步推广林加拉语在军队以及在政治宣传中的使用。其之所以支持使用林加拉语，还因为林加拉语是首都金沙萨的通行语言，这对维护蒙博托中央集权的统治也具有一定意义。扎伊尔时期林加拉语还广泛应用于音乐和商贸领域。扎伊尔时期，国内商贸活动以及扎伊尔和邻国的贸易都使用林加拉语，偶尔出现法语的书面记录。

1997 年，洛朗·德西雷·卡比拉执掌政权，他将国家名称从“扎伊尔”改为“刚果民主共和国”，结束了扎伊尔化运动。不过，在他当权期间并没有实行任何新的语言政策。2006 年，约瑟夫·卡比拉担任总统期间，出台新宪法。该宪法依然承认法语为唯一官方语言，同时承认了四种民族语言（基孔果语、林加拉语、斯瓦希里语和契卢巴语），并宣称国内其他语言也是刚果文化遗产的一部分，国家应该予以保护。法语被用于各种政治、法律、教育、科学活动中。四种民族语言将国家划分为四个语言区，得以在媒体和私人领域使用，宪法只承诺促进它们。国家其他语言在各自地域被使用，不过现在处于濒危状态。在新宪法即将通过之前，曾有人施压，要求将英语与法语共同认定为官方语言，这是因为当时刚果（金）领土上有大量外国“盟友”的武装力量，这些“盟友”大多是讲英语的。但英语在当时的刚果（金）精英阶层中使用者极少，其他刚果（金）人说英语的比例更低，因此英语最终没有在这部宪法里成为官方语言。

（二）社会各领域的语言管理

刚果（金）是经历了比利时殖民统治的多民族多语言的非洲国家，社会各公共领域的语言管理较为复杂，以下从几个方面进行简要介绍。

在有关政治方面的法律或法令中，修订 2006 年 3 月 9 日关于组织总统选举第 06/006 号法律的 2011 年 6 月 25 日第 11/003 号法律第 51 条有以下内容：“主席、陪审员、投票站秘书及候补陪审员在就职前，须以书面或在独立选举委员会主席团主席或其代表面前庄严宣誓：‘我以我的荣誉起誓，我将尊重法律，确保选举程序的正常进行，并为投票保密。’宣誓用法语或四种民族语言之一进行。独立选举委员会必须以每种民族语言提交正式宣誓书。”① 2013 年 4 月 19 日第 13/012 号组织法修订和补充了 2010 年 7 月 28 日关于全国独立选举委员会组织和运作的第 10/013 号组织法，其中第 25B 条涉及全国独立选举委员会办公室，有两则明确指出报告员要

---

① Avant d'entrer en fonction, le président, les assesseurs, le secrétaire du bureau de vote et l'assesseur suppléant prêtent par écrit ou solennellement devant le président du Bureau de la Commission électorale indépendante ou son délégué, le serment suivant: Je jure sur mon honneur de respecter la loi, de veiller au déroulement régulier des opérations électorales et de garder le secret du vote. Le serment est prêté en français ou dans une des quatre langues nationales de la République. La Commission électorale indépendante est tenue de présenter la version officielle du serment dans chacune de ces langues nationales .

监督的事项：“（5）将与全民投票和选举进程有关的法律和条例翻译成民族语言并加以传播；（6）在全民选举教育中考虑民族语言的使用。”① 可见在政治方面的法律法令充分考虑到了法语和四种民族语言在政治活动层面的使用。不过，官方公报一律采用法语。

刚果（金）在教育领域的法律法令最值得重视，它在某种程度上体现了该国对各种语言运用的规划。1960 年刚果共和国独立以后，1962 年 10 月 17 日关于统一初等教育结构和课程的第 174 号法令是最早的关于教育的法律性文件，它规定：“法语是小学教育的语言。如教学需要使用刚果民族语言，则由国家统一规定。”② 1986 年，在蒙博托当政期间，颁布了《国家教育框架法》（*Loi – Cadre sur l'enseignement national*）。该法第 120 条涉及民族语言和法语：“民族语言或儿童所处环境中所使用的本地语言及法语是正常教学语言。这些语言的使用和教学方法由条例确定。”③ 这体现了扎伊尔时期的教育对民族语言及其他刚果当地语言更加重视。2014 年 2 月 11 日第 14/004 号《国家教育框架法》是现今刚果（金）使用的重要教育法律。它对教育领域的语言使用做了众多规定，其中第 195 条最为相关：“（1）法语是教学语言。（2）民族语言或本地语言应作为教学和学习的媒介及学科。它们在国家各级教育中的使用由条例规定。（3）在我们的经济、政治和外交关系中最重要的外语被确定为学习媒介语和学习科目。”④ 该条规定了法语、民族语言、本地语言和外语在教育中各自的地位。该法第 9 条将使用民族语言和/或本地语言作为教学媒介及学科看作国家教育的“基本选择”（option fondamentale），第 12 条则将使用民族语言和/或本地

---

① （5）la traduction en langues nationales et la vulgarisation des textes légaux et règlementaires relatifs aux processus référendaire et électoral ；（6）la campagne d'éducation électoral de la population en tenant compte des langues nationales.

② Le français est la langue de l'enseignement du cycle primaire. Le recours à une des langues congolaises en cas de nécessité pédagogique est réglementé par le Programme national.

③ Les langues nationales ou la langue du milieu de l'enfant et le français sont des langues de l'enseignement normal. Les modalités d'utilisation et d'enseignement des ces langues sont déterminées par voie réglementaire.

④ （1）Le français est la langue d'enseignement. （2）Les langues nationales ou les langues du milieu sont utilisées comme médium d'enseignement et d'apprentissage ainsi que comme discipline. Leur utilisation dans les différents niveaux et cycles de l'enseignement national est fixée par voie réglementaire. 3）Les langues étrangères les plus importantes au regard de nos relations économiques, politiques et diplomatiques sont instituées comme langues d'apprentissage et de discipline.

语言看作实现全民终身基础教育的重要内容之一。该法第 38 条还规定："国家教育在小学教育中使用民族语言和本地语言作为工具，在中学、大学以及非正规教育中使用民族语言和本地语言作为学科。"① 可见，在近些年的教育法律框架中，民族语言和本地语言得到了较为充分的肯定与重视。另外，英语也得到了越来越多的重视。2012 年 8 月 8 日刚果（金）第 014/MINESURS/CABMIN/2012 号学术指示针对公立和私立高等教育以及大学和科学研究机构负责人，增加了在各级高等教育中掌握英语的义务："将英语、计算机和其他贯穿各领域的课程纳入培训课程，包括防治艾滋病毒/艾滋病和生物多样性。为了应付全球化的挑战，新的信息和通信技术、计算机课程和英语课程应成为高等教育和大学课程的主流。为此，该部正在制订一项计划，将英语和计算机课程纳入所有学习领域的课程，从第一个毕业生开始，并逐步纳入所有年份。"

在媒体方面，刚果（金）仅有 2002 年 10 月 16 日关于刚果民主共和国电信的第 013/2002 号框架法第 58 条涉及语言政策。该条规定，以本国语言起草的关于电信案件的信函必须用法文抄录，必要时将其他任何语言翻译成法语。② 在实际社会生活中，首都金沙萨几乎所有重要的报纸和周刊都用法文出版。不过在一些地区，报纸则是使用四种民族语言之一编写的。刚果（金）国家广播电台即刚果国家广播电视公司（RTNC），覆盖刚果 70% 的领土，③ 并经营两个电视频道：RTNC1（全国通用频道）和 RTNC2（金沙萨省级商业和娱乐公共频道）。在国家电视台，刚果民族语言主要用于通告、新闻稿以及文化和综艺节目，其余节目则使用法语，法语的电视节目在时间上占比 60% ~70%；无线电广播电台，例如刚果广播电台、金沙萨天主教广播电台、Amani 广播电台（停播）、RTTF（Tam - Tam 兄弟会广播电台）等，它们的节目中 60% ~70% 是法语节目（OIF, 2014：121）。人们最常收听的法语外国广播电台有法国国际广播电台、美国之音、南非广播电台、比利时广播电视台、德国之声等。位于东方省布尼

① L'enseignement national utilise les langues nationales et du milieu comme outil dans l'enseignement primaire et comme discipline dans l'enseignement secondaire, supérieur et universitaire ainsi que dans l'éducation non formelle.

② Les correspondances en dialectes ou en langues nationales, lingala, swahili, tshiluba, kikongo ou autres, ainsi que celles en langue étrangère, sont transcrites en français avec l'assistance d'un interprète requis à cette fin.

③ 参见 https：//www. axl. cefan. ulaval. ca/afrique/czaire. htm。

亚的Candip电台（教育动画和广播中心）较为特殊，它不仅使用法语、斯瓦希里语、林加拉语进行广播，还使用其他16种当地语言进行广播。在广播和电视节目中，歌曲是重要的组成部分，而歌曲大多使用林加拉语演唱。

在文化领域，虽然没有法令对语言进行规定，不过社会自发形成的语言使用状况也值得研究。刚果（金）剧院数量众多，作品或来自国外或由非洲作家写成，在表演时主要语言是法语，不过近些年使用刚果民族语言的戏剧作品也在不断涌现。在歌曲方面，90%的歌曲用林加拉语演唱，这种语言的歌曲深受刚果（金）民众的喜爱。而由法语或其他外语演唱的歌曲的受众则是数量较少的知识分子。文学作品大多数是用法语创作的，少数刚果语言的文本也是刚果语-法语双语版。科技类书籍都是由法文写成的。在大城市中，宗教仪式上一般用法语和刚果语言，宗教书籍中大量使用的也是刚果语言。在农村，一般使用刚果语言。

四　刚果（金）语言管理的特点与展望

总体而言，刚果（金）自独立以来，基本继承了殖民时代最重要的语言管理原则，即政府确认法语为唯一官方语言，这让法语在政治、法律、教育、科学活动中占据主要地位；为了社会生活的便利以及增强国民凝聚力，承认四种民族语言为重要的社会沟通工具；默认其他刚果当地语言在各自地域的使用，但缺乏具体措施去保护和弘扬。近年来，出于对经济发展和融入世界的强烈渴望，刚果（金）对英语越来越重视。

首先，相较于殖民当局，刚果（金）更重视将官方语言法语引入全体刚果人民的教育课程中。在殖民时代，虽然在教育体系中有教授法语这一项，但是这一政策没能惠及大多数刚果当地民众，殖民当局只在殖民时代末期对少数刚果人进行了法语教育。独立以后，刚果（金）在全国的教育系统中全面引入法语教育，并且在媒体中大量运用法语，这些都潜移默化地影响了人民的法语水平。

然而，法语国家在历史上长期殖民统治刚果（金），并且法国还曾支持蒙博托的独裁统治，使刚果人民承受了巨大的苦难。因此，法语在刚果人民的心中留下了帝国主义和殖民主义统治的阴影，并使得刚果人民认为法语与一种不自由不开放的政治观念存在较密切的联系。刚果（金）政府如果不能从心理上去关注刚果人民对法语的内在态度，法语教育就会存在隐患。法语在刚果（金）社会的未来，很大程度上取决于它在刚果（金）人心中地位的变化。1970 年之前的刚果（金）人，因为受殖民时代以来长期的社会统治政策的影响，一直把法语视作获得正式工作报酬与较好经济地位的唯一工具，在学校能够学习法语是一件光荣而有前程的事。此外，法语在当时的刚果人看来还代表了世界先进的文化文明与科技。1970 年以后，刚果（金）在总统蒙博托的领导下迎来了扎伊尔运动。蒙博托本人除了使用法语以外，还大量使用林加拉语。这一时期，对法语的掌握以及相关文凭并不能像过去那样保证可观的经济收入和社会地位、社会权力。法语文凭持有者甚至也经常失业。而刚果本地文化得到有力倡导。近些年，更加通用的国际语言——英语对法语的挑战更甚，它具有一种长期性。随着英语对刚果年轻人的吸引力日渐加大，英语在教育中的作用受到重视，刚果（金）近些年有关教育的法律和指示都明确了英语应该在学校教育中获得一席之地。如何正确处理英语在教育中的地位以及在社会上的传播，使它不至于威胁到其他语言的生存，这是刚果（金）政府需要考虑的问题。

其次，四种民族语言及其他当地语言在法律中得到了正式认可。在殖民时代，四种民族语言虽然使用广泛，但是从没有在正式的法律文件中得到承认，更不用说其他刚果当地语言。2006 年的宪法规定，基孔果语、林加拉语、斯瓦希里语和契卢巴语是民族语言，国家应该予以推广，而其他刚果当地语言则是国家文化遗产，需要保护。这对于民族语言与当地语言无疑是利好的。而且，四种民族语言的社会应用不断扩大，例如，议会规定，宪法与法律必须有法语和四种民族语言的文本。蒙博托执政时期，不仅要求在一些官方场合使用民族语言，还在军队中进一步鼓励使用林加拉语和斯瓦希里语，并推广林加拉语的歌曲。四种民族语言在教育体系中也占据很重要的一环。

但是，民族语言的书面宣传依然过少。在刚果（金），大部分书籍、官方文件都是法文的。文学、科技类书籍以及教科书很少有民族语言的。这不利于民族语言的长期发展，最终可能与时代脱节。因此，刚果（金）需要加大对民族语言的改进，更多地在书面上使用民族语言，使其能够跟随时代社会的发展而发展。另外，刚果（金）政府对其他本地语言的保护和推广较为薄弱。刚果（金）政府虽然在法律中对刚果其他当地语言予以承认并承诺要保护，但缺乏对这种保护措施的具体规定。根据相关资料，刚果（金）政府长期缺乏对刚果当地语言的具体扶持保护措施。很多刚果本地人以学习林加拉语为荣，他们认为说林加拉语具有作为一个刚果人的荣耀，羞于在外地人面前说自己的当地语言。因此，以实际措施保护这些语言，使刚果民众产生对这些语言的自豪感和保护意识是十分重要的。

基于以上总结与分析，未来，我们相信刚果（金）的语言使用一定会日益多元化。法语虽然受到英语的挑战，但依然承载了刚果（金）的历史，凝聚着刚果（金）的国民，其未来依然会是刚果（金）重要的官方语言。四种民族语言目前存在的问题是缺乏书面使用。刚果（金）政府目前在积极地开发民族语言的教材和书籍（包括和中国合作）。民族语言尤其是林加拉语在民间社会的使用和传播会有进一步的发展，因为它在民间交流与文化艺术中具有强大生命力。其他的刚果语言需要刚果（金）政府以及国际组织进一步用具体措施去加以保护。而英语、汉语等外语因其在国际社会中的使用越来越广泛，在刚果（金）国内也会得到进一步的传播与使用。

参考文献

[1] Eyssette, J. (2020). The Democratic Republic of the Congo's Linguistic Temptation: A Comparative Analysis with Rwanda's Switch - to - English. *Journal of Asian and African Studies*, *55* (4), 522 - 535.

[2] Kasanga, L. A. (2012). English in the Democratic Republic of the Congo. *World Englishes*, *31* (1), 48 - 69.

[3] Mpoyi Cilo, N. (2015). *Les Pratiques Effectives des Enseignants pour Construire la Langue Écrite Chez les Adultes en Milieu Plurilingue: le cas de l'Alliance Française de Kinshasa / R. D.* Congo. PhD Thesis, Grenoble: Université Grenoble Alpes.

[4] Mputubwele, M. M. (2003). The Zairian Language Policy and Its Effect on the Literatures in National Languages. *Journal of Black Studies*, *34* (2), 272 - 292.

[5] Nyembwe Ntita, A. & Matabishi, S. (2012). Le Devenir du Francais en Republique Democratique du Congo et Question de la Norme. *Le Français en Afrique - Revue du Réseau des Observatoires du Français Contemporain en Afrique*, *27* , 109 - 119.

[6] Nyembwe Ntita, A. (2010). Le Francais en République Démocratique du Congo: État des Lieux. *Le Français en Afrique - Revue du Réseau des Observatoires du Français Contemporain en Afrique*, *25* , 5 - 18.

[7] OIF. (2010). La *Langue Française dans le Monde* 2010. Paris: Editions Nathan.

[8] OIF. (2014). La *Langue Française dans le Monde* 2014. Paris: Editions Nathan.

加　纳*

一　国家概况

加纳共和国位于非洲西部，东邻多哥，西毗科特迪瓦，北接布基纳法索，南临大西洋几内亚湾。面积 238537 平方公里，与我国广西面积相当。东西长约 500 公里，南北长约 670 公里，南部海岸线约 550 公里。南部降水量大，植被覆盖率较高，土壤肥沃，盛产山药、木薯、可可、橡胶等，西南部的雨林一直延伸至科特迪瓦。北部降水量小，以热带稀疏草原为主。东部与多哥接壤地带多为山区，最高峰海拔 800 米。这一区域还有世界上面积最大的人工湖——沃尔特湖（Volta Lake）。此外，加纳矿产资源丰富，主要有钻石、锰与铝土矿等，因此独立前的加纳被称为“黄金海岸”。

加纳于 1957 年独立，成为“二战”后非洲首个独立的国家。其政体为宪政多党民主制。总统每 4 年选举一次，最长任期为两届。全国共有 7 个政党，主要包括全国民主大会党（National Democratic Congress）、新爱国党（New Patriotic Party）与大会人民党（Convention People's Party）等。现任总统纳纳·阿库福 - 阿多（Nana Akufo - Addo）是新爱国党成员。加纳法律体系属于英美法系，与非洲的习惯法和谐共存。加纳现设 16 个省，下辖 216 个自治区。首都阿克拉（Accra）位于大阿克拉省（Greater Accra Region），第二大城市库马西（Kumasi）位于阿散蒂省（Ashanti Region）的中心位置（Utley & Smart，2021）。

长期以来，加纳是一个相对贫穷的国家。以出口可可、铝、黄金、石油、钻石、锰、铝土矿、水果和木材等产品为主。进口产品主要包括机械与运输设备、燃料、制成品和化学制品等。受新冠疫情的影响，加纳近两

---

* ［作者简介］杨涛，博士，北京第二外国语学院英语学院讲师。研究方向：语言政策与语言规划、社会语言学。

年的经济发展低迷，2020 年财政赤字翻了一倍。[①]

最新统计表明，加纳总人口 30792608 人，一半人口年龄在 16 岁以下，超过 1/3 的人居住在大阿克拉省与阿散蒂省。南部沿海地区的人口密度较大。[②] 加纳各民族的划分以语言为依据，有 50 多个民族。人口最多的民族是阿肯族（ Akan)，占比 47%，其余依次是莫西 – 达戈姆巴族（Mole – Dagbani）(16%)、埃维族（Ewe）（13%)、加 – 阿丹格贝族（Ga – Adangme）（8%)、贡贾族（Gonja)（4%)，其他民族共占 12%（Ghana Statistical Service，2013：62)。

中国与加纳于 1960 年 7 月 5 日建交。建交以来，中方同加方在经济技术、文化、教育、军事和卫生合作领域都有合作。2020 年新冠疫情突袭而至，中国向加纳捐赠了数以万计的防护物资。援加纳医疗队在此期间向加纳介绍了中国的防疫经验，并深入抗疫一线帮助加纳渡过难关。[③]

二 语言使用状况

加纳没有专门的语言政策规定本土语言和英语的使用。宪法中仅有几条涉及语言问题。作为一个多语社会，加纳政治、教育与媒体领域使用英语，日常生活等非正式场合使用本土语言。英语的使用范围很广，是加纳最为重要的外语，全国初等教育之后的教学用语都是英语。本土语言包括阿肯语、达戈姆巴语、埃维语、加语、贡贾语等，都属于尼日尔 – 刚果语系下属的古尔（Gur）语支与库阿（Kwa）语支。以阿肯语和埃维语为母语或第二语言的人口超过百万。其他本土语言的使用者不过 10 万。本土语言中有 10 种是政府认可的官方翻译与出版用语，即阿肯语、埃维语、加语、阿丹格贝语、恩济马语（Nzema)、贡贾语、达戈姆巴语、卡塞姆语

---

① The World Bank in Ghana，https：//www. worldbank. org/en/country/ghana/overview#1，2021 – 10 – 11/2021 – 10 – 15.

② Ghana Statistical Service. Ghana 2021 Population and Housing Census Volume 1 Preliminary Report，https：//census2021. statsghana. gov. gh/gssmain/fileUpload/reportthemelist/PRINT _ COPY_ VERSION_ FOUR%2022ND_ SEPT_ AT_ 8_ 30AM. pdf，2021 – 09/2021 – 10 – 16.

③ Timothy Ngnenbe. Ghana takes delivery of Covid – 19 medical supplies from China，https：//www. graphic. com. gh/news/general – news/ghana – takes – delivery – of – covid – 19 – medical – supplies – from – china. html，2020 – 04 – 06/2021 – 10 – 15.

(Kasem)、达加里语(Dagaare)与瓦利语(Wali)。[①]

(一) 法律对语言使用的规定

1.《加纳共和国宪法》[Constitution of the Republic of Ghana (last amended 1996)][②] 对语言使用的规定

《加纳共和国宪法》中涉及语言的规定有如下六条。

第三章第九条:"除本宪法第七条规定外,在申请登记加纳公民时,申请人须能使用和理解一种加纳本土语言,否则不能登记为加纳公民。"

第五章第十四条第二款:"被逮捕、限制活动或拘留的人,应立即以其能理解的语言告知其被逮捕、限制活动或拘留的原因,他有权聘请自己选择的律师。"

第五章第十九条第二款第 4 目:"被指控有刑事犯罪的人,应立即以其能理解的语言详细告知其被控罪行的性质。"

第五章第十九条第二款第 8 目:"被指控有刑事犯罪的人,在无法理解庭审语言的情况下,可以免费获得口译员的帮助。"

第五章第二十六条第 1 目:"每个人都有权享有、实践、信奉、维护和促进本法所规定的任何文化、语言、传统和宗教。"

第六章第三十九条第 3 目:"国家应促进加纳本土语言发展,培养加纳文化自豪感。"

可以看出,宪法中有关语言使用的规定,都与本土语言有关,并无"英语是国语或官方语言"的规定。英语是事实上(De Facto)的官方语言。

2.《议会议事规则》(Standing Orders)与《地方治理法案》(Local Governance Act)对语言使用的规定

加纳《议会议事规则》(Parliament of Ghana, 2000)中专门有一条关于语言的规定,即第四十七条:"议会的议事程序通常应以英语进行,如果众议院有口译设备,议员在众议院发表讲话时可以选择任何加纳当地语言。"

---

① The Bureau of Ghana Languages, Ghanaian Langauges, https://www.bgl.gov.gh/ghanaian-languages, 2021-10-16.

② Constitution of the Republic of Ghana (last amended 1996), http://www.unhcr.org/refworld/docid/3ae6b5850.html, 2021-10-17.

加纳的《地方治理法案》（Ghana，2016）中涉及语言的规定有如下几条。

第五条第4目：“地区议会可以使用英语和当地社区通用的加纳语言开展业务。”

第二十二条第2目：“执行委员会可以使用英语和本法案第五条第4目确定的任何当地语言开展业务。”

第四十八条第a目：“保护边缘人群不受任何形式的歧视，包括语言、宗教、文化、民族或社会出身、性别、出生、血统或其他身份。”

可以看出，《地方治理法案》与《议会议事规则》都允许在使用英语的场合使用本土语言。现实生活中，英语的地位与声望远远超出本土语言。2016年第七届议会会议上，有位议员因难以用英语表达意见，而遭到其他议员与公众的嘲笑。类似的情况时有发生（Aboagye Da - Costa& Adade - Yeboah，2019）。

（二）本土语言的使用状况

阿肯语属于库阿语支，是加纳使用人数最多的本土语言。以阿肯语为母语的人占总人口的47.5%，全国有约三分之二的人将阿肯语当作通用语使用（Ghana Statistical Service，2013）。阿肯语有13种方言，其中阿散蒂语（Asante）、阿夸佩姆语（Akuapem）与芳蒂语（Fante）已经过系统整理并在学校中使用。埃维语也属于库阿语支，是加纳第二大本土语言，分布在该国东南部地区。受殖民边界划分的影响，埃维语使用者中有一半在多哥共和国。与埃维语有亲属关系的其他语言分布在多哥和贝宁共和国。阿丹格贝语属于库阿语支，分布在加纳的东南部大阿克拉与沃尔特地区。阿丹格贝语包含6种互懂的方言，其中3种被称为沿海方言、1种被称为内陆方言、2种被称为西部方言。与阿丹格贝语亲属关系最近的语言有加语、阿肯语和埃维语。过去几十年间，阿丹格贝语区有些小型社区已经转用埃维语作为日常用语。

加纳小学的语言教育政策波动很大，缺乏连贯性。这种情况由来已久。小学低年级的语言使用问题由历届政府决定，而选择使用哪种语言则取决于不同政府的意识形态导向。1925～2019年，加纳制定了7项针对低年级的学校语言政策（Schools' Language Policies）。1925年至1951年，地方语言是一年级到三年级的教学语言。这一政策在1951年至1956年改为仅一年级的教学语言可以使用地方语言。1957 年至 1966 年，政策又规定学校不使用地方语言作为教学语言。1967 年至 1969 年，政策再次变为仅一年级的教学语言可以使用地方语言。1970 年至 1974 年，政策规定在一年级至三年级的基础课上使用地方语言，有可能的话，可以使用到六年级。1974 年至 2002 年，政策规定在一年级至三年级的基础课上使用地方语言。2002 年以来的政策要求学校的教学语言只能用英语，加纳本土语言作为必修科目来开设。

高中到大学阶段，本土语言的设置因课程体系的不同而有所变化。有些课程体系里，本土语言是其中的一个科目，有些课程体系里没有设置本土语言。除本土语言科目以外，英语是所有科目的教学语言。即便是本土语言课，句法和音系等方面的内容也是用英语教授，因为这些领域的试题是用英语设置的。此外，技术学校没有本土语言的课程（Aboagye Da - Costa & Adade - Yeboah，2019）。

（三）英语的使用状况

据统计，加纳有 9800000 人的第二语言为英语（Eberhard et al.，2019），其在全国范围内的使用领域最广。英语在进入加纳几百年的时间里，已成为社会互动、社区交流、族际交流、民主实践与国家治理的主要工具，也是学术界、政策制定者和政治家讨论某个议题时的主要用语。加纳境内数十种语言中，英语的声望最高，它在社会阶层流动中起着重要作用，英语使用者群体在社会上很受欢迎。升学考试中英语也是必考科目。英语在非正式场合对本土语言的挤压现象日益凸显。受经济地位、年龄、族际通婚与教育背景的影响，加纳城市地区已经有家庭使用英语的现象（Afrifa et al.，2019）。

学者们对加纳所使用的英语有着不同的见解。部分人认为加纳境内使用的英语独一无二，是一种不同于标准英语的变体，可以称为加纳英语（Ghanaian English）（Huber，2008；Okyere，2013）。也有部分学者极力反对加纳英语的提法，他们认为所有人都应使用标准英语，标准英语有不同的语体。人们在不同的社会领域中使用不同的语体，而非加纳英语变体（Ahulu，1994；Nimako，2004）。此外，加纳还出现了英式英语与美式英语共同使用的现象。英国标准英语是加纳教育体系中推崇的目标，但美式英语在青年人群中比较流行。西非考试委员会（West Africa Examinations

Council）是加纳主要的考试机构，该机构口语测试以英式英语为准，书面语考试要么以英式英语为准，要么以美式英语为准。地方电台的一些青年播音员使用的是美式英语。有学者称之为“本地习得的外国口音”（locally acquired foreign accent）（Shoba et al.，2013）。

（四）中文的使用情况

中国与加纳自1960年建交以来便开始接受加留学生。截至2018年底，中国共接收1326名加奖学金生。2018年，加在华学生总数为6475名，其中在华加奖学金生692人。[①] 近年来，随着中国与加纳经贸往来关系的不断深化，越来越多的加纳人渴望学习中文、了解中国文化、前往中国留学。中国与加纳合作建立的孔子学院应运而生。即便是近两年新冠疫情给全球人民的生活带了诸多不便，加纳人民学习汉语的热情丝毫没有减弱。[②]

加纳首个孔子学院由中国浙江工业大学与加纳大学共建，于2013年5月揭牌，2014年4月开始运行。截至2020年，加纳大学孔子学院已累计培养学生40000名，建立8个教学点和4个汉语教学班，在册学生3500多人。教学范围覆盖了加纳首都阿克拉及周边地区。各教学点按要求组织汉语考试。孔子学院本部每年举行两次HSK和HSKK等级考试，参加考试的人数逐年递增。[③] 多年来，加纳大学中文系的主要课程均由两名来自中国的专职中文教师讲授。学生从最初的几十人增加到近千人。每年，加纳大学孔子学院都会选拔一批学习成绩优异的学生到中国大学深造。年年举办的“汉语桥”等大赛，促进了学生的汉语学习，也为中国企业提供了接触汉语学生的平台，增加了学生的就业机会。加纳大学孔子学院的汉语水平考试中心自成立以来，成功举办了60多场HSK和HSKK考试。报名人数已超过1000人。参加考试的学生中有60%以上的人通过并获得汉语水平证书。学生们用汉语水平证书申请加纳政府奖学金和中国政府奖学金，已

① 中国同加纳的关系，https：//www.fmprc.gov.cn/web/gjhdq_676201/gj_676203/fz_677316/1206_677776/sbgx_677780/t6561.shtml，2021-08/2021-10-23。

② Chinese Language Craze in Ghana Continues Amid Pandemic，https：//africa.cgtn.com/2021/05/30/chinese-language-craze-in-ghana-continues-amid-pandemic/，2021-05-30/2021-10-23.

③ 加纳大学孔子学院，http：//ci.zjnu.edu.cn/2018/0125/c10122a234919/page.htm，2021-10-23。

有200余人来华学习。到2020年，中国已有3所大学提供奖学金项目。近70名学生成功申请了当年的奖学金。加纳孔子学院还与加纳科托卡（Kotoka）国际机场合作，培训了机场出入境管理局和海关职员300多名；与深圳能源安全（加纳）电力公司、交通运输公司加纳办事处、华为加纳分公司合作，派遣专业教师为中国企业当地员工提供培训服务，包括免费的汉语学习资料。通过语言优势提高当地员工的工作能力。每年暑假，作为加纳大学孔子学院教学点的加纳大学附属学校、基督教会等，会组织中学生赴中国参与为期三周的中国文化体验活动。此外，加纳大学孔子学院还与四达时代公司合作，建立"数字汉语"微课，为没时间进入课堂学习的汉语爱好者提供移动学习的机会。①

加纳第二个孔子学院由中国湖南城市学院与加纳海岸角大学共建，于2016年6月揭牌，并于2017年2月启动首个汉语教学点。由于非洲地区大部分人进行汉语学习的动机是谋生，所以，海岸角大学孔子学院开设了商务汉语与旅游汉语等课程。② 成立7个月后，海岸角大学孔子学院便开始着手培训本地汉语教师。本地教师的培训每个月有3~4次，内容涉及讲座辅导、教学方法和教学研讨会。具体来说，主要有语合中心、教学指导、中国文化、语音学、语法、汉语写作等的讲解与介绍。由于注册学生逐年增加，海岸角大学孔子学院发展迅速，已有6位汉语教师加入该学院。新教师的到来，拓展了本地教师的培训内容，比如增加了书法、剪纸、太极等不同类型的中国文化课程。③ 郭冰华（2020）研究了海岸角大学孔子学院教学点——海岸角大学附属小学学生的汉语课堂行为。从中可以得知，海岸角大学附属小学于2018年12月升为孔子课堂。学校学习汉语的学生和注册汉语学习的学生一共1400人。海岸角大学孔子学院不定期地在海岸角大学附属小学开展中国文化体验活动。

2019年，有学者采用问卷的形式比较分析了加纳两所孔子学院学生学习汉语的态度问题。受试者由372名加纳大学的学生与120名海岸角大学

---

① China - Ghana Educational Cooperation and Exchange, http://www.ug.edu.gh/confucius-institute/ch/%E5%AD%94%E9%99%A2%E6%96%B0%E9%97%BB/china-ghana-educational-cooperation-and-exchange, 2021-10-30.

② 我校与加纳海岸角大学共建孔子学院正式揭牌，http://bgs.hncu.net/info/1455/2746.htm, 2016-06-06/2021-10-30。

③ Case Study of Local Chinese Teachers Training in Confucius, http://confuciusucc.com/case-study-of-local-chinese-teachers-training-in-confucius/, 2021-10-30.

的学生构成。问卷结果表明，两所学校80%以上的学生都认为学习汉语是因为汉语很有趣，能学到中国博大精深的文化，能拓展自己的视野，还能培养他们的批判式思维与创造性思维。当然，两所学校的学生也都表示学习汉语是因为汉语是必修课，必须要学（Nkrumah & Darko，2020）。山东大学加纳籍留学生乔林（2019）和红叶（2020）分别调查分析了加纳汉语学习者的学习动机与需求。乔林在研究中指出：“虽然加纳政府在阐述其语言政策的时候没有针对汉语的内容，但事实上仍然支持、鼓励汉语教学。加纳政府还设立了特别的奖学金项目：每年都会给五位优秀的汉语学生提供去中国进修一年汉语的机会。这项奖学金项目资助的内容，不仅包含了学费、住宿费、生活费以及在中国期间医疗和意外保险费，还包含了往返旅费。”红叶的研究表明，加纳学生学习汉语的主要原因是学校的要求。这种被动的学习动机也在马诺（2021）的研究中得到证实。尽管中加两方为国际中文教育做出了巨大的努力，但加纳的国际中文教育仍面临挑战。

三 加纳的语言管理

2020年7月5日，中国与加纳建交60周年之际，国家主席习近平同加纳总统阿库福－阿多互致贺电。习近平在贺电中指出，中加建交60年来，两国传统友谊历久弥坚，务实合作成果丰硕。近年来，中加合作呈现全面发展良好势头，为双方人民带来实实在在的利益。他高度重视中加关系发展，愿同阿库福－阿多总统一道努力，以两国建交60周年为契机，弘扬传统友好，在共建“一带一路”和中非合作论坛框架内深化各领域合作，造福两国和两国人民，为构建更加紧密的中非命运共同体做出积极贡献。[①] 当前，我国正处于对外开放的全新局面。有新思想、新技术、新理论“引进来”的需要，更有中国特色发展成果“走出去”的必要。中加两国自建交以来，关系发展顺利。在经济、文化、教育、军事与卫生等多个领域都有密切合作。2015年10月，习近平在伦敦全英孔子学院和孔子课堂年会开幕式上强调：“语言是了解一个国家最好的钥匙。”[②] 语言政策的

① 《就中加建交60周年习近平同加纳总统阿库福－阿多互致贺电》，《人民日报》2020年7月6日，第1版。

② 《习近平出席全英孔子学院和孔子课堂年会开幕式》，中国共产党新闻网，http://cpc.people.com.cn/n/2015/1023/c64094－27730611.html，2021－10－16。

国别研究是了解世界各国最好的方式之一。国内对加纳语言政策的研究仅有常忠烈（M. B. 舍维亚科夫，1988）译介的一篇文章，主要描述了加纳20世纪50年代末至80年代中期的语言状况。郭龙生（2014）指出："语言政策国别研究不仅具有一定的理论意义，也有重要的现实指导意义，具有较大的实际应用与参考价值。"研究加纳的语言管理既能检验语言管理理论，又能填补加纳语言政策研究的空白。王亚蓝与杨涛（2018）在《以色列的语言管理探析》一文中论述了Spolsky的语言管理理论，并认为Spolsky对不同语言域（domain）进行分别描写的观点，仍然有待进一步考察。为了验证语言域理论，该文主要分析加纳教育领域的语言实践、语言信仰与语言管理，同时也涉及部分宗教与媒体领域的语言政策。

（一）Spolsky的语言管理理论

Spolsky在其2004年出版的《语言政策》一书中区分了言语社区语言政策的三个要素，即语言实践、语言信仰（或语言意识形态）与语言管理，这三个要素之间相互关联，却又各成一体（Spolsky，2004：5）。语言管理这一概念在Spolsky著述中首次提出，它指的是通过各种干预、规划或管理来改变或影响语言实践的具体行为（Spolsky，2004：5）。这是Spolsky语言管理理论的雏形。2009年出版的《语言管理》一书标志着他的语言管理理论的形成。该理论将语言实践、语言信仰与语言管理放入某一语言域中进行考察。语言实践指的是"可观察到的语言行为与语言选择，换言之，语言实践就是人们实际的语言行为"（Spolsky，2009：5）。语言信仰有时也称作语言意识形态，指的是"人们对某些语言及语言变体的态度以及赋予它们的价值与地位"（Spolsky，2009：6）。语言管理指的是"权威组织或个人为改变语言域中人们的语言实践与语言信仰所做出的明确可见的努力"。这三个要素有助于解释人们的语言选择。

语言域是Fishman（1972）在研究美国波多黎各人社区的语言时提出的。Spolsky语言管理理论以语言域为基点，分别考察了家庭域、宗教域、工作域、公共域、学校域、司法与医疗卫生域、军队域、政府域、语言活动者群体域与超国家组织域的语言实践、语言信仰和语言管理。Spolsky（2009：3）认为："每一个语言域都有自己的语言政策，有些语言政策有语言域的内部特点，也有因外部力量影响而产生的外部特点。"家庭域很重要，它是语言管理的出发点与落脚点，关于家庭语言政策的研究也是近年来微观语言政策研究的热点。影响家庭域语言政策的内部因素是家庭成员的语言信仰，外部因素包括言语社区语言实践与政府层面的语言管理。他还提出：“宗教机构是家庭以外的第一社会结构。”（Spolsky，2009：32）宗教域的语言管理主要体现在语言实践与语言信仰两个方面，信徒们对宗教的虔诚态度以及积极参与宗教仪式的过程影响着他们的语言选择。公共域是包括公共场所、语言景观、报纸和杂志、书籍、广播电视、网络等在内的公众空间，它的语言管理受众群体较广，这一领域的语言选择主要受权威部门的影响。教育是语言政策实施的重要领域，而学校是教育领域的主体。学校域受学生、教师、教学语言、教育模式等因素的影响，语言管理异常复杂，语言实践与语言信仰偶尔产生冲突，无论是教师还是权威教育主管部门在语言管理方面都临着困难。尽管Spolsky将语言管理置于不同的语言域中去研究，但是各个语言域之间不是孤立的，而是相互依赖、相互影响的。我们可以从不同语域中的语言实践、语言信仰与语言管理三个要素着手，分析一个国家的语言政策。下面我们以加纳教育领域的语言管理为主，探析其语言政策。

（二）加纳教育领域的语言管理

Spolsky（2012：534）认为：“非洲语言政策最重要的实施手段就是学校。教育是国家财政拨款较多的领域。学校对下一代人行为、思想的塑造至关重要，是国家转型的基础。”加纳的语言教育受英国的影响很大，教育系统的语言政策是该国语言管理重要的领域之一。Ferguson（2006：179）指出：“在非洲，教学媒介语的选择是语言教育规划的关键问题。”的确，加纳的语言教育政策总是围绕着教学语言的选择而开展。下面我们主要从语言实践、语言信仰与语言管理三个方面分析加纳教育领域的语言政策。

1. 语言实践

与其他非洲国家一样，加纳境内语言状况繁杂，有英语、法语、阿拉伯语与汉语等外语，还有许多非洲本土语言。许多文献都提及了加纳语言状况，但关于加纳语言有多少种的问题，说法不一，据现有的材料显示，加纳语言在30～81种（Obeng，1997；黄长编著，1990：182；任泉、顾章义，2010；Gary & Charles，2009）。为便于叙述，本文所指的加纳语言不包括加纳本土语言之外的语言，比如英语。加纳阿肯语是包含阿夸佩姆语、阿散蒂语、芳蒂语等13种方言在内的统称，但在统计语言种类时，这些方言有时被单列为一种语言进行归类。英语是加纳唯一的官方语言，其优势地位由来已久。殖民时期之前英国人与加纳沿海地区联合对抗阿散蒂帝国，这使得沿海地区的人民与英语建立了互信，英语也因此是进步与发展的象征。殖民时期，英语自然成为加纳的官方语言，同时它又是殖民政府巩固统治，维护统一的有效工具。直到加纳独立时期，它在官方交流、科技等领域根深蒂固，无法替代。除标准英语外，皮钦英语在加纳也占有一席之地。加纳语言中，阿肯语的使用地域分布最广，然后是埃维语、加语等。加语和埃维语等其他语言受阿肯语影响，都从阿肯语里借用词语。豪萨语是加纳北部地区以及其他大城市、乡镇移民社区所使用的语言（Torto，2014）。

加纳最早的正规教育始于15世纪的“城堡学校”（castleschool），这些学校是由欧洲殖民者创办的，主要目的是为殖民后裔提供教育。这一时期的教学媒介语是殖民者的语言。1529～1925年加纳教育进入“教会学校”（missionschool）时期，学校大都是传教士创办的，目的是给加纳人传教。在近400年的时间里，教会学校纷纷采用了不同的语言教育政策。有的学校用英语作为教学媒介语，有的学校用学生的母语（也就是加纳本土语言）作为教学媒介语。总的来说，用母语的学校居多，占主导地位。如此根深蒂固的非官方政策对后来英国殖民时期的教育语言政策影响很大。英国殖民时期，母语作为教学媒介语难以逆转。考虑到这一点，殖民当局推行英语和母语并行的多语教育政策。该政策自1925年持续至1951年，提倡小学教育的前3年以学生的母语作为教学媒介语，英语在这3年期间以外语课程的形式进行讲授。之后各阶段的教育都用英语替代母语作为教学媒介语。1951～1956年，3年母语教育政策变为1年。在1956年独立前夕，政府又恢复了之前的3年母语教育政策。与此同时，还有少数人建议政府采取“唯英语政策”（English only Policy）（Ansah，2014）。

独立后的加纳沿用英国学制，从小学到高中毕业要15年时间，其中小学与初中10年，高中5年。中学与大学的课程内容与考试内容都从英国复制，甚至连学位都是伦敦大学授予的。1961年，加纳进行了教育体制改革，主要包括三个方面：①小学与初级中学实施义务教育。②将中小学的私立学校纳入公共教育体系，而私立学校不享受政府财政拨款。③教育部审定中小学教科书，编写立足加纳本土文化的教材。1987年加纳缩短了之前的学制，将小学到高中毕业 15 年的时间缩至 10 年，即小学与初中 7 年，高中 3 年（任泉、顾章义，2010：212—221）。现行的加纳学制是小学 6 年，初中 3 年，高中 3 年，大学 4 年。① 教育领域的语言政策与独立之前相比，波动更大。1957 ~ 1966 年，第一届加纳共和国政府采用的是独立之前少数人提议的“唯英语政策”。1967 ~ 1969 年，军事政府采用了殖民时期的 1 年母语教育政策。1970 ~ 1974 年，加纳政府采用了殖民时期的 3 年母语教育政策。不同的是这一时期的政策要求学生在母语之外，再学 4 种加纳语言，即阿肯语、埃维语、加语和恩济马语中的一种。1974 年，政府在维持 3 年母语教育政策的基础上，将母语界定为加纳本土的 9 种语言。目的是保证全国各地区的共同语都有作为教学媒介语的机会。这项政策从 1974 年贯彻至 2002 年，是加纳独立后使用时间最长的语言教育政策。2002 ~ 2007 年政府又推行“唯英语政策”，加纳语言作为一门必修课在中小学教授。2007 年至今，加纳的语言教育政策又恢复了 1974 ~ 2002 年的 3 年母语教育政策。现行政策综合考虑多种因素，照顾到许多方面，比如，学前教育的语言政策是以往任何政策都未提及的。英语和加纳语言都能作为教学语言，这在很大程度上让学生能够以自己熟悉的语言听课（Ansah，2014）。

另外，识字教育（literacy education）也是加纳教育领域的最重要内容之一。20 世纪 60 年代，大多数西非国家虽在政治上取得了独立，但在经济上仍依附于原宗主国，加纳也不例外。如上文所述，加纳语言教育政策保留着前殖民时期的痕迹。Bokamba（1983）认为，“宗教传播为西非读写教育的发展奠定了基础”。截止到 19 世纪末，传教士们为西非一些无文字的语言创制了文字，比如，加语和特威语（Twi）。20 世纪初，他们又研究了其他一些西非语言，并进行了转写。比如，芳蒂语。这些语言都是区域通用语。1882 年 5 月 6 日，英国殖民政府在加纳和尼日利亚首次颁布了殖民教育法令。给予以英语为教学媒介语的学校补助金。1925 年之后到独立之前，英国殖民政府在加纳进行了教育改革。目的是通过正规教育提高识字率。1950 年加纳文盲占全国总人口的 75% ~ 80%。1960 年独立后的加纳文盲占全国总人口的 80.6%。较之独立前，并无太大改观。1944 ~ 1960

① Educational System of Ghana，https：//gh. usembassy. gov/education - culture/educationusa - center/educational - system - ghana/，2021 - 10 - 16.

年，加纳中小学数量与在校注册学生人数不断增多。中学学生人数比同期西非其他国家高出很多。总的来说，这一时期的教育改革收效甚微，文盲率还很高。

2. 语言管理

为了让孩子接受良好的教育，有更好的前景，有些加纳父母坚持让孩子在家里说英语，而无视孩子所处的社区语言环境。Ferguson（2006：180）认为："母语或社区语言是教育初期最合适的媒介语。"加纳人却普遍认为英语是最好的教学媒介语。家长们会让孩子尽可能早地接受英语教育，以适应接下来的高阶教育。而事实上，儿童用本土语言或熟练掌握的语言学习数学与科学等科目，往往能取得较好的成绩（Brock - Utne，2012）。加纳公众对教育领域的现行语言政策满意度较高。英国殖民时期推行的"英语 + 母语"的政策并没有赢得民心，在公众看来，母语是受教育水平低、社会经济地位低等的代表。他们对加纳语言的态度消极、认同度低，使得"英语 + 母语"的政策成为殖民当局给加纳人提供的低等教育。"唯英语政策"的提出是因为加纳偏远地区的有些教师在整个小学教育阶段不用英语讲课，而只是将英语作为一门课来教授。偏远地区的学生在中学教育结束后，英语能力仍旧很弱。公众对该政策褒贬不一。家长们支持这项政策，他们认为这一举措能有效提高学生的英语能力，因为每年都有许多学生因为英语考试或用英语出题的考试不及格而无法升学或就业。语言学家与教育家们却强烈反对该政策，他们认为该政策并不会给大多数加纳儿童带来好处，使用英语也表明加纳未能摆脱殖民而彻底独立。

统观整个西非地区，独立后的 20 年是该地区教育发展的关键时期，该时期以 10 年为一个阶段划分为两个阶段。第一个阶段是欧洲中心体系的扩展期。这一阶段中小学在册学生比例并不高，因为殖民政府时期公立教育起步晚、发展慢。移植过来的教育体制效率很低。1961 年 5 月 15 ~25 日，联合国教科文组织（UNESCO）与联合国非洲经济委员会（UNECA）在埃塞俄比亚举办了非洲国家教育部长会议。此次会议之后的 9 年时间里，各国都对教育进行了改革。其意义重大，首次对非洲本土移植过来的西方教育体制做出了调整，开发了以非洲为导向的课程。独立后 10 多年的西非国家并没有完全脱离欧式教育体制，首先，本国教职人员稀缺导致大部分中学和高等教育的教职工由外国人担任。其次，由于历史的原因，欧洲模式是许多非洲国家发展的模板（Bokamba，1983）。在此基础上，第二个阶段西非教育体制与教育内容立足非洲本土。加纳于 1974 年颁布了新的教育体制。第一，基础教育的周期由原先的 10 年（6 年小学 +4 年中学）减至 6 年。第二，这一阶段的教育内容尽可能多地与学生在家庭和社区所受的教育相联系。第三，教育的首要目标是培养每个学生创造性的自我表达（creativeself - expression）。第四，重新引入加纳语言作为前三年的教学语言，并在剩余的初等教育阶段，将加纳语言作为一个科目进行教授。第五，在中学层面上，1974 年的教育改革使加纳教育体制具有多样性，能够满足国家不断扩张的文化生活与经济需求（学术、技术、商业和职业）。英语是 4 年级以上的教学用语。1960 年，加纳成人识字率是 27%，而到 1976 年，识字率已达到 66%（Bokamba，1983）。值得一提的是，这一时期加纳为读写教育专门成立了语言规划机构——加纳语言事务局（The Bureau of Ghana Languages）。该政府机构成立于 1957 年，目的是配合大众扫盲教育计划（Mass Literacy Education Programme），出版加纳语版的阅读材料。主要职责是为加纳语言创制文字，开发本土语文著作，供学校与公众使用。①

加纳识字率低的主要原因有语言繁多，师资、经费等的教育资源匮乏。此外，加纳政局不稳也是一个主要因素。不同时期的政府采取的各项政策缺乏连贯性，一项语言教育政策的实施难以从一而终。自传教士建立学校以来至今，加纳教育领域都或多或少地使用加纳本土语言作为媒介语，或者开设加纳语言课程，这虽然维持住了加纳语言的使用，却丝毫没能撼动英语的地位。加纳人对本土语言态度也不如英语那样积极。英国殖民时期，熟练掌握英语是找到一份好工作的重要保证。在这种经济效益的激励之下，英语变得越来越流行。未受西方教育或本地正规教育的人们也会在语言中混合一些英语词汇。英语的盛行导致本土通用语一直被忽视。加纳人对英语的这种积极态度巩固了英语在教育领域的主导地位。教学中的实际情况与政策规定相去甚远。教师和学生的英语水平有限，在讲重点知识时，教师往往会用加纳语言（Obeng，1997）。Bokamba（1983）指出加纳应向埃塞俄比亚、索马里与坦桑尼亚学习，在教学中采用本土语言。这些国家识字教育能取得成功很大程度上取决于使用本土语言。当然也有政

① The Bureau of Ghana Languages. Ghanaian Langauges，https：//www.bgl.gov.gh/ghanaian - languages，2021 - 10 - 16.

治倾向、教育发展目标等因素的影响，但教学语言本土化似乎是最根本的。

可以看出，加纳教育领域的语言政策具有“拉锯式”的特点，总是在英语与本土语言之间徘徊。持续时间最长、使用最多的语言政策是“3 年母语教育政策”，其次是“唯英语政策”，最后是“1 年母语教育政策”。教育领域几十年来的语言政策都是想在加纳多种族、多语言的环境中提供双语教育。这个目标是必要的，但是各时期政策的不稳定使该目标难以实现。英语是整个教育体系中比重最大的语言，它是通过正规教育习得的，而大部分儿童无法接受正规教育，因此使用英语的人口比例也较低。尽管如此，英语的地位仍旧很高。它一贯是电视广播、报纸杂志、行政法律文件等的用语。

3. 宗教与媒体领域的语言政策

加纳人的宗教信仰主要有基督教、伊斯兰教和本土的拜物教，其中，71.2%的人口信奉基督教，12.6%信奉伊斯兰教，5.2%信奉拜物教（潘卫民，2014：120－121）。天主教是加纳最具影响力的教派。宗教领域的语言实践有助于了解加纳人对待英语的社会心理及其语言信仰情况。Albakry 和 Ofori（2011）依据加纳首都阿克拉天主教堂所处位置的经济状况，将宗教参与者分为精英阶级、中产阶级和中产阶级下层人士。精英阶级受教育程度高、经济基础牢固，包括政治家、商界精英、外交官、大学教授、中学生等，中产阶级主要由中低层次专业人士构成，中产阶级下层包括经济基础薄弱、无大学文凭的人。英语是天主教堂做弥撒的祷告语言，加语、埃维语和阿肯语有时会被用来诵读《圣经》或翻译一些布告，而这些工作主要由牧师承担，他们不但精通英语，还精通加纳语言。有些教堂的宗教活动只用英语一种语言，因为这类教堂的信徒大都受过良好的教育，英语能力很强。而混合使用英语和加纳语言的教堂的信徒大都是中产阶级。信徒们在与熟人交流时，混用英语和加纳语，与陌生人交流时用英语。加纳天主教领域没有明确的语言选择与使用规则，但是英语的主导地位是稳固的。

受殖民影响的国家往往在媒体领域选择原宗主国的语言，巴西的报纸、广播和电视等媒体的语言选择巩固了葡萄牙语的官方地位（杨涛，2013：359－364）。英语和法语在整个非洲的媒体领域占有绝对的优势地位，使本土语言退至次要位置。加纳的第一份报纸是殖民时期英国总督查尔斯·麦卡瑟爵士（Sir Charles Mac Carthy）创办的，并于 1822～1825 年发行。目前加纳发行的报纸有 40 多种，其中包括 16 家独立报业有限公司。截至 2007 年，全国有 7 家广播电台（Adedeji，2015）。加纳语言在媒体领域的使用有限，独立后，加纳语言事务局在读写教育时期发行了本土语言报纸。教会出于传教的目的也发行过本土语言报纸，但是这些本土语报纸的发行量小，寿命短。与报纸不同的是，加纳一些广播电台在首都阿克拉等地区播放加纳语言节目，但为数不多。书籍方面，加纳语言版的《圣经》有20多种，语言学与文学等的课本出版最多，另外还有大量阿肯语和埃维语的文学作品，包括诗歌、散文与戏剧。

四 结语

通过考察发现，英语在加纳三个领域中地位稳固，本土语言在教育领域中时断时续，在宗教领域与媒体领域处于劣势地位。加纳长期以来所面临的语言管理问题是本土化与国际化的关系问题。陈章太（2015：393～394）指出："本土化是指选择并恢复一种或多种本土语言作为主要的交际工具和官方语言。国际化思想是指选择一种本国以外的通用语言作为官方语言或教学媒体。"英语作为通用语，既是加纳的官方语言也是教学语言，但是加纳本土语言要上升到官方语言的地位还很困难。非洲本地居民学习原宗主国的语言并不是为了多学一门语言从而提高自己的多语能力，而是为了获取该语言所带来的地位优势（Mazrui，1966）。英语有利于加纳精英阶层维持自己的特权地位。要改变这一现状，就要激励学生学习本土语言，鼓励民众在公众领域使用本土语言（任泉、顾章义，2010：185）。

王辉（2014）指出分析不同语言域的语言政策既有理论依据，又能有针对性地解决实际的语言问题。通过加纳的语言管理案例我们发现，语言域在Spolsky的语言管理理论中占有重要地位。这或许也解释了Baldauf（2012）为什么将Spolsky的语言管理归为语言域的流派，而将Jernudd与Nekvapil等人提出的语言管理归为语言管理流派。Sanden（2016）认为Jernudd与Nekvapil的语言管理是一种新的理论，但Spolsky的语言管理只不过是语言政策的一个下位概念（范畴）。需要指出的是，鉴于掌握的文献资料有限，我们只分析了加纳三个领域的语言政策，未来可以通过分析其他领域的语言政策来完善Spolsky的语言管理理论，尤其是语言域。

参考文献

[1] 陈章太，2015，《语言规划概论》，商务印书馆，第393～394页。

[2] 郭冰华，2020，《加纳小学生汉语课堂问题行为研究及对策》，硕士学位论文，西

北师范大学。

[3] 郭龙生，2014，《它山之石，可以为错——语言政策国别研究学习感言》，《语言政策与规划研究》第1期，第16~23页。

[4] 红叶，2020，《加纳汉语学习者学习需求调查与分析》，硕士学位论文，山东大学。

[5] 黄长编著，1900，《各国语言手册》，重庆出版社，第182页。

[6] M. B. 舍维亚科夫，1988，《论加纳的语言政策》，常忠烈译，《民族译丛》第6期，第31~33页。

[7] 马诺（Nora Afriyie Mensah），2021，《加纳汉语教学的困境及解决策略探究》，硕士学位论文，浙江科技学院。

[8] 潘卫民，2014，《走近西非》，复旦大学出版社，第120~121页。

[9] 乔林，2019，《加纳汉语学习者的学习动机调查研究》，硕士学位论文，山东大学。

[10] 任泉、顾章义，2010，《列国志——加纳》，社会科学文献出版社。

[11] 王辉，2014，《语言管理：语言规划的新走向——〈语言管理〉评介》，《语言政策与规划研究》第1期，第60~64页。

[12] 王亚蓝、杨涛，2018，《以色列的语言管理探析》，《北华大学学报》（社会科学版）第3期，第16~22页。

[13] 杨涛，2013，《巴西语言政策简况》，教育部语言文字信息管理司，《中国语言生活状况报告：2013》，商务印书馆，第359~364页。

[14] Aboagye Da - Costa, C., & Adade - Yeboah, A. (2019). Language Practice and the Dilemma of a National Language Policy in Ghana: The Past, Present and Future. *International Journal of Humanities and Social Science*, *9* (3), 142 - 149.

[15] Adedeji, A. O. (2015). Analysis of Use of English and Indigenous Languages by the Press in Selected African Countries. *Arabian Journal of Business and Management Review (OMAN Chapter)*, *4* (8), 35.

[16] Afrifa, G. A., Anderson, J. A., & Ansah, G. N. (2019). The Choice of English as a Home Language in Urban Ghana. *Current Issues in Language Planning*, *20* (4), 418 - 434.

[17] Ahulu, S. (1994). How Ghanaian is Ghanaian English? . *English Today*, *10* (2), 25 - 29.

[18] Albakry, M. A., & Ofori, D. M. (2011). Ghanaian English and Code - switching in Catholic Churches. *World Englishes*, *30* (4), 515 - 532.

[19] Ansah, G. N. (2014). Re - examining the Fluctuations in Languagein - education Policies in Post - independence Ghana. *Multilingual Education*, *4* (12), 1 - 15.

[20] Baldauf Jr, R. B. (2012). Introduction - language Planning: Where Have We Been? Where Might We Be Going? . *Revista Brasileira de Linguística Aplicada*, *12*, 233 - 248.

[21] Bokamba, E. (1983). Language and Iteracy in West Africa. *Annual Review of Applied*

Linguistics, *4* , 40 – 74.

[22] Brock – Utne, B. (2012). Language Policy and Science: Could Some African Countries Learn from Some Asian Countries? . *International Review of Education*, *58* (4), 481 – 503.

[23] Eberhard, David M., Gary F. Simons, and Charles D. Fennig (Eds.). (2019). *Ethnologue: Languages of the World.* Twenty – second Edition. Dallas, Texas: SIL International.

[24] Ferguson, G. (2006). *Language Planning and Education.* Edinburg: Edinburgh University Press.

[25] Fishman, J. (1972). Domains and the Relationship between Micro and Macrosociolinguistics. In Gumperz & D. Hymes (Ed.), *Directions in Sociolinguistics* (435 – 453). New York: Holt Rinehart and Winston.

[26] Gary F. Simons & Charles D. Fennig (Ed.), (2009). Ethnologue: Languages of Africa and Europe, Twenty – First Edition. Dallas, TX: SIL International.

[27] Ghana Statistical Service. (2013). *Population & Housing Census National Analytical Report.* Accra.

[28] Ghana. (2016). *Local Governance Act.* Accra: Government Printer.

[29] Huber, M. (2008). Ghanaian English: Phonology. In E. W. Schneider, K. Burridge, B. Kortmann, R. Mesthrie, C. Upton (Ed.), *A Handbook of Varieties of English* (pp. 842 – 865). Berlin: De Gruyter Mouton.

[30] Mazrui, A. A. (1966). The English Language and Political Consciousness in British colonial Africa. *The Journal of Modern African Studies*, *4* (3), 295 – 311.

[31] Nimako, D. A. (2004). *Mind Your Language: Educated Ghanaian English.* Tema: Ronna Publishers.

[32] Nkrumah, B., & Darko, J. O. (2020). A Study of Attitudes Towards Learning Chinese as Foreign Language in Ghanaian Universities: A Comparative Study of University of Ghana and University of Cape Coast. *Integrity Journal of Education and Training*, *4* (01): 8 – 15.

[33] Obeng, S. G. (1997). An Analysis of the Linguistic Situation in Ghana. *African Languages and Cultures*, *10* (1), 63 – 81.

[34] Okoh, H. (2019). The English in Ghana: British, American or Hybrid English? *Studies in English Language Teaching*, 7 (2), 174 – 194.

[35] Okyere, G. J. (2013). A Sociolinguistic Study of Language Variation in the English Spoken in Ghana: A Case Study of Some Selected Consonants. PhD Thesis, Accra: University of Ghana.

[36] Parliament of Ghana. (2000). *Standing Orders*. Government Printer.

[37] Sanden, G. R. (2016). Language Management × 3: A Theory, A Sub - concept, and A Business Strategy Tool. *Applied Linguistics*, *37* (4), 520 - 535.

[38] Shoba, J. A., Dako, K., & Orfson - Offei, E. (2013). "Locally Acquired Foreign Accent" (LAFA) in Contemporary Ghana. *World Englishes*, *32* (2), 230 - 242.

[39] Spolsky, B. (2004). *Language Policy*. Cambridge: Cambridge University Press.

[40] Spolsky, B. (2009). *Language Management*. Cambridge: Cambridge University Press.

[41] Spolsky, B. (Ed.). (2012). *The Cambridge Handbook of Language Policy* (pp. 3 - 15). Cambridge: Cambridge University Press.

[42] Torto, R. T. (2014). Language Choice in Communication in a Multilingual Setting: A Case Study of a Cross Section of First Year Students of the University of Cape Coast, Ghana. *Language in India*, *14* (12).

[43] Utley, I., & Smart, C. (2021). *Ghana - Culture Smart!: The Essential Guide to Customs & Culture*. London: Kuperard.

津巴布韦*

一　国家概况

津巴布韦共和国（The Republic of Zimbabwe），简称津巴布韦，是非洲南部的内陆国家，1980 年 4 月 18 日独立。北与西北以赞比西河为界，与赞比亚为邻；东与东北和莫桑比克接壤；西与博茨瓦纳毗邻；南以林波波河与南非为界。国土面积约 39.1 万平方公里，与德国、伊拉克或日本大致相当。津巴布韦的首都和最大的城市是哈拉雷（Harare），约有人口 187 万人。①

津巴布韦是南部非洲重要的文明发源地。在中世纪时代，该地曾存在一个绍纳人［Shona，属于班图（Bantu）族的一支］建立的文明，并且留下了不少文化遗迹，其中最重要的莫过于大津巴布韦古城（也是津巴布韦的命名由来），以此城为首都的穆胡姆塔巴帝国（Munhumutapa Empire）通过与来自印度洋岸的回教商队贸易，在 11 世纪时渐渐强盛，利用当地生产的黄金、象牙与铜矿等重要物资，交换来自波斯湾地区的布料与玻璃等生产品，15 世纪时，已经成为非洲南部最大的邦国。

公元 1100 年前后开始形成中央集权国家。13 世纪，卡伦加人建立莫诺莫塔帕王国，15 世纪初王国达到鼎盛时期。1890 年沦为英国南非公司殖民地，1895 年被命名为南罗得西亚。1923 年英国政府接管该地，给予“自治领”地位。1953 年，英国将南罗得西亚、北罗得西亚（今赞比亚）和尼亚萨兰（今马拉维）合组为“中非联邦”。1963 年底“联邦”解体。1964 年，南罗得西亚白人右翼势力组成以伊恩·史密斯为首的政府，并于

* ［作者简介］刘星，博士在读，北方民族大学外国语学院讲师。研究方向：家庭语言政策、语言政策与语言规划、计算机辅助语言教学。

① 中华人民共和国驻津巴布韦共和国大使馆经济商务参赞处网站，http：//zimbabwe.mofcom.gov.cn/article/ddgk/201406/20140600629065.shtml。

1965 年 11 月宣布独立。

20 世纪 60 年代，津巴布韦非洲人民联盟（简称“人盟”）和津巴布韦非洲民族联盟（简称“民盟”）先后成立，进行反对白人种族主义统治的武装斗争。1979 年，津巴布韦各派在英国主持下召开伦敦制宪会议。1980 年 2 月底举行议会选举，穆加贝领导的民盟获胜。同年 4 月 18 日独立，定国名为津巴布韦共和国。

2017 年津巴布韦发生政变。2017 年 11 月 15 日，津巴布韦总统穆加贝被军方扣留，军方称可视其为政变。11 月 19 日，津巴布韦总统穆加贝被解除执政党非洲民族联盟－爱国阵线领导人职务，前副总统姆南加古瓦（Emmerson Mnangagwa）被任命为新的领导人。11 月 21 日，津巴布韦议会宣布，穆加贝辞去总统职务。11 月 22 日，埃默森·姆南加古瓦被推选为新总统。[①]

根据世界银行 2016 年的数据，目前人口大约为 1615 万人，主要为绍纳族（占 84.5%）和恩德贝莱族（占 14.9%）。[②] 2013 年的津巴布韦宪法中有 16 种官方承认的语言，其中英语、绍纳语和恩德贝莱语最为常用。

津巴布韦约 58% 的居民信奉基督教，40% 信奉原始宗教，1% 信奉伊斯兰教，印度教占 0.1%，其他宗教占 0.8%。津巴布韦人性情温和、善良、友好。在津农村中，相当多黑人信奉本地原始宗教。

二　语言使用状况

（一）语言种类、使用人口分布情况

民族语网（Ethnologue）数据显示，津巴布韦境内有 22 种语言，包含 16 种非洲本土语言，6 种外来语言。在这些语言中，4 种处于蓬勃发展状态，6 种正在遭遇代际传递的危机，1 种正濒临灭绝。

在 2013 年颁布的宪法中，津巴布韦将包含英语和手语在内的 16 种语言全部列为官方语言，成为世界上拥有官方语言数量最多的国家。这 16 种官方语言分别为：手语、英语、契切瓦语（Chewa）；齐巴韦语（Chibarwe）；卡兰加语（Kalanga）；纳姆比亚语（Nambya）；恩道语（Ndau）；恩德贝莱语（Ndebele）；尚加尼语（Shangani）；绍纳语（Shona）；塞索托语

---

① 新华网，http：//www. xinhuanet. com/world/2017－11/22/c_ 1121991139. htm。

② 世界银行网站，https：//data. worldbank. org/indicator/SP. POP. TOTL。

(Sotho)；茨瓦纳语（Tswana）；文达语（Venda）；科萨语（Xhosa）；汤加语（Tonga）；科依桑语（Khoisan）。这些语言的具体使用人口分布情况如表1所示。

表1 津巴布韦语言所属语系及使用人口情况

语　系	语言		语言使用者	
	数量（个）	占比（%）	人口（人）	占比（%）
印欧语系（Indo - European）	1	4.5	250000	2.1
科伊桑语系（Khoe - Kwadi）	1	4.5	3540	0
尼日亚 - 刚果语系（Niger - Congo）	18	81.8	11373900	95.5
洋泾浜语（Pidgin）	1	4.5	0	0
手语（Sign Language）	1	4.5	280000	2.4
合　计	22	100	11907440	100

注：表1译自原作者表格，原作者表格数据仅保留小数点后一位。若保留小数点后两位，各语言占比相加则为4.45 +4.45 +81.8 +4.45 +4.45 =100。科伊桑语系的使用人数有3540人，占比是0的原因同样是原作者仅仅保留了小数点后一位（实际数值为3540/11907440 =0.000297）。洋泾浜语的使用人数为0表示该语言曾经存在，但目前已经没有使用者。

资料来源：Eberhard，Simons，Fennig，2019.

津巴布韦手语从1940年代开始发展，津巴布韦不同聋人学校的聋人学生独立发展了几种津巴布韦手语。由于研究很少，尚不清楚它们有多少种语言；津巴布韦手语与其国内的其他口语不存在联系；在没有进一步澄清的情况下，津巴布韦手语随着2013年宪法成为官方语言之一（Kadenge & Musengi，2018）。契切瓦语，最初名为Nyanja，是津巴布韦、赞比亚和莫桑比克流行的少数民族语言；汤加语是津巴布韦西北部广泛使用的少数民族语言；文达语是津巴布韦贝特布里奇地区流行的少数民族语言；卡兰加语是津巴布韦西部地区最流行的少数民族语言之一，与文达语有一些相似之处；纳姆比亚语是在津巴布韦瓦格地区使用的少数民族语言；科依桑语是津巴布韦西南部地区，面向博茨瓦纳边境部分居民使用的少数民族语言；尚加尼语是津巴布韦东南部地区，在与莫桑比克和南非交界的地方部分居民使用的少数民族语言；茨瓦纳语是在津巴布韦西部等地的定居点部分居民使用的少数民族语言；科萨语是在姆本比斯瓦纳的布拉瓦约市外部分居民使用的少数民族语言；塞索托语是津巴布韦的卢旺达地区和南部地区部分居民使用的少数民族语言。[1]

津巴布韦境内的22种语言中，大多数属于尼日亚－刚果语系中的班图语支。表1列出了津巴布韦境内语系包含语言的数量以及相对应的使用人口。可以看出，以尼日亚－刚果语系为母语的人口占津巴布韦总人口的95.5%。

（二）本土语言特征

绍纳语和恩德贝莱语是津巴布韦母语使用者最多、在日常生活中使用最为广泛的语言。

绍纳语是津巴布韦母语使用者最多的语言。全世界目前使用绍纳语的总人口为904万人，津巴布韦拥有896万，主要集中在哈拉雷、马绍纳兰中部、马绍纳兰东部、马绍纳兰西部和米德兰兹各省。

绍纳语是一种SVO语言，具有名词在首（noun head initial）特征，无冠词、动词词缀用以标记人称、数量、宾语；有被动和使役用法。绍纳语有书面语言，其书写源于Karanga语和Zezuru语，并包含来自Manyika和Korekore的词汇。

绍纳语元音系统较为简单，但辅音系统复杂；有31个辅音、5个元音、2个双元音。所有音节都以元音结尾，辅音属于下一个音节；绍纳语中的哨擦音（whistledsibilants），如*sv*［ȿ̩］和*zv*［ʐ̩］，目前已知只在世界少数几种语言中出现，与大多数常见的语言不同，绍纳语是一种声调语言，有两种声调：高音和低音。在写作时，高音标有锐音（á），低音标有重音（à）。

绍纳语是一种高度黏着语，通过为名词、动词粘贴不同的词尾来实现语法功能。绍纳语的名词体系共包含13类，每个类别有自己的前缀与词干，在使用的时候，配合的修饰词与动词都需要使用该名词的词缀；其动词由词根、词缀和结尾的元音构成，配合不同的词尾来表示时、体、因果、重复、一致性等语法功能；在时态上，绍纳语有两个表示过去的时态（过去和更远的过去）；在结构上，绍纳语遵循主－谓－宾结构，修饰词置于名词之后。

---

① 以上数据来自民族语网（Ethnologue，https：//www.ethnologue.com/country/ZW），由笔者翻译整理而得。

津巴布韦的恩德贝莱语又被称为北恩德贝莱语，与在南非使用的南恩德贝莱语有所区分。截至2012年，全世界有164万使用者，其中161万居住在津巴布韦。现有的对于恩德贝莱语的研究较少，仅被认为与Zulu语相似。

（三）官方语言、通用语及使用人口

根据联合国经济和社会事务部（United Nations Department of Economic and Social Affairs，UNDESA）数据，[①] 津巴布韦人口在2016年为1578万人。2013年的津巴布韦宪法确定了16种官方语言。然而，在日常使用中，英语为通用语，政府和学校教育几乎完全以英语进行；英语也是商业、科技、文化等大多领域的语言；绍纳语和恩德贝莱语在日常交流中广泛使用，在文化、媒体中也占有一定席位。

图1是津巴布韦各语言母语人口占全部人口的比例。其中，以绍纳语为母语的人口约有900万人，占津巴布韦总人口的70%；以恩德贝莱语为母语的人口约有160万人，占20%；其他非洲本土语言属于少数民族语言。在津巴布韦，即使是同一语言背景的人，在教育、银行、议会、媒体等正规领域也使用英语。

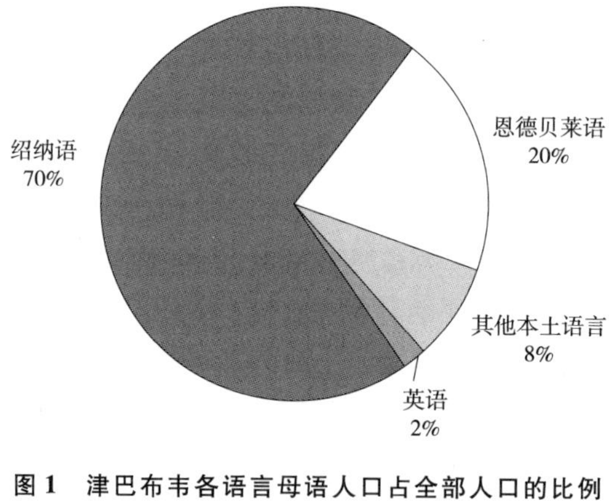

图1 津巴布韦各语言母语人口占全部人口的比例

① https：//www. un. org/en/development/desa/population/publications/manual/index. asp.

三　津巴布韦的语言管理

（一）津巴布韦语言政策沿革

根据对语言赋予的不同意义和功能，津巴布韦语言政策的历史沿革可以分为：被殖民之前、殖民地初期、殖民地后期、独立初期、独立后期五个阶段。而语言也被分别赋予了“交流”“统治”“革命”“秩序”“独立”等不同的意义，与权力紧密挂钩。

津巴布韦在被殖民之前，即1890年之前，处于非洲本土语言初步形成时期，口头语言不具备标准性和统一性，也没有书面语言。此时，语言只拥有其最初的“交流”属性。

殖民地初期（1890～1923年），语言被赋予“统治”意义。白人殖民者出于传教和统治的目的，对津巴布韦地区的非洲语言，尤其是绍纳语和恩德贝莱语的书写规范和标准进行了建设。在这段时期，语言政策的重心是让白人殖民者学会两种主要的本土语言，绍纳语和恩德贝莱语，从而对当地人民进行统治。英国南非公司（BSACO）认为欧洲人所掌握的当地语言方面的专门知识是行使殖民权力的宝贵工具，特别是对于警察和刑事法院（Jeater，2001：451），他们必须熟练掌握当地非洲语言，以便执行殖民命令和收税。为了提高白人殖民者的语言能力，英国南非公司在1905年举办了第一届公职人员口译考试，陆军人员、警官和法庭口译都有资格参加考试，而通过考试的候选人可以得到更多的晋升机会。

殖民地后期（1923～1980年），语言被赋予“革命”意义。此时非洲游击队和白人殖民者产生冲突，由于津巴布韦多民族、多语言的特征，英语成为不同民族群体游击队之间交流的媒介，并被描述为“革命的语言”（language of the revolution）（Ranger，2003）。此时，英语与国家统一紧密联合在一起，被赋予积极意义，甚至在兰开斯特大厦进行的独立谈判也是用英语完成的。也是从此刻起，津巴布韦的非洲人开始纷纷学习英语。

独立初期（1980～1987年），语言被赋予“秩序”意义。Fabian（1991）指出，在独立初期的非洲，使用多种语言被视为对秩序的威胁，等同于混乱。因此，有人建议通过激进的“统一”来消除这种混乱，即国家使用一种语言。初期的津巴布韦政府以及政策制定者也持有该观点，因此在议会和媒体中继续全面使用英语，本土语言只在选举前竞选投票时使用。Ricento（2000）观察到“在整个后殖民地时代，英语一直和国际交流、经济发展、国家统一等类似的积极意义联系在一起”。此时，英语逐渐成为通信、商业、航空、娱乐、外交的语言。

独立后期（1987 年至今），语言被赋予“独立”意义。随着民族意识进一步发展，以及后殖民地思潮的涌起，英语的主导地位被民众，尤其是使用目前正在被边缘化的本土语言的人群，视为一种“再殖民化”的标志，被认为是独立革命的一种失败和屈辱。津巴布韦政府因此制定了提高本土语言地位的语言教育政策，并在 1997 年，发表《哈拉雷宣言》，力图保护和发展包括津巴布韦在内的非洲各个国家的本土语言。

（二）国家语言立法

津巴布韦未制定专门的语言法，但津巴布韦宪法、教育法等法律明确了国家的官方语言、教学语言的使用。

津巴布韦的现行宪法 20 号修正案第 1 章第（6）条对语言政策做出了较为明晰的规定。[①]

> （1）下列语言：手语、英语、契切瓦语（Chewa）；齐巴韦语（Chibarwe）；卡兰加语（Kalanga）；纳姆比亚语（Nambya）；恩道语（Ndau）；恩德贝莱语（Ndebele）；尚加尼语（Shangani）；绍纳语（Shona）；塞索托语（Sotho）；茨瓦纳语（Tswana）；文达语（Venda）；科萨语（Xhosa）；汤加语（Tonga）；科依桑语（Khoisan），是津巴布韦官方认可的语言。
>
> （2）议会法案可规定其他语言为官方认可的语言，并可规定议会记录语言。
>
> （3）国家和所有各级政府机构必须确保所有正式认可的语言都得到公平的对待；并且考虑到受政府措施或通信影响的人的语言偏好。
>
> （4）国家必须促进和推动使用津巴布韦的所有语言，包括手语，并且必须为这些语言的发展创造条件；每个人都有权利使用他们选择的语言。

---

① 宪法项目网站，https：//www. constituteproject. org/constitution/Zimbabwe。

（三）教育语言政策

津巴布韦的教学语言在不同历史时期有所不同。1980 年，津巴布韦独立之后，一度延续了殖民地时期的教育模式，将英语作为其正式的教学语言，而绍纳语和恩德贝莱语则只在非正式语境下使用（Gotosa，Rwodzi，Mhlanga，2013）。之后政府意识到母语在教育中的作用，尤其是在儿童早期教育中的地位，于是从 1987 年开始政府将绍纳语、恩德贝莱语和其他一些民族语言引入教育体系，在小学一年级到三年级作为教学语言。从四年级开始，绍纳语和恩德贝莱语作为科目被学习，而英语则接替这些语言成为教学媒介语言（Ndamba，2008）。

独立后津巴布韦的语言教育政策主要体现在 1987 年《教育法》中。该法是关于津巴布韦教育语言使用情况的唯一正式书面文件。该法规定：

> 1. 在符合本条规定的情况下，本国家的三种语言，即绍纳语、恩德贝莱语和英语，应在所有小学从一年级开始讲授。（a）当该地区的大多数居民母语为绍纳语时，使用绍纳语和英语教学；（b）当该地区的大多数居民母语为恩德贝莱语时，使用恩德贝莱语和英语教学。
>
> 2. 在四年级之前，根据学生更普遍使用和理解哪种语言，第 1 款（a）或（b）所指的两种语言中的任何一种都可作为教学语言使用。
>
> 3. 从四年级起，英语应为授课语言，绍纳语和恩德贝莱语应以平等的时间分配基础作为授课科目。
>
> 4. 在少数族裔语言存在的地区，部长除 1、2 和 3 所列规定外，还可授权在小学讲授这种语言。

2006 年，津巴布韦对原有的《1987 年教育法案》进行了修订。将本土语言的教学阶段扩展从原有的 1～3 年级，延长到 1～7 年级。

此外，津巴布韦重视外语教育，2015 年津巴布韦中小学教育部提议将中文、法语、斯瓦希里语和葡萄牙语都作为必修的外语科目囊括进津巴布韦公立中小学生的课程体系。

（四）媒体语言政策

津巴布韦的媒体主要分为广播电视媒体和报纸媒体。

广播电视媒体：津巴布韦广播和电视业主要由津巴布韦广播公司

（Zimbabwe Broadcasting Corporation，ZBC）运营。津巴布韦广播公司1933年成立，为政府所有。津巴布韦广播公司拥有两个电视网络和四个广播电台。广播分为4个台。1台为英语节目，报道地区、全国和国际时事新闻。2台使用绍纳语和恩德贝莱语，播放农业、卫生及教育等节目。3台为音乐台。4台播放教育及音乐节目。津巴布韦电视台建于1960年，有两个频道，均为彩色节目，每天15：00～23：00播放。电视1台面向全国，播出新闻、综艺节目；电视2台原为教育台，现已商业化，改名娱乐台（Joy TV）。

2016年，津巴布韦广播公司的电视台在英语、绍纳语、恩德贝莱语和手语的基础上，增加了Venda、Nambya、Sotho、Tonga作为其播放新闻节目的语言；2017年4月，津巴布韦广播公司的电视台在此基础上，又增加了5种语言（Chewa、Ndau、Kalanga、Xhosa、Shangaan）来播报新闻。当地媒体《先驱报》援引媒体和广播服务部长Mushohwe的话说：“我们给予这样的语言应有的尊重，他们应该得到津巴布韦语言的尊重，并且履行承认16种民族语言的宪法的命令。”[①] Mushohwe还说，其余的语言——Chibarwe、Tswana和Khoisan——很快将由公共广播机构推出。

报纸媒体：津巴布韦报纸媒体语言几乎全是英语。维基百科所列出的27份报纸中，[②] 仅有两份用非洲本土语言出版，分别为*Kwayedza*（周报），用绍纳语出版；*UMthunywa*（周报），用恩德贝莱语出版。而其他报纸全部使用英语出版，包括津巴布韦发行量最广泛、影响力最大的几份报纸，如《先驱报》（*Herald*）、《周日邮报》（*Sunday Mail*）和《周日新闻》（*Sunday News*）、《每日新闻》、《标准周刊》（*The Standard*，周日刊物）和《津巴布韦独立周刊》（*The Zimbabwe Independent*，以经济信息为主的周刊）。

（五）汉语在津巴布韦的传播情况

汉语目前在津巴布韦广受欢迎。2007年3月，孔子学院在津巴布韦建立，正式开课。当时只有30名学生在津巴布韦大学注册学习汉语，但数字增长很快，2013年有超过3000名学生在津巴布韦大学注册并学习了汉语。津巴布韦孔子学院的学生、学者与中方教师合作发表论文并出版多部专著，包含《中文－绍纳语双语词典》《斯瓦希里语－英语－绍纳语－中文

① 网站新闻，http：//www. africanews. com/2017/04/24/zimbabwe－state－media－to－broadcast－news－in－five－more－local－languages/。

② 英文维基百科，https：//en. wikipedia. org/wiki/List_ of_ newspapers_ in_ Zimbabwe。

多语种词典》等。2015 年，津巴布韦教育部提议把汉语作为所有公立中小学的必修科目。中文热潮的背后，是中国经济腾飞和中非合作的不断深化。在津巴布韦的中国企业有很多投资，能提供许多工作岗位和就业机会，这是吸引津巴布韦民众学习汉语的主要原因。

（六）津巴布韦语言管理的特点和成效

津巴布韦的语言政策的特点可以概括为“割裂”：体现在宏大愿景与窘迫现状的割裂、西方理论与非洲实际情况的割裂、政府政策承诺与民众执行意愿的割裂。

1. 宏大愿景与窘迫现状的割裂

津巴布韦的语言政策宏大并充满理想主义色彩，然而却脱离了国家的实际经济社会现状。津巴布韦目前拥有世界上最多的官方语言（16 种），并在宪法和教育法案中提出要赋予每一种语言以官方语言同等权利。然而事实上，尽管 2013 年的宪法承认了 16 种官方语言，但宪法本身却只有英文版本以及另外 8 种本土语言的删节版本。[①] 直到 2017 年，津巴布韦司法部才发起了针对宪法的翻译工作，尝试将宪法翻译为 16 种官方语言。出现这种窘况是因为推行多语制需要强大的人力、物力、财力作为后盾——无论是政府文件还是学校师资与课本，都需要大量的财政投入。但津巴布韦长居世界贫困国家之列：根据世界银行的数据，津巴布韦 2017 年人均 GDP 仅为 1333 美元（世界平均数据为 10748 美元），国家贫困率为 72.3%；此外，根据联合国儿童基金会报告（UNICEF，2018）的数据，目前津巴布韦的教室与学校短缺数量分别为 336361 间与 2000 所，教师的缺口接近 1 万名，严重影响了教育质量。因此津巴布韦政府想要对其每一种本土语言都开发词典、印制教材、培养师资，这几乎是不可能完成的任务。此外，1992 年津巴布韦大学与奥斯陆大学合作发起“非洲语言词汇项目”（African Languages Lexical Project，ALLEX），旨在为津巴布韦本土语言编纂单语字典。然而在后续项目进展中，囿于财力物力等原因，该项目不得不中止。

基于这些状况，津巴布韦政府在宪法中所提出的语言政策显然容易成为一纸空文，给学校和社会带来混乱与负担，同时也会引起民众对政府公

---

① https：//www. dailynews. co. zw/articles/2017/12/19/govt – to – translate – constitution.

信力的怀疑。

一些非洲学者已经对这种情况进行了批判。Bamgbose 指出，“非洲国家的语言政策问题的特点是：避免、含糊、武断、波动和宣言，以及不执行”，“制订政策而不执行是一项有吸引力的技巧，因为它使政府免受……不愉快的政治后果”。

2. 西方理论与非洲实际情况的割裂

津巴布韦政府推行多种官方语言的一大原因是受到西方“语言多元主义”的影响。语言多元主义植根于多元文化主义，初衷是保持语言和文化的多样性、促进社会公平、关注少数和弱势群体，提高其参与国家政治经济活动的积极性，防止其陷入贫困与边缘化，从而提高社会凝聚力。然而，多元文化主义是西方国家由于历史原因，基于经济科技水平的大力发展及对个体自由的追求产生的一种意识形态，如果脱离了社会的高度经济发展，则可能有反噬作用。

相关研究已经发现语言多样性与贫困呈正相关性（方小兵，2019；王春辉，2018）。就国家层面而言，比较有代表性的是 Nettle（2000）提到的“费希曼—普尔假说”（Fishman - Pool Hypothesis），即语言多样性与国家贫困之间存在正相关。此外，语言多样性还被发现与恐怖主义、区域冲突直接相关，从而与国家分裂间接相关（Gassebner & Luechinger，2011；Okafor & Piesse，2018；Tavares，2004）。

3. 政府政策承诺与民众执行意愿的割裂

最后是民众对于政府语言政策的消极被动态度所带来的政策与执行的割裂。非洲本土语言研究者（Mpofu & Mutasa，2014）对这种割裂进行了比喻：“人们可以开发必要的材料，但没有人的意志和正确的态度，什么都不能实现。每个人都知道，如果他的士兵不愿意打，任何陆军将军都无法打赢战争。”他们的调查显示，70% 的津巴布韦民众赞成用英语而非本土语言命名商品或商标，因为这样的做法会带来更多的潜在消费者；同时，家长也更愿意他们的孩子在以英语为教学语言的学校中就读。

2006 年津巴布韦政府规定在 1 ~ 7 年级使用非洲本土语言作为教学语言，但实际情况是，家长和老师都明确表示他们更倾向于直接从 1 年级就开始使用英语教学。对此，非洲著名语言学家 Kamwangamalu 教授（2009）直接指出：“没有经济利益的语言政策注定要失败。”因为津巴布韦的普通民众已经将英语与更好的工作机会联系在一起。另一项针对28所学校学生和家长的调查研究发现，1～3年级的学生虽然在日常生活中使用母语交谈，但更喜欢用英语进行读写活动，家长们则声称母语教育“完全摧毁了孩子的未来”，呼吁在小学1～3年级使用英语进行教学（Ndamba，2008）。另有81%的教师也认为英语是更适合教学和学习的语言，因为有更多的英语教学材料（Nkwe & Marungudzi，2015）。

四　结语

对津巴布韦的语言政策进行总结，会发现以下几个特点：其一，从语言的实际使用情况看，虽然津巴布韦宪法宣称16种官方语言拥有平等地位，但津巴布韦目前的语言格局呈明显的金字塔形：英语作为广泛交流语言占据塔尖位置，绍纳语和恩德贝莱语为第二梯队，其他本土语言为第三梯队；其二，从语言政策和语言规划主要趋势看，津巴布韦的语言政策主要是“发展本土语言、加强外语教育、倡导语言多元主义”；其三，从语言政策的执行情况看，目前奉行的语言政策所需成本过高，与目前津巴布韦的实际经济状况与财政能力构成断裂；其四，从预期的语言政策效果角度看，目前津巴布韦奉行的语言政策并未达到所预期的提高凝聚力与提升教育水平的目的。

参考文献

[1] 方小兵，2019，《海外语言与贫困研究的进展与反思》，《语言战略研究》第4期，第22～33页。

[2] 王春辉，2018，《论语言因素在脱贫攻坚中的作用》，《江汉学术》第5期，第92～100页。

[3] Eberhard, D. M., Simons, G. F., & Fennig, C. D. (2019). Ethnologue: Languages of Zimbabwe, 1－32.

[4] Fabian, J. (1991). *Language and Colonial Power.* University of California Press.

[5] Gassebner, M., & Luechinger, S. (2011). Lock, Stock, and Barrel: A Comprehensive Assessment of the Determinants of Terror. *Public Choice*, *149* (3－4), 235－261. https://doi.org/10.1007/s11127－011－9873－0.

[6] Gotosa, K., Rwodzi, M., & Mhlanga, G. (2013). Language in Education: A Critical Review of Current Proposals for Official Mother TTongue se Iun Zimbabwean classrooms. *International Journal of Humanities and Social Science*, *3* (14), 88－94.

[7] Jeater, D. (2001). Speaking Like a Native: Vernacular Languages and the State in Southern Rhodesia, 1890 - 1935. *The Journal of African History*, *42* (3), 449 - 468.

[8] Kadenge, M., Musengi, M. (2018). Zimbabwean Sign Language. In: Kamusella, T., Ndhlovu, F. (eds) The Social and Political History of Southern Africa's Languages. Palgrave Macmillan, London. https://doi.org/10.1057/978 - 1 - 137 - 01593 - 8_21.

[9] Kamwangamalu, N. (2009). Reflections on the Language Policy Balance Sheet in Africa. *Language Matters*, *40* (2), 133 - 144. https://doi.org/10.1080/10228190903188567.

[10] Mpofu, P., & Mutasa, D. E. (2014). Language Policy, Linguistic Hegemony and Exclusion in the Zimbabwean Print and Broadcasting Media. *South African Journal of African Languages*, *34* (2), 225 - 233. https://doi.org/10.1080/02572117.2014.997059.

[11] Ndamba, G. T. (2008). Mother Tongue Usage in Learning: An Examination of Language Preferences in Zimbabwe. *The Journal of Pan African Studies*, *2* (4), 171 - 188.

[12] Nettle, D. (2000). Linguistic Fragmentation and the Wealth of Nations: The Fishman - Pool Hypothesis Reexamined. *Economic Development and Cultural Change*, *48* (2), 335 - 348. https://doi.org/10.1086/452461.

[13] Nkwe, T., & Marungudzi, T. (2015). Teachers' Perspectives on the Use of English as the Medium of Instruction in Zimbabwean secondary Schools. *South African Journal of African Languages*, *35* (1), 43 - 55. https://doi.org/10.1080/02572117.2015.1056463.

[14] Okafor, G., & Piesse, J. (2018). Empirical Investigation into the Determinants of Terrorism: Evidence from Fragile States. *Defence and Peace Economics*, *29* (6), 697 - 711. https://doi.org/10.1080/10242694.2017.1289746.

[15] Ranger, T. O. (2003). *The Historical Dimensions of Democracy and Human Rights in Zimbabwe: Nationalism, Democracy and Human Rights. Volume Two.* University of Zimbabwe Publications.

[16] Ricento, T. (2000). Ideology, Politics and Language Policies: Focus on English. *Ideology, Politics and Language Policies. Focus on English*, 1 - 8. https://doi.org/10.1089/fpd.2013.1710.

[17] Tavares, J. (2004). The Open Society Assesses its Enemies: Shocks, Disasters and Terrorist Attacks. *Journal of Monetary Economics*, *51* (5), 1039 - 1070. https://doi.org/10.1016/j.jmoneco.2004.04.009.

[18] UNICEF. (2018). *Zimbabwe Primary and Secondary Education* 2018 *Budget Brief.*

喀麦隆*

一　国家概况

喀麦隆（Cameroon）位于中部非洲与西部非洲之间的过渡地带，国土面积475650平方公里，整个版图就像一个不规则的楔子，由大西洋的几内亚湾向西北一直延伸到乍得湖。

喀麦隆现行的行政机构分为省、州、区、县四级。全国划分为10省：极北省、北部省、阿达马瓦省、东部省、中部省、南部省、滨海省、西部省、西南省、西北省。首都雅温得位于中部省。西北省与西南省属于英语区，其余8个省属于法语区。

1884年，德国宣布喀麦隆为德国“保护国”，1902年吞并了喀麦隆全境。一般认为，今天喀麦隆的版图正是在德国殖民统治时期基本确立的。英、法两国于1916年联手派出军队占领了喀麦隆。1919年7月，根据《米尔纳—西门协定》，英国和法国瓜分了喀麦隆。

1960年1月1日，喀麦隆法国托管区结束“托管”，宣布独立，成立喀麦隆共和国。1961年2月，根据第14届联合国大会决议，在喀麦隆英国托管区的北部和南部分别举行公民投票。结果，北部的喀麦隆人选择与尼日利亚合并；南部的喀麦隆人选择与喀麦隆共和国合并，成立喀麦隆联邦共和国。1972年5月20日，喀麦隆公民投票通过新宪法，取消联邦制，成立中央集权的共和国。

喀麦隆的政治局势相对稳定，但是也潜藏危机。其中最大的政治风险来自喀麦隆英语区的独立运动。20世纪90年代，喀麦隆英语区提出恢复联邦制的要求，为此掀起了“英语区全民运动”（All Anglophone Movement）。

喀麦隆经济是一种基于市场的、多元化的经济。在“中部非洲经济与

---

* ［作者简介］郑崧，博士，教授，浙江师范大学国际中文教育研究院副院长。研究方向：国际中文教育，非洲教育。

货币共同体”中，喀麦隆是第一大经济体，也是该地区重要的贸易枢纽。喀麦隆农业发展条件优越，素有“中部非洲粮仓”之称，但农业现代化水平较低。喀麦隆的传统粮食作物主要有小米、玉米、高粱、芭蕉、薯类。独立后，喀麦隆政府还注意发展可可、咖啡、橡胶、甘蔗、烟草、棉花、香蕉等多种经济作物。喀麦隆努力发展工矿业，已初步形成以农、矿产品加工业为主的工业体系。工业水平居撒哈拉以南非洲前列。不过，喀麦隆工业发展缓慢。

根据世界银行数据，2020 年喀麦隆总人口 2655 万人，人口自然增长率为 2.6% 。[①]

喀麦隆约有 240 个部族，主要部族有：班图族系，包括俾格米、贝蒂、巴萨、杜阿拉、杨巴萨等，分布在南部省、滨海省、西南省、中部省、东部省等；半班图族系，包括巴米累克、巴穆恩、巴利等，主要分布在西部省和西北省；苏丹族系，包括穆恩当、杜布利、卡伯西利等，主要分布在阿达马瓦省、北部省和极北省；波尔或富尔贝人，主要分布在北部省；绍阿阿拉伯人，主要分布在乍得湖盆地。

1971 年 3 月 26 日，喀麦隆与中国建立外交关系，建交后两国高层互访不断，增进了两国人民之间的友谊。中国援喀的主要项目有议会大厦、拉格都水电站、雅温得妇儿医院、雅温得多功能体育馆、杜阿拉中等技术学校等。由中方提供优惠性质贷款实施的项目有克里比深水港、默坎水电站、林贝和巴富萨姆体育场等。中国是喀麦隆的主要国际贸易伙伴。2020 年，中国是喀麦隆的最大出口国和最大进口来源国。与此同时，近几年中国一直是喀麦隆的最大外商投资来源国。目前，在喀麦隆的华人华侨约 7000 人，主要集中在杜阿拉和雅温得，从事餐饮、贸易、捕鱼、建筑承包、日用百货批发、采金、木材加工等行业。（商务部国际贸易经济合作研究院等，2020：11）

二 语言使用状况

喀麦隆被称为“小非洲”，因为它几乎拥有非洲所有的典型地理和文化特征，包括语言与族群极为多样的特征。同时受殖民与建国历史的影

---

① World Bank. Country Profile：Cameroon，https：//databank. worldbank. org/views/reports/reportwidget. aspx？Report_ Name = CountryProfile&Id = b450fd57&tbar = y&dd = y&inf = n&zm = n&country = CMR，2021 - 12 - 09.

响，喀麦隆在独立后确立了法语与英语官方双语制，从而成为唯一一个选择两种西方语言作为官方语言的非洲国家。此外，因为多语环境下语言的密切接触与相互影响，所以喀麦隆社会交际中还流行着两种混合语——皮钦英语以及新兴的皮钦法语（Camfranglais）。在喀麦隆，这些语言享有不同的社会地位，在不同场域和空间发挥着各自的社会交际功能。因此，在喀麦隆社会的各个领域中，语言的使用与管理既要遵循官方双语制与保护多元语言文化的政策，同时又必然要照顾喀麦隆语言现状，特别是大量喀麦隆人并不精通官方双语，皮钦英语逐渐流行的现实。不过，喀麦隆并没有专门的语言政策和语言立法，语言规划在喀麦隆并没有得到足够的重视，本土语言以及皮钦英语被排斥在正式的、制度的环境之外，长期处于一种适者生存的状态。从个人语言管理的角度来说，喀麦隆人普遍具有多重语言认同，他们“从一种语言转换到另一种语言，涉及接受与之相关的身份，并扮演与之相关的社会—个人、正式—非正式或制度—非制度角色”（Anchimbe，2013：1）。换句话说，他们在社会交际中的语言选择取决于交际的情境与对象。就像一名来自喀麦隆英语区的孩子所说的那样：“我和我妈妈讲乡下话。我和我的兄弟姐妹说洋泾浜语和乡下话。我和朋友们玩的时候说法语。我在学校说英语和皮钦英语。”（Tanyi，1978：10）

喀麦隆实行官方双语政策，在教育、行政、媒体、司法等正式场合都使用法语和英语这两种官方语言。本土语言主要在家庭环境和民族内部互动中发挥作用。虽然本土语言被称为“民族语言”，但这在很大程度上只是对它们作为国家民族文化遗产一部分的认可。在喀麦隆，皮钦英语和皮钦法语没有依附特定民族，没有突出威望，它局限于社会的、人际的交流，特别是不同民族、不同语言背景的人之间的交流，大多用于非正式场合，但是其功能与影响在不断扩大，特别是皮钦英语。

（一）宪法和其他法律中对语言使用的规定

喀麦隆没有专门的语言法，与语言相关的法律规定散见于宪法相关条款，或其他行政领域法令。

喀麦隆历史上的第一部宪法——1961 年的《喀麦隆联邦共和国宪法》明确规定：“官方语言是……法语和英语。”这一官方双语政策在之后各个版本的宪法中均得到确认。1996 年宪法第一部分第 3 款规定：“喀麦隆共和国的官方语言是英语和法语，二者具有同等的地位。国家保证在全国范围内推行双语教育。国家致力于保护和推广民族语言。”与之前的宪法版本相比较，1996 年的宪法修订版增加了关于民族语言的表述，将保护和促进以往受到忽视的民族语言史无前例地写入宪法，这标志着喀麦隆语言政策的重要变化。推广官方双语和民族语言，因此成为喀麦隆语言政策的核心内容与基本原则。

除了宪法之外，喀麦隆政府还通过训令、政令、公告、部门文件等形式确保在全国推广官方双语和民族语言。作为对 1996 年宪法所规定的语言政策的回应和体现，1998 年 4 月 14 日，喀麦隆颁布了第 98/004 号法令（该法令为喀麦隆教育方针政策指导性法令）。法令第一部分第 3 款规定：“国家将在所有层次的教育中设立双语，以此促进民族的团结与融合。”第一部分第 4 款声明，教育的目标之一是“促进民族语言”发展；第二部分第 1 款也强调，在区域和地方当局、家庭以及公共和私人机构的协助下，“国家保证进行不断调整，特别是通过推进双语与民族语言教学，使教育系统适应国家经济和社会现状，适应国际环境”。

2004 年 3 月 31 日颁布的《国民教育部组织法》规定，省教育巡视员负责民族语言工作。根据 2004 年 7 月 22 日颁布的《地区议会法》，国家将促进本土语言的任务和责任转移给地区政府。同一日颁布的《地区法》第 24 条第 b 节就本土语言问题提出三项建议：其一，发挥本土语言的功能，更新语言地图（第 1 款）；其二，出版本土语言书籍（第 2 款）；其三，发展口头和书面本土语言新闻或媒体（第 3 款）。2004 年颁布的三个旨在推进地方分权的法令将保护和推广本土语言的责任从中央政府转移至地方政府。

（二）官方语言使用状况

独立后，随着教育的普及以及官方双语政策的实施，英语和法语在喀麦隆日益普及。1987～2005 年，在 12 岁及以上的喀麦隆人中，掌握法语的人口比例从 41.3% 提高到了 57.6%，掌握英语的人口比例从 13.4% 提高到了 25.2%。会一种官方语言的喀麦隆人的比例显著提高，从 1987 年的 53.5% 增加到 71.2%。不过，从 2005 年人口调查结果可以看出，仍有 28.8% 的 12 岁及以上的喀麦隆人既不会法语，也不会英语，而既会法语，又会英语的仅有 11.6%（详见表 1）。前者比例高，主要是由于喀麦隆教育普及率还不够高，人口中还存在较多文盲；后者比例低，则凸显出喀麦隆在语言规划与管理上存在明显的不足。

表1　12岁及以上的喀麦隆人对官方语言掌握情况（2005年）

项　目	占比（%）	人口（人）
法语	57.6	6405981
英语	25.2	2802794
只会法语	46.0	5112479
只会英语	13.6	1509292
既会法语，又会英语	11.6	1293502
法语和英语都不会	28.8	3199221
合　计	100.0	11114494

资料来源：转引自 Patrice Tanang Tchouala et al.，2013：68－69。

影响喀麦隆人成为精通英语和法语的个人官方双语者的原因主要在于喀麦隆政府缺乏清晰的官方双语政策和有效的激励措施。

由于人口、地理和政治上的优势，在喀麦隆的行政、教育和媒体中，法语相对于英语的强势地位一直非常明显。在许多讲法语者眼里，国家所实施的官方双语制与他们无关。根据2005年人口统计数据，喀麦隆法语区居民习得英语的概率为0.20，而英语区居民习得法语的概率为0.46。① 与此同时，研究显示，在喀麦隆，与官方单语工作者相比，官方双语工作者在进入劳动力市场、加薪、职场晋升或获得任何荣誉方面都没有优势。双语在喀麦隆没有劳动力市场价值，因此官方双语政策只是一个口号，无法激发喀麦隆人成为一名官方双语者的动机。（Jean－Paul Kouega，2018：e4409）

英语在喀麦隆受到一定的歧视，在许多公共领域，它被迫退出或者受到限制。（Afafor，2005）许多官方文件只有法语版，而没有英语版，即使有，也常常因为翻译质量糟糕而使其有效性和权威性受到怀疑。随着英语区自治权被逐步取消，作为少数语族，讲英语的喀麦隆公民感觉自身的合法权利得不到有效保护，在他们眼里，旨在实现政治一体化的官方双语政策实质上是一种法语区对英语区的同化政策。正是在这种心理的支配下，

① Languages of Cameroon. From Wikipedia, the free encyclopedia，2018－08－09，https：//en. wikipedia. org/wiki/Languages_ of_ Cameroon.

喀麦隆英语区要求独立和自治逐渐成为喀麦隆一个严重的社会和政治问题。最近一次英语区大规模抗议运动发生在2016～2017年。

不过近些年来，喀麦隆也出现了另一种趋势，即法语区学习英语的热情日益高涨。究其原因，主要是英语是一种比法语具有更高全球经济地位的语言。有学者认为，这种趋势反映了法语区喀麦隆人对英语态度正在发生积极的变化，如果将这种趋势延续和加强，也许有助于个人官方双语目标在喀麦隆的实现。无论对于国家来说，还是对于个人来说，这都是值得期待的现象。（Atechi，2015：75－90）

（三）民族/族群语言使用状况

关于喀麦隆民族语言，或者说本土语言的确切数字，学界存在分歧。大多数学者的观点是喀麦隆本土语言的数量介于250～300种。（Rosendal，2008：14）

非洲的语言主要分属于亚非语系（Afro－Asiatic languages，即闪含语系）、尼罗—撒哈拉语系（nilo－sahariennes，即苏丹语系）、尼格罗—刚果语系（nigéro－congolaise，即班图语系）和科伊桑语系（khoisan，即布须曼—霍屯督语系）。喀麦隆的民族语言属于科伊桑语系之外的其他三个语系，其中又以尼格罗—刚果语系为最多。有几种民族语言发挥了地区性通用语言的功能，例如，富拉语（Fulfulde）在阿达马瓦省、北方省和极北省比较流行，埃翁多语（Ewondo）在喀麦隆的中部、东部和南部比较流行。

本土语言在公共或制度领域中的使用非常有限，因此在所能产生的经济利益上处于明显劣势，但是大多数本土语言在今天的喀麦隆社会生活中仍然发挥着重要的社群交际功能，特别是在广大的农村地区。对于大多数喀麦隆人来说，他们首先习得的语言是其母语，也就是喀麦隆的本土语言。尽管在成长过程中，他们会习得官方语言或皮钦英语，但只要母语仍能在其家庭生活和族内互动中发挥交际编码的作用，那么他们就不会放弃对母语的忠诚。

不容否认，无论是殖民地时期，还是在独立以后的很长一段时期，喀麦隆官方均忽视本土语言，缺乏对本土语言的地位规划与赋能政策，因此本土语言因为被排斥在教育、政治或大众媒体等公共或官方领域之外而严重边缘化，以至于一些本土语言已经消亡或者濒于消亡。21世纪初，喀麦隆有 4 个本土语言已经消亡，另有 11 个语言濒于消亡。(Anchimbe，2013：77）不过，受益于基督教会的圣经翻译，以及语言学家的努力，喀麦隆的部分本土语言也实现了从口语到标准化书面语的转变（见表 2)。

表 2　喀麦隆本土语言状况（2003 年）

单位：个

语言状况	语言数量
标准化的语言	166（2002 年）
圣经全书翻译	18
新约全书翻译	40
圣经节本翻译	30
已经灭绝的语言	4
濒临灭绝的语言	11
使用人数少于 1000 人的语言	29
使用人数超过 100000 人的语言	17
活的语言	270
本土语言合计	283

资料来源：Raymond G. Gordon，2008.

（四）混合语的使用情况

皮钦英语是喀麦隆影响最大的混合语。它是一种以英语为基础，混合了不同语言而形成的语言。皮钦英语语法简单，只有完成和现在两个时态。在喀麦隆，皮钦英语因其简洁性与国际性正吸引着越来越多的使用者。在过去几十年的时间里，皮钦英语尽管未获得官方赋权，但是它的功能已经从一种用于人际交往和互动目的的联络语言扩展为一种用于在制度和非制度环境中向更广泛的公众传递信息的语言。学者埃朱认为："今天，喀麦隆皮钦英语不再完全被视为英语区的一种通用语，鉴于在八个法语区省份的几个大城镇中都能感受到它的影响，都有人在使用，它是一种可能具有全国维度的语言。"（Echu，2004）不过，从表 3 中也可以看出，皮钦英语的功能仍主要局限于非制度化的领域。

表 3　皮钦英语的功能（2003 年）

语言应用领域	一般情况	英语区	法语区
教育	·	··	·
大众传媒	··	··	·
政治运动	···	···	·
行政管理	·	··	·
工作	···	····	··
宗教	···	·····	··
贸易	···	·····	··
文学与表演艺术	·	··	·
科学技术	·	···	
文学主题	·	···	
政治	·	··	
幽默	····	·····	····
亲昵	···	····	··
秘密	···	···	··
民族与文化认同	·	·	·

注：编码：·····表示非常高；····表示高；···表示中间；··表示低；·表示非常低。

资料来源：转引自 Eric A. Anchimbe，2013：173。

尽管皮钦英语在喀麦隆的影响力越来越大，但是其合法性并没有得到承认，喀麦隆政府限制甚至禁止其在学校教育与政府部门等正式场合中的使用，喀麦隆的一些知识分子也将喀麦隆英语标准的下降归因于皮钦英语的流行，甚至一些家长也反对子女使用皮钦英语，在他们看来，标准的英语才是一种地位象征。英语区的布埃亚大学（University of Buea）一直保持对皮钦英语的零容忍态度，学校在校园内设置指示牌，劝阻学生使用皮钦英语。

除皮钦英语之外，喀麦隆还有一种比较新的皮钦语言——皮钦法语（Camfranglaisor Frananglais）。皮钦法语由喀麦隆法语、喀麦隆英语、喀麦隆皮钦英语以及喀麦隆各种本土语言混合而成，根据语言学家让－保罗·科加的研究，皮钦法语产生于喀麦隆的中学生中，他们用这种语言来分享秘密。（Kouega，2003：511－538）20 世纪 90 年代后期，皮钦法语逐渐流行开来，部分原因是一些流行音乐人在作品中使用了这种语言。

（五）汉语使用状况

根据2002年1月颁布的教育法令，汉语被纳入喀麦隆国民教育体系。

喀麦隆本土的汉语教育始于1995年浙江师范大学与雅温得第二大学合作共建的汉语培训中心——“喀麦隆汉语培训中心”。2007年11月9日，雅温得第二大学孔子学院正式揭牌，由此翻开了喀麦隆汉语教育发展新的一页。

2008年，雅温得第二大学孔子学院与马鲁阿大学合作在高等师范学院设立了三年制本科学历汉语师范专业，同年正式招生。首届汉语师范本科生共有14人。作为中部和西部非洲国家首届汉语师范专业本科毕业生，他们被分配到雅温得、杜阿拉、马鲁阿等多个城市的中小学从事汉语教学工作。（赵九晓，2012）2014年，雅温得第二大学孔子学院与马鲁阿大学再次合作开设了五年制研究生学历汉语师范专业，又称为“3+2”汉语师范专业模式，即在三年制汉语师范专业（一级）基础上开设两年制的汉语师范专业（二级）。本科毕业生有资格在中学一年级、二年级、三年级从事汉语教学；硕士毕业生有资格在中学四年级、五年级、六年级从事汉语教学。（郑崧、姆邦希·多瑞斯·纳安，2020：282~292）截至2019年底，喀麦隆马鲁阿大学高等师范学院汉语师范专业共招收324名学生（本科生279人，硕士研究生45人），其中276名毕业生被分配到200多所公立中学担任本土汉语教师，享受国家公职人员待遇。（吴强，2019：48~49）

三　语言管理

（一）国家语言政策的发展变革

喀麦隆没有专门的“喀麦隆语言法案”或“喀麦隆语言政策”，如果说喀麦隆存在语言政策，那么这些政策是“碎片化地”存在于宪法以及各个政府部门颁布的法律或法令中的。这些政策“缺乏明确的目标和方向：它没有充分促进本土语言的使用，也没有保证官方双语的适当实施”（Anchimbe，2013：52-53），甚至没有提及过去20年日益普及的通用语——皮钦英语。从实践来看，喀麦隆政府也缺乏具体的措施推进语言政策的有效实施，实际上似乎是在任由国民根据自身的语言需求选择语言政策。或者就像波布达所说的那样，“可以预见的是，在缺乏语言政策的状况下，社会中语言使用的管理原则是‘适者生存’”，在这一原则下，语言使用者的人口、说这些语言的人或族群的政治力量以及各种形式的声望，发挥了至关重要的作用。（Bobda，2006：361）

1. 官方双语制

喀麦隆独立以后的第一部宪法就确定了官方双语制，而且之后颁布的宪法均重申这一政策。喀麦隆的官方双语制具有国家官方双语和个人官方双语双重内涵。

20世纪60年代，喀麦隆著名语言学者冯龙（Fonlon）认为，1961年9月1日的宪法里的双语制将喀麦隆置于像加拿大、比利时这样的双语国家之列。不过，他指出，与加拿大人和比利时人不同的是，未来所有的喀麦隆人应该都会说英语和法语。他说：“对于我们来说，目标不应该只是国家双语制（state bilingualism），还应该是个人双语制（individual bilingualism），也就是说，每一名由我们的教育系统培养出来的孩子都能够用英语和法语说与写。”（Afafor，2005：49）1977年，喀麦隆总统阿希乔（Ahmadou Ahidjo）在雅温得公立双语中学的落成典礼上说：“我们的学校要达到的目标是，培养熟练掌握两种语言的公民，他们可以随意使用法语或英语撰写优秀的文学或科学作品。”（Afafor，2005：49）

20世纪80年代之后，喀麦隆政府对官方双语政策的定义是：“（1）教育系统层面的双语或学校双语。学校双语是指在从小学到大学的所有教育机构中所发展的双语，或任何旨在鼓励两个语族的公民使用他们平时并不说的某种官方语言而组织的课程。（2）政治机构、政府、公共和半公共团体层面的双语。后一种双语是指所有的官方文件都采用两种语言公布，或者说必须用两种语言公布。这些官方文件包括政治性演说、总统令、行政命令、公告等。”（Cohen et al.，2005：123－142）

20世纪90年代初，喀麦隆英语区因为政治边缘化问题而出现要求恢复联邦制甚至谋求从喀麦隆共和国中独立的思潮和运动。1993年发布的《布埃亚宣言》（*The Buea Declaration*）和1994年发布的《巴门达宣言》（*The Bamenda Declaration*）均提出在正式和官方领域中平等使用两种官方语言的诉求。自1996年以来，喀麦隆采取了一系列措施，加强从幼儿园到大学各级学校教育中的官方双语教育。2002年10月28日，喀麦隆政府决定设立国家双语日，在这一天，所有公立学校和私立学校的学生都要用第二官方语言进行交流。2003年6月12日，喀麦隆教育部决定设立双语监督委员会，负责监督双语制在教育部内外服务中的实践。

在2016年英语区再次发生大规模抗议活动之后，2017年1月23日，根据相关法令，喀麦隆成立了直接向总统负责的“喀麦隆双语与多元文化委员会”（Cameroon Commission for Bilingualism and Multiculturalism）。[①] 该委员会的使命是：维护和平；巩固国家统一；加强人民共同生活的意愿和掌握日常经验。其职责是：向共和国总统提交关于保护双语和多元文化主义问题的报告和建议；监督《宪法》关于法语和英语平等地位的第1条第3款的执行情况；开展研究和调查，提出可能加强喀麦隆的双语和多元文化特点的措施；编写和提交关于双语、多元文化主义和团结的文书草案；接受反对因不遵守关于双语和多元文化主义的宪法规定而引起的歧视的请愿书，并就此向共和国总统报告；执行共和国总统交给它的任何其他任务，包括调解。委员会每年向共和国总统提交年度报告，并向公众公布。

2. 民族语言保护

在1996年之前，喀麦隆民族语言一直受到官方的忽视。不过，喀麦隆的一些民间机构和语言组织[②]在民族主义思潮的影响下，还是在促进民族语言研究、规划和教育上做出了不懈的努力。再加上保护濒危语言，促进多元文化等国际议程的影响，自20世纪90年代以来，喀麦隆政府逐渐改变了对本土民族语言的消极态度。

早在1964年，恩吉约（Ngijol）就主张在喀麦隆的交际、教育与扫盲中使用一种民族语言，以促进民族文化认同。塔达德尤（Tadadjeu）于1975年提出了一种三语的语言政策模式——“广泛的三语制”（extensive trilingualism）。按照这一模式，喀麦隆人应该能够使用至少三种语言（母语、第一官方语言以及另一种较为通用的语言或者第二官方语言）进行沟通。对于喀麦隆来说，这是第一个重要的语言规划模型。丘姆博（Chumbow）于1980年提出了“早期方言教育模式”，也就是在儿童的早期教育中，用儿童的母语代替官方语言。1983年，托德（Todd）提出与恩吉约相类似的建议，即为喀麦隆选择某一单一的民族语言。不同的是，托德选择的是喀麦

① 喀麦隆双语与多元文化委员会官方网站，https://www.ncpbm.cm，2021年12月9日。

② 这些语言组织包括国际语言协会（Société Internationale de Linguistique）、喀麦隆圣经翻译和识字协会（Cameroon Association for Bible Translation and Literacy）、喀麦隆全国语言委员协会（National Association of Cameroon Language Committees）、非洲语言基本规范组织（Basic Standardisation of African Languages）等。

隆皮钦英语，在她看来，皮钦英语不仅是在结构上接近方言，而且它的中立性是一个强大的统一因素。（Todd，1983：160－171）

20世纪70年代中期，在塔达德尤的领导下，“喀麦隆语言地图集”（Linguistic Atlas of Cameroon）项目启动。该项目致力于建立一个喀麦隆本土语言库。它的研究成果成为识别喀麦隆本土语言的工具。自1977年以来，“喀麦隆语言教学运作研究计划”（Operational Research Program for Language Teaching in Cameroon）项目团队与雅温得大学、社会科学研究所等机构合作，积极参与喀麦隆语言教学（包括官方语言、民族语言或外语教学）的统一与协调。在它的努力下，一些喀麦隆本土语言实现了标准化。1989年，“喀麦隆全国语言委员会协会”建立，负责监控本土语言的发展和促进工作。

1995年，喀麦隆召开全国教育大会——教育论坛。在这次会议上，许多代表呼吁促进民族语言教育。民间的呼声这一次在政治层面得到了回应。1996年的喀麦隆宪法在重申官方双语制的同时第一次规定：“国家致力于保护和推广民族语言。”这标志着喀麦隆语言政策的重要变化。喀麦隆政府适时调整语言政策，吸收喀麦隆语言学家和活动家加入相关机构，借力民间组织推进本土语言的保护和传播。

2007年，为了解决本土语言师资问题，喀麦隆基础教育部、中等教育部和高等教育部要求国立大学准备好将本土语言纳入学校教育系统。同一时期，雅温得第一大学语言学和非洲语言系将包括埃旺多语、杜亚拉语和富尔富德语在内的本土语言作为辅修科目或选修学分课程。2008年，雅温得高等教师培训学院设立了喀麦隆语言和文化系及实验室，培养中学本土语言教师。2014年12月，喀麦隆中等教育部发布了初中民族语言教育政策指导意见，提出初中教育应集中进行14种通用民族语言的教学。

喀麦隆的语言组织努力推进本土语言的标准化，而各族精英分子也积极参与部族语言文化的复兴。到2002年，喀麦隆280多种本土语言中已经有166种完成标准化。标准化语言的数量表明，如果现在必须在教育课程中采用本土语言，则几乎不需要进一步的技术工作。21世纪初，喀麦隆已经有289所公立小学教授本土语言。此外，在2001年和2002年，共有1202人参加了成人扫盲本土语言教师培训研讨班。（Anchimbe，2013：34－35）2017年成立的“喀麦隆双语与多元文化委员会”也有助于喀麦隆本土语言的保护。

（二）社会各领域的语言管理

表4展现了应用语言学家安契姆贝（Eric A. Anchimbe）2003年对喀麦隆不同领域语言使用情况的考察结果。自那以后，喀麦隆社会各领域语言使用情况已经发生了一些可以察觉的变化，导致这些变化的因素有：私营调频广播电台的数目增加，这些广播电台将更多的时间分配给皮钦英语和本土语言节目；喀麦隆有了更多的出版渠道，因此有了新的皮钦英语和本土语言出版物；学术与教育组织机构显示出对本土语言更多的研究兴趣。（Anchimbe，2013：41）

表4　国民生活中的语言使用

	领域	英语	法语	本土语言	皮钦英语
1	书面媒体	√	√	×	-
2	无线电广播	√	√	-	-
3	电视	√	√	×	×
4	教育	√	√	-	×
5	政治	√	√	×	-
6	音乐	√	√	-	
7	法院和司法	√	√	×	-
8	教堂	√	√	-	
9	公开考试	√	√	×	×
10	行政管理	√	√	×	×
11	小说与文学	√	√	×	-
12	军事	×	√	×	×
13	官方国际关系	√	√	×	×
14	商务与贸易	√	√	√	√
15	族际交流	-	-	√	√

注：编码："√"表示使用；"×"表示不使用；"-"表示较少使用。

资料来源：转引自Eric A. Anchimbe，2013：41。

1. 公共领域语言

在喀麦隆的公共领域中，主要用语是官方语言——法语和英语。在行政领域和私营部门的正式领域，比如官方文件、个人法律文件、法令、政府部门函件、通知、路标、政府公报等中使用英语和法语，或者说必须用两种语言公布。在社会服务中，为满足公民需要，喀麦隆的政府行政部门常常会提供翻译服务。为提高公职人员的第二官方语言能力，喀麦隆在全国主要城市创建“领航语言中心”，对公职人员以及想学第二官方语言的喀麦隆公民提供第二官方语言教育。

2. 教育领域

自1996年以来，喀麦隆采取了一系列旨在加强在学校教育中推进个人官方双语主义教育的措施。2001年，喀麦隆政府规定将第二官方语言书面语和口语考试纳入小学毕业考试。2002年10月14日，喀麦隆政府发布通知，指示有关官员监督小学和幼儿园有效实施官方双语主义。2003年6月12日，喀麦隆教育部决定设立双语主义监督委员会，负责监督双语在教育部内外服务中的实践。喀麦隆政府希望，通过这些决定和措施的实施，让每一名喀麦隆公民都能熟练掌握法语与英语。

在推进民族语言教育方面，喀麦隆政府也有一些具体举措。例如，2002年1月，喀麦隆颁布了一个与教育部组织结构相关的法令，以补充1996年宪法和1998年教育法。该法令规定，省教育巡视员负责民族语言工作。根据中等教育部在2014年12月发布的初中本族语教育政策指导意见，初中阶段集中进行14种通用本土语言的教学，与小学阶段相比，初中阶段本土语言教学的语种更加集中。

目前喀麦隆的幼儿教育可以不使用官方语言，而全部使用本族语进行教学，目的是巩固学习者本族语的口语能力。喀麦隆小学教育第一个阶段（小学一、二、三年级）同样可以将本族语作为教育媒介语，但同时逐渐向官方语言转换。第二个阶段（小学四、五、六年级）以官方语言为教育媒介语，而本族语设为一门学科。初中教育阶段仍然继续进行本族语教育，从初中一年级到初中四年级，每个学年的本族语课时均为25小时。

经过努力，母语读写能力在喀麦隆的一些社区已呈现提高的趋势。在这些社区的小学和成人扫盲课程中，开始更多地使用母语进行教学，社区的语言委员会也在努力增加母语读物与课本。研究发现，母语读写能力具有影响儿童和成人学习结果的潜力，不过需要一个能支持其实现的制度和社会政治环境。（Trudell，2009：137－160）

3. 大众传媒领域

喀麦隆的大众传媒领域使用两种官方语言，特别是在全国性的大众传媒中。但在区域性媒体中，也使用地方民族语言。

在喀麦隆全国性媒体中，69%使用法语，31%使用英语。国家广播电台（La Station National）的广播信号覆盖喀麦隆全境，法语节目占60%，英语节目占40%。喀麦隆唯一国家电视台CRTV用法语和英语播出节目。国家的唯一双语报纸《喀麦隆论坛报》（*Cameroun - Tribune*）每周7天出版法语版，但每周只有1天出版英语版。全国有数十家私人出版机构，出版英语刊物的占少数。一些地方电台使用民族语言播音，但法语和英语仍为主要用语。安契姆贝对喀麦隆4个省或地区广播电台在广播中使用本土语言的情况进行了调查，结果显示，在广播时间方面，地方民族语言比不上法语和英语这两种官方语言。就广播的内容而言，这些语言广播主要用于族群公告，而不是像官方语言那样用于播报国家或省级新闻、政府政策，或者通告国家的社会政治和经济问题，因此地方民族语言在功能上呈现边缘化。（Anchimbe，2013：21）此外，还有一些电台使用皮钦英语播音，尤其是新闻、卫生和农业教育节目。

（三）语言管理的特点和成效

1. 语言管理的特征

第一，维系与增进民族国家团结与统一是喀麦隆语言规划和语言政策的出发点和最终目的，因此官方双语制是喀麦隆语言政策的核心。

后殖民时期的喀麦隆政府忽视本土语言，强化官方语言是出于政治考量。塔达迪（Tadadjeu）认为，在喀麦隆，促进国家统一的政治目标往往优先于可实现的语言方案，喀麦隆的语言规划“必须始终以其加强国家统一的能力为基础”。（Koenig et al.，1983：118）对民族团结和民族融合的追求已变得如此普遍，以至于国家甚至语言学家制定的所有语言规划政策都必须以此为中心。因此，喀麦隆政府也试图用这样的语言政策来尽可能地克服族群文化多样性所导致的离散性。它将法语和英语视为构成这个新生民族国家不同民族群体之间的中立元素，并希望通过官方双语政策维护英语区喀麦隆与法语区喀麦隆的政治统一、国家团结与领土完整。

第二，从国家层面的语言管理来说，喀麦隆缺乏完整、一致的语言政策，政府也缺乏落实相关政策的决心与能力。

如前所述，喀麦隆政府没有颁布过专门的喀麦隆语言政策文件，喀麦隆的议会也没有制定过专门的喀麦隆语言法案，因此通常被称为“喀麦隆语言政策”的是一系列在不同部门（例如教育、国民议会、军事和媒体）通过的法令和法律。在没有简明喀麦隆语言政策文件的情况下，这些法令和法律就构成了喀麦隆政府为制定国家语言政策所做的努力。然而，即使是这些法令和法律，相关规定在措辞上往往也是模糊的，同时中央政府常常又将落实相关规定的责任转移到其他各方，尤其是地方政府，这说明中央政府似乎没有强烈的意愿和决心去落实相关政策。

第三，喀麦隆各种语言具有不同的地位和声望，公民个人的语言管理取决于各自的语言认同以及语言使用的场域。

作为多语国家，各种语言在喀麦隆享有不同的地位。尽管英语享有更高的国际声望，但是在喀麦隆，说英语的群体在政治实力上不如说法语的群体，因此实际上英语在喀麦隆处境不利。喀麦隆宪法明确提出保护本土语言，不过在措辞上并没有像推进双语制那样保证（guarantee）在全国范围内保护和推广民族语言，而仅仅是表示“致力于”（endeavor）。喀麦隆的法律和法令对皮钦英语未有任何提及，在学校教育等正式领域甚至排斥皮钦英语，但是其实际功能在不断扩大，影响力也在不断提升。在缺乏清晰连贯的语言政策的情况下，喀麦隆人形成了多语认同。可以预见的是，“适者生存”的原则将在很大程度上支配喀麦隆的语言生活，在这一原则下，语言的使用人数、这些使用者或其族群的政治实力以及各种语言形式的威望，起着至关重要的作用。（Pütz et al.，2006：357 – 372）与此同时，喀麦隆人在社会交际中会根据场域（家庭域、宗教域、工作域、公共域、学校域等）的不同进行语言选择与语码转换，在很大程度上是根据自己的语言需求制定语言政策。

2. 语言管理效果

如前所述，喀麦隆缺乏清晰连贯的语言政策以及现实有效的措施，因此喀麦隆语言管理的效果整体难以令人满意，也未达到已有政策确定的目标。

几乎所有关于喀麦隆语言规划的研究都对官方双语政策进行了严厉的批评，批评集中在政策不切实际的目标和实施政策不切实际的策略上。在这些研究中，批评的另一个中心是政策未能培养出使用法语和英语两种语言个体。因此，从政策执行效果来看，喀麦隆官方双语政策很难说令人满意，甚至可以说是失败的。

失败的根本原因是这一政策在实施过程中背离了两种官方语言享有平

等的法律地位这一基本的原则。事实上，在行政、教育和媒体等领域，法语的地位都在英语之上。法语的主导地位是由于法语区人口占多数（2010年人口统计数据显示，法语区人口占83.5%），讲法语的人一直占据着政府和公职人员的高层职位，再加上没有有效的语言政策保证少数者的权利。所有这一切都让英语区感觉到被同化和边缘化，不断积累的挫折感导致了英语区与法语区的疏离，以及英语区民族主义问题的产生。“官方双语政策在喀麦隆造成了近些年来大家都看得见的，构成这个国家一个严重问题的英语区、法语区的分裂。”（Echu，2004：19－32）

与此同时，喀麦隆官方双语政策的另一目标是实现个人官方双语，即希望每一名喀麦隆公民都能熟练掌握两种官方语言。然而，今天真正熟练掌握法语和英语这两种官方语言的喀麦隆人数量仍然不到两成。这也证明这项已经实施了50多年的政策是失败的。也许正如琼吉（Gisèle Tchoungui）所说，这一政策目标的错误可能一开始是无意识的，可以归因于喀麦隆重新统一之初语言规划者的仓促，但是后来已经变成一个故意的错误。（Koenig et al.，1983：93－115）

在本土语言的保护上，尽管近二三十年喀麦隆政府的态度不再那么消极，制定和颁布了多个保护本土语言文化的法案和法令。但喀麦隆政府与社会在推广本土语言方面所做出的努力是否改变了本土语言边缘化的趋势？是否增进了喀麦隆人对本土语言的认同呢？研究者认为，尽管这些努力有助于缓解本土语言走向死亡，但是并不能扭转本土语言在功能上的边缘化态势。这首先因为喀麦隆的语言政策和语言规划是服务于增进国家统一与民族团结这一核心政治目标的，这决定了喀麦隆政府在推广本土语言上仍然是不冷不热的态度。除了上述这一政治原因之外，限制本土语言复兴与赋权的因素，还涉及这些语言对使用者或被要求学习这些语言的人来说所具有的社会经济和实际意义，包括“人们对本土语言的相关性和威望的社会认知，对官方语言的（应用）领域扩展和国际前景的信念，对官方语言中民族平等的政治追求，以及本土语言对英语习得的负面影响的观念”等。（Anchimbe，2013：63）

四　总结和展望

总体来说，喀麦隆的语言状况和大多数撒哈拉以南的非洲国家一样：语言密集，前殖民语言在官方领域占据主导地位，官方忽视本土语言，没有剪断殖民脐带，社会、政治与语言问题交织在一起。（Adegbija，2000：75－100）同时，喀麦隆对语言规划和语言政策是相对忽视的，究其原因，可能在于语言问题并不是政府眼里迫切需要解决的问题。就像学者埃朱所分析的那样："和许多其他的撒哈拉以南的非洲国家一样，在喀麦隆，语言问题被视为第二位的或不太重要的问题，不需要非常严肃地面对。只要这个系统还在工作，只要没有重大的危机，那么就没人关心它。尽管语言学家和其他对此感兴趣的学者时而讨论这个问题，但是喀麦隆政治当局似乎满足于现状。因此至少可以说，语言政策是从未以任何长远的眼光进行决策和规划的国家的一个反映。"（Echu，2004：19－32）

事实上，从政治、经济、文化和教育等各个角度来看，喀麦隆迫切需要一个综合性的语言政策，并通过合理的语言规划来摆脱非洲国家所普遍面临的两个困境：一是后殖民时代由殖民统治遗产与现代民族国家建设之间的冲突带来的语言困境；二是后现代社会中现代民族国家的社会整合机制与重新肯定族群认同之间的冲突带来的语言困境。

尽管学者严厉批评喀麦隆迄今为止所实施的语言政策，但是不可能完全改变和彻底抛弃现有的语言政策。与其他非洲国家一样，喀麦隆在独立以后选择前宗主国语言作为官方语言，既是一种殖民脐带无法割断的无奈，也是一种实用主义的选择。相对于本土语言而言，前宗主国的语言文字发展得更为成熟和精致，更适合于用来表述现代复杂的世界。同时相对于数量众多的本土语言而言，外来语是“中立的”，它有助于消除本土语言之间的内部竞争，以及由此引发的民族冲突和国家分裂的潜在风险。就像刘鸿武所说，欧洲国家语言文字成为非洲国家的通用语、官方语，“打破了非洲语言结构高度分化分割，相互封闭隔离的局面，非洲的现代语言文化聚合过程由此开始”，对于非洲国家的“聚合一体化是一个有力的推动力”，“这一纽带或推动力，在20世纪60年代非洲各殖民地获得独立而建立民族国家后，依然在很大程度上维持了下来并继续发挥作用”（刘鸿武，2014：219）。独立后的喀麦隆确定英语和法语为官方语言，所以今天的喀麦隆既属于英联邦成员又属于法语国家组织成员，这种国际关系对于喀麦隆无疑具有潜在的政治和经济利益。因此，否定现有的官方双语制是不现实的。同时，从文化与教育的角度来说，英语和法语又是现代科学技术知识的重要载体。

因此，未来喀麦隆的语言政策应该更好地平衡官方双语与本土语言之间的关系。喀麦隆未来的语言政策模型应该体现多元文化主义。与同化和分化主义的战略相比，多元文化主义语言政策看来也能够为处置族群—语言冲突提供一种较为可行的策略。然而，这一策略能否在实践中取得胜利，关键在于是否能够妥善处理对于特定语言认同的承认与现存的经济和政治制度的要求这二者之间的关系。（马蒂亚斯·柯尼格，2000：141～149）

参考文献

[1] 刘鸿武，2014，《非洲文化与当代发展》，人民出版社，第279页。

[2] 马蒂亚斯·柯尼格，2000，《文化多样性和语言政策》，《国际社会科学杂志》第3期，第141～149页。

[3] 商务部国际贸易经济合作研究院等，2020，《对外投资合作国别（地区）指南·喀麦隆》，2021－12－08，http：//www. mofcom. gov. cn/dl/gbdqzn/upload/kamailong. pdf。

[4] 吴强，2019，《提升喀麦隆中文教育质量》，《中国投资（中英文）》第24期，第48～49页。

[5] 赵九晓，2012，《喀麦隆马鲁阿大学汉语专业探究》，硕士学位论文，浙江师范大学。

[6] 郑崧、姆邦希·多瑞斯·纳安，2020，《喀麦隆本土汉语教师职后专业发展的组织支持与现实困境》，《汉语国际教育研究》第1期，第282～292页。

[7] Adegbija，Efurosibina.（2000）. Language Attitudes in West Africa. *International Journal of the Sociology of Language*，141，75－100.

[8] Afafor，Isaiah Munang.（2005）. Official Bilingualism in Cameroon：An Empirical Evaluation of the Status of English in Official Domains. Unpublished Dr. of Ph. Dissertation，University of Freiburg，Germany.

[9] Afafor，Isaiah Munang.（2005）. Official Bilingualism in Cameroon：Instrumental or Integrative Policy? James Cohen，Kara T. McAlister，Kellie Rolstad，and Jeff MacSwan（ed.）. Proceedings of the 4th International Symposium on Bilingualism（pp. 123－142）. Somerville，M. A：Cascadilla Press.

[10] Anchimbe，Eric A.（2013）. *Language Policy and Identity Construction：The Dynamics of Cameroon's Multilingualism.* Amsterdam&John Benjamins Publishing Co.

[11] Atechi，Samuel.（2015）. English and French in Cameroon Today：Revisiting a Previous Statement. *International Journal of Language Studies*，9（1），75－90.

[12] Echu，George.（1999）. Colonialism and Linguistic Dilemmas in Africa：Cameroon as

a Paradigm (revisited). *Quest*, XIII (1 - 2), 19 - 26.

[13] Echu, George. (2004). The Language Question in Cameroon. *Linguistik Online*, *18* (1), 19 - 32 [2021 - 12 - 03]. https://www.researchgate.net/publication/26398937_The_Language_Question_in_Cameroon.

[14] Gisèle Tchoungui. (1983). Focus on Official Bilingualism in Cameroon: Its Relationship to education. In Edna L. Koenig, Emmanuel Chia, John Povey, eds., *A Sociolinguistic Profile of Urban Centers in Cameroon* (pp. 93 - 115). Los Angeles, University of California: Grossroads Press.

[15] Kouega, Jean - Paul (2003). Word Formative Processes in Camfranglais. *World Englishes*, *22* (4), 511 - 538.

[16] Kouega, Jean - Paul (2008). Language, Religion and Cosmopolitanism: Language Use in the Catholic Church in Yaounde, Cameroon. *International Journal of Multilingualism*, *5* (2), 140 - 153.

[17] Kouega, Jean - Paul. (2018). The Benefits of French - English Bilingual Competence in Cameroon. *Open Access Library Journal*, (5): e4409. https://file.scirp.org/pdf/OALibJ_2018030515502719.pdf [2021 - 12 - 3]

[18] Neba A. N. & Chibaka E. F. & Atindogbe G. G. (2006). Cameroon Pidgin English (CPE) as a Tool for Empowerment and National Development. *African Study Monographs*, *27* (2), 39 - 61.

[19] Raymond G. Gordon (ed.). (2008). *Ethnologue: Languages of the World.* UNESCO.

[20] Simo Bobda, A. (2006). Life in a Tower of Babel without a Language Policy. In M. Pütz, J. A. Fishman & N. van Aertselaer (eds). *Along the Routes to Power: Explorations of the Empowerment through Language* (pp. 357 - 372). Berlin: Mouton de Gruyter.

[21] Tadadjeu, M. (1983). Prospects for Language Planning Studies in Cameroon. In Koenig et al. (eds), *The Sociolinguistic Profile of Urban Centres in Cameroon* (pp. 117 - 124). Los Angeles, University of California: GrossroadsPress.

[22] Patrice Tanang Tchouala& Hervé Joël Efon Etinzoh. (2013). Les Dynamiques Démolinguistiques au Cameroun de 1960 à 2005: Un Éclairage à Travers les Données des Recensements [2021 - 12 - 09] https://www.odsef.fss.ulaval.ca/sites/odsef.fss.ulaval.ca/files/rr_cameroun_19602005_final2_web.pdf.

[23] Tanyi, R. (1978). Bilingualism and the Young Cameroonian School Child. DES Dissertation, University of Yaounde.

[24] Todd, Loreto. (1983). Language Options for Education in a Multilingual Society: Cameroon, in: Chris Kennedy (ed.). *Language Planning and Language Education*

(pp. 160 – 171). London: George Allen and Unwin.

[25] Tove Rosendal. (2008). Multilingual Cameroon: Policy, Practice, Problems and Solutions. *Othenburg Africana Informa Series*, *14*. [2016 – 10 – 07]. https://www.sprak.gu.se/digitalAssets/1328/1328399_no–7_final–multilingual–cameroon–081101.pdf.

[26] Trudell, Barbara. (2009). Language, Literacy and Equality: Minority Language Communities in the Cameroon. *Oxford Studies in Comparative Education*, *19* (1): 137 – 160.

科摩罗*

一 国家概况

科摩罗，全称科摩罗联盟（Union des Comores），是位于印度洋西岸的非洲群岛国家，地处莫桑比克海峡北端，具有重要战略地位，被称为“海峡的门户”。科摩罗是非洲面积最小的国家之一，国土面积2236平方公里（包括马约特岛），[①] 约为上海市面积（6340平方公里）的1/3。科摩罗群岛包括大科摩罗岛（Grande Comore）、昂儒昂岛（Anjouan）、莫埃利岛（Mohéli）和马约特岛（Maore）4个岛屿。其中大科摩罗岛面积最大（1148平方公里），[②] 约占全国总面积的一半。位于大科摩罗岛的莫罗尼（Moroni）是科摩罗的首都，也是全国的政治、经济、文化、教育和交通中心，拥有全国唯一一所综合性大学——科摩罗大学。

科摩罗是世界上最不发达的国家之一。2020年科摩罗国民生产总值为12.20亿，世界排名第187位。[③] 国内经济以农业为主，渔业、工业、旅游业等产业基础较为薄弱。科摩罗基础设施建设严重依赖外国援助，来自联合国系统（含世界银行）的援助居首位，约占30%，其他多边援助占24%，法国是其最大的双边债权国和援助国。[④] 2017年，科摩罗政府提出“2030新兴国家”发展战略，在重点推进水资源开发和交通、电力等基础

---

* ［作者简介］沈梦菲，北京语言大学语言科学院博士生。研究方向：计量语言学，语言政策与语言规划。

① 数据来源于中国领事服务网，http：//cs. mfa. gov. cn/zggmcg/ljmdd/fz_ 648564/kml_ 650055/，2022年2月1日。

② 数据来源于中华人民共和国商务部官网，http：//km. mofcom. gov. cn/article/sqfb/201708/20170802619149. shtml，2022年2月1日。

③ 数据来源于世界银行（World Bank）数据库，https：//databank. worldbank. org/data/download/GDP. pdf，2022年2月1日。

④ 商务部国际贸易经济合作研究院等，2020，对外投资合作国别（地区）指南——科摩罗（2020年版）http：//www. mofcom. gov. cn/dl/gbdqzn/upload/kemoluo. pdf，2022年2月1日。

设施建设的同时，致力发展旅游、能源、农业、渔业等产业。

2020 年，科摩罗人口数量达到约 87 万人，人口密度达 467 人/平方公里，为世界上人口最稠密的国家之一。科摩罗人口主要集中在各岛首府，城市人口占总人口的 29.4% 。[①] 科摩罗的族群主要包括阿拉伯人、非洲人、马来 - 印度尼西亚人和克里奥尔人，主要民族有阿拉伯人后裔、卡夫族、马高尼族、乌阿马查族和萨卡拉瓦族。据 2018 年的统计数据，科摩罗约 98% 的居民信奉逊尼派伊斯兰教，其余人口信奉什叶派伊斯兰教、天主教和新教等。[②] 科摩罗国民生活水平较低，2020 年科摩罗人类发展指数（Human Development Index，HDI）居全球第 156 位（共 189 个国家和地区参与排名）。[③] 2013 年，42.4% 的科摩罗人生活水平低于国家贫困线。[④] 由于悠久的移民历史以及不稳定的国内环境，科摩罗是非洲最大的移民输出国之一，2017 年高达 25% 的科摩罗人口居住在国外（朱献珑等，2021：23）。法国本土、马达加斯加和法属留尼汪是主要移民目的地。

13 世纪前后，大批波斯湾设拉子人和红海地区的阿拉伯人迁居至科摩罗建立起数个新政权，同时将阿拉伯伊斯兰文化带入科摩罗。15 世纪，逊尼派穆斯林在科摩罗建立起真正意义上的苏丹国，逊尼派伊斯兰教的主流地位也在这一时期得以奠定。19 世纪，法国赢得了科摩罗群岛的控制权。1912 年，苏丹制被废除，法国正式建立科摩罗群岛殖民地，实行间接殖民统治制度。经过民族解放运动，1975 年 7 月 6 日，科摩罗单方面宣布独立，成立科摩罗共和国。长达 130 余年的法国殖民统治深刻影响了科摩罗的社会结构和政治生态。独立后，科摩罗内部政局一直动荡不安，先后发生 20 余次政变，经历了科摩罗共和国、科摩罗伊斯兰联邦共和国和科摩罗联盟三个时期。2001 年《科摩罗和解框架协议》的签署标志着科摩罗全面民族和解进程正式启动。同年 12 月 23 日，科摩罗通过新宪法草案，赋予各岛高度自治权并实行总统轮任制，形成了富有科摩罗特色的政权运行

---

① 数据来源于世界实时数据统计（worldometers）官网，https：//www. worldometers. info/world - population/comoros - population/，2022 年 2 月 1 日。

② 数据来源于美国中情局世界概况（The CIA World Factbook）官网，https：//www. cia. gov/the - world - factbook/countries/comoros/#people - and - society，2022 年 2 月 1 日。

③ 数据来源于联合国开发计划署（The United Nations Development Programme，UNDP）官网，https：//hdr. undp. org/sites/default/files/hdr2020. pdf，2022 年 2 月 1 日。

④ 数据来源于世界银行数据库，https：//data. worldbank. org/indicator/SI. POV. NAHC？locations = KM，2022 年 2 月 1 日。

方式。

中国是第一个承认科摩罗独立并同其建交的国家。自 1975 年中科建交以来，两国在经济贸易、文化教育、卫生医疗等领域陆续签订合作协定，开展友好互动。2021 年，中科双边贸易额为 5706.3 亿美元，其中出口额为 5694.9 亿美元。① 自 1976 年起，中国开始向科摩罗提供无偿援助和各类贷款，尤其在抗疟领域取得显著成效。到 2017 年，科摩罗实现了疟疾零死亡，发病人数下降 98%。② 2018 年，习近平主席在与科摩罗总统阿扎利会见时指出，中科关系堪称大小国家平等相待、团结合作的典范。中国愿将“一带一路”倡议同科方“2030 新兴国家”战略对接，继续为科摩罗实现自主可持续发展提供力所能及的帮助。③ 2022 年开春之际，科摩罗总统阿扎利会见应邀访科的国务委员兼外长王毅，并表示“中国的发展就是科摩罗的机遇”，“科摩罗将永远同中国站在一起”。④ 在中科关系进一步深化的背景下，研究科摩罗的语言使用与语言管理状况具有重要现实意义。

二　语言使用状况

科摩罗错综复杂的历史与独特的地理位置使不同语言背景的群体在此交融互动，造就了语言文化的多样性。科摩罗境内使用的语言主要包括民族语言科摩罗语以及法语、阿拉伯语、马达加斯加语、斯瓦希里语等外来语言。在 15 世纪的科摩罗群岛，阿拉伯语具有重要功能与地位。20 世纪殖民统治时期，法国奉行“壮大法兰西民族”的同化理论，选拔通晓法语的科摩罗世居居民担任酋长，大力推行法语和法国生活方式（朱献珑等，2021：47）。政治因素与贸易因素深刻影响了科摩罗至今的语言使用状况。1978 年科摩罗伊斯兰联邦共和国颁布的第一部宪法将官方语言确立为法语和阿拉伯语。⑤ 1992 年的宪法修正案首次将科摩罗语纳入

---

① 数据来源于中华人民共和国海关总署官网，http：//www.customs.gov.cn/customs/302249/zfxxgk/2799825/302274/302277/302276/4127455/index.html，2022 年 2 月 1 日。

② 中非合作论坛，中国将助力科摩罗早日实现除疟目标，http：//www.focac.org/zfzs/202201/t20220110_10480632.htm，2022 年 2 月 1 日。

③ 中华人民共和国国务院新闻办公室，习近平会见科摩罗总统阿扎利，http：//www.scio.gov.cn/31773/31774/31783/Document/1636793/1636793.htm，2022 年 2 月 1 日。

④ 中华人民共和国中央人民政府，科摩罗总统阿扎利会见王毅，http：//www.gov.cn/guowuyuan/2022－01/08/content_5667050.htm，2022 年 2 月 1 日。

⑤ 资料来源于 Jean－Pierre Maury 数字图书馆，https：//mjp.univ－perp.fr/constit/km1978.htm，2022 年 2 月 1 日。

官方语言。[①] 2001 年修订的宪法巩固了科摩罗语、法语和阿拉伯语的官方地位。[②] 这三种官方语言以及其他外语在科摩罗不同社会领域发挥着各自的功能。

（一）科摩罗语

科摩罗语（Comorien）属于尼日尔－刚果语系中大西洋－刚果语族的贝努埃－刚果语支，语言代码为“ISO 639－3”。科摩罗语实际上是分别在4个岛屿上使用的4种方言变体的统称，分别为大科摩罗语（Grand－Comorien）、莫埃利语（Mohélien）、昂儒昂语（Anjouanais）、马约特语（Mahorais）。科摩罗地处印度洋海上贸易路线上，因此受到多种语言文化影响，其中斯瓦希里语、阿拉伯语、印地语、马达加斯加语、葡萄牙语、英语和法语的影响比较明显。各种语言的影响在地理上分布不均是导致4个岛屿上产生4种方言变体的原因之一（Ottenheimer，2001）。根据相似程度，这4种方言又可以进一步分为两组：东部方言（包括昂儒昂语、马约特语）和西部方言（包括大科摩罗语、莫埃利语）。同组内的两种方言共用大约80%的词汇，因而相互容易理解，而不同组别之间的交流“需要一段时间的反应”（Lafon et al.，1988）。当地语言学家和民众倾向于淡化4种方言之间的差异，将其统称为“科摩罗语”。他们认为这些变体只是语言内部的变体，而非语言之间的变体。

科摩罗语是科摩罗的通用语言，超过95%的居民使用科摩罗语，几乎是所有科摩罗人的第一语言。[③] 根据民族语网，2002 年前后，大科摩罗语使用人数为30万人，昂儒昂语使用人数为26.4万人，莫埃利语使用人数为2.72万人，马约特语在马约特岛的使用人数为13.2万人。[④] 从长期来看，科摩罗语的使用活力可能正在下降，如今生长在科摩罗的年轻人不会

---

① 资料来源于 Jean－Pierre Maury 数字图书馆，https：//mjp. univ－perp. fr/constit/km1992. htm，2022年2月1日。

② 资料来源于 Jean－Pierre Maury 数字图书馆，https：//mjp. univ－perp. fr/constit/km2001. htm，2022年2月1日。

③ 数据来源于联合国儿童基金会官网，https：//vivivanam. files. wordpress. com/2017/02/unicef2016languageandlearning－fullreportsingleview. pdf，2022年2月1日。

④ 资料来源于民族语网（Ethnologue），https：//web. archive. org/web/20160829165625/http：//www. ethnologue. com/country/KM/status，2022年2月1日。

使用科摩罗语已成为一种普遍现象。①

尽管科摩罗语是绝大多数科摩罗人的第一语言，但主要在日常的家庭生活中使用，几乎没有应用于行政、司法等方面。在教育领域，科摩罗语主要在学前教育阶段使用。从小学阶段开始，科摩罗采用法国教育模式，科摩罗语仅起到辅助作用。在新闻媒体领域，官方报纸《祖国报》有时用科摩罗语版面。科摩罗语主要以口语形式在电台使用，科摩罗的国家官方电台主要使用科摩罗语播音（马晓霖、马涛，2018），位于昂儒昂岛的一家私人电视台也用科摩罗语播送地方新闻。在文学艺术领域，用科摩罗语进行的文学创作直至科摩罗独立前后才开始。目前越来越多的科摩罗诗人、小说家、剧作家使用科摩罗文写作，但作品的影响力有限。科摩罗语书面形式使用情况受限的主要原因之一是缺乏稳定统一的正字法。其中莫埃利语没有文字，仅限于口语交际。

（二）法语

法语是科摩罗的官方语言之一。据统计，2018 年在科摩罗群岛（不包括马约特岛）约有 21.6 万 10 岁及以上的人说法语，占总人口的 25.97%，其中男性占六成，女性占四成。② 绝大多数使用者都将法语作为第二语言，几乎没有一语使用者，2016 年前后仅有 1600 人以法语为母语。③ 2012 年马约特岛上约有 11.5 万法语二语使用者④，2013 年在其余 3 个岛上共有 18.7 万法语二语使用者⑤。由于长期受法国殖民统治以及法国文化的影响，在独立后法语仍然广泛应用于科摩罗的教育、行政、媒体和商贸等方面，尤其是马约特岛将法语作为唯一的官方语言（朱献珑等，2021：293）。

---

① Habari Za Comores，2018. Polique et amenagement linguistique aux Comoros：Quels enjeux pour l'emergence du pays，https：//www. habarizacomores. com/2018/01/politique – et – amenagement – linguistique. html，2022 年 2 月 1 日。

② Observatoire DéMographique Et Statistique De L'Espace Francophone，Estimation des populations francophonesdans le monde en 2018，https：//www. odsef. fss. ulaval. ca/sites/odsef. fss. ulaval. ca/files/odsef – lfdm – 2018. pdf，2022 年 2 月 1 日。

③ 数据来源于各国语言规划（L'aménagementlinguistique dans le Monde）网，http：//www. axl. cefan. ulaval. ca/afrique/comores. htm，2022 年 2 月 1 日。

④ 数据来自民族语网，https：//web. archive. org/web/20160911103759/http：//www. ethnologue. com/country/YT/status，2022 年 2 月 1 日。

⑤ 数据来自民族语网，https：//web. archive. org/web/20160829165625/http：//www. ethnologue. com/country/KM/status，2022 年 2 月 1 日。

在教育领域，法语是除了传统古兰经学校之外的所有正规教育的教学用语，从小学到高等教育原则上都以法语作为教学语言。但科摩罗的教师和学生的法语水平正在持续下降，严重影响教育系统的运行效率。2010 年法国教育部公布的小学六年级学生的法语水平评估报告显示，马约特学生的法语水平很低，只有 6% 的学生有非常扎实的语言能力，64% 的学生语言能力极为薄弱。[①] 在此背景下，法国为科摩罗提供教育援助以扩大法语在科摩罗的影响。2012 年 10 月，科摩罗与法国签订了《科摩罗法语支持项目》（AFC）。根据项目计划，法国向科摩罗提供 100 万欧元，通过教师培训与教学资料建设，帮助教师提高法语水平与教学能力。数千名科摩罗教师先后接受了为期 5 周的法语语言培训，努力使法语水平达到欧洲语言共同参考框架（CECRL）的 B2 等级。另外，科摩罗大学法语系的数名教师协作开发建设了法语教学辅助工具，以便让教师及时了解自己的法语授课水平，同时让教科书的编写人员及时得到反馈并进行改进（朱献珑等，2021：294）。

除教育领域外，法语的重要功能与地位还体现在行政和司法领域。法语是主要的政府管理官方语言，议会代表在工作中主要使用法语，书面文件也通常用法文撰写，包括销售契约、雇用表格等行政文件。在司法领域，诉讼人和法官都主要使用法语，书面文件也以法文为主。在口头交流中可以辅助使用科摩罗语，在书面文件撰写中有时会用少量的阿拉伯语。

在新闻传媒方面，科摩罗报纸主要以法文发行（马晓霖、马涛，2018），其中官方报纸《祖国报》的法文版年发行量达 36 万份。[②] 于法国殖民统治时期成立的科摩罗广播电台每天用法语播报 3 次新闻。科摩罗国家电视台大部分节目也使用法语，中国援建的国家电视台每天转播中国中央电视台法语频道节目。在互联网方面，科摩罗 24 小时新闻网是科摩罗最大的服务性门户网站，设有法语和阿拉伯语两个版本。可见，法语在科摩罗具备较高声望与较大实际功能。

---

① 数据来源于 MweziNet 网，http://www.comores-online.com/mwezinet/education/，2022 年 2 月 1 日。

② 商务部国际贸易经济合作研究院等，2020，对外投资合作国别（地区）指南——科摩罗（2020 年版），http://www.mofcom.gov.cn/dl/gbdqzn/upload/kemoluo.pdf。

（三）阿拉伯语

作为官方语言之一，阿拉伯语在科摩罗的地位与功用较为特殊。科摩罗人的第一语言一般都不是阿拉伯语，在行政、司法等领域以及日常生活交流中都不常使用阿拉伯语。科摩罗以伊斯兰教为国教，阿拉伯语被视为一种神圣的语言，具有较高社会威望，承担着宗教认同功能，几乎在所有宗教场合中使用。

阿拉伯语也是古兰经学校的教学语言。古兰经学校最早于16世纪由阿拉伯人和波斯人引入科摩罗，尽管科摩罗经历了多次政治动荡，但古兰经学校至今已在科摩罗稳固地发展了4个多世纪，构成了科摩罗教育体系的第一阶段（Bakar，1988）。近年来，虽然出现了采用法国模式的私立幼儿园，但由于科摩罗贫困人口数量庞大，大多数家庭更愿意让孩子到古兰经学校免费接受传统教育。在这种背景下，古兰经传统教育成为最主要的学前教育方式。3～5岁的儿童在上小学之前会进入古兰经学校阅读《古兰经》，熟悉阿拉伯语，因此阿拉伯语常常是科摩罗儿童认识的第一种语言。然而学校教授的阿拉伯语知识极其有限。小学入学时，大部分孩子仍然只能背诵几段简短的经文，中小学阶段阿拉伯语也不是教学语言。因此中学教育结束时很少有学生会说阿拉伯语，而是仅将其作为阅读伊斯兰教义和写作的工具。

此外，科摩罗是“阿拉伯国家联盟”（League of Arab States）的成员，十分重视发展与阿拉伯国家的关系。因此阿拉伯语的功能还体现在与阿拉伯世界的贸易、通信等的来往互动上。在民间文学领域，早期科摩罗当地的学者、王公贵族和编年史家主要使用阿拉伯文和斯瓦希里文写作，记录村庄的历史、战争、哲学、诗歌和言语故事等。阿拉伯语在新闻媒体领域的使用也较为有限，科摩罗官方报纸《祖国报》于2000年才开设阿拉伯文版周刊，年发行量仅2.6万份。[①] 科摩罗24小时新闻网设有阿拉伯文版，科摩罗广播电台有时用阿拉伯语报道。

总体上，阿拉伯语在科摩罗的地位更具象征性而非真实性，即阿拉伯语虽具有较高的声望与地位，但实际使用范围主要被限制在宗教领域，当

---

① 商务部国际贸易经济合作研究院等，2020，对外投资合作国别（地区）指南——科摩罗（2020年版），http：//www.mofcom.gov.cn/dl/gbdqzn/upload/kemoluo.pdf。

地居民的阿拉伯语水平也十分有限。

（四）汉语

科摩罗教育部长穆罕默德曾指出，随着科中友好合作关系的深入发展，越来越多的科摩罗民众渴望学习汉语。[①] 在中科双方的共同促进下，汉语教育在科摩罗的发展如火如荼，孔子课堂及孔子学院是主要的官方推广机构。2014 年 7 月 1 日，由大连大学和科摩罗大学共同承建的科摩罗大学孔子课堂正式设立。自正式运营至同年 9 月，已有 70 多名学生报名学习，汉语教师志愿者反映课堂上学生学习热情高涨。2016 年 4 月，孔子课堂设立汉语专业，同年 10 月迎来第一届汉语专业学生。2017 年 5 月 20 日，科摩罗孔子课堂首次组织汉语水平考试，涵盖 HSK 二级、三级和 HSKK 初级，共有 63 人参加。此外，该孔子课堂还在中学开设教学点，并开设了社会成人汉语班、少儿班，特色课程包括少林武术、中医针灸按摩等，受到在校学生和当地民众的欢迎。自孔子课堂设立至 2018 年，大连大学先后选派了 14 名汉语教师和志愿者。

2018 年 9 月 1 日，国家主席习近平在人民大会堂同来华参加“中非合作论坛北京峰会”的科摩罗联盟总统阿扎利举行会谈。会谈后，在两国元首共同见证下，中国国务委员、外交部长王毅与科摩罗联盟外交部长苏埃夫共同签署了《关于合作设立科摩罗大学孔子学院的协议》。由此，孔子课堂正式升格为孔子学院。[②] 2019 年 1 月 14 日，科摩罗大学孔子学院与昂儒昂岛 RTN 电台合作的汉语广播节目正式开播，听众反响热烈。汉语广播节目采用了一种新方式，为当地人民学习汉语创造了便利条件。2 月 24 日，科摩罗大学孔子课堂升级为孔子学院后，举办了第一场汉语水平考试。本次考试涵盖 HSK 一级至四级、HSKK 初级和中级，共有 71 人次报名参加。[③]

---

① 科摩罗大学孔子课堂，2014，大连大学第二所孔子学院项目科摩罗大学孔子课堂举行揭牌仪式，https：//web. archive. org/web/20201105110222/http：//comores. cmr. chinesecio. com/zh - hans/node/66，2022 年 2 月 1 日。

② 大连大学官网，2018，我校科摩罗大学孔子课堂正式升格为孔子学院，http：//www. dlu. edu. cn/info/1237/2825. htm，2022 年 2 月 1 日。

③ 科摩罗大学孔子课堂，2019，科摩罗大学孔子学院举办汉语水平考试，https：//web. archive. org/web/20200926054807/http：//comores. cmr. chinesecio. com/zh - hans/node/138，2022 年 2 月 1 日。

科摩罗大学孔子学院相比其他孔院，虽起步较晚，但发展势头良好，已为科摩罗培养了许多精通汉语、了解中国文化、多才多艺的国际化人才。但是目前国内对科摩罗汉语学习需求和使用状况的了解较为有限，需进一步加强调查和研究。

（五）其他语言

除了上述三种官方语言和汉语之外，科摩罗还有一些外来语言。2001年，使用布什语（Bushi）的人数约为3.9万人，占全国人口的40%，主要在马约特岛上使用。① 马达加斯加语（Malagasy）在马约特岛上的使用人数有近4万人，占该岛总人数的40%左右，而在其余三岛上仅有1.9万人。② 由于与非洲东海岸使用斯瓦希里语的国家保持着不间断的往来，科摩罗约有1000人使用斯瓦希里语，常在海外贸易中使用。③ 科摩罗广播电台有时也用马达加斯加语、斯瓦希里语播音。此外，也有一小部分来自留尼汪岛（Réunion）的人使用克里奥尔语。近年来由于旅游业和商业贸易的发展，在科摩罗使用英语的人数也越来越多，一些教育机构在高年级开设了英语课程。

三　语言管理

（一）国家语言政策的发展变革

1. 法国殖民统治期间（1841～1975年）

法国殖民前，科摩罗长期由苏丹政府统治，阿拉伯语是教学、行政、宗教等领域的主要语言，商贸交往领域则多使用斯瓦希里语。这一时期，阿拉伯语不仅具有极高的威望，也具有较强的社会功用。19世纪英法两国在印度洋展开激烈竞争，1890年8月5日英法签订条约规定英国管理桑给巴尔（Zanzibar，今属坦桑尼亚），并强制其使用英语；法国管理科摩罗和

---

① 数据来自 Study Country 网，https：//www. studycountry. com/guide/KM - language. htm，2022年2月1日。

② 数据来源于各国语言规划网，http：//www. axl. cefan. ulaval. ca/afrique/comores. htm，2022年2月1日。

③ 数据来源于各国语言规划网，http：//www. axl. cefan. ulaval. ca/afrique/comores. htm，2022年2月1日。

马达加斯加，并强制其使用法语。[①] 法语被引入科摩罗并基本取代了阿拉伯语在除宗教以外诸多领域的官方语言地位。

法国统治时期，科摩罗实行严格的单语政策（Schlaak，2013）。科摩罗的教育制度也基本遵照法国模式，以法语为教学语言，师生在学校禁止说科摩罗语，一旦被发现使用科摩罗语就会受到严厉惩罚（Bakar，1988）。学校教育完全否认科摩罗文化与历史的存在，在中小学期间学生从未学习与科摩罗生活方式、传统或历史有关的任何知识。严格的殖民教育使学生被法国文化强烈影响，使其难以找到任何身份的象征来抵抗侵略性的殖民者文化（Bakar，1988）。科摩罗民众逐渐意识到殖民教育的危害。1968 年 2 月发生了科摩罗历史上第一次也是最大一次学生反对殖民教育的罢课运动，停课三四个月。

除了教育领域，司法、行政等领域也均要求使用法语，人们在日常生活交流中也开始使用法语。当时，所有的公示语（如招聘广告）必须使用法语。任何岗位的应聘，即使是一个警卫岗位，都规定必须用法语申请。在全国各地的安全检查点，人们必须用法语与官员交流，甚至简单的算术问题也需要用法语来表达。然而，法语是至少 80% 的人口未掌握的语言，这意味着当时绝大部分科摩罗成年人被社会排除在外。[②]

无论是在苏丹统治时期还是法国殖民统治时期，科摩罗语都没有任何地位，得不到官方认可。法国殖民统治时期，以法语主导的语言政策长期压制科摩罗民族语言的发展，造成了科摩罗的民族文化身份认同问题。

2. 科摩罗共和国时期（1975~1978 年）

1975 年科摩罗独立，初期政局非常不稳定。首任总统艾哈迈德·阿卜杜拉（Ahmed Abdallah）上任不到一个月就被阿里·萨利赫（Ali Soilih）发动政变推翻。阿里·萨利赫执政后急于切断与殖民国家之间的联系，科摩罗语作为主体民族的语言第一次迎来重大发展机遇。实际上，科摩罗独立进程起始之际，科摩罗语就受到了重视。1974 年，科摩罗在关于领土独立的议会上首次使用科摩罗语进行讨论，并且代表们通过了一项修正案，规定 1974 年 12 月 22 日全民公投的选举文件应以科摩罗文书写，法律文本

---

① 资料来源于各国语言规划网，http://www.axl.cefan.ulaval.ca/afrique/comores.htm，2022 年 2 月 1 日。

② 数据来源于 Mwezi Net 网，http://www.comores-online.com/mwezinet/langue/langue.htm，2022 年 2 月 1 日。

和选票也要用法文和“最常用的本土语言”书写。由于大科摩罗岛人口最多，因此最终选用大科摩罗文书写（Chamanga & Gueunier，1977）。1977年萨利赫执政期间曾颁布的一部基本法也由大科摩罗文写成。尽管这部基本法并未确定官方语言，但在民族独立初期，人们拒绝殖民遗产，推崇民族文化，科摩罗语显然成为最重要的语言（Soihili，2011）。阿里·萨利赫总统表明：科摩罗语有能力成为一个像阿拉伯语或法语一样良好的工作工具和教育工具。如果忽视这一点，科摩罗将长期面临身份危机，这将对社会文化甚至经济发展产生持久的影响。[①]

3. 科摩罗伊斯兰联邦共和国时期（1978~2001 年）

1978 年 5 月，阿里·萨利赫在法国雇佣军所支持的政变中被推翻，科摩罗改国名为科摩罗伊斯兰联邦共和国，艾哈迈德·阿卜杜拉依靠法国支持担任总统。阿卜杜拉大量吸收法国人参加科摩罗政府并担任要职，与法国签订一系列合作协定。科摩罗伊斯兰联邦共和国的成立使得一切都重新洗牌，教育制度、语言政策再次回归到殖民统治时期的法国模式，法语重新占领语言地位的制高点。1978 年颁布的宪法第 2 条规定：科摩罗的官方语言是法语和阿拉伯语。[②] 科摩罗语再次沦为“背景语”。4 年后艾哈迈德·阿卜杜拉被暗杀，萨利赫的哥哥赛义德·穆罕默德·乔哈尔（Said Mohamed Djohar）出任总统。乔哈尔在任期间，于 1992 年 6 月颁布新宪法，其中第 2 条规定科摩罗的官方语言为科摩罗语、法语和阿拉伯语。[③] 这是在宪法中首次确定科摩罗语的官方地位，并且将其排在了首要位置。在该宪法颁布 3 年后，乔哈尔被迫下台，此后两任总统任期也未超过两年。动荡的政治社会背景下，语言政策的稳定性和持续性往往难以保障。

4. 科摩罗联盟时期（2001 年至今）

经过将近十年的分裂与动荡，2001 年 12 月科摩罗通过新宪法草案，成立科摩罗联盟。新宪法第 1 条规定：科摩罗联盟的官方语言是科摩罗语、法语和阿拉伯语。但事实上三者地位并不平等。最重要的是法语，其次是

---

① 资料来源于 Mwezi Net 网，http：//www. comores - online. com/mwezinet/langue/langue. htm，2022 年 2 月 1 日。

② 资料来源于 Jean - Pierre Maury 数字图书馆，https：//mjp. univ - perp. fr/constit/km1978. htm，2022 年 2 月 1 日。

③ 资料来源于 Jean - Pierre Maury 数字图书馆，https：//mjp. univ - perp. fr/constit/km1992. htm，2022 年 2 月 1 日。

科摩罗语，最后是阿拉伯语。[①]

在司法和行政领域，法语极其重要，尤其是在书面材料中，而科摩罗语仅起到辅助功能，阿拉伯语则不太重要。科摩罗 2001 年颁布的《民事诉讼法》规定：在司法领域使用的语言可以是法语或科摩罗语。在教育领域，学前教育阶段将科摩罗语和阿拉伯语作为主要教学语言，从小学开始法语是主要教学语言，并且使用法语教材，教学语言的转变在一定程度上阻碍了学生学习阅读与写作。此外，很多老师并没有能力完全用法语授课。因此在课堂上，老师不得不经常违反教学规定，使用科摩罗语（Lacoste & Leignel，2016）。

科摩罗语越来越被视为国家发展的重要内在因素，而使用这种语言的方式仍有待商榷。目前的语言政策有两个主要目标：一是促进国家主要语言——科摩罗语的发展；二是为知识传递的语言——法语的发展寻求支持。同时，更好地考虑阿拉伯语的潜力，特别是在学前教育领域（Chauvet，2015）。

表 1 呈现了科摩罗 3 种官方语言地位的变迁情况，其中带星号的，意味着该语言在该阶段居于优势地位。

表 1　科摩罗官方语言使用领域变迁情况

	科摩罗语	法语	阿拉伯语
法国殖民统治前（1841 年以前）	日常交流	暂不清楚	★宗教、行政、教育
法国殖民统治时期（1841～1975 年）	限日常交流	★司法、教育、行政	宗教、学前教育
科摩罗共和国时期（1975～1978 年）	★司法、教育、日常交流	暂不清楚	宗教、学前教育
科摩罗伊斯兰联邦共和国时期（1978～2001 年）	限日常交流	★司法、教育、行政	宗教、学前教育
科摩罗联盟时期（2001 年至今）	日常交流、学前教育、司法与行政（辅助）	★司法、教育、行政	宗教、学前教育

---

① Habari Za Comores，2018，Polique et amenagement linguistique aux Comoros：Quels enjeux pour l'emergence du pays，https：//www.habarizacomores.com/2018/01/politique－et－amenagement－linguistique.html，2022 年 2 月 1 日。

由表 1 可见，科摩罗语尽管经历了数次冷落，但使用领域逐渐扩大，地位不断提升。

（二）不同领域的语言管理

Jernudd 和 Neustupny（1987）首次将“语言管理”作为理论引入社会语言学与语言规划领域，并认为语言管理的关键是确定和解决语言问题。语言管理研究也应以当下实际问题为中心，否则就没有价值。语言管理涉及范围非常广，包括宏观、中观、微观 3 个层次（魏晖，2018）。综观科摩罗语言政策与语言状况的变革，民族语言科摩罗语和殖民语言法语长期存在竞争关系，如何提升民族语言的地位是当前科摩罗面临的重要语言问题。科摩罗在不同领域针对科摩罗语的语言管理情况如下。

1. 行政与司法领域

由于政治等因素的影响，科摩罗民族语言在行政和司法领域的官方地位长期缺失。1984 年颁布的关于民事登记第 84－10 号法律第 16 条规定：民事登记应当以一种官方语言（法文、阿拉伯文）书写。2001 年颁布的宪法使科摩罗语的整体地位得到提升。在司法领域，科摩罗语的功能性也得以提升。2001 年颁布的《民事诉讼法》第 749 条则规定：在法官允许的情况下，当事人及其辩护人可以用科摩罗语或法语提问，或翻译成科摩罗语或法语。[①]

在公共领域，科摩罗语在与普通民众沟通交流方面发挥重要功能，但在书面材料方面功能性依然十分薄弱。2015 年颁布的关于村长和社区负责人第 15－030/PR 号法令第 4 条规定：村长或社区负责人必须了解如何使用民族语言或者一种官方语言进行阅读和书写。2015 年颁布的关于许可证、申报和批准制度的第 15－093/PR 号法令第 9 条规定：任何希望向公众提供电子通信服务的法律实体都必须向国家信息和通信技术监管局（National Regulation Authority of Information and Communications Technology，NRAICT）提交 4 份用法文书写的声明。[②]

---

① 资料来源于各国语言规划网，http://www.axl.cefan.ulaval.ca/afrique/comores.htm，2022 年 2 月 1 日。

② 资料来源于各国语言规划网，http://www.axl.cefan.ulaval.ca/afrique/comores.htm，2022 年 2 月 1 日。

2. 教育领域

科摩罗语的教育管理主要指通过学校教育和扫盲运动扩大科摩罗语言文字在国内的使用。科摩罗的古兰经学校是儿童社会化的一个重要环节。传统的古兰经学校以阿拉伯语为主要教学用语。科摩罗政府逐渐意识到在学前教育阶段学习科摩罗语的重要性，因此尝试对学前教育进行革新。1994 年颁布的《教育法》第 11 条规定：学前教育，特别是第一年主要教授母语，从而使学生为接受小学教育做好准备。2014 年《教育指导法》的颁布标志着革新古兰经学校项目正式生效，"在学前教育中将科摩罗语作为教学媒介语"是该项目的重要内容之一。自此，一些试点小学开始实施这一项目，为学前教育提供教室与小学教师。2014 年开学时，大约 130 所公立小学开设了 198 个实验班，接纳了大约 25% 的 4 ~5 岁儿童（Lacoste & Leignel，2016）。

科摩罗的教育结构以及教育语言政策主要是在法国殖民时期的框架结构上建立起来的，因此科摩罗在中小学教育、高等教育阶段依然将法语视为最主要的教学语言，科摩罗语被边缘化。根据 1994 年颁布的第 94 - 035/AF 号教育法第 8 条，在小学、初中、高中和高等教育中提供法语或阿拉伯语的教学，不用于教学的语言必须作为第一种生活语言教授，科摩罗语可以在教育系统中教授，并在某些学科中使用。由于缺乏合格的教师和教学材料，引入科摩罗语作为教学媒介语受到了阻碍。为此，科摩罗政府制定了一个于 2009 年开始实施的四年培训计划。该计划为教师、教育顾问开设讲习班，提高人们对科摩罗语结构的认识，以便更好地教授该语言，并着力于编写和改进教学材料。

民族扫盲运动也是科摩罗语言习得规划中的一个重要方面。早在阿里·萨利赫执政期间，他就发起了一场大规模的全国性扫盲运动。大部分文盲农民，甚至高级政府官员都被送回教室，学习科摩罗语阅读和写作（Nabwa，1980）。进入 21 世纪以来，扫盲运动和民族语言的学习更加规范化，这一领域的工作比学校的工作更具创新性、更具活力。2013 年颁布的第 13 - 053/PR 号法令规定：在教育局内建立扫盲和语言促进部门（la Direction générale de l'alphabétisation et de la promotion des langue）。该部门由科摩罗政府创建，旨在降低文盲率，保护国家语言资源并提高其价值。它的主要任务有：其一，制定和实施语言管理与教育政策；其二，为语言教学创造条件，特别是三种官方语言和英语；其三，与国家教育总局（l'Inspection générale de l'Éducation nationale）以及教育政策与方案总局（la

Direction générale de la politique et des programmes d’enseignement）合作，启用和协调语言教学大纲，并确保这些方案得到有效执行；其四，协调和支持语言的教学和学习活动，特别是科摩罗语、法语、阿拉伯语和英语。2014 年颁布的《继续教育和职业培训》第 17 条规定：学习民族语言和扫盲运动是终身职业培训的一部分，州、地方当局、公共机构、公立和私立学校、协会、专业组织、工会和社区组织以及公司都需为此做出贡献。

3. 语言学领域

由于科摩罗语缺乏统一的文字形式，因此针对科摩罗语本身的形式与结构开展的管理活动也十分重要。科摩罗语本体管理主要体现在修订正字法、编撰现代词汇清单方面，这使其进一步规范化、标准化，以更好地发挥社会功能。

科摩罗语以阿拉伯文为基础的书写系统有着悠久历史，20 世纪 60 年代几乎所有科摩罗人都会使用阿拉伯文记写科摩罗语。关于是否支持科摩罗独立的全民投票法案的大科摩罗语版就以阿拉伯文发布，该经验进一步鼓励当地将以阿拉伯文字为基础的书写系统标准化。在 20 世纪殖民统治时期，以法文为基础的书写系统被引入，在法式学校受过教育的人倾向于用法文来记写科摩罗语（Ottenheimer，2001）。

独立后，科摩罗的年轻知识分子认为科摩罗语应该有与非洲其他独立国家类似的正字法，这体现了科摩罗人摆脱法国殖民影响的渴望。因此两种以拉丁文字为基础的正字法被提出。一种由当时的新总统阿里·萨利赫提出，他还着手编制了一份行政、政治和外交现代词汇清单。另一种正字法由当地语言学家穆罕默德·艾哈迈德·查曼加（Mohamed Ahmed Chamanga）提出。然而这两种正字法随着 1978 年阿里·萨利赫的废黜而被废弃，它们都因太新或者太难而不被大众所接受。因此，科摩罗独立并没有立即促成基于拉丁文字的正字法诞生（Ottenheimer，2012）。

1982 年，科摩罗政府组织进行了一项开发以拉丁文字为基础的正字法的语言研究工作。莫伊纳查·谢赫（Moinaecha Cheikh）于 1986 年编写的正字法在操大科摩罗语者中广为应用，至今仍在国家官方报纸《祖国报》的科摩罗语版面中使用。但该正字法并没有被说昂儒昂语者接受，可能因为操大科摩罗语和昂儒昂语的人之间仍然存在很深的种族、历史和政治分歧。

可见，语言本体管理不仅需要考虑语言本体的特征，还需要考虑更为深远繁复的历史、文化以及民族认同等一系列问题。跨入 21 世纪后，科摩罗的语言学家和民族志学家依然在努力解决科摩罗语标准化、识字和词典编纂等问题。

（三）科摩罗语发展困境分析

目前科摩罗语言管理效果并不乐观。虽然法律规定要在某些领域使用科摩罗语，但没有得到有效执行。科摩罗语的发展面临困境，而造成这一困境的主要原因在于强势的殖民遗留语言、经济与教育水平落后以及文字统一与政治分化问题等。

1. 强势的殖民遗留语言

科摩罗独立后并未切断与法国的联系，并且很大程度上保留了法国教育制度。法语成为科摩罗人接受高等教育、寻求优质工作、步入精英阶层的通行证。人们学习法语的态度发生了从被动到主动的转变。

Cassen（2008）认为，一种语言可以通过实力竞争（power struggle）取代另一种语言，而不一定凭借人口优势（转引自 Mohamed，2017）。科摩罗群岛正面临着这样的情况，仅少部分科摩罗人尤其是社会上层人士掌握的法语压制着通用民族语言科摩罗语的发展。其主要原因在于相较于科摩罗语，法语具有压倒性的语言地位和影响力。法语是除英语以外，唯一在全球五大洲都有国家和地区使用的语言，大约有 1.3 亿人以法语为母语或第二语言。[①] 法语还是联合国的官方语言之一，大部分文件先由法语起草。此外，法语承载着悠久的历史、丰富的文化内涵。科摩罗现代社会的发展对作为殖民遗产的法语产生了依赖性。

2. 经济与教育水平落后

科摩罗是联合国公布的世界上最不发达的国家之一。独立以来为发展基础建设，科摩罗用于交通运输方面的投资占全部经济建设资金的一半以上，因此政府难以为语言文字的变革与推广以及教育事业的发展给予充足的资金支持。科摩罗从基础教育到职业教育、高等教育都面临着师资、教材严重匮乏的问题。在 2015 年第四季度，教学人员由于薪金发放延误频繁

---

① RFI，2017，Et le monde parlera français，plaidoyer décomplexé pour la Francophonie，https：//www. rfi. fr/fr/hebdo/20170721 - livre - francais - francophonie - pilhion - poletti - anglais - francophone，2022 年 2 月 1 日。

罢工。[①] 根据联合国儿童基金会（UNICEF）于2019年11月公布的数据，科摩罗入学率较低，辍学率和留级率较高（见表2）。15～24岁的青少年识字率为72%，成年人识字率为59%。[②] 2019年科摩罗学生在校的平均年数只有7年。[③] 受教育水平低下严重阻碍了民众对科摩罗语言文字的学习。

表2　2019年科摩罗学生入学率与辍学率

单位：%

学习阶段	入学率	辍学率
小　学	84	15
初　中	48	30
高　中	27	56

科摩罗凭一己之力快速提高经济水平是较为困难的。在此现状下，制定语言政策时需要考虑其实际经济能力与教育情况，注意政策的适用性和可操作性，正确把握和对待每一种官方语言的地位与作用，提出有助于遏制辍学现象、改善教育情况的语言政策，避免语言政策沦为一纸空文。

3. 文字统一与政治分化问题

尽管多个科摩罗语正字法相继面世，但目前依然缺乏一个稳定的书写系统。《古兰经学前教育最低限度方案》（*le Paquet minimum pour l'enseignement préélementaire coranique*）强调：2007年，科摩罗语尚未实现规范化标准化，难以有效使用。Walker（2007）认为，宪法规定科摩罗语是民族语言实际上是一种误导，因为科摩罗语没有公认的正字法，这与社会文化的统一恰恰相反，未能起到巩固身份的作用。科摩罗语的标准化对提高其功能与地位具有重要现实意义。然而，四种语言变体共存不仅在语言本体上提高了标准化的难度，也影响着四个岛屿的政治观念与意识形态。

在科摩罗，尤其在马约特，科摩罗语的选择在一定程度上反映了人们的政治观念与倾向。2011年通过全民公投，马约特以95.2%的支持率升级

① Economies Africaines, 2016, L'éducation et la Santé des Comores, http: //www.economiesafricaines.com/les-territoires/comores/les-ressources-humaines/education-et-la-sante-comores, 2020年3月2日。

② 数据来源于联合国儿童基金会官网，https: //data.unicef.org/country/com/，2022年2月1日。

③ 数据来源于Study Country网，https: //www.studycountry.com/guide/KM-education.htm，2022年2月1日。

为法国海外省。法语是当地唯一的官方语言，政府机构和学校中只允许使用法语（王吉会，2019）。马约特民众在科摩罗语和法语之间做出的选择，也反映了他们对自我身份的选择以及政治倾向。

马约特民众政治与语言的选择，也影响着其他岛屿民众的观念与倾向。在一些地区，人们认为科摩罗语不是一种语言，而是一种用来增强民族凝聚力的政治工具。并且，在语言变体之间选择哪一种作为标准语也具有超越语言本身的政治含义，可能引发更深的政治分歧与争论。科摩罗民族语言政策的制定与落实，需要与民族统一的方向、群岛民众的认同及政治局势的需求相适应。

四　总结和展望

由于政治、经济与宗教等因素，科摩罗语言状况与语言管理的历史发展呈现一种曲线的变化形式，民族语言与外来语言之间存在此消彼长的局面。在不同的历史时期，阿拉伯语、法语、科摩罗语都曾占据显著的主导地位。苏丹统治时期，阿拉伯语是主要的行政、教育和宗教语言。法国殖民时期，法语基本取代了阿拉伯语除宗教以外诸多领域的地位。无论是在苏丹统治时期还是在法国殖民时期，科摩罗语都没有任何地位，得不到官方认可。直到20世纪末，科摩罗语才取得官方地位。目前三种语言虽并驾齐驱，但实则难以平等：法语地位最高，特别是在书面文件中，其次是科摩罗语，最后是阿拉伯语。三种官方语言也具有不同的社会功能：法语具有司法、行政和教育领域的官方职能，尤其在撰写法律、行政声明时，具有不可代替的地位；科摩罗语则主要在家庭生活和非正式沟通中使用，在部分正式场合起到辅助作用；阿拉伯语主要用于理解《古兰经》以及伊斯兰教教义，除此之外也用于与伊斯兰世界的贸易往来。

科摩罗政府逐渐意识到民族语言的缺失将使公民长期面临身份危机，并持续地影响社会发展。目前，造成科摩罗语发展困境的主要原因有：第一，法国文化深刻影响着科摩罗，殖民遗留语言法语十分强势；第二，教育财政投入有限，公民受教育水平较低；第三，科摩罗语缺乏广为接受的正字法，岛屿之间的政治分歧进一步反映为对语言的选择。

为实现“2030新兴国家”战略“铺路搭桥”，需要结合科摩罗的历史与现状，最大限度地发挥三种官方语言的优势。作为民族通用语言的科摩罗语应当在统一书写系统的前提下，承担起主要的社会功能，实现与法语的互补。例如在整个中小学教育阶段与法语保持在同等地位。相比于科摩罗语，阿拉伯语和法语更加标准化、规范化、现代化，具有广泛应用的语言基础。科摩罗语有将近 33% 的词汇来自阿拉伯语，[①] 因此可以借助阿拉伯语帮助儿童学习科摩罗语。而法语的最佳角色是从一种殖民遗产转变为帮助科摩罗与整个法语世界建立交流合作的工具与渠道。

科摩罗的汉语教育已取得一定成效，但发展规模有限，也存在一些不足。张珍华等（2019）对 31 名科摩罗汉语学习者的汉语需求进行调查发现，“感兴趣”和“了解中国”是其学习汉语的主要目的，然后才是“工作”“资格证书”。特色文化课程虽能提升学习兴趣，但对学习者的就业没有直接帮助，建议与当地的中资企业开展更多合作，提升当地汉语的实质性功能。在师资建设方面，存在教师数量不足、质量参差不齐的问题，并且外派教师志愿者流动性较高，难以实现可持续发展。应多培训本土教师，储备教师力量，同时为当地居民提供就业机会，使学习汉语更受欢迎。

参考文献

[1] 马晓霖、马涛，2018，《举步维艰的科摩罗新闻传播业》，《对外传播》第 11 期，第 71～74 页。

[2] 王吉会，2019，《从马约特移民问题的困局看法国的海外领地战略危机》，《法国研究》第 3 期，第 16～25 页。

[3] 魏晖，2018，《试论语言管理及语言管理研究》，《语言科学》第 1 期，第 57～68 页。

[4] 张珍华、张亚男、李枫，2019，《环印度洋非洲岛国科摩罗汉语学习者汉语需求分析》，《北极光》第 5 期，第 130～131 页。

[5] 朱献珑、朱丹、叶林，2021，《科摩罗》，社会科学文献出版社。

[6] Bakar, A. S. (1988). Small Island Systems: A Case Study of the Comoro Islands. *Comparative Education*, *24* (2), 181－191.

[7] Cassen B. (2008). La langue, Cette Arme de Domination. *Manière de Voir: La Bataille des Langues*, *Le Monde Diplomatique*, *02* (97), 100. Retrieved February 01, 2022, From Website: https://www.monde－diplomatique.fr/mav/97/CASSEN/15551.

---

① Habari Za Comores, 2018, Polique et amenagement linguistique aux Comoros: Quels enjeux pour l'emergence du pays, https://www.habarizacomores.com/2018/01/politique－et－amenagement－linguistique.html，2022 年 2 月 1 日。

[8] Chamanga, M. A., & Gueunier, N. J. (1977). Recherches sur L'instrumentalisation du Comorien: Problèmes D'adaptation Lexicale (D'après la Version Comorienne de la loi du 23 novembre 1974) (Instrumenting Comorian: Problems of Lexical Adaptation). *Cahiers d'etudes Africaines*, 213 - 239.

[9] Chauvet, A. (2015). Statuts des Langues et Éducation de Base Aux Comores. *Revue Internationale D'éducation de Sèvres*, (70), 77 - 84.

[10] Jernudd, B. H., & Neustupný, J. V. (1987). Language Planning: For Whom. *Proceedings of the International Colloquium on Language Planning*, 69 - 84. Université Laval.

[11] Lacoste, P., & Leignel, L. (2016). L'éducation aux Comores. *Revue Tiers Monde*, (3), 197 - 221.

[12] Lafon, M. et al. (1988). Projet D'orthographe Pratique du Comorien. *Études Océan Indien*, *9*, 7 - 33.

[13] Mohamed, O. (2017). La Situation Sociolinguistique des Comores: Enjeux et Défis Pour le Développement de L'archipel. PhD Thesis, Université du Québec en Outaouais.

[14] Nabwa, A. (1980). Media Problems in the Comoros. *Index on Censorship*, *9* (2), 33 - 37.

[15] Ottenheimer, H. J. (2001). Spelling Shinzwani: Dictionary Construction and Orthographic Choice in the Comoro Islands. *Written Language & Literacy*, *4* (1), 15 - 29.

[16] Ottenheimer, H. J. (2012). Ideology and Orthography. Dictionary Construction and Spelling Choice in the Comoro Islands. *Études ocean Indien*, (48), 1 - 11.

[17] Schlaak, C. (2013). *Island Language Policy and regional identity east of Africa.* Retrieved February 01, 2022, From Website: https://publishup.uni-potsdam.de/opus4-ubp/frontdoor/deliver/index/docId/6164/file/contribution_schlaak.pdf.

[18] Soihili S. (2011). The French Language in the Comoros Archipelago: Status, Uses and Practices of the Language. In F. Laroussi & F. Liénard (eds.). *Plurilingualism, Linguistic Policy and Education: What Insights for Mayotte?* University Presses of Rouen and Le Havre.

[19] Walker, I. (2007). What Came First, the Nation or the state? Political Process in the Comoro Islands. *Africa*, 77 (4), 582 - 605.

卢旺达*

一　国家概况

卢旺达共和国（The Republic of Rwanda）位于非洲中东部，南界布隆迪，东连坦桑尼亚，西与西北和刚果（金）为邻，北与乌干达接壤，面积26338平方公里，[①] 素有“千山之国”和“长青之国”的美誉，是一个青山连绵、四季如春的非洲内陆国家，也是非洲大陆的旅游胜地之一。

15世纪以前，一个图西王族的国王吉朗加建立了卢旺达第一个王朝“尼吉尼亚王朝”，完成了卢旺达从“无国家状态”向王权的转变。15世纪，图西族建立了君主制的封建王国。19世纪后半叶，卢旺达王国到达了全盛时期。19世纪下半叶，英国、德国和比利时殖民者相继入侵卢旺达，1890年卢旺达沦为“德属东非保护地”。“一战”德国战败，1925年卢旺达成为比利时的委任统治地，殖民者扶持图西族，对人民实行残酷压迫。“二战”后，联合国大会将卢旺达交给比利时“托管”，胡图族上层势力逐渐成为新兴的社会力量。1961年图西族王室统治被推翻，卢旺达宣布成立共和国，正式废除了君主政体。1962年7月1日卢旺达宣布独立，成立共和国。1973年7月5日，成立第二共和国。1990年10月，侨居乌干达的图西族难民组成的卢旺达爱国阵线（Rwandan Patriotic Front，简称“爱阵”）与胡图族政府军爆发激烈战斗，引发内战。1992年4月6日组成多党联合政府。1993年8月4日宣告结束内战。但好景不长，1994年4月6日，爆发了震惊国际社会的“种族大屠杀”，内战再度爆发。同年7月19日爱阵夺取政权后，政局逐渐稳定。2000年4月，爱阵领导人保罗·卡加

---

* ［作者简介］李洁麟，博士，暨南大学华文学院助理研究员。研究方向：语言政策与语言规划、华文教育。

① 数据来源：中华人民共和国外交部网站，“卢旺达国家概况”，https：//www.fmprc.gov.cn/web/gjhdq_ 676201/gj_ 676203/fz_ 677316/1206_ 678068/1206x0_ 678070/。

梅被推举为总统，成为卢旺达独立以来首位图西族国家元首。2003 年 5 月全民公决通过新宪法，确立实行半总统制；同年 8 月 25 日，举行 1994 年以来首次多党总统大选，卡加梅正式当选总统；10 月组成多党联合政府。此后的 2010 年和 2017 年，卡加梅继续连任总统。当前，卢旺达实行多党制和立法、行政、司法三权分立制度。目前卢旺达政党共 11 个，执政党是爱阵。卢旺达奉行和平、中立和不结盟外交政策。1971 年 11 月 12 日，中卢正式建交。近年来，中卢经贸合作发展势头良好，中国是卢旺达第三大进口来源地，两国在“一带一路”框架下开展合作的前景广阔。

卢旺达是个落后的农牧业国家，是联合国公布的世界最不发达国家之一，经济以农牧业为主，农业是国民经济的基础。1994 年“种族大屠杀”使卢旺达经济彻底崩溃。在国际社会的帮助下，卢旺达经济才逐步恢复好转。1998 年，卢旺达制定了拟在 2020 年进入中等收入国家行列的“2020 愿景”发展规划，加快发展现代农业，大力发展信息产业和会展经济。近年来，卢旺达经济快速发展，2020 年营商环境全球排名第 38 位，[①] 在非洲国家中仅次于毛里求斯，实现了工业化的快速发展，成为一个发展中国家。

截至 2021 年，卢旺达人口共 12952209 人，[②] 是世界上人口密度最高的国家之一，绝大部分人口居住在农村。居民分三个族群：属于俾格米人种的特瓦族（Twa），[③] 占总人口约 1%；属于班图语系、班图尼格罗人种的胡图族（Hutu），占总人口约 85%；属于哈莫语系、苏丹尼格罗人种的图西族（Tutsi），占总人口约 14%。[④] 1994 年爆发“种族大屠杀”后，为增强国家凝聚力，政府倡导民族和解，卢旺达不再区分民族，统一称为“卢旺达人”。[⑤] 卢旺达居民 56.5% 信奉天主教，26% 信奉基督教新教，4.6% 信奉伊斯兰教，1.7% 无任何宗教信仰，0.1% 为原始宗教信徒，另有少量

---

① 数据来源：World Bank Group. 2019. *Ding Business* 2020：*Comparing Business Regulation in* 190 *Economies*：4。

② 数据来源：World Bank Group. 2020. Rwanda Population，total. https：//data. worldbank. org/indicator/SP. POP. TOTL? locations = RW。

③ 特瓦族是卢旺达最古老的民族，亦为赤道非洲最著名的俾格米群体之一。

④ 数据来源：商务部国际贸易经济合作研究院、中国驻卢旺达大使馆经济商务处、商务部对外投资和经济合作司，2020，《对外投资合作国别（地区）指南：卢旺达（2020 年版）》，第 12 页。

⑤ 1994 年大屠杀后，卢旺达政府除在表述大屠杀时明确限定该大屠杀针对图西人外，不再区分民族，统一称为“卢旺达人”。

的巴哈教徒。[①]

二　语言使用状况

（一）宪法或其他法律中对语言使用的规定

1890 年至 1962 年，卢旺达经历了长达 72 年的比利时殖民时期，殖民者将法语作为卢旺达的官方语言。1962 年独立后，卢旺达成为法语国家国际组织的成员国（La Francophonie），继续沿用殖民时期的语言政策和具体做法，采用宪法的形式确定卢旺达语为国语，法语为官方语言。1994 年爆发的惨绝人寰的“种族大屠杀”是卢旺达国家和社会的重大转折点，国家语言规划及其相关政策也随着政治局势的变幻而发生转折性的改变。以下介绍当前卢旺达的宏观语言立法情况。

《卢旺达共和国宪法》（2015 年宪法修正案）（*Rwanda - Constitution of the Republic of Rwanda*）。[②] 1962 年 11 月 24 日，卢旺达颁布了共和国第一部宪法，基本沿用殖民时期的语言政策。1978 年 12 月，经公民投票通过第二部宪法。1991 年 5 月 30 日，国民发展议会审议通过了第三部宪法。这三部宪法均立法规定国家语言为卢旺达语，官方语言为卢旺达语和法语；卢旺达语是具有国家统一功能的国语。1994 年“种族大屠杀”后，新政府重建国家，2003 年 5 月 26 日，全民公决通过新宪法。此后，该宪法分别于 2005 年、2008 年、2010 年和 2015 年进行修订。2015 年的宪法修正案共十二章一百七十七条，其中关于语言的条款如下。

> 序言：“卢旺达拥有同一个国家、同一种语言、同一种文化，以及同一段漫长的历史，这使得卢旺达团结一致，休戚与共。”
>
> 第八条：“国家语言和官方语言：国语是基尼亚卢旺达语。官方语言是基尼亚卢旺达语、英语和法语。组织法可以增加或删除一种官方语言。官方文件可以是一种、两种或全部官方语言。”
>
> 第十六条：“保护不受歧视：公民生来享有自由、平等的权利和

---

① 数据来源：商务部国际贸易经济合作研究院、中国驻卢旺达大使馆经济商务处、商务部对外投资和经济合作司，2020，《对外投资合作国别（地区）指南：卢旺达（2020 年版）》，第 12 页。

② 资料来源：*Constitution. Rwanda* 2003（*rev.* 2015），https：//www. constituteproject. org/constitution/Rwanda_ 2015? lang = en。

> 义务。基于种族、部落、氏族、肤色、性别、地区、社会出身、宗教或信仰、观点、经济地位、文化、语言、社会地位、身体或精神残疾，或任何其他形式的歧视将受法律禁止和惩罚。”
>
> 第九十六条：“法律的权威解释：最高法院拥有法律的权威解释权。议会或律师协会可要求对法律作出权威解释。任何利害关系人可以通过律师协会要求对法律作出权威解释。如在官方公报上公布的法律所使用的语言有冲突，应以通过该法律的语言文本为准。”

此外，该宪法第一百三十九条规定，国家成立卢旺达语言文化学院（Rwanda Language and Culture Academy）。[①] 第八条强调：“组织法可以增加或删除一种官方语言。”此后，2017 年 2 月，为深度融入东非共同体区域一体化，卢旺达议会通过组织法，以卢旺达政府公报的形式，确立斯瓦希里语为卢旺达继基尼亚卢旺达语、英语和法语之后的第四种官方语言。[②]

《卢旺达教育法》（*Education Sector Policy*，2003）。[③] 2003 年，卢旺达教育部颁布了《卢旺达教育法》，这是奠定当前卢旺达教育系统及其国家教育发展基础的重要法律，其关于语言教育的规定如下。

> 第三章第九条：“基于国家经济、社会和政治公平，卢旺达采用多语制。除了母语基尼亚卢旺达语外，所有学校从小学四年级开始将法语和英语作为教学语言和课程科目，这三种语言的教育贯穿于小学到大学的整个教育系统。”
>
> 第五章第八条：“学校继续提供基尼亚卢旺达语、法语和英语的教育：基尼亚卢旺达语作为教学语言使用。所有公立和私立初级小学都应将英语和法语作为课程科目教授，小学高年级和中学阶段则应将其作为教学语言。大专应以法语或英语授课。这项政策也应在高中、教师培训

---

① 关于卢旺达语言文化学院的情况，详见本文三（二）。

② 资料来源：*Organic Law N°02/2017/OL of 20/04/2017 Establishing Kiswahilias an Official-Language*. https：//www. rlrc. gov. rw/fileadmin/user_ upload/Laws3/1. _ Fundamental/1. 1 _ National_ Instruments/1. 1. 7. _ Official_ Languages/1. 1. 7. 2. _ Kiswahili_ official_ language_ Law_ n_ 02_ of_ 2017. pdf。

③ 资料来源：Republic of Rwandaministry of Education，Science，Technology and Scientific Research P. O. BOX 622 KIGALI. *Education Sector Policy*（*Edited*：09/08/2003）. https：//www. mineduc. gov. rw/fileadmin/user _ upload/Mineduc/Publications/POLICIES/Education _ Policy. pdf。

> 中心、技术和职业学校等中推行。基尼亚卢旺达语应该在高等院校的教育中得到重视。”“鼓励使用斯瓦希里语，它是卢旺达的一种主要语言。”“鼓励学校使用斯瓦希里语，使其成为学生学习的一个语言科目。”

这是卢旺达实施多语教育政策的立法依据。结合卢旺达当时的语言教育状况，该法同时指出：从小学开始教授三种语言将给教师、教材等带来较大的困难；该法颁布实施后，小学阶段可能仍将在一段时间内以两种语言授课，即以母语基尼亚卢旺达语配合法语，或者配合英语授课，因为大部分教师只能掌握一种国际语言，且主要是法语；整个卢旺达范围内，也缺乏语言及语言学方面的专家。

此后，随着卢旺达政府对英语的逐渐重视和强调，2008 年颁布的《卢旺达高等教育法》（*Higher Education Policy*，2008）不再提及法语教育，其政策目标中规定：“学生将接受公民意识培训，参与社区服务，并掌握基尼亚卢旺达语和英语双语，以满足国家劳动力市场的需求。”

此外，2008 年 10 月 8 日，卢旺达内阁发布了一项关于语言使用的声明（Statement on Cabinet Resolutions of 8 October，2008），该声明由卢旺达总理办公室负责人查尔斯·穆里甘德博士签署，并在 2009 年 1 月实施。声明中关于语言的规定如下。

> 为加强卢旺达在东非共同体中的作用，尤其提升卢旺达整体的国际水平，内阁要求：教育部长将在所有公共和政府资助的中小学及高等教育机构中实施一个有关使用英语的强化方案；公共服务和劳工部也计划实施一项帮助各级政府雇员（从高级官员开始）学习英语的计划。

2008 年的上述语言政策可谓一项重大改变，特别是从初等教育的一年级开始便使用英语作为教学用语，这意味着英语独大的局面已经冲击卢旺达的母语教育。此后多年，教育部亦未就这一重大变化发布任何正式文件或规定。

《教育组织决定法》（*Law of Determining the Organization of Education*，2021）。[①] 2021 年 8 月，卢旺达教育部通过官方公报特刊的方式颁布了

① 资料来源：*Official Gazette n° Special of* 18/02/2021 *of* 18/02/2021 *Law of Determining the Organisation of Education*，https：//www. mineduc. gov. rw/publications。

《教育组织决定法》，该法和其他官方公报的形式一样，以基尼亚卢旺达语、英语和法语三语公布，其中关于语言的条款如下。

> 第二十条："教学语言：教学语言是英语。卢旺达开展国际课程的教育机构可被授权以另一种语言进行教学。官方语言根据每个教育层次的课程设置作为一个科目教授。"
>
> 第四十六条："教师委员会的组成和职责：教师委员会由教育机构全体教师组成。（第五条职责）促进技术、教育机构教授的语言，尤其是教学语言的使用。"
>
> 第五十八条："中等教育：完成第一个普通教育周期的学生可以选择组合科学、人文和语言的各类课程。"

可见，从2021年8月开始，在英语作为卢旺达唯一教学语言的前提下，国际教育机构可在获得授权的情况下采用其他语言教学，同时开展官方语言的学习；学生进入中等教育后，可获得语言学习的选择权。

（二）国语或官方语言使用状况

理论上，官方语言具有平等的地位，但在实际的语言生活中，如国家执法机构、教育、大众传媒、民间社区等领域，四种语言的使用状况却有较大的不同。

1. 基尼亚卢旺达语

基尼亚卢旺达语属于班图语系，使用拉丁字母书写，与布隆迪和坦桑尼亚使用的基隆迪语十分相近，是卢旺达宪法规定的国家语言和官方语言。在卢旺达的使用者占比高达99.4%，几乎所有的卢旺达人都会说这一统一的民族语言，且49%的卢旺达人只会此种语言。由于卢旺达语的书写系统直到20世纪40年代才被确立，因而民众中卢旺达语的读写程度普遍较低，且高质量的卢旺达语课本和书籍不足，但其在卢旺达家庭和其他非正式领域中的地位和作用并没有因各时期国家对法语和英语的重视而受到语言地位的挑战。在现阶段的卢旺达教育领域，卢旺达语是初小阶段的主要教学语言，也是各教育层次的必修课。在官方领域，卢旺达语广泛使用于口头和书面交流，也是英语和法语使用者之间的媒介语；在地方的行政部门，在各类执法和司法机构中，无论是口头还是书面，官员和民众几乎只使用卢旺达语。在大众传媒领域，相关法律并未对新闻报道语言使用做出明确规定，卢旺达语占据主流媒体，在国家广播电台、卢旺达电视台、纸媒和出版物，以及其他私营传媒中占据语言主导地位。总之，卢旺达语是卢旺达社会大众语言的首选，是卢旺达全民族的统一母语，这是卢旺达语言生活及其管理中的一大特色，在多语的非洲国家是一个特例。

2. 法语

法语属于欧洲印欧语系罗曼语族的独立语言，是联合国、欧洲联盟等地区和国际组织的官方语言。从一战至今，法语一直是卢旺达各历史时期宪法规定的官方语言。1994 年之前，卢旺达已是法语国家组织成员国，1994 年“种族大屠杀”后，卢旺达与法国的政治对立加剧，法语在卢旺达各领域的地位逐渐式微。然而长时期由法语建立的语言社会基础并不可能由于某项国家政策而迅速改变，法语仍是卢旺达社会生活的主要语言之一，使用者占卢旺达人口的 3.9%，以班图族人口居多，且在具有较高读写能力的人口中使用更加广泛。当前，在教育领域，自 2008 年卢旺达宣布用英语取代法语成为各教育层级唯一的教学语言等一系列语言教育政策后，法语的法定地位已无法和英语相提并论，但其在应用层面仍发挥着较大的作用。在国家机构等行政领域，法语与英语的使用情况较为接近。在大众传媒和各类建筑及商业标识方面，使用法语的情况比较普遍，如常出现在双语或三语的广告和各类标识中。总之，虽然法语在卢旺达社会的使用及其影响力自 1994 年“种族大屠杀”之后逐渐减弱，但在首都基加利以外的其他城市和地区的社会语言生活中，其仍是除卢旺达语外民众常用的官方语言。

3. 英语

英语属于欧洲印欧语系下的西日耳曼语支，18 世纪后期通过英国殖民地和地缘政治统治地位得以在全球迅速传播，并逐步构建了其在全球商业、科技、外交、教育和艺术等领域中的语言地位。相较世界范围内的许多国家，卢旺达的英语传播起步较晚，英语真正开始快速进驻卢旺达始于 1994 年的“种族大屠杀”，新政府于 1996 年将英语列为官方语言，2003 年顺利将其写入宪法，同年进入教育法，规定从小学四年级开始的高小阶段到大学和法语一同作为教学语言和语言科目；2008 年取代法语成为教育领域内唯一的教学语言，同时要求各级公职人员必须学习英语。这一系列政策标志着英语在政府的倾向性支持下迅速走向卢旺达各领域中心，特别是在教育和官方行政领域的功能得到强制性提升。然而语言的全面普及和推广往往需要较长时间，尤其法语已在卢旺达长期扎根。卢旺达的英语使用者绝大多数是图西族人口，全国约 1.9% 的人口使用英语，社会上层精英领域的英语使用更为频繁。在官方领域，高级官员们大多讲英语，而大多数中下级官员、地方官员和普通百姓仍习惯使用法语和卢旺达语；首都基加利的英语环境较好，但在其他城市和地区，法语和卢旺达语仍是卢旺达社会交往的主要语言选择；日常公文用语中，中央政府、基加利政府以使用英文为主，而税务财会等专业性文件使用法语居多，地方法院、政府则以使用卢旺达语为主。

4. 斯瓦希里语

斯瓦希里语属于班图语族，是非洲语言中使用人数最多的语言之一，在赞比亚、布隆迪、卢旺达、索马里等东非和中非国家被作为交际语言广泛使用，卢旺达约 3% 的人口使用该语言。19 世纪受欧洲殖民影响，斯瓦希里语改用拉丁字母拼写，并吸收了大量阿拉伯语借词。为更好地融入东非共同体区域一体化，2017 年 2 月斯瓦希里语被确定为卢旺达的第四种官方语言。在官方领域，与其他官方语言相比，斯瓦希里语显得微乎其微，官方公报的内容目前采用从左到右依次以卢旺达语、英语和法语的顺序发布，暂未出现斯瓦希里语版。在大众传媒领域，20 世纪 60 年代建立的卢旺达国家广播电台开始播出斯瓦希里语节目，但在 90 年代逐渐减少，其语言节目播出时间与法语、英语大致相同；私立广播电台和独立的商业电台都有斯瓦希里语的节目，但播出时间较少。在教育领域，从 2013 年开始，教育部每四年发布一次的《卢旺达共和国教育战略规划》（*Republic of Rwanda Ministry of Education Sector Strategic Plan*）里开始提及斯瓦希里语的教育。在经济领域，斯瓦希里语的地位同样排在其他三种官方语言之后。值得一提的是，由于东非军队普遍较流行使用斯瓦希里语，因而卢旺达军队也有部分人使用该语言。

（三）民族语言

除上述民族语言卢旺达语、斯瓦希里语外，还有卢干达语（Luganda）、林加拉语（Lingala）、鲁尼昂克尔 - 鲁西加语（Runyankole - Ruchiga）等民族语言，但使用人口极少。

（四）外语（中文）教育状况

中文教育作为外语教育正式进入卢旺达，与卢旺达取缔法语、宣布英语成为国内唯一教学语言的时间，都发生在 2008 年。换言之，2008 年卢旺达的语言政策发生了重大改变：英语登场越发强势，法语日渐式微加速退场，卢旺达语重获重视强调，中文教育正式起步。其中，英语和法语都是宪法规定的官方语言，可以说，卢旺达真正的外语教育，主要体现在中文教育上。

自中卢两国建交以来，1983 年双方在北京签署文化和科学合作协定，在科学、教育卫生、文学、艺术、新闻、体育、旅游等方面展开交流合作，双方先后派出代表团互访。2005 年 11 月，与中方签署《中华人民共和国教育部与卢旺达教育、科学、技术及科研部合作协议》等文件。2007 年 3 月，双方就在卢共建孔子学院签署协议，2008 年，重庆师范大学作为中国的第三合作方，与卢旺达大学教育学院（原卢旺达基加利教育学院）共同签署了共建孔子学院的合作协议，2009 年 4 月 15 日正式开始在该院开展非学历的中文教育工作，同年 6 月卢旺达大学孔子学院举行揭牌仪式。2010 年，中卢签署《中国和卢旺达政府文化合作协定 2010 至 2012 年执行计划》。

卢旺达孔子学院下设 11 个教学点（5 个大学教学点、5 个中学教学点、1 个小学教学点），这些教学点中有 2 个国际学校和 2 个女子中学。中学教学点基本将中文纳入了学校的课程体系。5 个中学教学点中，中卢友谊学校是授牌孔子课堂（施瑞婷，2019：7）。在中卢政府的大力支持下，以及双方合作高校的努力下，汉语学习项目从非学历教育转向学历教育，并与卢旺达国家语言和官方语言的教育教学相结合，开设了四个双语方向：汉语 - 卢旺达语教育、汉语 - 英语教育、汉语 - 法语教育、汉语 - 斯瓦希里语教育。（曾广煜、张荣建，2018）目前，中文作为外语进入卢旺达已有 13 年，学习人群主要是高校师生，他们可通过中国政府奖学金、国际中文教师奖学金等各类留学机会来华或在线学习中文。近年来，该孔子学院设立了卢旺达唯一的 HSK 考点，HSK 教学、培训和考试成为卢旺达孔子学院的重要项目。

此外，随着中卢两国交流合作的深入推进，双方在职业教育方面迈出了合作新步伐。2017 年，浙江金华职业技术学院和卢旺达穆桑泽职业技术学院合作建立穆桑泽国际学院，结合"汉语 + 职业技术培训"的模式，帮助卢旺达培养实用型技术技能人才；2018 年，在卢旺达东方省尼亚马塔建立的恒华职业技术学院获得卢旺达职业技术教育培训办学资格，后与卢旺达华侨华人协会签署战略合作协议，在发展当地职业教育方面开展合作，为中资企业培育本土化人才。

三 语言管理

（一）国家语言政策的发展变革

纵观卢旺达近现代历史，“殖民地”“内战”“种族大屠杀”等成为展现其发展历史的高频词。在语言管理上，则体现在各个时期各种官方语言在国家建设层面的竞争与博弈。换言之，政经因素是卢旺达语言政策变革的核心内因。

1. 德国殖民早期（1890～1916 年）：发展斯瓦希里语

1890 年卢旺达进入了漫长的殖民时期。1907～1916 年被德国殖民统治，卢旺达与其他德属东非保护地国家一样，采用斯瓦希里语作为通用语言。其时的语言教育有斯瓦希里语、德语和部分卢旺达语。由于当时的教育工作主要由西方传教士担任，故斯瓦希里语既是教学语言，又是语言学习科目。而卢旺达语当时仍未有书面形式，只是民间大众的口头语言，殖民者并不青睐，但西方传教士已开始有意识地对其进行收集整理，为该语言形成书面系统奠定了早期基础。

2. 法语时期（1917～1994 年）：采用“卢旺达＋法语”的双语制

回顾历史，法语独大时期有两个阶段：一是比利时殖民时期（1922～1962 年）；二是民族独立时期（1962～1994 年），法语和基尼亚卢旺达语一道被宪法定为官方语言的双语制时期。

比利时殖民时期开始于一战后，1922 年卢旺达由比利时委托统治，二战后卢旺达被比利时“托管”，殖民者根据其统治需求来制定卢旺达的语言政策。因比利时以法语为官方语言，为强化殖民统治，法语顺理成章地成为殖民政府在卢旺达的工作语言，并且殖民政府将法语定为卢旺达的官方语言和唯一的教学语言，使其成为加强殖民统治的语言工具，覆盖官方行政工作系统。在教育政策上，1929 年，卢旺达的教育体系分两类：城市学校和乡村学校。城市学校的学生从小学开始学习法语；乡村学校可选择用卢旺达语开展教学，也可将法语作为一门语言课程。可见，比利时殖民者非常重视城市人口的法语教育，为法语在卢旺达的一语独大奠定了上层基础。其时，卢旺达语在西方传教士的推动下初成体系，逐步在教学中替代了斯瓦希里语。20 世纪 40 年代后期确立该语言现有的文字书写系统后，除了殖民者创办的学校外，其他学校都使用卢旺达语作为教学语言，但民众的读写能力还很弱，学校亦普遍缺乏该语言的教材和书籍。

随着世界民族独立运动的兴起，20 世纪 50 年代末卢旺达掀起了反帝反殖民运动。1961 年图西族王室被推翻，君主政体被废除，1962 年 7 月 1 日卢旺达共和国宣布成立。从此，卢旺达进入民族独立时期，成为法语国家国际组织的成员国，此时期基本沿用殖民时期的语言政策。1962 年 11 月 24 日，卢旺达颁布了共和国第一部宪法，确立卢旺达语为国家语言，并与法语一同作为官方语言。在语言教育方面，政府规定小学一年级到三年级卢旺达语和法语是必学的语言课程，从小学四年级开始法语是教学语言，卢旺达语继续作为语言课程学习。经过 16 年教育实践，殖民时期的欧式教育与民族独立后的卢旺达社会现实越发不相适应：除首都精英阶层，卢旺达其他地区几乎全是农村人口，而本国语言和文化在教学中占比却很小，卢旺达亟须一种符合国家发展和民族进步的语言教育。因此，1974 年卢旺达开始实施教育大改革，旨在提高卢旺达人民的母语水平和民族文化教育质量。其中，初等教育农村化，规定小学从六年制延长到八年制，且整个小学阶段都使用母语卢旺达语作为教学语言，小学四年级开始学习法语；中等教育职业化，规定学制四到六年，法语为此阶段的教学语言，且引入英语作为语言学习科目，斯瓦希里语重回课堂等。该教育变革首次展现了卢旺达教育民族化的特色，此阶段也编写出版了很多本土语言教材，提高了卢旺达基础教育中的母语普及率。

3. 特殊转折（1994～1996 年）：“种族大屠杀”带来的语言政策变革

卢旺达的民族矛盾由来已久，历史上两大民族图西族和胡图族的冲突几乎从未真正间断。20 世纪 60 年代国家独立后胡图族掌权，大量图西族难民逃至乌干达等周边国家。1990 年 10 月侨居乌干达的图西族难民组成爱国阵线，与胡图族政府军爆发战斗，点燃了内战。四年后的 1994 年爆发了“种族大屠杀”，胡图族疯狂屠杀图西族，由在乌干达的图西族难民组成的军队趁乱反攻并夺取政权。由于乌干达是英语国家，反攻掌权的图西族使用英语，英语便顺理成章地大踏步进入卢旺达各领域。1996 年，新政府宣布新增英语为卢旺达的官方语言，和法语一道作为教育领域的教学语言，卢旺达语和斯瓦希里语等则继续作为语言课程学习。这一系列语言政策的调整，标志着卢旺达社会治理进入一个以英语为主导的语言生态新环境，其语言管理也从双语制时期转折到多语制阶段。

4. 英语时期（1996 年至今）：强化英语，重视卢旺达语的多语制

"种族大屠杀"后的卢旺达新政府采用了多语制，即"卢旺达语 - 英语 - 法语"，这三语在此阶段的基本走势可概括为重视代表卢旺达统一民族象征的卢旺达语、强化作为新卢旺达的身份与意识形态象征的英语、弱化被视为屠杀者语言的法语。（张荣建，2018：111 ~ 114）此阶段的语言政策变革以 2008 年卢旺达教育部宣布用英语替代法语作为教学语言的规定为分水岭，法语地位急剧下降，英语地位加速攀升。

从"种族大屠杀"中重新出发的卢旺达新政府面临的第一任务是国家重建。新政府高层据此认为引入英语作为官方语言和教学语言，是卢旺达作为统一民族的一种新的身份和意识形态象征，使用英语能增强卢旺达的国际竞争力。而法语从殖民时期确立的语言地位及其影响并不可能因突然的语言政策变革而在短时间内消失殆尽，故从 1996 年到 2008 年，卢旺达实施多语制，符合其国内语言生活的实际情况。2003 年宪法规定卢旺达语为国家语言，卢旺达语、英语和法语同为官方语言；同年的教育法明文规定卢旺达采用多语制，学校提供卢旺达语、法语和英语教育，鼓励使用斯瓦希里语等。实际的语言教育教学情况并非完全如此。由于政府特别强调教育中英语的地位和作用，2001 年，很多办学条件较好的学校在小学和中学阶段都采用以"英语 + 法语"作为教学语言的双轨制。然而，由于法语扎根卢旺达时间很长，英语在卢旺达社会的基础薄弱，因此除了精英阶层教育和首都基加利的学校外，其他地区的学校普遍存在缺乏英语师资和教材等困难，尤其是经过"种族大屠杀"浩劫后的教育资料严重匮乏，故各地的三语教育效果无法达到政府美好愿景所设想的预期目标，很多学校主要还是采用法语作为教学语言开展教学，同时使用母语卢旺达语帮助学生理解学习内容。相较"种族大屠杀"之前国家对母语卢旺达语的重视程度，基于其作为卢旺达统一的民族语言在推动民族统一和教育发展中的重要地位，此阶段卢旺达语得到了来自政府和精英高层的进一步重视。

2008 年是卢旺达语言政策发生重大变革的一年，标志着卢旺达进入多语制的新阶段：英语取代法语成为唯一的教学语言；中文作为外语随着首所孔子学院的开设正式进入卢旺达。这两大政策变化都于 2009 年开始实施。2006 年，卢旺达和法国因政治因素中断外交关系，法国大使被驱逐出境，法国文化中心、国际学校和广播电台等被迫关闭。2008 年底，卢旺达教育部宣布用英语取代法语作为国家所有教学阶段唯一的教学语言，母语卢旺达语继续作为一门语言课程来学习；同时规定国家公职人员必须学习英语。同年，卢旺达第一所孔子学院在基加利教育学院揭牌成立，标志着卢旺达政府在多元语言教育方面迈出了新的步伐。2009 年，卢旺达加入英联邦组织，开始积极发展与西方英语国家的关系。同年，卢旺达各教学阶段全面实施以英语为唯一教学语言的教育政策，即学生从小学一年级开始学习英语，英语同时作为升学考试的考试语言，成绩通过才能进入下一阶段的学习和考试；从小学到大学，一律全部采用英语来开展教学和考试。这意味着甚至连母语卢旺达语，都要根据教育法使用英语教授，可见英语政策对卢旺达母语教育的冲击。由于当时卢旺达的英语师资力量匮乏，绝大部分地区的教师只能“现学现卖”，通过晚上和周末学习的方式来提升自身的英语水平。故而现实的课堂上常出现语言混用的情况，教学推进缓慢，效果可想而知。此举同时催生了社会私立机构的英语教学，但由于费用昂贵而无法在民间普及。事实上，法语地位虽然一再遭受重创和灭顶之灾，但在卢旺达的社会语言生活中仍是一种常用语言。仓促实施的语言政策变革波及面广，尤其给教育领域带来了方方面面的问题和挑战。2011 年，卢旺达政府对此进行调整，母语卢旺达语作为教学语言重回小学一年级到三年级课堂，其余教育阶段继续采用英语作为唯一的教学语言。

此阶段，自 2009 年首家孔子学院成立后，卢旺达国内的中文学习需求随着中卢两国日益深入的交流合作而逐渐增强。结合卢旺达经济发展，近年来“汉语 + 职业技术培训”的模式得到深化。2013 年开始，卢旺达教育部开始重视非洲本土语言斯瓦希里语的教育与运用，并写入教育部每四年一更新的教育规划中。2017 年，为更好地融入东非共同体一体化进程，斯瓦希里语成为卢旺达的第四种官方语言。

（二）语言管理机构

前文对宏观的国家法律中有关语言规定的内容做了概要介绍；微观的语言政策，则是由各个不同的具体职能部门根据不断变化的实际情况来建立相关语言管理规定。与宏观的语言管理相比，微观的语言管理显得复杂多变。除首都基加利外，卢旺达全国各地，即便是学校这类教育部门，基本都由当地政府根据实际情况开展有针对性的语言管理活动。

宏观的语言管理机构，除了教育法中规定的卢旺达教育部及其下设全国各地的教育部门作为语言教学科目和教学语言的管理部门外，也包括2015年版宪法修正案中的卢旺达语言文化学院，其主要目标是保护和促进卢旺达民族语言、文化和历史遗产的传承传播和研究等。2020年8月，卢旺达通过政府官方公报的形式，以总统令宣布成立卢旺达文化遗产学院（Rwanda Cultural Heritage Academy），[①] 取代原来的卢旺达语言文化学院，作为卢旺达青年与文化部的下设机构之一。该文化遗产学院的成立，旨在传承传播卢旺达民族、文化和历史遗产，保护卢旺达民族语言及其文化遗产，保护卢旺达语及其民族文化和价值观，以实现民族团结和国家统一。该文化遗产学院下设语言文化学院最高委员会（High Council of Language and Cultural Academy），这是卢旺达语言文化工作的最高咨询机构，具有协助制定国家语言文化规划、政策、规定等工作职能，并实施组织协调、监督检查等工作，其经费主要来源于卢旺达政府。

（三）社会各领域的语言管理

语言并非仅仅是交际工具，也是社会政治、经济关系发展变化的一面镜子。语言生活受制于来自政府的官方干预和控制，也有来自语言市场的竞争和供求关系的制约，形成了不同领域的不同语言管理局面。卢旺达语言政策变革的分水岭是1994年的“种族大屠杀”，之后便形成了卢旺达语、英语、法语的三语局面。虽然宪法赋予官方语言平等的地位，而现实的语言管理和社会语言生活的情况并非如此。Rosendal等（2010）曾对卢旺达国内各领域的语言管理和使用情况做过一项较为全面的调查，笔者以这项调查的数据为基础，结合近年来的基本情况简要概述卢旺达的语言管理及其使用情况。又因国语卢旺达语是全民共同使用的统一的民族语言，在家庭、社区、地方行政部门等非正式领域内的语言地位非常稳固，所以以下选择官方、教育和传媒三个领域为代表展现卢旺达社会的语言管理情况。

---

① 资料来源：*Official Gazette n° Special of* 04/09/2020，*The High Council of Language and Cultural Academy*，https：//gazettes. africa/archive/rw/2020/rw - government - gazette - dated - 2020 - 09 - 04 - no - Special. pdf。

1. 官方领域

卢旺达的所有法律均首先以官方公报的形式，以宪法规定的官方语言的顺序发布出版。如在1997年以前，所有法律文书都使用法语（左）和卢旺达语（右）的顺序并排印刷；2003年英语作为官方语言进入宪法后，所有法律文书则使用卢旺达语（左）、英语（中）、法语（右）的并排顺序发布。由此可见，这三种官方语言的地位变化。[①] 各级政府的语言实践情况各不相同：除中央机构官方涉外部门使用英语和法语的频次较高外，卢旺达语广泛用于日常行政管理中的口头和书面交流，且常常作为英语和法语的媒介语使用；地方行政部门则几乎只使用卢旺达语作为工作的口头和书面语言。在执法机构中，卢旺达语的主导地位非常稳固，正式和非正式的交流几乎都使用卢旺达语；在警队和军队中，语言使用以前以斯瓦希里语为主，而新阶段很多军官都在英国接受教育，逐渐以英语为主。在司法机构中，法庭案件都首先使用卢旺达语记录，最后再找专业的译员翻译，而报告等文件大多用法语编写。再如身份证、护照方面，三种官方语言都使用，但顺序不一：1997年后的身份证和2004年后发行的护照，其使用顺序都是卢旺达语、英语和法语。而在流通的纸币方面则是法语居中，卢旺达语和英语分两边。在建筑物标识方面，旧的建筑标识大多是卢旺达语和法语，新的标识则使用英语和卢旺达语，如卢旺达教育部，其标识顺序为卢旺达语、英语和法语；议会的指南、名称和职务的语言使用顺序是法语和英语，办公室名称用法语，选举电子显示器的文字是英语。可见，官方领域的语言选择情况并没有统一的规定，除官方的各种正式文件外，对英语和法语的使用并无特殊的强制规定和要求；卢旺达语则作为民族统一的象征在该领域广泛使用。

2. 教育领域

卢旺达教育体系及其教学设施在1994年“种族大屠杀”中严重受损，后经国际社会援助而较快恢复。2010年起卢旺达实行九年义务教育。据统计数据，卢旺达有小学2711所，中学1521所；高等院校45所，其中公立院校28所。

英语在“种族大屠杀”后快速进入卢旺达教育体系。1997年教育部进行教育改革，规定小学同时开展卢旺达语、英语和法语的教育教学，其中

---

① 目前卢旺达的官方公报暂未同时采用斯瓦希里语与三种官方语言一道发布的形式。

卢旺达语为初小阶段的教学语言，英语和法语作为课程进行学习，高小阶段以后的中学阶段和大学阶段，则用英语或法语作为教学语言。这个规定在 2003 年采用宪法和教育法的形式予以确定。其中教育法强调：卢旺达语、英语和法语都是必修课程；英语和法语课时相同，小学一年级到三年级是每周 4 节，四年级到六年级是每周 5 节；小学一年级到二年级卢旺达语是每周 7 学时，三年级是每周 6 学时；中学阶段教学语言是法语和英语。高等教育的教学语言，则主要由各高校根据实际师资情况自主选择，通常以法语为主。2008 年教育大改革，英语代替法语成为全国各级各类学校唯一的教学语言。但法语作为教学语言在卢旺达教育领域的根基深厚，英语短期内快速转换为唯一教学语言的目标无法立即实现，更难以达到政府预期的教学效果。由于各教育阶段都存在英语师资匮乏、教材缺失等的困难，因而除首都基加利的学校外，其他地区的中小学，尤其是在贫困的农村地区，扫盲仍是艰巨的任务，根本无法做到使用英语教学，法语和卢旺达语仍是教学上的辅助语言，有些学校则完全只能采用法语作为教学语言，教学语言和日常生活语言的分离现象依旧存在，教育质量短期出现下滑。为及时止损，2011 年，教育部宣布重新将卢旺达语作为教学语言。大学教育阶段，由于学生入学时英语和法语都不熟练，因而许多学生在大学第一年都只能先参加语言强化学习班，以提升双语水平。大学的教学语言安排比较灵活，口语交际方面，有的大学采用卢旺达语和英语，有的仍使用卢旺达语和法语；书面语交际方面，以英语和法语为主，卢旺达语则作为大学生内部英语群体和法语群体的媒介语言而高频使用。表 1 呈现了卢旺达各时期教学语言变化情况。

表 1　卢旺达各时期教学语言变化情况

时　期	时间	小学低年级（一年级至三年级）	小学高年级（四年级至六年级）	中学	大学
殖民时期	德国殖民时期（1907～1916 年）	斯瓦希里语	—	—	—
	比利时殖民时期（1916～1962 年）	卢旺达语	卢旺达语－法语	法语	—
“种族大屠杀”前	1962～1994 年	卢旺达语	法语－卢旺达语	法语	法语

续表

时 期	时间	小学低年级（一年级至三年级）	小学高年级（四年级至六年级）	中学	大学
“种族大屠杀”后	1994～1996 年	卢旺达语	卢旺达语	法语	法语
	1996～2008 年	卢旺达语	法语－英语	英语－英语	法语－英语
	2008 年至今	卢旺达语－英语	英语	英语	英语

注：“—”表示无对应层次的教育或暂未找到数据。

资料来源：张荣建，2018：104。

3. 传媒领域

卢旺达新闻传媒的相关法律和规定中暂未包括关于语言管理和语言使用的规定，主要是由各传媒机构具体决定使用哪些语言，以及如何分配语言节目的播出比例等，但其语言管理也明显受国家语言政策的制约和影响，主要体现在法语和英语的节目时长安排上。卢旺达目前有媒体 41 家，包括 19 家电台和 22 家报纸。电台方面，建于 1960 年的卢旺达广播电台使用的主要语言是卢旺达语，辅以法语和斯瓦希里语；现阶段卢旺达语仍占据主导地位，法语、英语和斯瓦希里语节目都有，且播出时长大致相同。私立广播电台也有上述四种语言的节目，也以卢旺达语为主，其次是法语、英语和斯瓦希里语，三种语言的播出时长大致相同。1998 年 3 月，英国广播公司的电台在卢旺达正式开播。电视方面，1992 年建立卢旺达电视台，播出卢旺达语和法语节目，1994 年后增加英语节目，2006 年，英语节目的比例已超过卢旺达语和法语节目。纸媒方面，无论是公立还是私营，在单语报刊中，卢旺达语的报刊发行量都是最大的。2006 年，卢旺达发行的 34 份各类报刊中，单语报刊有 24 份，占比高达 70.6%，如最大刊物卢旺达文周刊《英瓦特报》、英文日报《新时代报》、法文官方月刊《新接班人报》等，其中卢旺达语占 66.7%，法语和英语均占 16.7%；其余出版物共 7 份，占比 29.4%，均采用三种官方语言。（Tove，2010：253）近年来英语超越法语，占比逐渐上升。网络媒体方面，目前 IGIHE 是卢旺达最大且最有影响力的网络媒体，网站分别有卢旺达语、英语和法语版。2018 年，中卢两国媒体对话会在卢旺达首都基加利举行，两国十多家媒体就双方深化合作进行了深度交流。

从上述三个领域的语言管理及其使用情况来看，除教育领域外，作为统一的民族语言、国家语言和官方语言，卢旺达语高居首位；英语作为国家各教育层级唯一的教学语言占据主导地位；法语由于历史原因，在卢旺达社会中仍发挥着重要作用；斯瓦斯里语则除了传媒领域外，在社会各层面的应用较为有限。表 2 反映了卢旺达四个领域的语言管理及语言使用情况。

表 2　卢旺达四个领域的语言管理及语言使用情况

单位：%

领　域	卢旺达语	法语	英语	斯瓦希里语	其他语言	百分比
官方领域	83.8	8.7	7.4	0.1	0.0	100
教育领域	11.4	18.9	68.9	0.8	0.0	100
传媒领域	58.4	20.9	16.6	4.1	0.0	100
商业标识	20.9	45.6	32.3	0.0	1.2	100

注：表中 1.2% 指如拉丁语、德语、西班牙语、印地语和阿拉伯语等语言，通常与三种官方语言中的一种或多种结合使用。

资料来源：Rosendal. Tove，2010：255.

（四）语言管理的特点和成效

1. 国语基尼亚卢旺达语构建了卢旺达统一的民族身份认同

卢旺达主要由胡图族、图西族、特瓦族这三个民族构成，其中胡图族人口超总人口八成以上。胡图族和图西族两个民族的对立从殖民时期便已开始，内战带来的内耗和杀戮终令国家陷入停滞状态。重整卢旺达社会，重构民族统一身份认同，成为新政府建立新卢旺达的首要任务。在多语的非洲国家，卢旺达天然的语言生态是一个特殊的个案：三个民族都使用卢旺达语。这是国家统一与民族团结强有力的难得的语言文化基础。因此，“种族大屠杀”后的卢旺达吸取教训，从宪法开始，所有国家法律明文规定不再区分民族界限，提出了统一的“卢旺达人”概念，用刑法禁止谈论民族问题。因而，卢旺达语作为国家统一、消除民族界限的语言工具进入执政者国家语言规划的治理视野，成为国家语言管理上独一无二的优选。此后，2003 年卢旺达宪法通过全民公决，宪法序言中明确提出“一个国家、一种共同的语言、一种共同的文化以及一段共同经历的悠久历史”，赋予卢旺达语国语和官方语言的最高语言地位。此后，为维持国内和平稳定的局面，为国家发展赢得机会，卢旺达强调“卢旺达人”讲“卢旺达语”，用卢旺达语成功建构了统一的卢旺达民族身份认同，帮助卢旺达人民消除了民族差异意识，淡化了民族矛盾，对国家统一和社会发展起到了关键的作用。

2. “种族大屠杀”后卢旺达利用语言资本有效服务于国家重建

在民族语言繁复的非洲，卢旺达语成就了全体“卢旺达人”的统一民族身份认同。因而，其语言选择的焦点则集中在外来的官方语言法语和英语上。语言选择和语言管理是整个社会、政治、经济、宗教、意识形态和情感等综合环境下的一面镜子。国家层面上的语言选择和语言管理则是一项极其复杂的大工程。回顾卢旺达语言政策发展历史，来自政治和经济方面的综合考量始终引领着整个国家的语言选择、语言管理和语言实践，并集中展现在卢旺达社会法语和英语的博弈中。以 1994 年“种族大屠杀”为界，1994 年之前，语言选择和语言管理的考量主要是以法语为基础的政治环境和政治因素；1994 年之后，英语首先因为政治因素进入卢旺达，进而通过政府不断地以政策制定和强制实施的方式强调其对国家经济重建和现代社会发展的重要性和必要性，即主要基于经济考量而加速取代法语，2008 年冒着丧失母语教育的风险，规定英语成为卢旺达教育领域内唯一的教学语言。可见，卢旺达在“种族大屠杀”之后的语言选择和语言管理，重点利用了英语作为国家经济重建和争取外部环境支持的一种有效的语言资本，直接服务于国家政治重构和经济重建。

3. 双语教育到三语教育的两次反复凸显了卢旺达语言教育政策中的功利主义倾向

卢旺达语言教育政策的分水岭也是 1994 年的“种族大屠杀”：从 1962 年独立到 1994 年之前采用了 33 年的“法语 - 卢旺达语”双语教育政策；1994 年“种族大屠杀”后，从 1996 年到 2008 年，实施了为期 13 年的“卢旺达语 - 英语 - 法语”三语教育政策；2008 年至今改为“卢旺达语 - 英语”双语教育政策。对英语教育的关注和重视，政府强调是为加强国家在经济发展领域的国际竞争力，以便尽快参与全球化的发展进程。经济发展需要语言支持，2007 年卢旺达加入东非经济共同体，2009 年加入英联邦成为第 54 个成员国。卢旺达政府希望得到非洲邻国的支持，借助英联邦的实力快速恢复国内经济，并通过普及教育获得英语语言资本，从而尽快摆脱“种族大屠杀”带来的民族创伤和国际舆论影响。此境下牺牲法语成为必然。从宏观上看，实行全民英语教育的政策符合时代发展趋势，促进了卢旺达的国家建设和经济发展。从具体的语言实践上看，法语不可能因为英语教育政策的实施而立即离场，实际情况是完全依赖英语，将其作为唯一教学语言的政策在语言管理和语言实践中问题频出，致使2010年政府宣布在初小恢复母语教育政策。诚然，教育是一项长期工程，希望在短期内靠语言教育政策的强制执行来达到目标语言管理并不现实，过分强调英语的地位，过于偏向英语教育的资源分配，忽视民族语言文化的教育传承，容易引发许多不可逆的问题，也将影响卢旺达人国家和民族的身份认同等。

四　总结和展望

语言管理不是自发形成的，它是一个特定的社会里多种因素相互作用的综合的、动态的、成体系的语言生态的实践结果。在时间维度下，这个社会语言生态系统迅速变化，Spolsky分析了四点主要原因：第一是全球化浪潮以及与之相反的本土化运动；第二是英语的传播；第三是时间和金钱；第四是大量的人口流动。以此视角总结卢旺达的语言管理活动，我们看到：无论是全球化浪潮、内战和1994年“种族大屠杀”，还是英语的全球传播、时代的变迁、政经资本的积累，以及大量从乌干达返回的卢旺达人口，英语取代法语具备足够的理由和条件，是无可厚非的一项国家语言政策和语言管理活动。那么，未来一段时期内，卢旺达语言政策规划主要考虑的语言管理问题则显得更加明朗：首先是发挥统一民族语言的优势，重视基尼亚卢旺达语和斯瓦希里语，进一步提升民族自信，增强国家认同；其次是处理好官方语言英语在各语言管理领域和法语的关系；最后是根据需求发展中文教育，为卢旺达未来的多元国际发展提供语言前提。

（一）重视基尼亚卢旺达语，提升民族自信，增强国家认同

从1994年“种族大屠杀”后卢旺达国内人口构成及其语言选择①来看，除了卢旺达语依然是绝大部分人口的统一语言外，讲英语或者法语，则几乎被视为区分不同民族来源及其政治倾向的语言依据。这将卢旺达的语言管理推向了一个新高度，即通过母语卢旺达语的语言教育和语言实践来完成新卢旺达的民族身份和国家认同，以更快更好地完成国家重建，提

① 乌干达返回的难民操英语和卢旺达语，本土民族胡图族和图西族操法语和卢旺达语，布隆迪返回的图西族操法语和布隆迪语，刚果返回的人操法语和斯瓦希里语。

升民族自信，实现国家发展。联合国教科文组织倡导以本土语言开展早期教育，并认为学校领域可能是检验语言管理理论是否成功的最后一个领域。从当前卢旺达语言教育政策来看，法语已被排除在外，除了一年级至三年级的初小阶段以母语卢旺达语作为教学语言外，高小至大学采用英语作为唯一的教学语言，英语的全球传播进程势不可当。虽然没有足够的研究证据表明是否因为卢旺达语作为统一民族语言被卢旺达全民族共同采用，客观上容易忽略其在教育上的重要意义和作用，但民族语言的代际传承传播，是每个国家的文化财富，应予以同等高度的教育普及、政策保护，以及更符合本土语言实践和现代化特色的本体规划和地位规划研究，让本土卢旺达语为民族文化传承、国家建设、区域经济发展和非洲社会进步贡献更大的力量。

（二）开展各语言域的语言管理调查，处理好本土语言和外来语言的关系

语言管理不是自发形成的，如同一个大工程，具有动态性和复杂性，且研究变量复杂多变，如不同时期不同语言域的规模、不同语言环境下不同的利益集团和人口群体、不同的社会政经环境等。因此，每个语言域都会面临语言选择的压力，而语言实践是语言选择的可观测点。换言之，语言实践最终反映了语言管理的效度。在多元语言与文化的非洲国家中，卢旺达是幸运的，不存在由于民族语言多元而带来的国家语言管理上的复杂性，这是卢旺达本土语言实践的一大特色和优势。因而，从殖民时期开始至今，卢旺达各语言域的语言管理及其语言实践的主要矛盾则集中在外来的殖民语言法语和国际语言英语上，国家语言规划和语言政策也都基本把大部分的注意力放在这两种官方语言上，亦集中展现在语言教育政策的变迁上。从近十年的文献和政策来看，讨论英语、法语和卢旺达语的语言竞争和语言生态的内容较多，卢旺达教育部对教育领域的语言调查比较重视，而对其他领域的来自官方的大规模的语言管理调查则相对较少。随着国际交往的逐渐增多，语言实践越趋多元化，特别是中文进入卢旺达、斯瓦希里语成为第四种官方语言后，语言管理的范围在不断扩大，既包括典型的宏观领域，如公共域、政府域、宗教域、学校域等，又包括极具特点的微观领域，如社区域、家庭域等。在这些语言域中，无论是本土民族语言还是外来语言，都在语言实践中不断地丰富着卢旺达的语言生态环境。

因而，重视各领域的语言管理，开展调查研究，才能真正地反映卢旺达语言政策存在的问题，处理好各种语言的关系，为国家建设服务。

（三）发展中文教育，助推疫情之后卢旺达的社会发展

自1971年中卢建交后，多年来两国多方位开展了互访交流和互利共赢的合作，文化教育方面的合作不断推向深入。近年来，随着“一带一路”倡议和中非合作论坛的不断深化，中国成为卢旺达重要的国际合作发展伙伴之一。中国的基建工作、技术支持和教育培训，为卢旺达国家建设和经济发展提供了强有力的支援。其中，教育培训成为新时代卢旺达人才建设的重要一环。在孔子学院的基础上，中国教育培训企业也进入了卢旺达教育市场，中文学习受到了卢旺达社会的欢迎。中文作为一门外语进入卢旺达的时间并不长，孔院和职校的中文教师主要来自中国教育部中外语言合作交流中心的外派师资、当地为数不多的华侨华人，以及在卢的中资企业人员。自全球新冠疫情暴发以来，全球各行各业在受到巨大冲击的同时，也催生了多元化的行业生态，线上办公和教学成为常态。疫情无疑给卢旺达中文教学带来了种种障碍，如线上模式切换的困难、教学资源的匮乏、语言环境的缺失等，但同时也为疫情之后卢旺达中文教学赢得了一个深入思考和规划的时机。在线上教学优势凸显的前提下，可利用时间加快教学资源建设，开发多类微课程，同时，发挥本土中文人才的积极作用，如中资企业和卢旺达华侨华人协会等，结合实际情况，开展各类“线上＋线下”的“中文＋职业教育”的培训学习，满足职业需求，提升本土教师、商务和公务人员的中文水平，为今后卢旺达社会的发展，中卢两国世代友好交往持续奠定语言基础。

参考文献

[1] 林玲，2015，《基于语言规划观的卢旺达语言政策历史演变分析》，《信阳农林学院学报》第1期，第64～66页。

[2] 施瑞婷，2019，《卢旺达孔子学院汉语教师语法教学信念及形成因素调查与研究》，硕士学位论文，渤海大学。

[3]〔以〕博纳德·斯博斯基著，2016，《语言管理》，张治国译，商务印书馆。

[4] 于红、吴增田，2011，《卢旺达布隆迪》，社会科学文献出版社。

[5] 曾广煜、张荣建，2018，《卢旺达的多语教育政策与汉语传播》，《重庆师范大学学报》（社会科学版）第5期，第100～105页。

[6] 张荣建编著，2018，《卢旺达教育、语言政策与社会发展研究》，中国农业大学出版社。

[7] 庄晨燕，2014，《民族冲突后的和解与重建——以卢旺达1994年大屠杀后的国族坚守实践为例》，《中央民族大学学报》（哲学社会科学版）第3期，第77~87页。

[8] Education Sector Strategic Plan 2013/14 – 2017/18，（2013）Republic of Rwanda Ministry of Education.

[9] Education Sector Strategic Plan 2018/19 – 2023/24，（2018）Republic of Rwanda Ministry of Education.

[10] Rosendal，Tove.（2010）Language in Competition in Rwanda：Who is Winning on the Linguistic Market? *Language Matters.* 2010（2），238 – 259.

[11] Samuelson，B. L. & Freedman，S. W.（2010）. Language Policy，Multilingual Edudation，and Power in Rwanda. *Language Policy.*（2010）9，191 – 215.

[12] Statement on Cabinet Resolutions of 8 October 2008.（2008）Kigali：The Prime Minister's Office in Charge of Cabinet Affairs.

马拉维*

一　国家概况

马拉维共和国（The Republic of Malawi）旧称尼亚萨兰（Nyasaland）。1964 年脱离英国保护区，改名马拉维，并成为英联邦国家之一。1966 年宣布成立马拉维共和国。英文"Malawi"源于尼昂加语（现称契瓦语）"Maravi"，旧指居住在此地的尼昂加人。马拉维共和国全国总面积约 11.85 万平方千米，人口约 1912 万人（2019 年）。[①] 马拉维位于非洲东南部，东北部与坦桑尼亚接壤，东南、西南与莫桑比克为邻，西接赞比亚。

马拉维全国划分为北、中、南三个区，分辖 6 个、9 个和 13 个县市，首都利隆圭（Lilongwe）位于中央区，人口 112.2 万人（2020 年），是马拉维第二大城市，1975 年继松巴（Zomba）后成为马拉维首都。根据马拉维 2018 年人口普查数据，马南部地区人口占全国总人口数量的 44%，主要包括马拉维人［包括契瓦人（Chewa）、尼扬加人（Nyanja）、恩森加人（Nsenga）、曼甘加人（Mang'anja）］、尧族人（Yao）、隆韦人（Lomwe），以及恩格尼人（Ngoni）等；中部人口占 43%，主要居民为马拉维人，他们和南部的马拉维人一样，主要说契瓦语；北部地区人口占全国的 13%，主要居住着图姆布卡人（Tumbuka）、通加人（Tonga），以及恩贡德人（Ngonde），各民族之间以图姆布卡语为通用语（National Statistics Office，2019：10－20）。

马拉维由于历史上受英国殖民统治，大部分民众（将近 1300 万人）信奉基督教新教。另外，由于在 19 世纪尧族人同阿拉伯人进行贸易的过程

---

* ［作者简介］李岗岗，运城学院国际教育学院讲师。研究方向：语言政策与规划，英语教学。

① 若非特殊注明，马拉维国家概况相关数据均以中华人民共和国驻马拉维共和国大使馆官方网站数据为准，http：//mw. china－embassy. org/chn/mlwgk/，2021 年 7 月 4 日。

中受到阿拉伯文化的影响，马拉维目前也有部分信奉伊斯兰教的群体（约240万人）（National Statistics Office，2019：18－19），但宗教活动及信众间的交流主要以当地语言进行。

13世纪初，北非高地的班图人进入马拉维湖西北地区定居。到了16世纪后期，马拉维王国诞生。18世纪中后期，由于王位继承、地方势力膨胀、外族内迁、殖民入侵等内外因的共同作用（武涛，2012：28～31），马拉维王国逐渐走向衰落。1891年，英国成立“英属中非保护国”。1994年，马拉维首次举行总统大选，巴基利·穆卢齐（Bakili Muluzi）当选为总统，结束了马拉维一党专制的权威统治局面，进入了多党民主政治时代。马拉维实行总统内阁制。总统为国家元首、政府首脑和武装部队总司令，由全国普选产生，任期5年，可以连任一次。（商务部等，2020：4－5）。

马拉维属农业国家，被联合国确认是世界上最不发达的国家之一。2019年国内生产总值77.6亿美元。[①] 经济发展主要依靠外部援助，主要援助主体包括世界银行、国际货币基金组织、英国、美国、日本等。近年来该国坚持走“以农立国”的道路，取得了不俗的成就，经济增速曾连年（2005～2010年）保持在7%左右，被誉为“马拉维”奇迹。

2007年中马建交以来，双方高层领导互访频繁，商讨制订了全方位合作计划，中马贸易也取得了长足发展。在中非合作论坛框架下，中方自2008年7月起给予马拉维部分输华商品免关税待遇，2010年双方签署了《中国政府给予马拉维输华商品免关税待遇换文》。截至2020年11月，双边贸易额2.03亿美元，其中我国对马出口1.91亿美元。

二　语言使用状况

根据民族语网（Ethnologue）的统计，马拉维有成熟使用的语言17种，[②] 其中13种为本地语（包括马拉维手势语），4种为外来语。本地语均属于班图语系，包括契瓦语（Chichewa）、兰比亚语（Lambya）、隆韦语（Lomwe）、恩达利语（Ndali）、恩贡德语（Nyakyusa－Ngonde）、尼阿赫语

---

① 若非特殊注明，马拉维主要经济数据来自美国中情局网站，“Malawi”，https：//www.cia.gov/the－world－factbook/countries/malawi/#economy，TheWorld Factbook. CIA，2021年6月13日。

② 马拉维各语言概况，以及各语言使用人数的相关统计数字，若无特殊说明，均以民族语网数据为准，https：//www.ethnologue.com/country/MW. Ethnologue，2021年6月14日。

(Nyiha, Malawi)、尼卡语 (Nyika)、塞纳语 (Sena)、通加语 (Tonga)、图姆布卡语 (Tumbuka)、尧族语 (Yao)、祖鲁语 (Zulu)。外来语包括阿非利堪斯语 (Afrikaans)、可可拉语 (Kokola)、卡契语 (Kacchi) 和英语 (English)。

各种语言主要采用拉丁语书写系统(不含马拉维手势语),其中尼卡语和可可拉语没有书面文字,卡契语使用天城文体 (Devanagari) 和古吉拉特文两种书写系统。另外,阿非利堪斯语、契瓦语、英语、祖鲁语等在马拉维有盲文材料流通。

此外,马拉维还有部分人说其他外语,如葡萄牙语、法语等 (University of Malawi, 1999: 86)。随着中马合作的深入,汉语也逐渐进入了马拉维人民的生活之中。不过这些外语主要在特定地区或特定人群中使用,目前不足以影响马拉维语言使用的图景。

(一) 语言使用在法律中的体现

1968 年马拉维大会党规定契瓦语为马拉维国语,契瓦语和英语为马拉维官方语言。1995 年的新宪法规定:每个公民都有自由选择语言参与文化生活的权利 (*Constitution of the Republic of Malawi*, 2006: Chapter IV, 26)。1994 年以来相关法律中没有明确提到官方语言及国语的设立,也没有关于国语更改的相关条文。1996 年《国家文化政策行动计划》提出应该将契瓦语改回尼昂加语,其更适合作为马拉维国语 (转引自 Kayambazinthu, 1998: 410),但这一建议并没有得到采纳。根据马拉维国家政府网的信息,目前其官方语言为英语,而契瓦语则被称为通用语言 (common language)。

虽然马拉维现代时期很少有法律明确规定语言使用的相关问题,但在政府相关部门的规定及领导人的讲话中,也有关于语言使用的相关描述。1994 年,穆卢齐总统命令将图姆布卡语重新引入广播系统;1996 年,总统又命令将尧族语、隆韦语和塞纳语引进马拉维国家广播电台的新闻节目;1997 年,在恩卡塔湾 (Nkhata Bay) 的一次政治集会中,总统宣布将通加语也引入广播中。1995 年,内阁命令解散契瓦语委员会,成立新的语言研究中心 (Kayambazinthu, 1998: 411)。

1996 年,马拉维教育科技部(现称教育、体育和文化部)规定:在学校教育中,1 ~4 年级使用学生的母语或本地语言进行教学,英语和契瓦语作为课程科目供学生学习,从 5 年级开始,应该将英语作为教学语言

（Ministry of Edrcation，Science and Technology，1996）。这可能是迄今为止马拉维影响最为深远的语言法规，它的颁布和实施影响了整个马拉维的教育发展，也引发了极大的争议。

马拉维其他生活领域语言使用并没有明确的相关法律、法规，但在实际语言使用中也受到有关法律、规定及语言使用传统的影响，存在一定的语言使用模式。

（二）国语及官方语言使用状况

自 1968 年马拉维正式设立国语及官方语言以来，英语的使用范围变化并不明显，但契瓦语的使用状况发生了较大的变化。目前尚未有明确法规显示此两种语言法定地位的变化，因此本文依然将契瓦语和英语看作马拉维的官方语言。但由于马拉维政府网的信息，本文不讨论目前马拉维有关国语的相关问题。

在马拉维脱离英国殖民统治半个多世纪之后，英语依然代表着更“高级”的文化修养、经济地位，甚至更高的社会身份，在高等行政机构、高等教育机构、文学出版物及与“特权”相关的语场中普遍使用。全国约有 110 万人能使用英语，但只有约 1 万人将英语作为母语。契瓦语的地位虽然不如建国初期那么凸显，但由于独立初期作为新国家的象征，契瓦语在马拉维人民的语言生活中打下了坚实的使用基础，依然在马拉维人民的生活中扮演着非常重要的角色。在地方性和全国性管理、文学、文化等活动中，契瓦语及其各方言被广泛使用。全国有 1000 万人（超过马拉维人口总数的一半）能够使用该语言。

在国家事务管理中，契瓦语主要在初等法院和地方政府机构等与普通民众接触较多的单位使用；而在高级别的行政机构，如议会、高等法院等，英语则是唯一的工作语言。马拉维政府机构网站、政府文件、法律法规等都有英语版本（部分只有英语版本）。马拉维宪法甚至规定：除非个人能足够熟练地使用英语参与国会议程，否则没有资格作为议员候选人（Constitution of the Republic of Malawi，2006：Chapter Ⅵ，51），国会议事录也以英文出版发行。但在广播电视节目中，议事录精简版会用契瓦语播报（Matiki，2001：209）。因为契瓦语是大众的语言，而广播电视则是连接“精英”与大众的纽带。在地方议会，契瓦语（或本地语言）是主要工作语言；在司法领域，传统地方法院一般使用当地语言工作，其他法院或诉讼过程都以英语为工作语言，如果涉事双方不懂英语，则需要翻译官将法官的意思翻译为契瓦语传达给原告和被告（Matiki，2001：211）。

英语也是出版、传媒业的主要语言。在马拉维的19种主要报纸中，有7种报纸主要使用英语，两种主要使用契瓦语，其余的报纸以这两种语言为主，兼有其他地方语言（主要是一些公告和广告）。但在广播电视中，契瓦语的使用超过了英语（58.9% vs. 44.9%），因为广播电视也是社会、经济政策在公众中传播的最有效途径（Kayambazinthu，1998：388－391）。

在教育领域，虽然契瓦语和英语都是主要的教学语言，但事实上英语占据了强势语言的地位。契瓦语的使用主要是为了辅助英语学习，而非提升契瓦语本身的使用水平。在小学1～4年级，教学语言一般选择契瓦语或本地语言，而从5年级开始，英语既是必修科目，又是教学语言。在马拉维全国性学业水平测试（小学8年级、中学2年级和中学4年级）中，只有通过英语测试，才能获得相应的学业证书，进入下一阶段的学习（Matiki，2001：206）。到了大学阶段，英语则成了唯一的教学语言（Kayambazinthu，1998：408）。

总体来说，英语在马拉维所有语言生活领域有着和契瓦语一样甚至高于契瓦语的地位。表1展示了马拉维国内英语和契瓦语使用场景对比。

表1　马拉维英语、契瓦语使用领域情况（1968～1994年）

使用领域	契瓦语	英语
议会	－	+
法规/立法	－	+
法院：	－	+
地方法院	－	+
高级法院	－	+
初等法院	+	+
广播	+	+
电影	－	+
报纸	+	+
广告	+	+
杂志	+	+
成人识字教育	+	－

续表

使用领域	契瓦语	英语
农业技术推广	+	-
教学语言：		
小学低年级	+	-
5 年级到大学	-	+
学习课程：		
小学低年级	+	+
中学到大学	+	+
国际交流	-	+

注：+表示在此语场该语言为通用语；-表示在此语场该语言不通用。
资料来源：Kayambazinthu（1995），转引自 Kayambazinthu 1998：408。

事实上，在马拉维当今日常生活中使用英语的人数并不多，学生的英语掌握情况（和其他科目一样）并不乐观，生均占有英语书籍仅 0.5 本（The World Bank，2010：66－88）。这种现象与英语的重要语言地位极不相符。这主要是因为英语在马拉维属于少数人的语言，是“特权者”而非大众的语言。虽然英语在非正式语言使用领域的使用有所扩展，但总体来说英语还是一种“制度语言”，而契瓦语才是通用语言（Matiki，2002）。在图姆布卡语通用的北部地区，使用英语是经济、文化精英的特权。他们使用英语来表明自己的社会地位和经济优势，社会地位较低的人使用英语展示优势时可能会引来别人的不满或嘲笑。因为“英语的使用可以用来表明特权，但并不能产生特权”（McNamara，2015：460－462），这在一定程度上限制了英语的使用范围。同样，在中部、南部地区及北方部分地区，契瓦语通常是不同地区、不同民族之间交流的通用语言。

（三）民族语言使用状况

殖民统治时期，作为中、南部地区教学语言的尼昂加语及北方教学语言的图姆布卡语，除了是民族内部的通用语之外，还扮演了辅助通知的角色。其他民族语言则主要作为民族内部交流的语言使用，适用范围很少能超越民族居住区之外。直至马拉维独立后，由于契瓦语国语地位的确立，民族语言的使用一度受到挤压。

到了 20 世纪 90 年代，马拉维实施了一系列有利于民族语言推广的多元化语言政策，马拉维各民族语言的使用也进入了相对繁荣的时期。各民族语言在广播电视及教育领域地位的提升，激发了人们对自我民族身份的认同。随着语言文化保护协会的先后成立，民族语言实现了进一步的繁荣。

首先成立的是尧族语促进协会（Society for the Advancement of Chiyao）。该协会的建立推动了对尧族语言的研究，并建立了以尧族文化为特色的学校及尧族文化研究中心。同时，该协会还向议会提案，旨在将尧族语作为学校教育中的选修课来加以推广。随后图姆布卡语言文化分会（Chitumbukalanguage and Culture Sub - division）也成立了，该协会期望将图姆布卡语引进学校课程。这两个协会的成立，极大地推动了尧族语和图姆布卡语的推广。此外还成立了恩格尼复兴协会（Ngoni Revival Association），试图复活年青一代已不怎么使用的恩格尼语，团结马拉维中部和北部的恩格尼人，培养恩格尼人的民族认同感（Kayambazinthu，1998：415 - 416）。但由于恩格尼语使用人数极少，该协会的工作并没有取得很大的进展，目前恩格尼语在马拉维属于濒危语言。

目前，马拉维使用最为广泛的民族语言有尧族语、隆韦语、图姆布卡语、塞纳语、通加语等。民族语言使用呈现南北多语夹杂，中部相对统一的情景。中部九县市人民的语言生活中，契瓦语占据了绝对的优势地位，是教育、生活及社会活动等领域的通用语言（University of Malawi，2009：25 - 28）。

图姆布卡语依然是北部地区的强势语言。在以恩贡德语为强势语言的卡隆加（Karonga），以及以通加语为强势语言的恩卡塔湾，图姆布卡语的使用也仅次于当地的本土语言（University of Malawi，2006：13 - 19）。绝大多数人愿意在学校教育中将图姆布卡语作为课程科目来学习，也愿意将图姆布卡语作为教学语言。不过在奇蒂帕（Chitipa）地区，兰比亚语在各语言使用领域都优于图姆布卡语，但在广播电视、新闻报刊、法律公告及政府管理事务等公共领域，人们更倾向于使用英语或契瓦语（University of Malawi，2006：28 - 71）。

在南部地区，尧族语在曼戈切（Mangochi）和马钦加（Machinga）地区为强势语言，塞纳语在恩桑杰（Nsanje）地区为强势语言。其余 10 县市中契瓦语均为强势语言（University of Malawi，2009：18 - 24）。但与北方地区不同的是，绝大多数受过教育的尧族语使用者并不赞成将该语言作为教学语言；在广播电视、新闻报刊等领域，人们却更愿意使用尧族语

(University of Malawi, 2009：11－24)。

隆韦语是目前马拉维使用人数（3990000人）仅次于契瓦语的民族语言。语言研究中心2006年的调查显示：大多数隆韦语使用者具有较强的自我民族语言、文化荣誉感，也支持在学校教育中使用该语言（University of Malawi, 2009：18)。马拉维其他民族语言使用人数较多的还有通加语、恩贡德语等。但这些语言的使用主要集中在民族聚居区，对马拉维全国语言使用图景的影响不大。

表2是对马拉维大学语言研究中心北部地区语言使用状况调查(University of Malawi, 2006)，中、南部地区语言使用状况调查（University of Malawi, 2009)，以及马拉维大学对马拉维4种民族语言使用状况调查(University of Malawi, 1999）结果的汇总。因前两项调查中所涉及的语言种类及方言的划分存在争议，表2剔除了部分调查中列出但未被民族语网收录的语言种类。

表2　马拉维主要民族语言使用分布

地区通用语	主要使用地区	其他使用地区（从北向南）
尧族语	马钦加、曼戈切、松巴	伦比、代扎、多瓦、萨利马、恩科塔科塔、巴拉卡、布兰太尔、奇拉朱卢、姆兰杰、蒂约罗、松巴
图姆布卡语	伦比、奇姆巴	姆津巴、奇蒂帕、卡隆加、恩卡塔湾、多瓦、卡松古、曼戈切
隆韦语	蒂约罗、姆兰杰、法隆贝	巴拉卡、奇克瓦瓦、奇拉朱卢、马钦加、曼戈切、恩桑杰、松巴
塞纳语	恩桑杰	巴拉卡、布兰太尔、奇克瓦瓦
通加语	恩卡塔湾	奇姆巴、恩科塔科塔、曼戈切
兰比亚语	奇蒂帕	伦比
恩贡德语	卡隆加	奇蒂帕

总体来说，在人们的日常生活中，语言使用的选择因场景的不同而不同：人们在本语言社区内一般使用本地语言进行交流；离开地方场景后，一般会转用契瓦语进行交流。这种现象在年轻人中尤为明显，而年长者则表现出更高的本族/地语言忠诚度（University of Malawi, 2006：29－33)。这种现象也普遍存在于中、南部地区，但在诸如开幕仪式、婚礼、葬礼等传统活动中，人们往往倾向于使用当地传统语言（University of Malawi,

2009：29－30）。

（四）外语使用状况

马拉维使用的外语主要有可可拉语、卡契语、阿非利堪斯语、希腊语、葡萄牙语、古吉拉特语、阿拉伯语及汉语等。

可可拉语属于隆韦语的一个分支，马拉维东南部约有 20 万人、全国约有 31.9 万人使用该语言，是马拉维使用人数最多的外语。在姆兰杰及法隆贝部分地区，传统正式场合中可可拉语的使用人数也较多。此外，在卡隆加与坦桑尼亚接壤的部分地区，有少数人使用斯瓦希里语。其他外语使用人数均在 1 万人以下（除葡萄牙语使用人数约 1.8 万人）。

民族语网并没有将汉语列入马拉维外语使用名录，但马拉维自独立之初就与华人有一定的政治、经贸往来。2007 年中马建交以来，在中非合作日益蓬勃的背景之下，由于华人、华侨在马拉维发展建设中的广泛参与，以及中马在教育领域的交流与合作，汉语在马拉维有了快速发展。“马拉维《民族报》记者伊冯妮·孙杜说：‘中国提供了之前达不到的机遇。’包括马拉维在内的非洲大部分国家，那些希望学业深造的人之前都是优先前往英国或美国。自中国开放之后，他们偏爱中国。”① 至 2018 年 9 月，有超过 1000 人在马拉维大学孔子学院学习过汉语。

随着中非合作的进一步深入，中马政治合作的良好发展，以及经贸合作的快速成长，汉语在马拉维的使用人数日益增长，在马拉维国民日常生活中也会扮演越来越重要的角色。

三　语言管理概况

马拉维语言管理历史悠久，从殖民统治时期开始，欧洲传教士及殖民统治当局就对马拉维的语言使用进行了有目的的规划与管理。和非洲其他国家一样，独立后的马拉维为了团结人民，树立统一的国家民族身份，也出台了相应的语言法规。马拉维进入现代民主政治制度后，语言法规也随之发生了变化。

---

① 参考消息，法媒称马拉维人掀学汉语热潮：以前优先去英美现在首选去中国，2018－09－06，http：//www. cankaoxiaoxi. com/world/20180906/2321329. shtml，2022 年 2 月 11 日。

（一）国家语言政策的发展变革

1. 南北分裂的语言政策

在殖民统治初期，由于殖民统治、传教活动及教会教育的影响，马拉维基本上形成了北部地区以图姆布卡语、南部地区以尼昂加语为通用语的语言使用格局。1918 年，统治当局出于管理成本及经济利益的考虑，将尼昂加语作为全国范围内所有学校都使用的教学语言。普通教育委员会（Ordinary Committee on Education）采用该建议，规定将尼昂加语在所有民办公助学校（assisted school）设为必修课，而在本地小学，应该不晚于三年级起开设尼昂加语课程。同时，教育咨询委员会（Advisory Committee）采取语文及教科书委员会（Language and Textbook Committee）的建议，规定在所有公立学校及民办公助学校，应于学生就读四年级前将尼昂加语作为教学语言（Young H.，1934）。

同时，为了消除尼昂加语各方言之间的差异，英国殖民统治当局于 1931 年成立了专门的委员会来推进此项工作。同年，推出了尼昂加语书写规则。1945 年，菲尔普斯·斯托克委员会（Phelps – Stoke Commision）接管了该项工作，并在非洲出版署（African Publications Bureau）的邀请下重新召集了大会（Kayambazinthu，1998：401），重拾由于社会动乱而一度中断的尼昂加语标准化工作。

然而，由于北部地区图姆布卡语的广泛使用，以及北部教会活动的需求，这一政策在北部地区遭到严重排斥。最终，英国政府决定于 1936 年 6 月 22 日在松巴市举行圆桌会议，商讨北部地区通用语的问题。会议决议支持鼓励尼昂加语成为马拉维国内通用语，但同时也认为不应该抑制其他语言的使用（Kayambazinthu，1998：400）。

2. 统一的国家语言政策

1964 年 7 月 6 日，马拉维脱离英国殖民统治宣布独立，海斯廷斯·卡穆祖·班达（Hastings Kamuzu Banda）就任总统。班达总统沿用了殖民时期的语言政策，将图姆布卡语、尼昂加语作为学生早期教育的教学语言，并继续将这两种语言作为马拉维的官方语言。

到了 1968 年，这一语言政策发生了根本性变化。在这一年的马拉维国民大会党年会上，班达总统以加强国家统一为由颁布法令，规定：马拉维将尼昂加语作为国语；尼昂加语更名为契瓦语；契瓦语和英语是马拉维的官方语言；地方性语言可以继续在当地人日常生活中使用（Malawi Congress Party，1978：6）。这意味着作为北部地区通用语以及教学语言的图姆布卡语的衰落。自此，图姆布卡语也从大众媒体中消失了，而契瓦语的使用受到了多个政府部门的政策支持。

马拉维教育与文化部（Ministry of Education and Culture）规定：①从1969～1970学年起，所有小学以及师范学院均需开设契瓦语课程；②任何教育证书的取得都需要修习英语课程；③在小学教育的前三年，应将契瓦语作为教学语言，英语作为课程来学习，到了小学三年级之后直至大学，英语逐渐取代契瓦语成为教学语言；④在初等教育的最后五年，英语是唯一的教学语言，同时契瓦语作为必修科目来学习，到了大学教育阶段，契瓦语则作为选修科目来学习（Kayambazinthu，1998：401）。

1972年，契瓦语工作委员会（Chichewa Board）在马拉维大学成立，负责契瓦语的本体规划，主要工作包括：编纂契瓦语词典，以替代殖民时期所编纂的、包含众多曼甘加方言的契瓦语词典；为教育、媒体及出版行业契瓦语的使用提供指导与帮助；进行契瓦语标准化研究，并将研究结果转化为实用成果，反映在媒体、出版物以及教育材料中（Kishindo，1990：67）。

契瓦语工作委员会同时也负责马拉维国家电台契瓦语教学节目。当时马拉维国家电台制作并播出了众多契瓦语教学节目，在这些教学节目中，契瓦语工作委员会人员会为听众提供相关语言问题的解决办法，以此来推动契瓦语的标准化和传播工作。

3. 多党派民主政治下的语言政策

1994年，来自马拉维南部的尧族人巴基利·穆卢齐作为联合民主阵线（United Democratic Front）总统候选人赢得大选。1995年新的宪法开始实施，马拉维自此成为多党派总统内阁制国家。新宪法赋予人民自由使用语言的权利（Constitution of the Republic of Malawi，2006：Chapter Ⅵ，26）。

Moyo（2001：6）称，此时期除了契瓦语和英语外，图姆布卡语、通加语、尧族语、隆韦语以及塞纳语也成了马拉维的官方语言。但事实上，1995年开始实施的宪法及1996年联合民主阵线政府的教育政策文件均未提及马拉维的官方语言（Kayambazinthu，1998：410）。1997年发行的《马拉维2020远景规划》也并没有涉及语言问题（Kretzer & Kumwenda，2016：29）。但是这并不意味着此时的马拉维没有实施显性语言政策。1994年，穆卢齐总统宣布在广播节目中重新使用图姆布卡语；1996 年，总统又宣布在马拉维广播公司电台节目中使用尧族语、隆韦语、塞纳语；1997 年，总统规定又将通加语引入广播节目中（Kayambazinthu，1998：411）。

1996 年教育部出台规定，学校教育中，1～4 年级所有课程（除契瓦语和英语外）都使用学生的母语或本地语言进行教学，从 5 年级开始，英语将逐步取代母语/本地语作为教学语言。而契瓦语在中、小学阶段则作为课程科目来学习。在这种语言政策下，从小学 5 年级开始，除契瓦语课程外，所有课程的教学与测试均以英语进行；不管学生攻读何种级别的学位，英语在大学一年级是必修课（Kretzer & Kumwebda，2016：29－31）。

同时，为了推动各民族语言的复兴与发展，内阁 1995 年决定由语言研究中心（Centre for Language Studies）替代契瓦语工作委员会从事相关工作。语言研究中心的任务主要包括：为马拉维各语言建立书写规则、编纂各语言词典、研究整理各语言的描写性语法；负责马拉维各语言的促进及保护工作，以及与马拉维社会经济、政治相关的语言教学，并促进相关语言研究；同时也提供各语言的翻译、编辑、课程、咨询等服务。[①]

随着人们对语言权利、语言生态及语言作为资源的重视，马拉维未来可能会继续开展对各民族语言的保护工作。同时，由于在赞比亚和莫桑比克的大量使用（在这两个国家该语言被称为尼昂加语），作为地区通用语的契瓦语依然会保持其重要地位。英语的地位因受到全球化发展趋势的影响可能会进一步提高。另外，随着中国与非洲各国的合作与交流及“一带一路”倡议的推进，汉语也会在马拉维人民的生活中扮演越来越重要的角色。

（二）语言管理机构

殖民统治时期马拉维负责语言相关工作的部门主要有普通教育委员会、教育咨询委员会、语文及教科书委员会等。1931 年成立的语言本体规划机构后来由菲尔普斯·斯托克委员会接管，这是马拉维历史上第一个专门的语言管理机构。

独立后的马拉维于 1972 年在马拉维大学成立了契瓦语工作委员会，负

① Center for Language Studies，University of Malawi，2007－11－26，http：//unima－cls.org/pmwiki/pmwiki.php/Main/WikiSandbox，2021 年 6 月 11 日。

责契瓦语的语言本体规划，同时在广播电视节目中制作、参与契瓦语教学节目，以此来影响契瓦语的语言习得规划。这是马拉维独立后最重要的语言管理机构。该机构于 1995 年解散，1996 年由马拉维大学成立的语言研究中心取代，主要负责为马拉维各种语言建立或改进书写、语法、词汇系统，推进相关语言研究，提供语言翻译、编辑等服务。

目前，随着描写主义语言学的盛行及民主政治和多元文化的发展，语言研究中心主要负责马拉维各种语言使用状况的调查研究，并于 1999 年完成了马拉维四大民族语言社会语言学调查，2006 年和 2009 年分别推出了《马拉维北部地区语言使用调查图谱》和《马拉维中、南部地区语言使用图谱：各语言及其方言》。

（三）社会各领域的语言管理

在马拉维社会语言生活中，不同领域对于语言使用的管理各不相同。一些领域有明确的法律条文规定，一些领域语言使用主要受传统习俗的影响。

在行政领域，虽然 1968 年规定契瓦语和英语均为官方语言，但如上文所述，由于马拉维宪法规定国会议员应具备熟练使用英语的能力，在马拉维政府管理领域英语占据了绝对的强势语言的地位。在外交、国际贸易、跨文化传播等领域，英语的使用也更为频繁（Moyo，2001：5）。

在教育领域，马拉维目前主要执行 1996 年教育科技部关于以母语为教学语言的相关规定。中、南部地区主要以契瓦语为教学语言，也有极少数地区同时以契瓦语、图姆布卡语、通加语及尧族语为教学语言，并在高年级学习中将这些地方语言作为科目来学习（University of Malawi，2009：37）。北方地区五县市最为流行的教学语言是图姆布卡语，另外还有兰比亚语、通加语以及恩贡德语，这些地方语言在高年级依然作为课程科目供学生学习（University of Malawi，2006：25）。但在小学五年级及更高年级的教学活动中，英语仍然是主要的教学语言。

在广播传媒中，由于穆卢齐总统在 1994 年至 1997 年之间引入了地方语言，打破了过去唯英语和契瓦语的局面，但民族语言在传媒中的使用仅仅局限于部分公告、通知及商业广告，并没能改变语言使用的传统局面。

在文化传播及其他生活领域，马拉维并没有关于语言使用的相关规定。人们的语言使用主要受到其他语言使用领域相关规定的影响。

（四）语言管理的经验与教训

马拉维从殖民统治时期第一次官方语言政策的推出，到独立后国语的确立，再到现代时期零散的语言相关政策的颁布与实施，呈现出从二元政策、一元政策到多元政策的变化特征。在这种变化中，马拉维各民族及国家民族的身份认同通过语言政策得到了一定的强化与凸显。这种民族身份认同的凸显对马拉维社会、经济、政治的发展起到了一定的推动作用。

1. 马拉维语言管理的特征与经验

（1）依据地区通用语言，实施南北二元语言政策，塑造地区民族身份

殖民统治当局于1918年在中、南部地区将尼昂加语作为通用语言。该语言广泛的使用基础、较高的政治地位及使用该语言带来的经济回报等优势影响着当地人民的民族身份认同，这是尼昂加语成为地区通用语言的基础要素（Kayambazinthu，1998：401）。而这些优势因素对民族身份认同的强化又促进了该政策的实施，进一步凝聚了当地人民，增强了其民族身份认同，为马拉维现代独立国家的建立埋下了伏笔。同时，通用语言的使用大大降低了殖民统治当局的政治、经济管理成本，提升了政府运行的效率，在一定程度上促进了当时社会的发展。通用语言的实施也潜移默化地统一了尼昂加语各方言变体之间的差异，为马拉维独立后契瓦语成为国语及官方语言打下了现实基础。

而由于北方地区通用语言图姆布卡语广泛的语言使用基础，统治阶层也及时调整了将尼昂加语作为通用语言的政策，尊重地区原有的语言使用传统，仅在该区域鼓励尼昂加语的通用语言地位。这样的做法避免了激化南北矛盾，降低了统治成本，维护了社会稳定，有利于社会、经济、文化的发展。

（2）一个国家、一种语言，塑造统一国家的国家民族身份

1964年马拉维独立后，需要迅速建立起新的国家形象，“一个国家、一种语言”最有利于国家民族形象的树立。班达总统将契瓦语定为国语及官方语言的规定在很大程度上满足了新独立国家的这一需求，其“用立法的形式确定国家的国语、官方语言和其他语言的法律地位，从而保障公民使用语言的合法权利”（王辉、王亚蓝，2016：24）。这一时期的马拉维契瓦族人数最多，最能代表马拉维作为一个独立国家的民族身份，其所承载的民族文化传统也最具代表性。另外，原尼昂加语的使用地区主要集中在政治、经济中心，将契瓦语设为国语、官方语言可以在最大程度上节省国家政治、经济成本，有利于独立后的国家迅速步入正轨。而学习契瓦语带来的政治、经济回报也可以激励更多人民投身于国语的学习之中。契瓦语国语、官方语言地位的确立，推动了马拉维新兴统一、独立国家形象的建立，塑造了统一的国家民族身份，促进了国家民族身份的认同。而这种国家民族的身份认同，反过来也加速了该时期语言政策的实施。同时，契瓦语标准化工作的进行消除了契瓦语各方言间的差异，也间接地消除了方言所象征的言语地区心理地位的差异。

（3）多党派民主政治制度呼唤多元化语言政策

到了20世纪90年代初，随着东欧剧变和苏联解体，多党派民主政治影响骤增，各民族身份认同需求下的“多语共存”则是这一影响在语言使用领域的反映。在马拉维相对稳定的政治环境下，人民对于国家民族身份的认同需求逐渐不再那么强烈。因为民族身份认同主要是对自我与外部主、客观差异的认知，而统一国家由于长期的政治稳定，并不存在自我民族与外部民族的差异认知。当与外部的差异不再重要的时候，内部差异就会凸显。这一时期对于民族身份认同的需求由统一的国家民族身份认同逐渐转化为马拉维各民族内部与国内其他民族之间的差异，而新时期多元化的语言政策正是对这种民族身份认同需求的迎合。同时，各民族语言地位的提升也是多党派民主政治与过去一党专政政治体制差异的体现。新时期民族语言如图姆布卡语、尧族语、隆韦语、塞纳语等地位的提升，是民族平等的象征，有利于马拉维新时代民主政治的推进，从而促进社会的发展。

2. 马拉维语言管理中的问题与教训

马拉维语言政策的制定与实施虽然取得了一定的成效，但这些语言政策的制定主要受到政治、经济等因素的影响，缺乏语言管理机构、专家的科学指导，从而造成政策实施不畅、无法取得预期效果等不利后果。

（1）缺乏科学论证，妨碍政策实施

马拉维三个时期的语言政策制定都存在对语言使用现实、语言政策实施条件考虑不足的状况，因此在很大程度上妨碍了政策的实施。

殖民统治当局将尼昂加语作为通用语的语言政策，由于没有充分考虑到地区民族构成、语言使用基础的实际情况等，在北方地区遭到了强烈反对，形成了南、北相异的二元语言政策，在一定程度上增加了统治成本。

同样，马拉维现代时期的语言管理之中也存在这样的问题。穆卢齐总统先后宣布将部分少数民族语言引入广播电视系统之中，但这一行为并没有取得实际的成效。当今马拉维北部伦比县依然有部分人声称，比起以契瓦语和英语为主要语言的马拉维广播电台，他们更多收听的是以图姆布卡语为主要语言的赞比亚齐卡亚（Cikaya）电台（University of Malawi，2006：22）。当然最具争议的还是马拉维的教育语言政策，Mtenje 总结了马拉维母语教育语言政策的不足之处：缺乏对语言现实的考虑（如语言材料、教师储备等）、缺少政府机构的参与、大众对本族语言重要性认识的不足等（2001：152－158）。这些政策制定中存在的问题导致了马拉维教育领域语言使用处于比较混乱的局面，不利于国家教育、社会文化等各方面的发展。

（2）语言地位规划不明，语言使用场合混乱

此外，马拉维目前语言政策中有关国语、官方语言及相关民族语言的法定地位模糊不清，不利于国家行政事务的管理。新时期马拉维民族语言地位的变化主要体现在穆卢齐总统的讲话和教育部的相关规定中。但在实际语言使用中，这些民族语言由于受语言人才、语言材料的缺乏以及民众消极的语言态度等因素的影响，其地位的提升更具政治象征意义。这种政策设计与现实状况相异的情况，既不利于国家政治管理效率提升，也不利于民族语言的发展与传承。

这一问题在马拉维国语和官方语言的定位中更为明显。建国初期作为马拉维国语的契瓦语主要流通于基层群众之中，而英语却是国家管理的主要语言。另外，马拉维新时期相关语言政策均未提及国语问题，也未提及国家官方语言的变化。但根据马拉维政府网的信息，目前马拉维的官方语言为英语，契瓦语已经变化为其通用语言。这种与之前相关规定相矛盾的局面导致了契瓦语和英语的使用语场含混不清。在人民群众的实际语言生活中，契瓦语一般是不同地区之间人们交流的通用语言，但官方层面却在政府事务管理中更多地使用英语。这种语言使用分布导致马拉维政府政策上下传达不畅，妨碍国家事务管理，同时也不利于马拉维国家民族形象的树立。

（3）语言生态重视不足，语言资源保护乏力

除了语言政策制定过程中存在的问题，马拉维语言管理进程中也存在对语言生态的重视不足和忽视语言资源保护的问题。比如马拉维独立之初统一的语言政策就不利于语言生态的建设，也不利于各少数民族语言、文化的传承与发展。由于独立初期国家民族身份认同的强烈需求，这一政策得到了很好的实施，但这种政策虽然“从本国传统语言中找到了一种国家语言”，其“提升某一人群（契瓦族人）的利益而牺牲（了）别的人群的利益”（赖特，2012：71）。这种牺牲在国家民族身份认同需求强烈的建国初期似乎并不明显，但随着国家政治的稳定发展，以及多党派民主政治的推进，各民族群体对自我民族身份认同的需求高涨并逐渐凸显出来。进入现代时期以来，虽然穆卢齐总统在几次讲话中提出了将图姆布卡语等民族语言引入广播系统，但事实上马拉维广播电视中相关地区民族语言的使用仅仅局限于部分广告及新闻节目。马拉维广播公司所有节目中，非英语和非契瓦语节目只占到总播出时间的6.4%。而且民族语言节目主要是新闻公告或者商业广告，并且这些节目都是从英语或契瓦语节目翻译过来的。广播电视节目中基本上没有与民族语言文化相关的节目。这样的节目虽然使用了民族语言，但并不利于民族文化的传播（Manda，2006：38－39），也不利于国家语言生态的平衡发展。目前，马拉维各民族语言复兴协会的成立在一定程度上对语言生态建设、语言资源梳理与利用产生了一定的积极作用，但这尚需官方力量的介入，唯有如此才能更好地完善语言生态的建设及语言资源的保护、开发及利用。

虽然目前世界各地语言政策对少数民族语言的保护在逐渐加强，语言学界也普遍认为语言多样性是有益的，但由于马拉维部分少数民族语言使用人数不多，使用范围较小，同时也受到政治、经济等因素的影响，马拉维一些少数民族语言可能会继续面临濒危的处境。这种状况的改变，除了需要语言学界人员的参与之外，还需要国家管理阶层制定、发起相应的语言保护政策、项目等的支持。

四　总结与展望

语言管理涉及一个国家（地区）的社会发展、政治制度、历史渊源、文化传统等方方面面，是一个非常复杂的过程。在马拉维语言管理的历史进程中，统治阶层的相关语言政策取得了一定的成就，但也出现了一些问题。这些问题的出现，有政策制定程序的原因，也有社会政治、历史因素的原因，还有对语言生态、语言资源认识不足的原因。但客观调查、科学论证的语言政策制定程序并不能保证语言政策取得相应的成果，语言使用的历史状况、民族人口数量、人员迁徙等因素的变化等，都影响着语言政策的实施效果。

针对目前马拉维语言管理中存在的问题，首先，语言管理机构应该学习该方面相对成功的国家（地区）的先进经验，要明确各种语言（尤其是国语和官方语言）的法定地位，而不能像过去那样，“靠政府文件和领导人讲话的方式来显示贯彻”（李宇明，2021：22）。明确的国语和官方语言有助于国家民族身份的确立，而明确的民族语言地位是民族语言、文化传承与发展的法律保障。同时要鼓励通过相关语言生活，在语言使用中保障民族语言的传承；也要加强民族身份认同，激发语言认同，从而增进民族群体的归属感（姚敏，2021：15～16）。

其次，语言管理相关机构应坚持语言政策制定的科学流程，为民众各语言使用领域提供全流程、全方位的语言服务。根据各语言的法定地位及使用状况，为相关语言政策的实施培训语言人才，准备语言材料，通过各种宣传活动，大力推广普及相关语言政策（如中国的普通话推广活动），改变人们的语言态度，形成相关语言使用社区，激发相关语言产业。如通过各种语言活动，从语言魅力，语言所传达的思想、情感等方面唤起民众学习语言、使用语言的热情。因为“一种语言的（发展与）传承……没有这种语言的应用，没有开展这种语言生活的土壤，语言（发展与）传承也很难得以延续”（姚敏，2021：17）。

最后，国家有关语言管理/服务机构应该贯彻现代语言治理的新理念，从宏观、中观和微观三个层面……多主体、多向度和多层面推动国家语言治理能力（王辉、周智婉，2021），充分利用现代化技术，遵循“政治性、人民性、战略性、科学性、先进性”的特征（项开喜，2021：398～400），加强民族语言资料整理，梳理民族语言中的传统民族文化，为民族语言及民族文化的繁荣提供客观条件，为语言生态建设，语言资源保护、开发和利用贡献力量。

参考文献

[1] 李宇明，2021，《新世纪20年的中国语言规划》，《北华大学学报》（社会科学版）第1期，第21～23，150页。

[2] 商务部国际贸易经济合作研究院，中国驻马拉维大使馆经商处，商务部对外投资和经济合作司，2020，对外投资合作国别（地区）指南——马拉维（2020版），chrome - extension：//ibllepbpahcoppkjjllbabhnigcbffpi/http：//www.mofcom.gov.cn/dl/gbdqzn/upload/malawei.pdf。

[3] [英] 苏·赖特，2012，《语言政策与语言规划——从民族主义到全球化》，陈新仁译，商务印书馆。

[4] 王辉、王亚蓝，2016，《"一带一路"沿线国家语言政策概述》，《北华大学学报》（社会科学版）第2期，第23~27页。

[5] 王辉、周智婉，2021，《从治理到"智理"：提升国家语言治理能力的新路向》，《中国社会科学报》2021年7月9日，第4版。

[6] 武涛，2012，《马拉维国家缘起、演变、发展史研究》，硕士学位论文，云南大学。

[7] 项开喜，2021，《中国共产党与百年语言文字事业》，《中国语文》第4期，第387~401，510页。

[8] 姚敏，2021，《马来西亚华人社会、华语社区与华语传承》，《语言战略研究》第4期，第11~18页。

[9] *Constitution of the Republic of Malawi* (2006). chrome - extension: //ibllepbpahcoppkjjllbabhnigcbffpi/http: //www. malawi. gov. mw/index. php/proud/documents/. constitution - of - the - republic - of - malawi? download = 44: constitution - of - malawi.

[10] Kayambazinthu, E. (1998). The Language Planning Situation in Malawi. *Journal of Multilingual and Multicultural Development*, (19), 369 - 439.

[11] Kishindo, P. (1990). A Historical Survey of Spontaneous and Planned Development of Chichewa. In I. Fodor and C. Hagège (Eds.) *Language Reform: History and FutureV* (pp. 59 - 82). Hamburg: Helmut Buske.

[12] Kretzer, M. M. & Kumwenda, J. I. (2016). Language Policy in Malawi: A Study of its Contexts, Factors for its Development and Consequences. *Marang: Journal of Language and Literature*, 27, 20 - 28.

[13] Malawi Congress Party. (1978). *Annual Convention Resolutions* 1965 - 1983. Blantyre: Department of Information.

[14] Manda, L. Z. (2006). *National Broadcasting in Malawi: Recommendations for the Transformation of MBC and TVM into Public Braoadcasters.* https: //www. academia. edu/2948425/National_ Broadcasting_ in_ Malawi_ Recommendations_ for_ the_ transformation_ of_ MBC_ and_ TVM_ into_ Public_ Broadcasters.

[15] Matiki, A. J. (2001). The Social Significance of English in Malawi. *World Englishes*, *(20)*, 201 - 218.

[16] Matiki, A. J. (2002). *Language Planning and Linguistic Exclusion in the Legislative Process in Malawi.* chrome - extension: //ibllepbpahcoppkjjllbabhnigcbffpi/http: //www. linguapax. org/wp - content/uploads/2015/07/CMPL2002_ T1_ AMatiki. pdf.

[17] McNamara, T. (2015). English, Community and Opportunity in Northern Malawi. *The*

Australian Journal of Anthropology, 26 (3), 456 – 469.

[18] Ministry of Education, Science and Technology. (1996). *Use of Mother Tongue as a Medium of Instruction in Standards* 1, 2, 3 *and* 4: *Circular Letter ref. no in/2/14*, 28*th March* 1996. Lilongwe: Ministry of Education, Malawi.

[19] Moyo, T. (2001). The Changing Language Policies and Reversing Language Roles in Malawi: From Colonial Times (1891 – 1964) to the Present. *Per Linguam* 17 (2): 1 – 11.

[20] Mtenje, A. (2001). Developing a Language Policy in an African Country: The Case of Malawi. https://doi.org/10.1515/9783110891614.147.

[21] National Statistical Office. (2019). 2018 Malawi Population and Housing Census: Main report. chrome – extension: //ibllepbpahcoppkjjllbabhnigcbffpi/http: //www.nsomalawi.mw/images/stories/data _ on _ line/demography/census _ 2018/2018% 20Malawi% 20Population% 20and% 20Housing% 20Census% 20Main% 20Report.pdf.

[22] The World Bank. (2010). *The Education System in Malawi*. Washington DC: The World Bank.

[23] University of Malawi. (1999). Sociolinguistic Surveys of Four Malawian Languages: With Special Reference to Education. http: //unima – cls.org/Docs/soclingsurvey.pdf.

[24] University of Malawi. (2006). Language Mapping Survey for Northern Malawi. chrome – extension: //ibllepbpahcoppkjjllbabhnigcbffpi/http: //unima – cls.org/Docs/MappingNorthernMalawi/lm – northernmalawi.pdf.

[25] University of Malawi. (2009). Language Mapping Survey for the Southern and Central Regions of Malawi: Languages and their Dialects. chrome – extension: //ibllepbpahcoppkjjllbabhnigcbffpi/http: //unima – cls.org/Docs/MappingCentralSouth Malawi/MappingSurveyCentralSouth.pdf.

[26] Young, H. (1934). *To Cunliffe – Lister, A Letter from Government House*, 9 *February* 1934. In P. R. O. C. O. 523/153.

毛里求斯*

一　国家概况

毛里求斯共和国（The Republic of Mauritius），面积 2040 平方公里（包括属岛面积 175 平方公里）。位于非洲大陆以东、印度洋西南部。西距马达加斯加约 800 公里，距肯尼亚蒙巴萨港 1800 公里，南距留尼汪 160 公里，东距澳大利亚 4827 公里。海岸线长 250 公里。16 世纪初，葡萄牙探险队占据现在的毛里求斯和留尼汪诸岛，取名为马斯克林群岛。1598 年荷兰人占领该岛，并以荷兰君主“毛里求斯”命名。1715 年法国占领毛岛并改名为“法兰西岛”。1814 年成为英国殖民地，并被重新命名为“毛里求斯”。1961 年 9 月实行自治。1968 年 3 月 12 日宣布独立，实行君主立宪制，英国女王为国家元首，总督代表其行使权力。1992 年 3 月 12 日改为共和制，实行议会制。总统为国家元首，系礼仪性职务，总理掌握行政实权。

毛里求斯是非洲经济发展较好的国家之一，在世界经济论坛 2016 ~ 2017 年“全球竞争力排名”中，毛里求斯居第 46 位，在非洲国家位列第一。2020 年国内生产总值达 121.86 亿美元，人均国内生产总值为 9671.43 美元。

毛里求斯没有世居族群，目前人口约 126.6 万人（2018 年底数据）。居民主要由印度和巴基斯坦裔（69%）、克里奥尔人（欧洲人和非洲人混血，27%）、华裔（2.3%）和欧洲裔（1.7%）组成。①

---

* ［作者简介］刘岩，教授，博士，浙江师范大学应用语言学研究所所长。研究方向：现代汉语语法、国际中文教育、中外文化交流。

① 以上数据均来自中华人民共和国外交部网站，http://www.fmprc.gov.cn/web/gjhdq_676201/gj_676203/fz_677316/1206_678164/1206x0_678166/。

二 语言使用状况

毛里求斯的官方语言是英语，但是，克里奥尔语在80.5%的人口日常交往中使用，比哈尔语（Bhojpuri，印度的一个民族语言）在日常交往中的使用率为12.1%，法语占3.4%，英语虽然是毛里求斯的官方语言（也是学校的官方教学语言），但在日常交往中所占的比例不到1%。[①]

（一）克里奥尔语

毛里求斯绝大多数人口的母语是克里奥尔语。从17世纪开始，大量非洲奴隶被贩卖到毛里求斯，非洲奴隶没有自己统一的语言，为了彼此能沟通，他们就开始使用一种以法语词汇为基础的混合语言进行交流，经过几代人的使用和传承形成了今天在毛里求斯普遍使用的克里奥尔语。毛里求斯克里奥尔语借用大量的法语词汇，语法方面却与法语大相径庭，法语主要靠屈折手段来表达时、体、态等语法范畴，可是毛里求斯克里奥尔语常常用动词前的黏着成分来表达这些。毛里求斯的官方数字表明，80.5%的人口在日常交往中使用克里奥尔语，其实克里奥尔语在几乎整个毛里求斯人口当中普遍使用，只是有些人不愿意承认他们的家庭语言是克里奥尔语而已。

根据2010~2015年政府计划，即鼓励使用母语进行教学和学习，教育部于2010年8月组织了一次全国论坛，讨论把毛里求斯克里奥尔语引进到学校教育的建议。2010年10月27日，毛里求斯教育部成立了克里奥尔语学院（Akademi Kreol Morisien），旨在为毛里求斯克里奥尔语制定标准（语法、正字法等）；确定书写系统；制定指导课程大纲和进行教师培训；规划语言的推广与发展。克里奥尔语学院成立以后组织专家制定克里奥尔语正字法，整理克里奥尔语语法，编写克里奥尔语字典等。2011年4月，毛里求斯克里奥尔语正字法（Lortograf Kreol Morisien）正式发布。2011年5月，毛里求斯克里奥尔语语法（Gramer Kreol Morisien）正式发布。同年还修订和再版了2009年出版的毛里求斯克里奥尔语词典（Diksioner Morisien）。2012年，克里奥尔语作为选修课被引入小学一年级的课程，有

---

① Education & Human Resources Strategy Plan 2008 - 2020, The Ministry of Education, Culture and Human Resources, 2009.

3113 名学生选择该科目。2017 年克里奥尔语成为小学毕业（Certificate of Primary Education）的考试科目之一。毛里求斯教育学院专门成立了一个克里奥尔语教研室，负责毛里求斯小学克里奥尔语教学大纲的制定和教材的编写工作。①

目前，毛里求斯克里奥尔语虽然有了自己的正字法、语法书和词典等，人们也越来越重视克里奥尔语作为毛里求斯母语的重要地位，可是克里奥尔语仍然只是人们日常生活的语言，只在非正式场合使用。

（二）法语

法语是毛里求斯 3.4% 的人口的母语。这些说法语的人口多数是 1715 年以后来到毛里求斯的法国殖民者的后裔。他们的祖辈多数是甘蔗种植园主，现在他们在毛里求斯的经济地位仍然很高，在各个经济领域都有投资。除了这些法裔居民，毛里求斯大多数人口都或多或少能说些法语。法语也是毛里求斯主要的媒体语言，毛里求斯 80% 的报纸用法文出版，绝大多数广播用法语播报新闻，当然在很多电视节目和广播节目中同时使用英语、法语、印地语、汉语和克里奥尔语。

自从法国占领毛里求斯后，法语对毛岛的文化产生了深远的影响。毛里求斯克里奥尔语是在法语的基础上产生的。1773 年，南半球最古老的法文报纸“Annonces, Affiches et Avis Divers des Iles de France et de Bourbon”在毛里求斯诞生（Nirmal, 2015：12）。目前法语是毛里求斯媒体的主要用语，尤其是纸媒，毛里求斯作为英国的前殖民地，这在英联邦国家中是独一无二的。虽然从 1814 年开始，法国就把对毛里求斯的统治权让给了英国，但当时法国和英国签署了一份《巴黎协定》，其中第 7 条规定，英国统治毛里求斯后所有人口可保留原有的语言、习惯和传统。所以所有的法文报纸，还有以法语为基础的克里奥尔语，甚至学校教育都一直沿用法语。进入 20 世纪，每次技术革新，法文媒体都走到前头，是媒体的主角。1908 年“Le Mauricien”创办，1963 年“L’Express”创办，1978 年该报每期增加到 12 版。不论是彩色报纸阶段，还是今天的互联网阶段，法文媒体都是最活跃的，现在“L’Express”网站每天有 30 万的浏览量。直到 20 世

① Education Reforms in Action 2008 - 2014: Learning for Life, Ministry of Education and Human Resources, 2014.

纪中叶，毛里求斯都被寡头集团控制着，法语是上层社会的语言，在毛岛有相当高的地位。另外，克里奥尔语与法语接近。所有这些因素，导致法语今天在毛里求斯的地位，法文媒体一直有着精英阶层的支持和广泛的群众基础。1993 年，“法语国家组织领导人会议”在毛里求斯召开，① 这也标志着毛里求斯是一个法语国家。2015 年 9 月，毛里求斯政府举行“法国人到达毛岛 300 周年”纪念活动，② 这些都不断地强化着法语在毛里求斯的地位。

（三）英语

英语是毛里求斯的官方语言。③ 毛里求斯的政府、行政部门、教育部门都要说英语，英语也是各种正式和官方事务的语言。1814 年，英国人占领毛里求斯，尽管毛岛上没几个人会说英语，但英语还是成了毛里求斯的行政语言。直到现在毛里求斯的普通民众英语能力都很差，多数人只会说些英语单词。在毛岛，受过教育的人在书写方面英语往往好于法语，接受的教育水平越高，其英语的水平也就越高，大多数大学生英语水平都不错。目前，把英语作为家庭语言的多数为中产以上的家庭，或者是大部分家庭成员已经移居海外的家庭。目前在毛里求斯的英国人后裔并不多，从 19 世纪开始，移居毛岛的英国殖民者和他们的后裔一直被法语人群包围着，他们的母语逐渐被法语取代，就连他们的姓名也是按照法语发音的，所以现在只能从人们姓名的拼写上去判断谁是英国人的后裔。现在，英语在毛里求斯是学术和教育领域的语言，而在戏剧、电影还有媒体等文化领域，人们更倾向于使用法语。

（四）比哈尔语

比哈尔语是毛里求斯另外一种重要的语言，是 12.1% 毛里求斯人的母语。说比哈尔语的毛里求斯人的祖先是来自印度比哈尔省（Bihar）的劳工移民的后裔。现在毛里求斯的比哈尔语跟印度比哈尔省的语言差别已经非

---

① Fifth Summit of Francophonie (1993), Grand Bay, Mauritius.

② Government Gazette (2015) Cabinet decisions, Conseil des Ministres, Government of Mauritius.

③ 在毛里求斯的宪法里没有明确规定国家的官方语言，只是在宪法第 49 条中有如下表述：议会的官方语言应该是英语，但代表可以用法语发言。

常大了。比哈尔语曾经是印度裔毛里求斯人的通用语言，可是这种语言正在一点点地被克里奥尔语取代。1990 年的时候，毛里求斯还有 20% 的人说比哈尔语，到了 2000 年的时候就缩减到 12% 左右了。目前说比哈尔语的人多数是偏远山区的老人，他们的子女有 50% 是说双语的，即比哈尔语和克里奥尔语，到了他们的孙辈，就基本不说比哈尔语了（Sonck，2005：37－51）。比哈尔语也不是毛里求斯的官方语言。

继其他印度语言之后，2012 年比哈尔语被纳入毛里求斯的小学课程，比哈尔语相较其他印度语言来说是毛里求斯学生非常熟悉的语言。但目前比哈尔语只是在一年级到三年级的印度语课程里教一些，没有独立开课，四年级以后就不学了。比哈尔语教材编写和教师培训等工作由毛里求斯的甘地学院来完成。

（五）其他语言

除了以上这四种语言外，毛里求斯还有十几种东方语言（包括印地语、乌尔都语、泰米尔语、泰卢固语、马拉地语、汉语、阿拉伯语等），这些语言是不同族群的祖辈语言（ancestral language，or heritage language），在宗教和文化方面具有重要意义。

以上提及的这些毛里求斯的语言，没有一种语言在毛里求斯社会生活中可以完成所有的功能，这也许是它们能长期共存的原因之一。

三　毛里求斯的语言管理

（一）毛里求斯语言管理发展历程

在法国殖民时期，只有特权阶层才有机会接受教育，教学语言当然也是殖民者的语言，即法语。1814 年，法国和英国签署《巴黎协定》，毛里求斯成了英国的殖民地，但因为协定规定，毛里求斯人可保留原有的语言、习惯和传统，所以毛里求斯的教育仍然是法语教育，这样又持续了近 100 年，后来英语才慢慢成为毛岛学校的教学语言。

进入 20 世纪以后，英语逐渐成为毛里求斯的教学语言。1944 年和 1957 年毛里求斯的教育法案（Education Ordinance）都规定，在政府学校和政府资助的学校，小学一年级至三年级可自选一种教学语言，从四年级开始必须用英语作为教学语言。20 世纪 50 年代，印度裔毛里求斯人政治地位不断提高，他们祖辈的语言逐渐进入国家的教育体系，印地语、乌尔都语、泰米尔语、泰卢固语、马拉地语、古吉拉特语、汉语、阿拉伯语等都可以在政府学校里学习。这是政府为保持毛里求斯文化多样性采取的重要举措，当然也与政治有关。

1968 年，毛里求斯独立后，为提升国民的民族认同感，让大多数毛里求斯人的母语克里奥尔语进入国民教育体系被提上日程。可是当时克里奥尔语没有自己的文字系统，也没有相应的文学作品和其他出版物，在社会中地位很低，当时说克里奥尔语的人常常被人瞧不起。其实一直到现在，在毛里求斯说英语仍被认为是地位高的，说法语也被认为很不错（也有人认为在毛里求斯说法语有些装腔作势），克里奥尔语在正式场合仍然很少使用。

目前英语是学校的教学语言，即使小学三年级以前不要求用英语授课，但小学的课本从一年级开始都是用英文编写的。各个学校小学一年级到三年级所使用的教学语言的情况很不一样，1998 年，毛里求斯教育部部长呼吁各个学校要用学生的母语授课，也就是鼓励小学一年级到三年级用克里奥尔语授课。可是很多家长，尤其是中产以上阶层的家长深知英语、法语对孩子未来的重要性，他们要求学校用英语或法语授课，很多教会学校从幼儿园开始就都用法语授课。从四年级开始，政府要求所有教学语言都用英语，但事实上很多学校由于师资和学生英语水平等原因，日常的教学语言其实还都是克里奥尔语。所以毛里求斯小学的教学语言因学校的不同差异很大，多数私立学校和教会学校，自始至终都用英语和法语授课，相反很多政府学校自始至终都在用克里奥尔语授课。

毛里求斯人的母语是克里奥尔语，用自己的母语接受教育是一个人的基本人权（Skutnabb - Kangas，2000：22 - 44），虽然从 2012 年开始毛里求斯克里奥尔语已经成为学校的选修课程，但克里奥尔语在文学、科技及各个学科的教科书方面都缺乏书面材料，让克里奥尔语成为真正的教学语言还任重道远。

（二）毛里求斯的语言课程

英语是学校的教学语言，可是孩子在上小学之前，基本上一点也不懂英语，所以英语本身也是学校的一门重要的课程，从小学到中学一直都是核心课即必修课。毛里求斯各个学校的英语教学水平参差不齐，很多学校注重词汇教学，学生的交际能力差，总体教学效果一般。

法语从小学一年级一直到中学五年级都是核心课，到中学六年级是选修课。法语对孩子来说相对更容易接受一些，毕竟克里奥尔语里包含大量的法语词汇，2010 年开始，毛里求斯考试局（Mauritius Examination Syndicate）开始组织法语学习证书考试（DELF）。为通过法语学习证书考试，毛里求斯的法语教育者不断改进教学方法，对学生的法语学习有很大的促进作用。2013 年 7 月报名参加法语学习证书考试的人数达到 845 人，合格率为 86.6%。[①]

所有其他的东方语言都是学校的选修核心课（Optional Core Subjects），克里奥尔语和比哈尔语从 2012 年开始也是小学的选修核心课，几乎所有孩子从一年级开始一般都会选一门东方语言或者克里奥尔语作为选修课。也就是说大多数孩子从小学一年级开始就要学习英语、法语和一门自己祖辈的语言，语言教学对于毛里求斯小学来说占有很大的比重。

毛里求斯的孩子从一上学就要面对 3 门外语的学习，课业负担非常重。另外毛里求斯民众对克里奥尔语的态度也一直存在争议。一些人认为英语、法语是非常重要的国际语言，对孩子的自身发展及毛里求斯国家的社会建设和经济发展都至关重要，毛里求斯人不应该放弃学习这些语言。另外，令人引以为傲的毛里求斯多元文化给毛里求斯社会带来勃勃生机，学习自己祖辈的语言对民族身份认同及保持自己民族的文化和宗教传统起到至关重要的作用。所以，克里奥尔语、英语、法语及毛里求斯人自己的民族语言在学校教育中并存，这种现状，在未来相当长的时间内不会有所改变。

（三）毛里求斯语言教育的问题

第一，教学语言不是母语。在毛里求斯，对绝大多数儿童来说，学习的语言和教学语言都不是他们的母语。大多数儿童的母语是克里奥尔语，而大多数教学语言和学习的语言课程都是法语和英语这两种“外语”。还有一部分农村地区的儿童，他们的母语是印地语或者是比哈尔语，这些孩子入学以后在各方面都处于劣势，直接影响学习成绩。我们可以想象，这些孩子从 5 岁上小学开始，就同时面对两种“外语”学习的挑战，他们所

① Education Reforms in Action 2008 - 2014：Learning for Life，Ministry of Education and Human Resources，2014.

面对的困难可想而知。另外，毛里求斯的教育体系是非常“外国的”，课程设置以及课程大纲都还主要以英国或法国的教育体系为准。这对掌握一定法语和英语，以及有机会接触这些语言的孩子来说是优势，可是对那些大部分时候说克里奥尔语的孩子来说就是劣势。毛里求斯以英语为官方语言，法语在媒体和白人精英阶层广泛使用，同时学校开设十几种东方语言，这种复杂的语言形势常常被视作产生成绩差异的原因。

第二，东方语言教师与其他老师的矛盾。毛里求斯在小学教授以下科目：英语、法语、数学、科学、历史地理、体育健康、公民教育和艺术。前五个科目目前是为考试而教的，但建议所有 8 个科目都考试。此外，根据孩子父母签署的选项表格，学生的教学语言可以是一种东方语言或亚洲语言（印地语、泰米尔语、泰卢固语、马拉地语、汉语普通话、乌尔都语或阿拉伯语）。

1997 年毛里求斯的全科老师（General Purpose，要教英语、法语、数学、科学、体育、艺术等的老师）人数为 3539 人，东方语言老师为 1448 人（Sonck，2005：37－51）。也就是说全体老师的三分之一是教东方语言的老师。全科老师面对的是全部学生和多门课程，而东方语言老师只教某特定民族的学生，并且只教一门东方语言课。这样，东方语言老师和普通老师在责任、工作量、薪水、福利待遇和津贴等方面就存在一些矛盾。但东方语言老师所教的语言代表着特定人群，是毛里求斯多元文化的象征，是代表政党和政治家的投票箱。由于东方语言在身份认同、政治中所具有的象征意义，东方语言老师常常像“受保护物种”一样在学校中存在（Hollup，2004：1－37）。

四　毛里求斯的汉语状况

（一）毛里求斯华人语言的变迁

一般认为，毛里求斯的华侨华人大约有 3 万人，但当地华社领袖普遍认为，毛国目前的华人人口不足 2 万人。在 1402 年中国人绘制的世界地图上就明确标注了非洲东海岸的一些岛屿，说明当时中国人已经知道马斯克林群岛的存在。通过考古发现，在 1405～1433 年的一系列大航海中，中国人就已经到达了东部非洲，这期间的一块刻有汉字的石碑曾在毛里求斯南部被发现。在 17 世纪初期，荷兰殖民者曾将反抗其殖民统治的印度尼西亚居民流放到毛里求斯，这些人当中就有中国人。早在 1817 年毛里求斯路易港就已经出现了“中国营”或“中国村”等居民区（刘岩，2016：199 ~ 210）。19 世纪起，航行于印度洋航线的中国水手和船匠开始主动向毛里求斯移民，成为第一批获得毛国居留权的华人移民。当时英国殖民政府采取代办制来管理华人，被选为代办的通常是杰出的华商，其主要职责是维持华人社团的秩序等。第一任代办是 Hahime，福建人，他获准自费从中国引进劳工，在他的任期内（1826 ~ 1872 年）主要从福建引进移民；第二任代办是 Affan Tank Wen，广东人，任期为 1886 ~ 1890 年，此时正是广东人（当地也称为“南顺人”，因为南海、顺德人占绝大部分）在华人社团中影响力空前高涨的时期。1860 年，第一批总数约 400 人的客家人抵达毛岛，到 19 世纪末，毛里求斯的客家人已达 2000 人，人数上超过了福建人和广东人之总和，客家人因此夺得了华人社团的领导权。自 19 世纪末 20 世纪初客家团体在各个领域中不断发展壮大，如今毛里求斯客籍人士约占全岛华人的 80%，大多来自广东北部的梅州地区（邵慧君，2001：238 ~ 243）。

毛里求斯的华人，比较老的一辈只会说汉语方言，第二代华裔一般既会讲汉语方言又会讲当地语言，但日常生活以汉语方言为主。第三代华裔分两种类型，一类是传统型，从小接受传统的汉语教育，他们的汉语水平很高，当然对当地语言也非常熟练；另一类从小接受英语或法语的教育，只会说当地克里奥尔语和英语或法语，汉语水平比较差。现在的年青一代华人，母语完全是克里奥尔语或是法语，尽管他们在学校里学习汉语普通话，但汉语对他们来说已经完全是外语了。

邵慧君（2001）曾对毛里求斯华人做过一个调查，发现 45.1% 的华人只会说当地语言（克里奥尔语、英语或法语）不会说汉语，53.3% 的华人既会说当地语言又会说汉语，1.6% 的华人只会说汉语不会说当地语言。会说汉语的这些华人（小学生的家长），13.3% 会讲汉语普通话，11.1% 会讲广东话，93.3% 会讲客家话。① 而现在会说汉语的年轻人，讲普通话的人越来越多，讲方言的越来越少了。

（二）毛里求斯汉语教学的发展概况

根据刘岩（2016：199 ~ 210）的研究，毛里求斯的汉语教学可以分为三

---

① 邵慧君（2001）的调查发现，有 269 人会说汉语，其中 36 人会说汉语普通话，251 人会说客家话，30 人会说广东话。本文的百分数根据这些数字计算得出。

个阶段。

第一阶段：20 世纪 50 年代以前，汉语教学的起步和大发展阶段。

20 世纪 50 年代以前，毛里求斯汉语教学的对象都为华人，汉语教学属于母语教学。为了不让毛里求斯的年轻人忘记自己的文化传统，早在 1911 年，就有一些客家籍华侨从梅县请来教师开办华文私塾。1912 年毛里求斯成立了全非洲第一所全日制华文学校“新华小学”。学校的教学内容与国内相同，但教学语言使用客家方言。1937 年，毛里求斯华侨办的小学有六七所，都用汉语授课。1941 年在路易港创办了新华中学和中华中学。1944 年的时候，新华学校的学生数占所有学龄华人青少年的 44.4%，1947 年，是新华学校的鼎盛时期，学生达 1019 人，教员达 39 人（Carter & Ng Foong Kwong，2009：185）。

第二阶段：20 世纪 50～70 年代，汉语教学发展的低谷阶段。

1949 年，新中国成立，毛里求斯华人对新中国的态度存在极大的分歧，这种分歧导致了毛里求斯华侨华人社会的分化。曾在华侨社会中根深蒂固的“落叶归根”重返祖国的信念，逐渐被“落地生根”融入毛岛的抉择所取代。国际形势和由此形成的毛岛华侨社会心理的巨大变化，对毛里求斯的汉语教学产生了根本性的影响。50 年代以前，华侨华人送子女到中文学校就读，不仅是为了后代不忘本，了解和继承中华民族的优秀文化传统，也是为了将来他们能回中国继续深造和发展。当时，中文学校在毛岛遍地开花，欣欣向荣。50 年代以后，由于大多数华人华侨都选择了融入毛岛，不再返回中国，这就使中文的实用价值降低，使汉语教学失去了最根本、最强大的动力（邵慧君等，1996）。

另外一个促使华人放弃学习中文的因素是英国殖民政府 1926 年开始施行的奖学金（当地华人称为“官费”）政策，只有在当地政府学校就读，才有机会获得奖学金去英法等国家读书。到 20 世纪 50 年代，第一代到英国和爱尔兰留学的毛里求斯华人已经学成归来，他们都能在政府获得非常好的职位，这也鼓励了更多的华人到政府学校接受西文教育，以期将来能获得赴英、法、加拿大等国留学的机会。自 1926 年始，毛里求斯政府奖学金的 30% 被占毛人口不到 3% 的华人获得（Carter Ng Foong Kwong，2009：187）。

毛里求斯的东西和南北都不过几十公里，各方面的发展空间都很小，很多毛里求斯华人选择移民到加拿大、英国、美国、澳大利亚等国家。造成华人大量移民的另外一个原因是毛里求斯华人人口数量少，在国家总人口中所占比例很小（实际2%左右），在实行选举制的毛国，华人选票的影响力实在有限，甚至微不足道，造成华人的政治地位并不尽如人意。毛里求斯华人移民到加拿大的人数最多，当地华社领袖认为移入加拿大的毛国华人数量已超过2万人，多于目前毛国本土的华人人口（石沧金，2014：91～97）。为了移民，毛里求斯华人在政府学校首先要学好英语、法语（是必修课），如果再学一门汉语对他们来说是一个很大的负担，另外他们也认为学习汉语的用处不大。

因为以上众多因素，在这个阶段毛里求斯仍然坚持学习汉语的华人变得很少。当时，汉语学习对当地华人来说只是对中华文化的一种坚守和对中华民族的一份责任。从20世纪50年代起，中文学校的学生数量急转直下。1962年，新华学校学生仅余250人。70年代初，新华学校的日班停办。在多方努力下，1975年新华学校复办，改办全日制中文幼儿园和中文周末班。

第三阶段：20世纪80年代至今，汉语教学的再次发展阶段。

1968年，毛里求斯独立，从而摆脱了英国的殖民统治。20世纪70年代初期，毛里求斯政府实行多元文化的政策，同时实施免费教育，在中小学设立了东方语言的课程，以弘扬各东方民族的优秀文化传统，华文教育也正式被纳入毛里求斯的国民教育（邵慧君等，1996）。毛里求斯政府于1975年开始在5所中学（3所公立学校、2所私立学校）开设汉语课程，汉语教师由当时为数不多的有大学文凭的华人来担任。1977年，毛里求斯教育学院（MIE）培养了5位小学汉语老师（首批），她们都是当时在中文学校中三毕业的学生，经过简单的培训，她们于1978年正式上岗，每个老师负责一所小学的汉语教学。1980年，师范学校又培养了4位小学汉语老师。到1982年的时候，毛里求斯共有11位汉语老师，11所政府小学正式开设汉语课。汉语作为中小学的选修课，1992年被列入小学和中学的正式考试科目（毛里求斯中国文化中心，1989：255）。

在高等教育方面，毛里求斯教育学院于1973年成立，开设有汉语师范文凭（TCP）、汉语大专师范文凭（TDP）、汉语研究生师范文凭（PGCE）等课程，这些课程中文部分的教学工作1980年以后都由甘地学院（MGI）负责。甘地学院中文系（Department of Chinese）其实就是一个教研室，被划到“毛里求斯和地区研究系”。甘地学院中文系是毛里求斯唯一可以进行汉语专业高等教育的地方，成立后一直和教育学院合作，负责汉语教师培养及编写中小学的汉语教材等工作。2006年8月甘地学院开始招收汉语专业大专生（diploma），2010 年 8 月开始招收汉语专业本科生，2013 年 8 月开始招收汉语专业研究生。

除此之外，社会上还有各个社团开设的汉语补习班，如新华学校、华夏中文学校、光明学校、中华学校、明德学校，福禄寿会馆、华联俱乐部、仁和会馆、南顺会馆、毛里求斯华商总会、华人中国文化宫等机构，2015 年在这些补习班学习汉语的学员总计近千人。

20 世纪 80 年代以后，我国开始对毛里求斯的汉语教学加大支持力度。1983 年，中毛两国签署了文化交流协定，自此中国政府每年都会派遣专家赴毛里求斯促进汉语教学。

1988 年 7 月 1 日，毛里求斯中国文化中心在路易港成立，这是中国文化部在海外建立的第一个中国文化中心。毛里求斯中国文化中心一成立就于 1988 年 7 月和 11 月举办了两期汉语初级班，共招收 50 多名学员（毛里求斯中国文化中心，1989：255）。自此汉语补习班从未中断，培养了无数批学员，得到毛里求斯汉语学习者的高度评价。目前，中国文化中心每年分 3 个学期，每学期开 10 个至 12 个班，每期有学员 150 人左右。

自 2008 年开始，共青团重庆市委等受团中央、商务部和中国青年志愿者协会委托实施“中国青年志愿者海外服务计划毛里求斯项目”。目前，近百位青年志愿者赴毛里求斯从事汉语教学、体育教学、信息技术等志愿服务。

自 2010 年开始，国家汉办（现为“中外语言交流合作中心”）每年向毛里求斯中国文化中心派两位汉语教师志愿者，负责中国文化中心的汉语教学工作。2015 年 1 月应毛里求斯教育部的要求，国家汉办开始向毛里求斯小学大规模派遣汉语教师。

另外，在国家汉办的支持下，中国专家赴毛里求斯协助编写汉语教学大纲，编写汉语教材。毛里求斯小学汉语教学大纲 2016 年已经正式发行①，全新的毛里求斯小学一年级到六年级的汉语教材也于 2017 年全部出版，开始在毛岛的小学使用②。

---

① 见 www. mie. ac. mu，毛里求斯教育、人力资源、高等教育及科学研究部于 2016 年发行毛里求斯小学一年级到六年级的汉语教学大纲，由中国浙江师范大学刘岩老师和毛里求斯甘地学院吴媛君老师编写。

② 毛里求斯小学汉语课本，一年级和二年级教材共两册，由毛里求斯甘地学院聂俊瓔老师和吴媛君老师主编；三年级至六年级教材共八册，学生用书及教师用书由中国浙江师范大学刘岩老师主编。

自20世纪80年代以后，汉语教学在毛里求斯开始再次发展，但发展得一直很缓慢。2000年以前，学校里学习汉语的仍主要是为数不多的华人，21世纪以来，随着中国经济的飞速发展及国际地位的提高，学习汉语的人越来越多，2014年毛里求斯32所小学和15所中学开设汉语课程，学习汉语的小学生人数为2397人，中学生人数为424人（王雪辉，2015），尽管如此，学习汉语的学生所占比例仍很小，其中90%以上的汉语学习者为非华裔，而华裔也已经不会说汉语。

毛里求斯大学孔子学院于2016年12月14日成立，是毛里求斯第一所孔子学院，中方合作院校为浙江理工大学。孔子学院的成立，对毛里求斯中文教育的发展具有重要意义。

（三）毛里求斯汉语教学存在的问题

在毛里求斯的中小学选修汉语的人数越来越多，但汉语教学在毛里求斯还是比较落后，汉语教学的推广工作还处在起步阶段，汉语教学的层次和学习者的学习质量都很低，比较高级的汉语人才或者是由家庭培养的或者是在中国培养的。在毛里求斯包括罗地利岛有320所小学，学生总人数在10万~11万人，根据2015年的数据，开设汉语课的小学只有24所，学汉语的学生数为2364人（占总学生数的2%左右），其中华裔仅205人。另外随着年级的升高，选修汉语的人数越来越少，以2015年为例，小学一年级选修汉语的人数为599人，而小学六年级选修汉语的人数仅153人（王雪辉，2015）。

中学也存在同样的情况。首先中学选修汉语的人数比小学少得多。毛里求斯中学共有176所，学生总数超过12万人，其中只有15所中学开设汉语课，以2014年的数据为例，中一到中六高班学习汉语的学生总人数仅424人（占总学生数的千分之三），其中大部分学生集中在中一至中三，到了中六全国仅三四个学生选修汉语。

大学选择汉语专业的学生就更是凤毛麟角了。只有在中六时将汉语作为主科学习，才可能到大学读汉语专业，可是到中六的时候选修汉语的人数全国只有三四个人。甘地学院是毛里求斯唯一开设汉语专业的高校，2016年甘地学院汉语专业只有大专生2人、本科生1人，研究生在2013年招了一批共5人，他们已经毕业，目前没有新招的研究生。所有这些读汉语专业的学生都是在职学习，并且都出自华裔家庭（刘岩，2016：199~210）。

在毛里求斯中小学，随着年级的升高学习汉语的人数越来越少，主要有以下原因。

第一，选修汉语在重要考试中不占优势。

小学六年级结束，学生要进行小学毕业考试（Primary School Achievement Certificate，PSAC）（王雪辉，2015）。小学毕业考试要求学生考6门课，选其中成绩最好的5门作为最后成绩。在小学汉语是选修课，对很多当地孩子来说并不容易，选择汉语作为毕业考试科目并不明智。毕业考试通不过，虽然仍可以上中学，但要多读一年，用四年来完成中一到中三的课程，这样的学生被称为 Extended Stream，他们成绩多数都比较差。中三的学生年终要进行全国中三评估统考（National Assessment At Form Ⅲ），只有数学、英文和法文通过的学生才能进入中四，否则要留级，中三统考不考汉语，这样汉语就变得可学可不学，完全在于学生的兴趣。中五的学生年终必须参加英国剑桥中五文凭测试（Cambridge School Certificate Examination），这个相当于中国的中考。一般规定学生们考8个科目，选最好的6门课作为考试成绩，英文、法文、数学、高等数学四个科目为必修，其他科目分四个板块，每个板块中选修一门。中文所在的板块有计算机、会计、化学、生物、社会、设计与技术、旅游、亚洲语言等，汉语是亚洲语言的一种，除了个别华裔家庭的学生以外，大多数学生在这个板块中是不会选汉语的。中六分为低班和高班。中六高班的学生年终必须参加英国剑桥中六文凭测试（Higher School Certificate Examination），这个考试类似于中国的高考。一般情况下，中六高班的学生需考三门主科，两门副科。中文成绩在中五文凭测试中达到C级以上才可以被选为主科。这也是为什么到了中六全国只有三四个学生在学汉语了。

第二，汉语教学大纲和汉语教材不健全。

2016年毛里求斯小学的汉语教学大纲和汉语教材才编写完成，在这之前，毛里求斯小学没有统一的教学大纲，所以过去的教材也是无纲的教材。目前毛里求斯中学一年级到三年级还没有统一的教学大纲，也没有统一的汉语教材，新的汉语教材正在编写中。过去中学汉语老师都是自己自由选择汉语教材，所以一旦学生换了老师，所面对的将是完全不同的学习内容，导致学生流失。毛里求斯中四和中五汉语教学基本都在使用甘地学院编写的教材，大纲使用中五“剑桥普通水平现代汉语教学大纲3252”（Syllabus－Cambridge Ordinary Level Modern Standard Chinese 3252），简称

“O level”。中六低班和高班汉语教学使用中六“剑桥国际汉语高级水平副科大纲 8681”和“剑桥国际汉语高级水平主科大纲 9715”［Syllabus - Cambridge International Advance Subsidiary（AS）Level Chinese Language 8681 /Cambridge International Advance（A）Level Chinese 9715］。英国剑桥中六文凭测试的中文考试就以这个大纲来命题，简称“中文 A level 考试”，包括读写、作文、文学、翻译等内容。“中文 A level 考试”并不是单纯的语言能力考试，而是更多地侧重于考查学生的文学赏析、翻译技能等，比 HSK6 级要难很多。老师同样也是根据大纲自选授课材料为学生授课、备考。

第三，汉语教师短缺，教法落后。

根据刘岩（2016）的研究，2015 年，毛里求斯小学汉语老师有 25 人，分布在 24 所学校。25 位老师中只有 5 位是正式老师，其余都为代课老师和中国的志愿者。中学正式的汉语老师有 10 位，负责 15 所学校的汉语教学，所以很多老师兼教两所中学。小学一直学汉语的学生上中学以后，所在中学往往不开汉语课，所以不得不中断汉语学习。开汉语课的中学多数都是零起点的学生，零起点的学生很少在中四、中五的时候继续选中文进行学习。毛里求斯本土教师数量与汉语学习需求是严重不符的。

在教学方法上，大部分中小学老师都是用中国教“语文”的方法，每天让学生写很多生字，课堂上也是花大量时间让学生写，学生口语训练机会很少。另外由于历史原因，毛里求斯的汉语教师在“汉语作为第二语言的教学”方面多数没有受过正规训练，所以课堂上对学生很少有针对性的操练。由原中国国家汉办选派的汉语志愿者教师，不懂当地的克里奥尔语，在教学经验上尤其是课堂管理上存在很多不足之处。

五　结语

毛里求斯是个具有多元文化和多种语言的国家。英语是官方语言，法语具有较高的社会地位，克里奥尔语是全民的通用语言和大部分国民的母语。在印度洋地区还有很多国家跟毛里求斯类似，例如，塞舌尔是个三语国家，使用克里奥尔语、英语和法语；马达加斯加是个双语国家，使用克里奥尔语和法语。这些国家在语言教育方面都存在类似的问题：用克里奥尔语作为教学语言对孩子学习文化知识特别方便有效，但家长都希望学校用英语或法语授课，如果低年级用克里奥尔语授课，到高年级用英语或法语授课，学生很难适应新的语言，导致很多学生辍学。

其实在很多非洲前殖民地国家都面临这样的问题，在日常生活中尤其是在学校教育方面，强化推广民族的通用语，在政治上有利于民族认同、民族团结、国家统一，在教育上能实现公平。可这样做却不能得到所有人的认同，因为学习英语或法语更有利于孩子的发展、国家的发展，可以提高国家的国际化水平。另外克里奥尔语这样的民族共同语一般在正词法、语法方面还没有做到完全规范，作为文化载体在各个领域的出版物都很缺乏，如果作为学校的教学语言还缺少相应的语言环境支撑。

除了克里奥尔语，毛里求斯人都还有自己的祖辈语言，为保持各个民族的文化传统和毛里求斯多元文化的特色，毛里求斯人祖辈语言的学习课程都已经纳入中小学的学校教育系统。汉语作为毛里求斯华人的祖辈语言，在毛里求斯已经长期存在，并且越来越得到当地人的重视，把汉语作为外语学习的人越来越多。可是在毛里求斯，不论是汉语教材还是汉语教师都很缺乏，整体汉语的教学水平比较落后。

参考文献

[1] 刘岩，2016，《毛里求斯汉语教学的发展及现状》，《汉语国际教育研究》，第 199 ~ 210 页。

[2] 毛里求斯中国文化中心，1989，《毛里求斯中国文化中心积极开展汉语教学工作》，《世界汉语教学》第 4 期，第 255 页。

[3] 邵慧君，2001，《毛里求斯华人社会语言概况》，《方言》第 3 期，第 238 ~ 243 页。

[4] 邵慧君、聂俊璎、杨挺，1996，《毛里求斯汉语教学现状和发展前景之管见》，《语文月刊》第 6 期，第 49 页。

[5] 石沧金，2014，《衰微中的坚持与努力——毛里求斯华人社会发展动态考察与分析》，《东南亚研究》第 1 期，第 91 ~ 97 页。

[6] 王雪辉，2015，《毛里求斯中学汉语教学现状与对策研究：以鸠必皇家中学为例》，硕士学位论文，毛里求斯大学。

[7] Carter, M. & Ng Foong Kwong, J. (2009). *Abacus and Mah Jong: Sino – Mauritian Settlement and Economic Consolidation.* Leiden · Boston: Brill.

[8] Hollup, O. (2004). Educational Policies, Reforms and the Role Ofteachers Unions in Mauritius. HiT Publication.

[9] Nirmal, B. (2015). French Language in Mauritian Newspapers: A Cultural Exception in Journalism. *Mass Communication & Journalism*, *5* .

[10] Skutnabb – Kangas, T. (2000). Linguistic Human Rights and Teachers of English. In J. Kelly Hall and W. Eggington (eds), *The Socio – polities of English Language Teaching*. Clevedon, UK: Multilingual Matters: 22 – 44.

[11] Sonck, G. (2005). Language of Instruction and Instructed Languages in Mauritius. *Journal of Multilingual and Multicultural Development*, *26* .

摩洛哥*

一　国家概况

摩洛哥王国，简称摩洛哥，是马格里布地区（非洲西北部，由摩洛哥、突尼斯、阿尔及利亚、利比亚与毛里塔尼亚 5 个国家组成）的重要国家。斜贯全境的阿特拉斯山脉阻挡了南部撒哈拉沙漠热浪的侵袭，作为“烈日下的清凉国土”，历史上，曾有迦太基人、罗马人、阿拉伯人、西班牙人和法国人造访摩洛哥，为此处的多元民族与语言文化奠定了基础。

最新数据显示，2021 年摩洛哥人口达到 37344787 人。① 其中，阿拉伯人约占 80%，柏柏尔人约占 20%。伊斯兰教是摩洛哥的国教，99.8%的居民信奉伊斯兰教，主要为逊尼派，少数人口信奉基督教和犹太教。②

中国与摩洛哥于 1958 年 11 月 1 日建交。1995 年 3 月 28 日在拉巴特签署的“贸易和经济协议”是中摩两国之间的第一份协议，于 1999 年生效。2010 年，来自中国的进口贸易额增长 25%。2012 年末，中国与摩洛哥政府决定扩大两国的贸易合作空间，签订了建立贸易防御措施的双边合作机制的谅解备忘录。

近年来，中国与摩洛哥的关系稳中向好，两国在政治经济交流、反恐斗争、文化活动等领域开展了诸多合作。自 2016 年 5 月穆罕默德六世国王访华以来，摩洛哥与中国的关系有了长足发展，其间两国元首共同主持了多项公共伙伴关系协议的签字仪式。2017 年，摩洛哥与中国签署共建“一带一路”谅解备忘录，成为全非洲第一个加入“一带一路”倡议的国家，

---

* ［作者简介］佳荷（KHALKI HEND），突尼斯籍，博士（后），上海外国语大学贤达学院副教授。研究方向：语言政策与语言教育。

① https：//www.populationpyramid.net/ar/% D8% A7% D9% 84% D9% 85% D8% BA% D8% B1% D8% A8/2021/.

② Mohammed Errihani.（2007）Language Policy in Morocco：Implications of Recognizing and Teaching Berber. Chicago：University of Illinois，202.

目前，摩洛哥与中国的合作也仍然持续。“交流互鉴是文明发展的本质要求。”习近平主席多次强调坚持开放包容、互学互鉴的重要性。语言是民心相通的重要纽带，随着两国合作的不断深化，语言会为两国的交流互鉴注入新动能。

二 语言使用状况

1912 年，摩洛哥成为法国殖民地，直至 1956 年摩洛哥才获得独立。从 1912 年到 1956 年，法语与标准阿拉伯语皆为国家的行政工作语言，但法语的使用领域更为广泛，不仅是教育和经济领域使用的语言，而且还是摩洛哥社会高层与精英的日常用语，而标准阿拉伯语则是宗教和学校活动的媒介语。因此，两种语言成为社会分层的工具，即法语是社会高级层次与现代化的标志，而阿拉伯语是社会普通层次与保守宗教思想的象征。独立后的摩洛哥从 1956 年开始执行阿拉伯化政策，阿拉伯语成为所有主要领域的工作语言，其语言政策演变主要体现在摩洛哥教育的统一化进程上，阿拉伯语成为国家的文化身份象征，以及摩洛哥国内人才培养的媒介语。虽然摩洛哥政府降低了法语的地位，但是法语作为理科课程和行政领域的通用语，仍然有无法忽视的影响力。

此外，阿马齐格文化也是摩洛哥多元文化的重要组成部分。1994 年，哈桑二世国王公开谈论在学校教授阿马齐格语的必要性，回应国内阿马齐格问题的呼声。国王提出要将阿马齐格文化视作国家文化的一部分，并下令在小学阶段开设阿马齐格语课程，在新闻媒体领域加入阿马齐格语报道。但是，阿马齐格语在课程设置上的措施仍未得到有效执行。从 2001 年起，摩洛哥政府开始重新审视阿马齐格文化身份问题，承认了摩洛哥社会的双重文化建构，即阿拉伯文化与阿马齐格文化。

2011 年 6 月 17 日，摩洛哥国王发布了新宪法草案，并在 7 月 1 日对宪法草案举行全民公决，草案以多数赞成票获得通过。该草案第 5 条规定，阿拉伯语和阿马齐格语为官方语言，标志着摩洛哥放弃了多年的单一阿拉伯化政策，逐渐开始走向语言多元化政策轨道。摩洛哥政府在宪法里只明确了官方语言，没有关于民族语言的细则。阿马齐格族作为摩洛哥社会的重要组成部分，忽略其存在，歧视其文化给摩洛哥带来了许多安全与稳定方面的隐患（例如 1994 年 5 月 1 日的“阿马齐格文化运动”、2011 年的“2 月 20 日运动”），不过这些运动的爆发反而助力了阿马齐格语的地位提升。

（一）国语、官方语言或通用语言情况

摩洛哥的第一官方语言为阿拉伯语，第二官方语言为阿马齐格语。摩洛哥社会使用的阿拉伯语主要为现代标准阿拉伯语（Modern Standard Arabic，MSA）和摩洛哥阿拉伯方言（Moroccan Arabic dialect，MA）。摩洛哥社会存在阿拉伯语的双言（Diglossia）现象，即除了各地区阿拉伯语方言外，还有一个基于各方言的高度规范化的语言变体，即现代标准阿拉伯语，这个变体往往语法更加复杂，常作为文学写作的语言受人尊敬，是古典阿拉伯语（Classical Arabic）应现代要求而进行简化和改变后的变体，通常通过正规教育习之，但是在普通的交流中很少出现。宪法规定阿拉伯语是国家的官方语言，包括现代标准阿拉伯语及其方言变体，现代标准阿拉伯语一般限定在报刊、写作、新闻报道等领域，但是在日常生活当中大部分的摩洛哥人都不说现代标准阿拉伯语，而使用摩洛哥阿拉伯方言进行交流。

摩洛哥的阿拉伯语方言主要有哈桑尼亚方言，该方言源自巴尼·哈桑部落，目前摩洛哥的撒哈拉地区仍在使用该方言，虽然它在语法与发音方面仍然保持阿拉伯语的特点，不过它夹杂了许多阿马齐格语，尤其在农业领域，例如草药名称和地名。使用哈桑尼亚语的人口比例为 39.3%，这一比例在农村地区为 57.3%，高于城市地区的 38.7%。

此外，摩洛哥也是双语国家，作为第二官方语言的阿马齐格语十分重要，在摩洛哥官方、文化和社会层面，阿玛齐格语和阿拉伯语具有同等地位，阿马齐格语主要有三大方言变体：塔马齐格方言（Tamazight dialect）、塔什勒特方言（Tashelhit dialect）与塔瑞菲特方言（Tarifite dialect）。摩洛哥政府不提供关于按民族分类的语言数据，只有国家发布的区域官方语言使用者数量报告。2014 年摩洛哥高级计划署[①]统计了摩洛哥阿尤恩 - 萨基亚 - 阿姆拉大区的语言使用情况，结果显示城市地区有 79.3% 的人使用摩

① Alami. A. (2016) The Education Reform in Morocco through the Emergency Plan (2009 - 2012) and Its Impact on Schooling, *International Journal of Education, Learning and Development*, 4 (5), 48 - 76.

洛哥方言，农村地区有 60.2% 的人使用摩洛哥方言。[①]

阿马齐格语方言的使用占比较低（总共 15.8% 的使用者），塔什勒特方言的使用者占比为 12.8%，塔马齐格方言的使用者占比为 2.7%，塔瑞菲特方言使用者不超过 0.3%。塔瑞菲特方言主要在摩洛哥东部地区使用，大约有 38.4% 的使用者。[②] 故摩洛哥东部是全摩洛哥阿马齐格方言使用者数量较多的地区。然而，2014 年摩洛哥高级计划署的语言统计受到了许多摩洛哥语言专家的质疑，该机构的调查显示，90.9% 的摩洛哥人使用摩洛哥阿拉伯语方言，而只有 26.0% 的人口使用阿马齐格语的三种变体，哈桑尼亚方言使用者更低至 0.8%。

摩洛哥的通用语言有法语和西班牙语，作为法国的前殖民地，法语作为一种“特权语言”被广大摩洛哥政治与经济精英使用，摩洛哥与法国经贸联系十分密切，法语在教育体系内也十分重要，众多在法国接受教育回到摩洛哥的人士也力争提升法语地位，从而保障自己的政治、经济利益。而在丹吉尔、西撒哈拉等前西班牙属地，则存在大量的西班牙语双语者，此外，西班牙在摩洛哥领土上还拥有休达（Ceuta）和梅利利亚（Melilla）两块飞地，飞地周边部分城市的居民可以免签进入西班牙，为西班牙提供相对廉价的劳动力资源，西班牙语在当地经济活动中占有重要地位。

1. 宪法对语言使用的规定

摩洛哥权力机构一直努力通过语言立法和语言政策，调整社会多语冲突，建构包容共存的语言生态。摩洛哥的国家属性由阿拉伯伊斯兰文化、阿马齐格文化和撒哈拉哈桑尼亚文化共同构成，摩洛哥愿意与世界所有文化和全人类文明展开对话，促进相互理解。摩洛哥政府保护代表摩洛哥文化的各种语言，保障人们多语表达的权利。政府重视语言政策与国家文化的和谐共处，重视学习和使用国际通用的外语，并将其作为与社会交流、互动的工具，且对不同文化和文明持开放态度。语言文化是群体内部成员彼此认同的核心，建设共同文化即是建构一致的身份认同。

---

① Moha Ennaji.（2008）Fatima Sadiqi. Morocco：Language，Nationalism，and Gender. Andrew Simpson. *Language and National Identity in Africa*. London：Oxford University Press，49.

② Aomar Boum.（2008）The Political Coherence of Educational Incoherence：The Consequences of Educational Specialization in a Southern Moroccan Community. *Anthropology & Education Quarterly*，39（2），205 - 223.

摩洛哥1996年的宪法规定，“摩洛哥王国是伊斯兰主权国家，官方语言为阿拉伯语，是大阿拉伯马格里布的一部分。作为非洲国家，摩洛哥的目标之一是参与非洲之统一”①。该宪法仅在序言部分讨论了摩洛哥语言与文化，而2011年颁布的宪法在序言部分进一步规定，“作为伊斯兰主权国家，在国家统一和领土完整的基础上，摩洛哥王国将以全面和多样化的方式维护其统一及不可分割的民族身份认同。摩洛哥王国是阿拉伯伊斯兰国家，是阿马齐格和撒哈拉哈桑族之融合，是非洲、安达卢西亚、希伯来和地中海支流民族之结合。国家将赋予伊斯兰教以优越性，使摩洛哥人民愿为世界所有文化和文明之间的相互了解展开对话，摩洛哥也同时具有开放、温和、宽容和对话的价值观”。宪法第5条规定：“阿拉伯语是国家官方语言，国家保护阿拉伯语并支持阿拉伯语之运用。同样，阿马齐格语也是国家官方语言，是所有摩洛哥人之共同遗产。政府将为其制定官方语言的实施细则及相关法规，并将其纳入教育和公共生活领域，使其履行官方语言的职能。作为摩洛哥统一文化认同的组成部分，国家努力维护哈桑尼亚语，保护摩洛哥社会使用各种语言与文化表达的权利。国家重视语言和文化政策之一致性，重视学习和使用最通用之外语，并将其作为交流、整合和互动之工具，支持对不同文化和当代文明的开放态度。为保护发展阿拉伯语和阿马齐格语及各种摩洛哥文化表现形式，政府设立了摩洛哥语言文化国家委员会，以保护摩洛哥之真正遗产与当代灵感之源泉。委员会将集合相关领域之机构，以法规形式确定此委员会任务、组成和操作模式。”该款法条明确了摩洛哥的官方语言，设立了语言保护机构，展示了国家维护多元文化与多元语言属性的决心。

除此之外，摩洛哥2011年宪法的许多法条中明确了社会传播媒介的多语言使用自由度。例如宪法第28条规定，“为保障媒体自由，媒体不受任何形式的预审制度限制。所有人都有权在法律规定的范围内自由表达和传播信息、观点和意见。公共机构主张媒体界组织独立，民主地确定法律和道德规范”。该法条明确了组织和管理大众传媒的规则，尊重了摩洛哥社会语言、文化与政治的多元化诉求。此外，宪法第165条还规定“视听通

① Bouarich & Houriya.（2011），La Politique Linguistique Éducative au Maroc de 1912 à nos Jours，Colloque International de L'environnement Informatique et L'enseignement，Université Ibn Tofail.

信高级管理局应保证文化多元化得到尊重"[①]，并且"节目广告必须以阿拉伯语、阿马齐格语或摩洛哥方言向摩洛哥观众播放。若广告信息因阿拉伯语、阿马齐格语或摩洛哥方言的转码技术问题有播放困难，则可以使用其他语言"[②]。

2. 其他法律中对语言使用的规定

除摩洛哥宪法外，摩洛哥其他法律中也有许多对语言使用的规定，法条内容更为细致丰富。例如，《关于阿拉伯化、摩洛哥化与法院的统一法案》第五章规定："阿拉伯语是谈判、诉讼与审判的唯一用语。"摩洛哥政府通过实施宏观语言政策，从语言与文化层面规范国民语言行为，影响各种权力群体间的平衡，从而架构起社会关系网。例如，2019 年 9 月 12 日颁布的第 16～26 号组织法确定将作为官方语言的阿马齐格语融入教育和公共生活等优先领域。[③] 这条法律确立了阿马齐格语的公务语言角色及其在教育领域和公共生活领域的优先性。组织法第 1 条规定："该组织法确定阿马齐格语是摩洛哥的公务语言，将其确立为教育领域和公共生活领域的优先用语，以便其今后能够履行其作为国家官方语言的职能。"第 4 条规定："正面的国家电子身份证数据需使用阿拉伯文和拉丁文。"第 27 条规定："阿马齐格语和阿拉伯语须同时书写在行政部门总部、公共事务机构、议会、立宪机关和民选机构外墙和内部的指示牌与信号标识上。"由此可见，摩洛哥对官方语言使用的规定不断细化，很大程度上维护了社会的多语实践。

语言政策是个人、社会群体、国家各职能部门和国家体系在有组织的活动中所行使的政治权力。国家权力机构通过在媒体以及教育界、科学界等领域宣传和实施语言政策，通过多领域的话语实践建构国家认同。因此，规范语言的使用对规范国民语言行为、构建社会关系网、构建国家认同有着重要的作用。2019 年《摩洛哥 51. 17 号教育改革法案》第 2 条规定了多语的交替使用，摩洛哥开始逐渐实现多语教育，即使用除两种官方语言外的外语教授某些科目，从而实现教学语言多样化。

---

① http：//www. sgg. gov. ma/Portals/0/constitution/constitution_ 2011_ Fr. pdf.

② http：//mincom. gov. ma/landing/demo/template/wordpress/media/k2/attachments/Loi0377ComAudioVis_ AR. pdf.

③ http：//bdj. mmsp. gov. ma/Ar/Document/10396 – Loi – organique – n – 26 – 16 – promulgu%C3% A9e – par – le – dahir – n – . aspx? KeyPath = 594/596/595/10396.

3. 城市语言景观

语言是一种重要的思考和认知方式。为了更好地了解摩洛哥的语言政策实际状况，研究者分别在 2019 年 1 月和 2 月考察了摩洛哥的 3 个城市，阿加迪尔、卡萨布兰卡和拉巴特。这 3 个城市十分具有代表性，拉巴特是摩洛哥的政治首都，卡萨布兰卡是摩洛哥的经济纽带，阿加迪尔是苏斯地区（苏斯地区是摩洛哥阿马齐格人最多的地方，也是以阿马齐格语为母语者最多的地区）的经济中心。

通过非参与式走访，研究者发现，卡萨布兰卡的路牌或广告牌上多数情况只存在阿拉伯语或法语，很少有提非娜格字母的痕迹。而在阿加迪尔，能明显感受到阿马齐格语的存在，无论是从门店标牌还是人们对阿马齐格语的态度，都能明显感受到阿马齐格语及其文化在人们生活中十分重要。大部分阿加迪尔人认为阿马齐格语的宪法化是许多人追求的权利，且将来需要在更多领域使用阿马齐格语。作为摩洛哥的文化与政治首都，拉巴特几乎所有的路牌与公共场所都有阿拉伯语与阿马齐格语，但能明显看出字体大小的不一致，双语标牌还需进一步规范化。

（二）外语使用状况

1912 年至 1956 年，法语在摩洛哥享有很高地位，是用途范围最广的语言。摩洛哥独立后，法语逐渐成为阿拉伯与阿马齐格地区教育领域的必修外语和大学里的科学课程媒介语。虽然从 1960 年到 2011 年，摩洛哥政府大力推行阿拉伯化政策，但因为有利于摩洛哥的科技与经济发展，法语便成为摩洛哥的第一外语，尤其是在经济与教育领域。在初等教育中，法语是主要语言，小学四年级中期学校才会增加英语教学，中学一年级才会开设另一门选修外语。

2021 年 4 月 23 日是联合国英语语言日，同日摩洛哥的英国文化协会（Moroccan British Council）发布了题目为《摩洛哥朝英语转向》的报告，[①] 该报告揭示英语在摩洛哥年轻人中越来越受欢迎，年轻人逐渐认识到英语对他们和国家未来的重要性。报告显示，超过三分之二的摩洛哥年轻人认为，英语将在 5 年内取代法语成为摩洛哥的主要外语。74% 的人认为，转向英语将有利于摩洛哥成为国际商业和旅游中心，他们还相信英

---

① https://www.britishcouncil.ma/en/shift-english.

语将有助于实现他们的学习和职业抱负。85%的人预计使用英语的摩洛哥年轻人的数量将在未来十年内增加很多。82%的受访者对英语有积极的学习态度，65%的摩洛哥年轻人认为英语很重要。在对阿拉伯语和法语的态度一栏中，62%的人认为阿拉伯语很重要，47%的人对法语抱有同样的看法。当被问及语言学习的选择时，40%的人选择英语，只有10%的人提到法语。

由此可见，英语在受访群体心中比阿拉伯语重要。与阿拉伯语或法语相比，年轻人更倾向于学习英语，摩洛哥人将英语视为一种全球语言，是科学、商业、互联网领域的通用语。从调查中可以发现，人们学习英语的主要平台是学校及互联网，其中学校是学习英语的主阵地，此外，有7%的摩洛哥人通过语言学习应用程序学习英语，6%的摩洛哥人通过英语语言培训机构受教。

根据2011年摩洛哥皇家战略中心研究报告，① 西班牙语的地位在摩洛哥不断下降，目前只有4.6%的摩洛哥人能听懂西班牙语，能说或使用西班牙语的摩洛哥人则更少。

除了法语、英语与西班牙语，中文吸引了越来越多摩洛哥人。自2009年到目前为止，摩洛哥有3个孔子学院，是阿拉伯国家中第一个拥有3所孔子学院的国家，这3所学校分别是：穆罕默德五世大学孔子学院（2009年建立，中方合作学校为北京第二外国语学院）、哈桑二世大学孔子学院（2015年建立，中方合作学校为上海外国语大学）与摩洛哥丹吉尔孔子学院（2016年建立，中方合作学校为中国江西科技师范大学）。新冠疫情突袭而至，摩洛哥孔子学院的部分课程也受到了影响，② 要求有相关症状的学生避免到线下课堂上课。除了3所孔子学院以外，伊本·佐尔大学与孔子学院合作推出了首个汉语培训课程项目。③ 该大学与中国语言教学研究

---

① 参见摩洛哥西班牙语文化中心官网，http：//www. lavanguardia. com/cultura/20150216/54426237104/la – lengua – espanola – pierde – peso – e – influencia – en – marruecos. html。

② https：//www. hespress. com/% D8% AA% D8% AF% D8% B4% D9% 8A% D9% 86 – % D9% 85% D8% B9% D9% 87% D8% AF – % D9% 83% D9% 88% D9% 86% D9% 81% D9% 88% D8% B4% D9% 8A% D9% 88% D8% B3 – % D8% A8% D8% A7% D9% 84% D8% B1% D8% A8% D8% A7% D8% B7 – 24997. html.

③ https：//agadir24. info/% d9% 88% d8% a3% d8% ae% d9% 8a% d8% b1% d8% a7 – % d8% ac% d8% a7% d9% 85% d8% b9% d8% a9 – % d8% a7% d8% a8% d9% 86 – % d8% b2% d9% 87% d8% b1 – % d8% aa% d9% 8f% d8% ad% d9% 82% d9% 91% d9% 90% d9% 82 – % d8% ad% d9% 84% d9% 85 – % d8% a7% d9% 84% d8% b3% d9% 88/.

所签署了合作协议，按照协议条款，除了每周 4 小时的汉语教学时间外，还要组织与中国文化相关的文化活动。此外，2020 年，马拉喀什也建立了中文语言中心，[①] 该中心是该市唯一的中文教育机构，不仅提供汉语语言知识普及，还组织一些跟中国文化有关的娱乐项目。该中心对不同年龄段的摩洛哥人开放，为摩洛哥商人提供实用的语言培训，有助于中国与摩洛哥之间的贸易交流。此外，摩洛哥学生也可以参加 HSK，[②] 2017 年至 2018 年，为 HSK 考试做准备，来自摩洛哥不同地区的 3700 余人赴摩洛哥 3 所孔子学院及其教育中心学习汉语，[③] 汉语学习受到人们重视。

在“一带一路”倡议背景下，为加深中国与摩洛哥人民在不同方面的合作，双方举行了多次文化交流学术论坛。2017 年，哈桑二世大学文学院也开设了“中国研究专业”，[④] 成为摩洛哥大学中唯一与中文有关的专业。根据摩洛哥报道，[⑤] 越来越多的摩洛哥年轻人与他们的家长开始对汉语感兴趣。2014 年，布兹尼卡市的小学开设了五年级和六年级的汉语教学班。大部分的摩洛哥年轻人之所以学中文，一方面是因为喜欢学东方语言和文化，另一方面是想改善自身的生活条件及就业窘境。摩洛哥的学习网[⑥]也提供了关于去中国留学的具体要求。

三 语言管理

（一）国家语言政策的发展变革

摩洛哥的语言权利通常指少数民族学习、使用和发展自身母语并运用

① https：//kech24. com/%D8%A7%D9%84%D9%85%D8%B1%D9%83%D8%B2-%D8%A7%D9%84%D9%84%D8%BA%D9%88%D9%8A-%D8%A7%D9%84%D8%B5%D9%8A%D9%86%D9%8A-%D9%8A%D9%81%D8%AA%D8%AA%D8%AD-%D8%A3%D8%A8%D9%88%D8%A7%D8%A8%D9%87-%D8%A8%D9%85%D8%B1%D8%A7%D9%83%D8%B4. html.

② https：//www. icuae. ma/espace-apprenant/test/.

③ http：//www. chinatoday. com. cn/ctarabic/2018/wmdslzdf/201810/t20181026_ 800145332. html.

④ https：//www. tawjihpress. com/3403. html.

⑤ https：//www. challenge. ma/le-mandarin-prend-bien-29391/.

⑥ https：//adirassa. com/courses/%D8%A7%D9%84%D8%AF%D8%B1%D8%A7%D8%B3%D8%A9-%D9%81%D9%8A-%D8%A7%D9%84%D8%B5%D9%8A%D9%86-%D9%84%D9%84%D9%85%D8%BA%D8%A7%D8%B1%D8%A8%D8%A9-%D8%A7%D9%84%D8%A8%D9%84%D8%AF-%D8%A7%D9%84%D8%AA%D9%8A-%D8%AA/.

母语参与社会生活的权利，政府可以通过语言政策的制定保障或削弱一种语言的地位和发展，从而决定该语言的命运。语言权利危机常常起因于多民族国家的政府在制定语言政策时遵循“同化主义”的理念，推崇本国主体民族的语言为唯一的官方语言，忽视其他非主体民族语言的权利，试图用单一的同质官方语言统一多元化的异质语言，以实现官方语言认同的构建。事实证明，在多民族国家里，如果政府的语言政策没有相对均衡地关照到各民族的语言权利，那么常会引发非主流群体语言的权利危机，从而导致主流语言与非主流语言之间的矛盾与冲突，进而导致民族冲突。摩洛哥作为语言与文化比较多元化的国家，一直非常重视多语言教育，为了改善大众的教育水平，其进行了多次教育改革。摩洛哥独立以后，逐渐开始着眼于多语言教育的发展，从 1957 年至 2019 年，[①] 语言教育改革情况如下。

1957 年，摩洛哥教育改革高级委员会成立，委员会主要负责阿拉伯化、统一小学教育与建立国立大学。1958 年，摩洛哥以皇家教育改革委员会的名义成立了另一个委员会，其最重要的工作是推翻原委员会的决定，恢复小学六年制，在小学用法语教授科学。1959 年，摩洛哥成立教育文化委员会，颁布达希尔宣言，设立国民教育最高委员会，并开启“五年计划”。1994 年，国王组建“全国教育问题委员会”，提出了有关巩固伊斯兰教精神价值观、普及教育、实行免费教育和考虑使用阿拉伯语为媒介语的建议，将阿拉伯语作为教学语言并呼吁摩洛哥各重要地区执行阿拉伯化政策。2000 年 1 月摩洛哥发布《国家教育培训宪章》，[②] 该宪章是摩洛哥自进行教育改革以来的最高教育参考文件，文件涉及摩洛哥境内阿拉伯语的使用、阿马齐格语的教学、其他通用语的进一步规划以及穆斯林与摩洛哥犹太人间教育权利的平等。

虽然摩洛哥政府从 1999 年开始加强教育改革，教育部也对外语教育进行了多年改进，但学生的语用水平仍无法达到国家需求。根据 Alami（2016）合作与发展组织的报告（OCDE，PISA，2012），在报告涉及的 65 个国家中，摩洛哥被完全忽略，侧面反映了摩洛哥的真实教育情况，说明

---

① 2015，مصطفى شكري ، اللقاءات التشاورية حول المدرسة المغربية لغة الخيبة ومآلات الفشل.

② https：//www. mcinet. gov. ma/sites/default/files/documentation% 20iscae% 20rabat% 202018. pdf.

摩洛哥的教学改革问题不是外语规划，更多的是教育系统本身，比如摩洛哥教材十分陈旧，部分教材仍使用2003年出版的较老版次，以及男性和女性在城市和农村的教育受益程度十分不均衡。因此，摩洛哥政府应该加速执行改革内容中的条款，从而更有效地提高教育质量。根据Bouziane的研究，无论是阿拉伯语，还是其他外语，学习者的语言水平在写作和口头表达方面普遍偏低。系统的分级的周期性的评估和测试结果证明，语言能力偏低会给学生教育进展带来影响。9所大学的分班测试结果显示，学生的语言水平不允许他们继续用法语学习。根据《国家教育培训体制改革战略远景（2015～2030）》，2017～2021年语言教育工作重点关注口语和三语教学。

另外，虽然阿拉伯语在2011年之前是摩洛哥的唯一官方语言，但阿马齐格语的教学在2003年已经开始。2011年宪法第5条的规定使得阿马齐格语在教学中的地位有所提升。2012年至2013年的《小学阶段教育指南》专门增加了阿马齐格语教学方法规定，教育部要求在小学阶段增加阿马齐格语课程，教育部培训中心在3个不同城市培养了85位阿马齐格专业的小学教师。数据显示，2003年至2014年，开展阿马齐格语教学的学校与学习阿马齐格语的学生数量有大幅提高，但摩洛哥学者注意到阿马齐格语教材里仍有大量的阿拉伯语词汇。

摩洛哥教育部数据显示，国内提供阿马齐格语教学的机构达9915所，学习阿马齐格语的小学生数量达4030142人。但在具有小学学历的摩洛哥人口中，掌握现代标准阿拉伯语的口语、书面语与语法规则，且在不同场合都能自然使用现代标准阿拉伯语的人只占15%。

根据摩洛哥教育部的数据，摩洛哥教育部2011～2012年小学生的分布情况如表1所示。

表1 摩洛哥教育部2011～2012年小学生的分布情况

单位：人

市　县	一年级	二年级	三年级	四年级	五年级	六年级
阿加迪尔	7255	7877	8086	7896	7488	7955
伊奈兹甘	9589	9227	9538	9598	9919	10659
阿伊特巴哈	5825	5936	6258	5786	5457	5058
塔鲁丹特	4823	4561	3944	3808	2153	324
提兹尼特	1710	1272	504	370	210	245

续表

市　县	一年级	二年级	三年级	四年级	五年级	六年级
西迪伊夫尼	2822	2523	2427	2513	2588	2519
瓦尔扎扎特	6538	6661	6943	6801	6588	6461
廷吉尔	4161	3633	1958	927	760	520
扎古拉	4732	3754	2340	1791	1488	1707
总　数	47455	45444	41998	39485	36651	35448

资料来源：参见摩洛哥教育部有关阿马齐格语的 2011/2012 数据报告，http：//biblio. ircam. ma/。

这些数据表明，阿马齐格语在摩洛哥的小学里十分重要，不同市县的阿马齐格语学习者数量会有不同，进一步说明阿马齐格语在不同城市的地位存在差异。特别是在摩洛哥西南部的阿加迪尔市周围，加上如瓦尔扎扎特等东部山区城市，这些地带阿马齐格群体众多，对其民族语言的学习动力更加强烈。

（二）语言管理机构

1. 阿马齐格语管理机构

1978 年，摩洛哥政府向摩洛哥人民大会申请成立阿马齐格语学术研究中心，将阿马齐格语作为重要文化遗产进行保护与传播，并推出阿马齐格语教材编写计划。

2001 年，摩洛哥国王宣布设立阿马齐格文化皇家学院，负责研究、传播及保护阿马齐格语言与文化，该学院成为摩洛哥阿马齐格语相关事项的重要决策机构。皇家阿马齐格文化研究院是在 2001 年摩洛哥穆罕默德六世国王陛下的诏书第 1－01－299 号（2001 年 10 月 17 日）的指导下成立的，是阿马齐格语言文化发展道路上的重大转折点，对摩洛哥社会的多元化产生了深刻的变革，促进了阿马齐格语融入生活的各个方面，尤其是在教育、媒体和文化领域。到目前为止，为落实摩洛哥国王的规划，在摩洛哥教育部与皇家阿马齐格文化研究院的合作指导下，教育部发布了有关阿马齐格语教学的系列法规。

皇家阿马齐格文化研究院的任务主要集中在教育、科研、文化与媒体领域。在教育方面，该学院为编写阿马齐格语不同方言的教材、培养阿马齐格语教师和推动部分大学设立阿马齐格学研究中心做出了杰出贡献。在语言层面，为避免阿马齐格语方言差异的影响，学院对提菲娜格字母进行了标准化处理，出版了阿马齐格语通用和专用词典，并根据科学的渐进教学法促进了阿马齐格语的统一。在文化与媒体方面，学院负责建立语言规划中心，主要任务为编撰词典，规范阿马齐格语术语，用阿马齐格语表达适合时代文化和思想的词语，以便将阿马齐格语融入教育系统、视听领域和公共生活中，并使其以书面形式与阿拉伯语共同传播。此外学院还设立了教学研究和计划中心，专门研究阿马齐格语的教育规划，监督阿马齐格语教科书的编写。

在科研方面，皇家阿马齐格文化研究院经常组织学术研讨会，集中讨论阿马齐格语领域的新问题与解决方案，并出版了15期《阿斯娜格》学术期刊。该期刊主要讨论阿马齐格语与阿马齐格族的相关问题，涵盖规划、语言对比和教育等问题。期刊正文为阿拉伯语与法语，摘要为阿拉伯语与阿马齐格语。期刊创办者阿哈梅德·布酷斯（Ahmed Boukous）表示，2003~2009年，该研究院已发表150篇论文，涵盖语言、文学、艺术、教育、翻译、政治和社会科学等领域。[①]

近年来，摩洛哥政府对阿马齐格语的关注与推动不断增强。根据2018年摩洛哥政府的语言政策报告，[②] 从2003年至今，已经有4200余家教育机构部分或全部教授阿马齐格语，超过500000名男女学生在学习阿马齐格语。此外，还有5000名女教师和教授正在学习阿马齐格语，其中包括414名毕业于区域教育培训专业中心的专业教授，还有150名正在接受培训的教师。在教育机构中有21名检查员负责监督阿马齐格语的课程内容，有11000名教授受益于阿马齐格语的教学培训。

另外，为了进一步落实官方的阿马齐格语政策，一些机构和高等院校开始教授阿马齐格语，开展阿马齐格语培训计划，并与皇家阿马齐格文化研究院合作。其他合作机构还有高等媒体与传播学院、视听电影专业高等学院、国立高等管理学院、高等戏剧艺术与文化复兴学院、国家考古与遗产研究所和高等司法学院。

2. 阿拉伯语管理机构

摩洛哥独立以后，政府将阿拉伯语规定为官方语言，此后，阿拉伯语

---

① http://www.ircam.ma/?q=ar/node/24479.

② https://www.cg.gov.ma/sites/default/files/documents_interventions/R%C3%A9p%20CG-%20ChC_%2019%20juin%202018_%20Langues%20et%20cultures%20nationales.docx.

逐渐成为各个领域的主导语言。摩洛哥政府先通过了阿拉伯化政策，然后再通过教育改革强化了阿拉伯语在各个领域的地位与影响力，让所有的部门都使用阿拉伯语。在语言管理层面，阿拉伯语是政府部门的主要用语，在教育部门、司法部门、媒体部门、文化部门和公共部门都有相关的法规规定阿拉伯语的使用。

2003 年政府颁布了建立“穆罕默德六世阿拉伯语学院”的第 10.02 号法，但到目前为止，该学院仍未完成建设，也未发挥应有的作用。为了保障阿拉伯语与阿马齐格语的同等地位及其使用范围，摩洛哥政府在 2019 年摩洛哥语言和文化全国委员会上发布了第 04.16 号组织法草案，法规强调要开放“穆罕默德六世阿拉伯语学院”，但至今该语言机构仍未开展运营，将来的发展形势仍然需要进一步的观察。

3. 外语管理机构

在摩洛哥，外语与阿拉伯语的管理皆由摩洛哥政府负责，但是因为外语的使用域主要集中在教育和司法层面，大部分的语言应用实际上由教育与司法部门负责。教育部门强调把外语作为提高摩洛哥人适应国际社会的必要工具，在司法部门，外语是翻译工作的重要媒介。

（三）媒体领域的语言管理

2010 年，摩洛哥政府建立了塔马齐格语电视频道。2012 年 10 月 12 日，摩洛哥大众媒体领域的相关法规规定：第一，保障阿拉伯语的安全性和简化性。第二，根据“阿马齐格语词典和标准化规则”及提菲娜格的特点确定能在阿马齐格广播里使用的词汇与表达方式。第三，塔马齐格频道（Tamazight TV）价值提升，阿马齐格电视频道的节目内容调整，以前只播出阿马齐格遗产节目，并不反映摩洛哥阿马齐格人的生活或问题。

在大众传媒领域，阿拉伯语、阿马齐格语和哈桑尼亚方言被用来广播节目。为了符合摩洛哥社会与儿童的需求，媒体部门需使用最简单的阿拉伯语和塔马齐格语的词汇与表达方式。摩洛哥“第一电视频道”（Al Aoula TV）播出的节目包含 70% 的阿拉伯语、哈森尼亚方言与摩洛哥不同方言的内容，20% 的阿马齐格语内容。另外，该频道可在 5% 的范围之内调整这些语言的应用比例。而塔马齐格频道则需播出 70% 的阿马齐格语内容，20% 的阿拉伯语、哈桑尼亚方言与摩洛哥不同方言的内容。阿马齐格广播电台在 2017 年广播季开展了面向广大阿马齐格语听众的多样化节目，每天有 16 小时的直播，12 个月共计 5840 小时，其中包括 600 小时的公告和新闻，952 小时的社区和服务节目，2922 个小时的文化和娱乐节目，890 小时的音乐节目。

此外，为了确保其节目网络反映国家认同组成部分的多样性和丰富性，2017 年索莉雅德公司“第二频道”使用阿马齐格语播出每日新闻简报，并在支持哈桑尼亚方言媒体的呼吁下，“第二频道”使用哈桑尼亚语播放了连续剧、戏剧和关于哈桑尼亚文化的研讨会。

（四）语言管理的特点和成效

综上所述，在语言管理机构方面，政府是主导与推行政策的主体。而在阿马齐格语问题上，阿马齐格文化皇家学院起到了非常关键的作用。虽然也有其他学院的存在，但是它们没有发挥应有的语言管理功能，大部分机构常处于被动状态，引发了许多摩洛哥人对其他语言机构存在意义的质疑。

另外，阿马齐格文化皇家学院与摩洛哥政府的关系也是一直以来摩洛哥阿马齐格人的争论焦点，有的人认为它对阿马齐格语的贡献很大，也有的人认为该学院在政府的命令下开展工作，起到的作用十分有限。实际上，阿马齐格文化皇家学院与摩洛哥政府的意见经常不一致，比如在讲阿马齐格语人数的比例问题上，阿马齐格文化皇家学院学者认为讲阿马齐格语者的比例高于摩洛哥高级计划署官网公布的比例，认为数据统计方法有误，样本的代表性存在问题，样本仅覆盖 2% 的人口，而国际标准规定的最低标准为 10% 。

在行政领域，阿马齐格语也逐渐与阿拉伯语并存。2012 年 10 月 3 日，摩洛哥政府公布将在政府公共服务和现代化部的正式行政信函中使用阿马齐格语，摩洛哥政府的网站也必须增加阿马齐格语版。除了阿拉伯语与阿马齐格语，摩洛哥人主要在教育、司法和媒体领域使用其他外语。

四　总结和展望

摩洛哥的宗教、民族与语言文化具有丰富多样性，摩洛哥的语言生态历来多元，无论其语言政策如何变化，政策文本都涉及多种语言，每种语言都拥有其社会文化象征性。从殖民者占领摩洛哥以来，摩洛哥语言政策随掌权者的更替经历过两次重大改变。从社会治理目标来看，各个时期的官方语言政策的目的是缓解社会矛盾，维护社会稳定，推动国家的语言文字事业与文化发展。虽然随着语言政策变迁，不同语言的地位有所变化，但是每一种语言一直有其独特的使用场域，也因此划定了明确的使用范围，而语言的互动和竞争，实际上是使用不同语言的群体争夺权力和资源的博弈。在这一博弈过程中，现代摩洛哥的国家认同被建构而成，各民族认同也在其中建构和角力。2011 年的摩洛哥宪法明确规定了官方语言地位，强调保护少数民族语言，鼓励学习外语，发展国家多种语言和多元文化，摩洛哥通过官方语言政策影响民众的语言选择，实现国家权力主体的治理目标，强化国家文化认同与身份认同。

影响摩洛哥语言政策的因素一直处于动态变化之中，体现在宪法地位官方化的演变和某些新语言法规的发布中，且从摩洛哥本身的发展也能看出新旧语言局面的嬗变，特别是阿拉伯语和阿马齐格语近年来开始陆续承载新功能。此外，摩洛哥人对外语的态度也开始变化，比如英语在最近几年开始更多地吸引摩洛哥年轻人，中文也成为商人和留学生使用的重要语言。另外，在医学领域，2020 年“穆罕默德六世医科大学”医学院开设“医学英语”在线教育。①

支持单一语言的法律在某种程度上势必会引发多元语言系统的平衡失调，为了强化阿马齐格语的官方语言角色，2019 年 9 月 12 日，摩洛哥政府公布了 26 - 16 号组织法，但该法令的执行力还需静待后续观察。据摩洛哥媒体报道，2020 年 4 月，一家银行拒绝兑现用阿马齐格字母打印的支票，理由为支票上的文字需使用阿拉伯语或法语。该案件吸引了很多摩洛哥人注意，当事人还向法院上诉。2020 年 9 月 17 日，卡萨布兰卡商事法院做出裁决，责令银行向以提非娜格字母书写支票的申请者支付 3000 迪拉姆，处以银行威胁罚款 300 迪拉姆。另外，2020 年 8 月，国民电子身份证的第 20.04 号法将阿拉伯语直接排除。其中第 4 条款要求，在提供身份者信息的时候只能使用阿拉伯或拉丁字母，这引发了摩洛哥阿马齐格协会与阿马齐格语使用者的抗拒与愤怒，成为 2020 年摩洛哥新闻的头条热门话题。该法违反了宪法的条款和 2019 年的 26 - 16 号组织法。此外，许多摩洛哥阿马齐格党派表示身份证不仅仅是个人信息的代表，更多的是国家身份的代表，向国际社会提供这

---

① 摩洛哥穆罕默德六世卫生科学大学官方网站，https: //um6ss. ma/lancement - des - inscriptions - au - certificat - universitaire - medical - english - en - ligne/。

样的身份文件首先折射了一个不准确的摩洛哥身份形象，因此毫不夸张地说，该法案不利于摩洛哥在国外的多元文化身份形象建构。

总而言之，摩洛哥的语言政策特点可以总结为以下几点。第一，1956 年前，即摩洛哥独立前的法国的语言政策主要试图改变摩洛哥人的语言行为，加强法语在教学领域的普及，对阿拉伯语与阿马齐格语造成挤压和忽视。第二，从 1956 年到 1999 年，阿拉伯化政策施行，国家指定阿拉伯语为唯一的官方语言和民族语言，并通过许多语言法规加强阿拉伯语在不同领域的应用，巩固伊斯兰阿拉伯民族属性。第三，2000 年至今，重新规划外语教育，法语和西班牙语的地位逐渐下降，英语和汉语慢慢开始影响人们的语言生活。此外，2019 年《摩洛哥 51. 17 号教育改革法案》第 2 条强调了多语交替的必要性，教育机构逐渐实现多语教育，使用除两种官方语言外的其他外语教授部分科目，或用外语教授特定科目的部分内容，实现了教学语言多样化。但该法案受到了摩洛哥社会语言学家、教师团队与政治人物的质疑，部分人认为该语言法规侧面表明政府认为外语比官方语言更重要，与“2015 ~ 2030 年的教育改革视角”的原则相斥。另一部分人认为该法规的目的在于维护法语在摩洛哥的地位，且将来有可能将法语提升至与其他官方语言相同的地位。而英语在摩洛哥教学中的地位能否胜过法语，英语作为大学部分理科课程的媒介语能否成功普及，还需要大量时间与实践的验证。

在摩洛哥多元语言的现实情境中，摩洛哥政府在实施国家统一的语言政策时，还面临着诸如如何使统一的语言政策与整个教育系统保持一致，以及在维持社会凝聚力的同时，不损害教育质量，使非主流群体的利益得到维护之类的难题。可见，语言政策不仅与教育密切相关，而且还与政治紧密相连。语言政策不仅直接影响着教育的发展，而且也影响着社会的稳定与发展。从权力与意识形态的关系看，摩洛哥语言政策均实现了执政者的权力意图，即在语言层面，稳固执政合法性，完成政策制定时的预想，建构和协调国家认同与民族认同，以推动国家的现代化进程。

参考文献

［1］摩洛哥教育部有关阿马齐格语的 2011/2012 数据报告，http：//biblio. ircam. ma/。

［2］陈燕，2020，《摩洛哥阿拉伯化语言政策的影响研究》，湘潭大学，DOI：10. 27426/d. cnki. gxtdu. 2020. 001519。

［3］刁俊、刘文燕，2013，《阿拉伯国家孔子学院发展情况初探》，《重庆科技学院学

报》（社会科学版）第9期，第157~159，166页。

[4] 付婷，2019，《摩洛哥达理加方言与阿拉伯语语言冲突研究》，《品位·经典》第4期，第47~51页。

[5] 洪叶，2021，《语言冲突视角下的摩洛哥多语现象探析》，上海外国语大学。

[6] 佳荷，2017，《马格里布阿马齐格语规范化探析——以摩洛哥、阿尔及利亚与突尼斯为例》，《语言规划学研究》第2期，第54~62页。

[7] 孔令涛，2017，《阿拉伯国家语言战略发展研究》，复旦大学出版社。

[8] 李宁，2013，《摩洛哥官方语言政策变迁背景分析》，《阿拉伯世界研究》第3期，第81~93页。

[9] 玛丽－法朗士·亚马尔·阿拉韦、史忠义，2000，《摩洛哥的法语文学概况》，《外国文学动态》第5期，第4~9页。

[10] 肖克，2009，《摩洛哥内政外交研究综述》，《西亚非洲》第8期，第70~74页。

[11]〔以〕斯波斯基，2010，《语言政策》，商务印书馆。

[12]〔英〕赖特，2012，《语言政策与语言规划》，商务印书馆。

[13] 於荣，2013，《摩洛哥的阿拉伯化语言政策及其对摩洛哥教育发展的影响》，《外国教育研究》第6期，第105~111页。

[14] Aboulkacem E. （2005） Nationalisme et construction culturelle de la nation au Maroc：Processus et réactions，EHESS，341－342.

[15] Abou Haidar L. （2012） Statut du français au Maroc：représentations et usages chez des lycéens marocains. Journées d'études L'Europe comme figure de l'autorité . Les cahiers du CELEC，Publications de l'Université Jean Monnet de Saint－Étienne.

[16] Alami A. （2016） The education reform in Morocco through the emergency plan （2009－2012） and its impact on schooling，*International Journal of Education*，*Learning and Development*4 （5），48－76.

[17] Aomar Boum. （2008） The political coherence of educational incoherence：The consequences of educational specialization in a southern Moroccan community. *Anthropology & Education Quarterly*, *39* （2），205－223.

[18] Bouarich & Houriya. （2011） La politique linguistique éducative au Maroc de 1912 à nos jours，Colloque International de l'environnement informatique et l'enseignement，Université Ibn Tofail.

[19] Errihani M. （2007） Language policy in Morocco：Implications of recognizing and teachingBerber. Chicago：University of Illinois，202.

[20] Moha Ennaji & Fatima Sadiqi. （2008） Morocco：Language，Nationalism，and Gender. Andrew Simpson. *Language and National Identity in Africa.* London：Oxford University Press，44－60.

莫桑比克[*]

一　国家概况[①]

莫桑比克（全称莫桑比克共和国，República de Moçambique）位于非洲东南部，国土面积 80 万平方公里，海岸线长 2630 公里。东濒印度洋，南邻斯威士兰和南非，西靠津巴布韦、赞比亚、马拉维，北接坦桑尼亚，与马达加斯加隔海相望，形成世界上最长的海峡——莫桑比克海峡，全长 1670 公里。属热带草原气候，自然资源丰富，北部的鲁伍马盆地是全球最大的天然气库存区。

全国行政区划现有 10 个省，53 个市（含 1 个直辖市），144 个县。首都马普托（Maputo）是莫桑比克的政治文化中心，也是最大的城市。贝拉（Beira）是全国第二大城市，主要城市还有楠普拉（Nampula）等。

莫桑比克实行多党制、党政分开和司法独立，总统为国家元首和政府首脑，总统和议员均由全民直接选举产生，任期 5 年，可连任一届。1975 年脱离葡萄牙殖民统治后发生内战，至 1992 年内战结束，政局渐渐稳定。主要执政党为解放阵线党（以下简称“解阵党”，Partido Frelimo）。

莫桑比克实行多种经济成分并存的市场经济，以农渔业为主，工业薄弱，位列联合国宣布的世界最不发达国家和重债穷国。莫桑比克前三大贸易伙伴分别为南非、欧盟和中国。自 2017 年起，北部地区恐怖袭击活动猖獗，2019 年的飓风“伊代”造成巨大伤害，加之新冠疫情影响，经济持续低迷。

---

* ［作者简介］孙春颖，博士，副教授，浙江师范大学国际文化与社会发展学院副院长。研究方向：国际中文教育，语言政策与语言规划。

① 莫桑比克的国家概况内容及数据主要来源于莫桑比克国家统计局官网，http：//www.ine.gov.mz；中国驻莫桑比克共和国大使馆官网，http：//mz.chineseembassy.org/msbkgk/202105/t20210524_9104090.htm；百度百科，https：//baike.baidu.com/item/%E8%8E%AB%E6%A1%91%E6%AF%94%E5%85%8B/127862？fr=aladdin。

据莫桑比克国家统计局（INE - Instituto Nacional de Estatistica）2022年1月数据，全国人口为31616078人，城镇人口占34%，农村人口占66%，城乡发展很不平衡。主要民族有马库阿 - 洛姆埃族（约占总人口的40%）、绍纳 - 卡兰加族、尚加纳族、佐加族、马拉维 - 尼扬加族、马孔德族和尧族等。27.19%的居民信奉天主教，18.94%的居民信奉伊斯兰教，其他居民多信仰原始宗教和基督教其他教派。

中国同莫桑比克之间的友好关系是在莫桑比克争取独立的斗争中建立起来的。中国为莫桑比克的独立解放运动提供了大量的经济和军事援助；1975年6月25日，中国在莫桑比克独立当日就同莫桑比克建立了正式的外交关系，是非洲大陆以外同其建交的第一个国家。建交以来，两国彼此重视相互之间的友谊合作关系，在国际事务和国家建设中密切合作，相互支持。2016年5月，纽西总统访华，与习近平主席会晤，两国元首共同决定将中莫关系提升为全面战略合作伙伴关系，开创了两国友好合作新局面。2018年两国签订共建“一带一路”合作文件。近年来，中莫友好合作关系不断深化，各领域务实合作取得丰硕成果。

二　语言使用状况

（一）宪法或其他法律对语言使用的规定

莫桑比克的很多法律法令中都有关于语言使用的规定。

现行《莫桑比克共和国宪法》于2004年生效，其中第一章第九条、第十条、第二十四条及第二章第二十七条分别规定：“国家应将民族语言视为文化和教育的遗产，促进它们的发展和利用，将它们作为传达我们身份的语言。”“莫桑比克共和国的官方语言为葡萄牙语。”“莫桑比克共和国将与以葡萄牙语为官方语言的国家保持特殊的友好合作关系。”“申请加入莫桑比克国籍者应该掌握葡语或一种莫桑比克语言。”

在国民教育系统和劳动者权利保护的有关法令中，也都有关于语言平等、重视和发展民族语言的条款。1983年颁布关于建立国家教育体系（SNE）的第4/83号法令，其中第五条规定：“国家教育体系应在本法规定的原则框架内，致力于对莫桑比克语言、文化和历史的研究和发扬，以保护和发展民族文化遗产。”1992年颁布关于修改国民教育体系法的第6/92号法令，其中第四条规定：“国家教育体系应该在本法规定的原则框架内，重视和发展民族语言，促进将民族语言逐步引入公民教育体系。”使民族语言及其多样性有了保持和传承的保障。2017 年 8 月通过生效的《莫桑比克劳动法》第七章第五十四条规定：“不考虑劳动者的民族出身、语言、种族、性别、婚姻状况、年龄、法律上的某些限制、社会条件、宗教或政治信仰，以及是否为某一工会组织的成员，劳动者都享受平等的权利。”

莫桑比克宪法同样保护莫桑比克手语的发展。宪法第三章第一百二十五条规定：“国家应为残疾人学习和发展手语创造条件。”基于一些当地方言变体设计的莫桑比克手语（Línguas de Sinais de Moçambique），成为莫桑比克聋人社区的主要语言，在莫桑比克最大的三座城市马普托、贝拉和楠普拉中可以通用。

（二）官方语言使用状况

葡语成为莫桑比克唯一的官方语言，这是国家独立统一和民族团结的需要。综合 Lopes 的统计数据，以及莫桑比克国家统计局 2007 年和 2017 年两次人口普查数据，莫桑比克 5 岁以上语言使用者将葡语作为母语使用的情况见表 1。

表 1　5 岁以上语言使用者将葡语作为母语使用情况对照

单位：人，%

语言	1998 年		2007 年		2017 年	
	使用人数	占比	使用人数	占比	使用人数	占比
Portuguese（葡语）	489915	3.00	2352487	13.80	3686890	16.58

由表 1 可见，二十年间，以葡语为母语的人数增长了 6 倍多，葡语一跃成为全国使用人数第二的母语。葡语作为官方语言和公共流通语言的地位确立后，流通程度不断提高，人们倾向于在公共场所使用葡语；越来越多的年轻人从小开始学习葡语，日常使用葡语进行交流，在一些城市地区，葡语几乎成了儿童的第一语言，年轻人甚至已经不会说自己的家乡话。

以葡语为第二语言的人口也有大幅增长。莫桑比克教育部 1980 年的数据显示，当时将葡语作为第二语言使用的人口占全国人口的 23.2%，其中 15～24 岁的葡语使用者最多，约占全部葡语使用者的 40%；7～14 岁和 25～39 岁次之，约占 30%；0～6 岁的最少。这说明，在 20 世纪 80 年代，葡语主要是作为第二语言在学校习得的。1998 年，有超过 40% 的人具备葡语的听说能力；2007 年以后，有 50.4% 的莫桑比克人能够用葡语进行交流。

目前，葡语已是莫桑比克使用最广泛的语言，2007 年统计在列的共 10 个省 148 个地区中，葡语是唯一一种分布于每一个地区的语言，正在逐步成为强势语言。根据莫桑比克国家统计局 2017 年全国人口和住房普查统计，全国范围内能说葡语者为 1054 万人，占全国人口的 47.37%。详见表 2。

表 2　2017 年莫桑比克人葡语掌握情况

单位：人，%

地区	能够掌握葡语		不能掌握葡语	
	人数	占比	人数	占比
全国	10535905	47.37	11707468	56.36
城市	5911607	77.03	1763217	22.97
农村	4624298	31.74	9944251	68.26

由表 2 可见，城乡居民的葡语能力差异巨大。在农村，将葡语视为母语者仅占 5.1%，能够掌握葡语者也仅占 31.74%，比例远远低于城市的 77.03%。这主要是因为，葡语是教育体系中必学的语言和主要的教学语言，凡是接受正规教育的青少年，都要学习葡语的语言规则，中上层人物和受教育人群都能使用规范的葡语。但是在农村地区，很多人无法接受学校教育，加之日常交际对象多数为本族人，更常使用的是本族语，所以葡语能力相对薄弱，在家经常说葡语的人口仅有 3.6%。事实上，年轻人学习葡语后，因为受家庭语言环境影响，在家说葡语的机会并不多，因此全国范围内，不能掌握葡语者人数有 1171 万人，占全国人口的 56.36%。在家最常使用葡语的人口也仅有 16.8%，说明人们在日常交际中更倾向于使用民族语言。

（三）民族语言使用状况

"语言高度多样性"（high linguistic diversity）指在一个区域内没有一种语言的使用人数超过总人数的 50%。1992 年以前，莫桑比克是非洲 25 个语言高度多样性的国家之一，各大民族都有自己的语言，绝大多数属于班图语；80% 以上的人口以班图语为母语，因此班图语被视为民族语言、文化语言和身份语言。未受系统教育的普通老百姓说的是夹着本土语的不规范葡语，有的甚至只说本土语。

民族志记载莫桑比克境内有 43 种语言，根据 1989 年国家教育发展协会（National Institute for Education Development）与蒙德拉内大学莫桑比克语言研究小组（Unit for the Study of Mozambican Languages）联合发布的最权威报告《莫桑比克语言标准正字法报告》，莫桑比克境内民族语言及变体有 20 种：斯瓦希里语（Kiswahili）、姆阿尼语（Kimwani）、马孔德语（Shimakonde）、尧语（Ciyao）、马库阿语（Emakhuwa）、高迪语（Ekoti）、洛姆埃语（Elomwue）、舒瓦博语（Echuwabo）、尼扬加语（Cinyanja）、伞加语（Cisenga）、尼英埃语（Cinyungwe）、塞纳语（Cisena）、绍纳语（Cishona）、斯兹瓦语（Xitswa）、尚加纳语［Xichangana，又名聪加语（Xitsonga）］、佐加语（Gitonga）、孔比语（Cicopi）、兰加语（Xironga）、斯瓦兹语（Swazi）、祖鲁语（Zulu），基本都属于班图语支。

莫桑比克语言的分布与民族的分布具有较大相关性，但也不完全一致。莫桑比克主要民族、民族语言及其分布情况见表 3。

表 3　莫桑比克主要民族、民族语言及其分布情况

民　族	主要语言	分布地区
马库阿－洛姆埃族（约占总人口 40%）	马库阿语和洛姆埃语及其变体	东北部：德尔加杜角省、尼亚萨省、楠普拉省、赞比西亚省
绍纳－卡兰加族	绍纳语和兰加语及其变体	中部：索法拉省、马尼卡省；南部：马普托省
尚加纳族	聪加语及其变体	南部：加扎省、马普托省
佐加族	佐加语及其变体	南部：伊尼扬巴内省
马拉维－尼扬加族	尼扬加语及其变体	西北部：太特省
马孔德族	马孔德语及其变体	东北部：德尔加杜角省
尧族	尧语及其变体	东北部：尼亚萨省

由表 3 可见，莫桑比克境内的民族语言及变体种类繁多，民族界限与语言界限也并不完全对应。Marinis 将莫桑比克语言分为四大语族，分别为：马库阿语族，使用人口占总人口 41%；尼扬加－塞纳语族，使用人口占 10%；绍纳语族，使用人口占 8%；聪加语族，使用人口占 19%。马库阿语是莫桑比克使用人口最多且使用最为广泛的民族语言，这是因为马库阿族是莫桑比克人口最多的民族，赞比西河以北的几个省份有 400 万马库

阿－洛姆埃族人。莫桑比克国家统计局 2020 年出版的文化统计年鉴显示，马库阿语使用人数达到 5813083 人，占全国人口的 26.13%。多数民族语言使用程度不高，仅在一定区域内通行。

随着时间的推移，民族语言的使用情况发生不小变化。莫桑比克 5 岁以上语言使用者将民族语言作为母语使用的情况如表 4 所示。

表 4　5 岁以上语言使用者将民族语言作为母语使用情况

单位：人，%

语　言	1998 年		2007 年		2017 年	
	使用人数	占比	使用人数	占比	使用人数	占比
马库阿语	4007010	24.80	3942203	23.13	5813083	26.13
尚加纳语	1799614	11.20	1566393	9.19	1919217	8.63
尼扬加语	607671	3.80	938677	5.51	1790831	8.05
塞纳语	1807319	11.20	2646977	15.53	1578164	7.09
洛姆埃语	1269527	7.90	1037707	6.09	1574237	7.08
舒瓦博语	1203494	7.50	641177	3.76	1050696	4.72
斯兹瓦语	763029	4.70	642011	3.77	836644	3.76
辛达伍语					836038	3.76
穆德语					4173	0.02
尼英埃语	446567	2.80	449048	2.63		
孔比语	405521	2.50	250774	1.47		
尧语	374426	2.30	338626	1.99		
马孔德语	371111	2.30	293168	1.72		
佐加语	319836	2.00	188304	1.10		
姆阿尼语	29980	0.20	179463	1.05		
斯瓦希里语	21070	0.10	82720	0.49		
绍纳语	1070471	6.60	1124624	6.60		
兰加语	626174	3.90	304950	1.79		
高迪语	102393	0.60				
斯瓦兹语	7742	0.05				
伞加语	3584	0.02				
祖鲁语	3529	0.02				
其他民族语言			37368	0.22	2633088	11.84

由表 4 可见，从 1998 年到 2017 年，莫桑比克的母语使用情况发生了巨大的变化。所统计的民族语言使用人数占比下降明显，从 1998 年的 97% 降到 2017 年的 83%，除马库阿语、洛姆埃语、尼扬加语、舒瓦博语

外，其余全部的民族语言使用人数占比均呈下降趋势。在 1998 年，共统计了 22 种民族语言的使用人数，2007 年共统计了 19 种民族语言，而在 2017 年仅统计了 11 种民族语言，尼英埃语、孔比语、尧语等均纳入“其他民族语言”中统计，说明这些语言使用人数很少。2017 年所统计数据，除表 4 中列出的各种民族语言外，还包括葡萄牙语者 3686890 人（占 16.58%）、其他外语者 112385 人（占 0.51%）以及未知语言者 407927 人（占 1.84%）。由此可见，近二十年来莫桑比克的语言多样性特征逐渐减弱。

（四）外语使用状况

在历次人口普查中，使用其他外国语言作为母语的情况也都会有体现。

由表 5 可见，以其他外国语言为母语者占比在 1998 ~ 2007 年急剧减少，至 2017 年虽有所回升，但并不十分明显。这与移民数量减少、移民后裔转用莫桑比克官方语言或本土语言有关。

表 5　5 岁以上语言使用者将其他外国语言作为母语使用情况

单位：人，%

语言	1998 年		2007 年		2017 年	
	使用人数	占比	使用人数	占比	使用人数	占比
其他外国语言	405420	2.50	30249	0.18	112385	0.50

有一小部分人以法语为母语，主要为在莫桑比克工作的法国人子女，一般在创建于 1979 年的法国国际学校（L’Ecole franaise de Maputo，EFM）就读。该校在法国外交部拨款主持下运行，在课程设置、教学宗旨和组织规则上与法国本土现行标准一致。印地语和乌尔都语作为母语在莫桑比克也有小范围使用，莫桑比克统计局 2017 年人口普查数据显示，印度裔和巴基斯坦裔是莫桑比克的第四大和第五大民族，人口数量仅次于黑人、混血儿和白人。

其他外国语言多数作为第二语言或外语学习，使用最多的是英语，法语和中文都只有少量使用者，多数只在学校使用。

1. 英语使用状况

作为国际通用语言，英语在莫桑比克的地位仅次于葡语和班图语，是第一大外语，也是除葡语和班图语外的教学语言。

莫桑比克曾是葡萄牙的殖民地，本来与英国并无宪制关系，但在 1995 年却作为特殊例子加入了英联邦；同年，正式加入刚成立的世界贸易组织。受全球化、一体化发展影响，城市对于英语人才的需求逐渐增大；加上周围邻国也多以英语为官方语言或官方语言之一，英语也渐渐在莫桑比克流行起来，被精英人才和商业人士广泛使用，以英语作为第二语言的人数显著增多。

莫桑比克政府也十分重视对学生的英语教育，根据第莫桑比克第 6/92 号法律的规定，在莫桑比克国家教育体系中，小学教育从六年级开始将英语作为第二语言课程。

葡语和班图语的使用更多依靠的是语言政策影响，而英语的选择与使用主要是由于社会的需求。使用英语教学的主要是城市里语言背景复杂的私立学校和一些国际学校，这些学校里的学生来自不同地区或不同国家，英语和葡语同时作为课堂媒介语使用，甚至有些学校的学生英语水平要高于葡语水平。由于城乡教育发展不平衡、教育资源短缺等问题，许多学生的英语能力并不强。除了首都马普托这个经济比较发达、人口混杂的国际化城市，在莫桑比克中北部的大部分地区，英语的普及度还不是很高，在全国第二大城市贝拉，能熟练使用英语的人还不到 5% 。

2. 中文使用情况

在莫桑比克，中文使用群体主要有华人华侨及其后代、非华裔汉语学习者，多数是作为第二语言学习和使用的。

将中文作为母语的人口比例相当少。20 世纪 70 年代以后，在莫华人由于历史变迁、生活所迫，加之与中国相隔千山万水、信息沟通不流畅，而当地老一辈华人年事已高，会说中文的越来越少，在相当长的时间里，中文教育停滞，葡语成为许多华裔新生代的母语，中文基本不出现在当地华人的生活和工作中。在华人社团中华会馆中，仅有少数几人掌握流利的普通话，另有几人会讲粤语，协会成员基本只会讲葡语和英语，社团日常的工作语言也是葡语。调查结果表明，莫桑比克华裔群体在很多方面对语言文化的认同程度已不及非华裔群体，说明华裔群体基本已被当地人同化。（张祺昌，2021）

但将汉语作为第二语言或外语的人口数量有所增加，这与两所中文教育机构孔子学院和中华国际学校的发展密不可分。2012 年蒙德拉内大学孔子学院建立，推动了莫桑比克中文教育的发展：接触中文、学习中文的莫桑比克人越来越多，前往中国的留学生数量逐年增长，民众对中文的学习需求日益提高。中华国际学校前身为创建于 1936 年的中华学校，1975 年以后曾停办，至2017年复校并更名，为在莫华人华侨子女提供以中华文化为基础的正规教育，招生对象还包括莫桑比克其他不同国籍的喜爱中文和中国文化的各界人士子女，教学语言为中葡双语。截至2021年，蒙德拉内大学孔子学院累计培养中文学习者已达8000余人次，中华国际学校的招生人数业已逾百人。但中文多数只在学校场域内使用。

三 莫桑比克的语言管理

（一）莫桑比克国家语言政策的发展变革

1. 殖民时期语言政策（16世纪初~1975年）

16世纪初，葡萄牙正式将莫桑比克作为殖民地，殖民统治持续了200多年。在此期间，葡萄牙政府一方面在莫桑比克实行等级分明的种族制度，另一方面对殖民地人民实行语言和教育的“同化”政策，以减少反抗，实现非洲“文明化”进程。

莫桑比克的殖民教育制度诞生于19世纪末至20世纪初，殖民政府奉行的是精英式教育，并优先向葡裔白人倾斜。早期，殖民政府大力开办教会学校，以传教为主，担任教师的不仅有葡萄牙的白人移民，更有“虔诚”的莫桑比克当地人，通过反复诵读经书来“教化人民”，同时灌输“欧洲文明上等”的观念，从思想上奴役殖民地人民。这一时期已开始实行强制的单一语言政策。19世纪末，教会章程第69条规定：在公共场合和学校只允许说葡语，学校只能使用葡语教学，并要教授葡语课程。其本质上就是优先发展葡语、抑制班图语言。在一些情况下，允许其他语言使用，如在信仰教育和传教活动中，民族语言可以被广泛而自由地使用。不过这种弹性语言政策是为殖民当局服务的，其目的就是达到更好的传教效果，改变当地人的原始信仰。

这种等级分明的政策引起了殖民地人民的不满，引发了冲突与反抗。因此殖民地政府也通过一定政策，为当地非洲人开辟了一条晋升之路。1930年葡萄牙颁布法令，允许“具备流利的葡语读写能力、拥有稳定的财产”的非洲人获得葡萄牙公民的身份，拥有接受官方教育的权利和表决权。同年，通过第238号立法文件，确立了双轨教育制度，将学校教育分为两种：一种面向葡属公民，名为“官方教育”；另一种则面向“未同化”的莫桑比克人，名为“基础教育”，由天主教会学校实行。二者都不允许使用民族语言，讲授内容均为葡萄牙语、葡萄牙地理和宗教，但教学质量有着天壤之别。基础教育的目的是让殖民地人民获得基本的识字能力和简单的工作技能，更好地为殖民经济服务，因此大部分非洲人很难掌握流利的葡语，无法改变自身的阶层。只有少数学校教育中的精英人士或混血儿能够在法令中获益。

虽然这一法令并未起到实质性作用，但葡语能改变身份地位的意识观念在社会中扎下根基，并对独立后的莫桑比克产生持续深远的影响。葡语教育体系不断完善，1962 年洛伦索马贵斯大学［Universidade de Lourenço Marques，现更名为蒙德拉内大学（Universidade Eduardo Mondlane）］建立，标志着莫桑比克拥有了一套从小学至大学的完整的葡语教育体系。教会学校对来自不同部落的本地居民进行葡语和葡萄牙文化教育，在葡语的推广上扮演着重要角色。

殖民后期，随着莫桑比克民族意识的觉醒，葡萄牙殖民政府也相对做出了一些让步。1964 年的《教育改革法令》宣布取消等级分化的教育制度，实行全国统一的义务教育制度。但广大而贫瘠的农村地区并无实行义务教育的现实条件，因而法令在全国大部分地区形同虚设，精英化教育制度的本质始终没有改变，基本教育体系更是沿用到了今天。

2. 后殖民时期的国家语言政策（1975 年至今）

在长达十年的解放战争时期，包括解阵党在内的不同独立战线和士兵，来自不同地区、拥有不同语言背景，需要一种统一的语言进行战线间的沟通与信息传递。独立斗争的领导阶层多是原殖民时期受过官方教育和高等教育、精通葡语的精英人士，葡语自然而然地成为战线联盟的沟通语言，这也为葡语日后成为莫桑比克的官方语言奠定了基础。

1975 年 6 月 25 日，莫桑比克正式宣布脱离葡萄牙独立，成立莫桑比克人民共和国，但直至 1992 年，莫政府和全国抵抗运动在罗马签署和平协议，才真正结束战乱。这一时期是语言立法的空白期，没有语言层面的相关法律条例，主要通过新政府一系列语言和教育改革来实现语言管理。

独立后，葡语被称为维护民族团结的语言（the language of national unity）。为尽快消灭部落制，维护民族团结，实现国家统一和发展，新政府选择了已普遍用于教育体系和科学技术中的葡语作为全国通用语。但当时对于大部分莫桑比克人来说葡语还是不熟悉的外语，而且是原殖民者的语言，随着民族意识的觉醒，这项举措引起了社会的广泛讨论。针对讨论，解阵党政府发表官方声明做出解释，表示将葡语作为官方语言的原因有四点：①莫桑比克国内民族语言种类繁多，将民族语言作为通用语言并出版教科书，对国家来说过于耗时耗力；②各地区使用不同民族语言会助长部落制；③民族语言没有完整的知识体系，缺乏统一规范的标准，不适于学校教学；④葡语是最中立、传播最广的语言。可见，在国家独立之初，葡语就已被作为官方语言和通用语言使用了，甚至一些机关单位禁止将葡语材料翻译为民族语言，以加强官方语言的重要性和国家单位的象征。后因内战，莫桑比克政府未来得及完善各项法律规章制度。

社会上重视民族语言的呼声越来越高，迫使政府开始采取一些向民族语言倾斜的政治举措。1983 年解阵党文化部（Ministry of Culture）在向国会做的报告中指出："对莫桑比克语言和文化的调查研究和专业建设，将对社会交流、教育培训产生深远的影响。"文化办公室（Office of the Secretary of State for Culture）发布《关于莫桑比克共和国语言政策定义的提案》草案，指出在维持葡语官方语言、国语、通用语地位的同时，也应选取适当的莫桑比克的民族语言成为国语，建议实行葡语和民族语言的双语教育政策。这种重视语言权利、尊重语言多样化的政策，被称为适当的语言政策。

1990 年，莫桑比克政府通过宪法修订案，第一次将语言问题写入法律，以法律的形式确立了官方语言。包含两条相关法规："莫桑比克共和国以葡语为官方语言。""国家应重视民族语言，推动民族语言作为沟通媒介语的发展，扩大其在国民教育中的使用。"宪法修订案不但明确了葡语的官方语言地位，同时也表现出对民族语言的包容态度。2004 年宪法关于语言的立法内容与 1990 年宪法大体一致，只是在文字表述上稍作修改，更明确了发展民族语言的倾向性，对民族语言的态度由原来的重视、推广、使用，上升到视之为文化与教育的遗产以及民族身份的象征。申请加入莫桑比克国籍者应该掌握葡语或一种莫桑比克语言这一规定，打破了长期以来"葡语等同于身份"的观念，体现了民族意识得到强化。

（二）社会各领域的语言管理

1. 教育领域的语言管理

莫桑比克教育领域的语言管理以 1983 年 4 月颁布第 4/83 号法案实行国民教育体系为分界线，在语言教育、教学语言和语言规范方面发生了变化。

（1）语言教育管理

独立初期的教育包括正规教育、成人扫盲教育和教师培训。正规教育针对生活在解放区的儿童和青少年，沿用了葡萄牙殖民时期的教育传统，葡语是国民教育中的必修课，初级教育中的语言课程主要是葡语，中等教育阶段增加英语。新的国民教育体系（National Education System）打破了殖民时期葡语独大的局面，葡语、英语和以班图语为代表的更多民族语言等进入国民教育体系。

1990 年，教育与文化部下属的国家教育发展协会（INDE）调查发现，在普通教育的第一年使用葡语作为唯一媒介语，是学生高复读率、高辍学率、课堂表现差的主要原因。1993 年青年与文化部（MINCULTJ）在马普托举行“全国文化会议”，通过了《关于莫桑比克文化政策的建议》，其章节 5.5 为“交际语言”，提出应允许民族语言在公共行政机关使用，以及在普通教育、职业技术培训、专业培训等教育体系中作为教学语言，或作为选修课程。

根据以上调查研究结果和政策建议，1993～1997 年，国家教育发展协会（INDE）在联合国开发计划署（UNDP）和世界银行的赞助下，实施了“莫桑比克双语教育计划”（Project of Bilingual Schooling in Mozambique）。该项目首先在偏远农村地区两所没有葡语背景的学校试行，一所在南部的加扎省，使用葡语和聪加语；一所在北部的太特省，使用葡语和尼扬加语。双语教育计划教学语言和语言课程设置如表 6 所示。

表 6　双语教育计划教学语言和语言课程设置

年　级		教学语言	语言课程
小学	1～2	民族语言	民族语言/葡语（口语）
	3	民族语言	民族语言/葡语（读写）
	4～7	葡语	民族语言/葡语
中学	8～10	葡语	葡语/英语/法语
	11～12	葡语	葡语/英语（民族语言选修）

如表 6 所示，双语教育计划是一个逐渐转变教学语言的计划。1～2 年级使用民族语言进行教学，同时教授民族语言和葡语口语，3 年级开始教授葡语书写。4 年级后，葡语取代民族语言成为教学媒介语，民族语言继续作为一门学科学习。到了中学阶段，民族语言的教学就停止了，只在中

学第二阶段开设选修课程。

1998 年第 18/2018 号法案进一步提高了“双语教育计划”的地位，要求在全国范围内所有实施国家教育系统的各级教育单位将双语教育作为基础教育的一种形式。

“双语教育计划”获得了国内外极高的评价，使得国家教育发展协会更加确信“早期的母语教育”是解决莫桑比克教育问题的方法，因此将母语教育纳入 2001 年颁布的教育改革（Education Reform）中。2004 年国家教育发展协会和教育部（INE）联合发布“基础教育课程计划”（Basic Education Curriculum Plan），在渐变式的双语教育基础上，提出了三种模式供学校选择：一是以民族语言为双语教学媒介语，二是在单语学校中加设民族语言选修课，三是在单语教学中使用民族语言作为辅助。2012 年教育部发布的《2012 ~ 2016 教育战略计划》中，唯一的语言政策就是扩大基础教育中的双语教育计划。截至 2015 年，全莫桑比克已有 551 所学校和 98000 名学生加入了该计划，16 种民族语言被纳入教学中。

然而这项政策后期实施推广的实际情况却并不那么乐观，也不断有学者对该计划提出质疑，主要有三方面。第一，学生方面，在 4 年级才逐渐用葡语取代民族语言成为教学媒介语，与之前的课程计划相比晚了三年，4 ~ 12 岁正是孩子语言习得的关键期，有学者担心这会影响孩子长大之后的葡语水平。另外，以葡语为母语的孩子越来越多，特别是城市地区的孩子，民族语言反而不如葡语熟练，基础教育阶段用民族语言不利于这些孩子学习。最后，学校使用当地民族语言做教学语言，当 1 年级或 2 年级的学生转学到其他地区时，将无法理解当地教学语言，会产生语言障碍。第二，教材方面，教学资料匮乏。虽然早在 2003 年 INDE 就联合出版社着手出版教材，但由于经费短缺、出版社缺乏印刷民族语言教材的相关经验等问题，直到 2012 年也只有 1 ~ 2 年级的双语教材完成了出版发行。第三，师资方面，缺少具备双语教学经验的师资力量，且缺少完整的师资培养培训系统，多为对在职教师的短期培训。直到 2006 年，一些省份的学校才增加了双语教师的培训课程，每年 1 月、7 月各 80 课时，教授双语教学法和班图语言专题；2009 年，莫桑比克教师培训系统新增一门名为“班图语言学”的一学年制课程。

除上述“双语教育计划”外，一些国际组织援助的教育项目也有巨大影响，如由美国国际开发署（USAID）赞助的“低年级阅读计划”于 2012 ~

2016 年在楠普拉省和赞比西亚省实行，以葡语为目的语，2015 年开始关注莫桑比克民族语言的读写能力。儿童救助中心（Save the Children）2008～2010 年实施的“提高读写能力”（Literacy Boost）项目，同样以葡语为目的语。

莫桑比克在教育领域重视葡语和本民族语言，语言政策相对较为宽松，多语共同发展的开放性语言政策为其他外国语言的传播提供了有利的条件。英、法等外国语言课程早已进入国民教育体系，分别于 8～12 年级、8～10 年级开设；中文课程尚未进入国民基础教育体系，主要在华侨学校、孔子学院开展教学。

（2）教学语言管理

莫桑比克的教学语言随着语言教育进展而渐渐发生变化。独立初期，葡语仍是法律唯一允许的教学语言，在公共场合只允许说葡语。1983 年国民教育体系推行后，“双语教育计划”使班图语等民族语言成为与葡语并存的教学语言，以帮助初级教育阶段的学生更好地理解教师语言，掌握课程知识。尽管双语教育政策在不断完善，但在大部分民众的心中，葡语仍是最为官方、正规、受法律保护的教学语言。

除了葡语和民族语言，作为教学媒介语使用的还有英语。英语的选择与使用主要是由于社会的需求，使用英语教学的主要是城市里语言背景复杂的私立学校和一些国际学校。这些学校里的学生来自不同地区或不同国家，葡语和英语同时作为课堂媒介语使用，甚至有些学校的学生英语水平要高于葡语水平。

（3）语言规范管理

莫桑比克针对国内葡语和民族语言的规范化政策比较欠缺。1988 年莫桑比克语言研究中心（NELIMO）联合蒙德拉内大学文学院组织了首届“莫桑比克语言标准化研讨会”，讨论了莫桑比克语言的正字法问题，引起了巨大反响，对两年后颁布的宪法修订案产生了影响。会后，国家教育发展协会和国家成人教育指挥部（National Headquarter for Adult Education）联合莫桑比克电台发布了《莫桑比克语言标准正字法报告》。

但莫桑比克的葡语经过长期与当地语言接触融合，与欧洲的葡语在发音、句法方面都已有所不同，词汇方面更是出现许多描述非洲本地事物的词语，因此被称为莫桑比克式葡语（Mozambican Portuguese，以下简称“莫葡”）。莫葡的使用十分混乱，其标准化、规范化还是空白。而民族语言的正字法和词典至今也只有少数几种得以出版。

2. **大众传媒领域的语言管理**

莫桑比克大众媒体主要有广播、电视、报刊三种形式，其中尤以广播媒体最为重要。平均每 25 个人就有一台收音机，广播媒体的普及率远远高于报刊和电视，电台的频率覆盖范围也广于电视信号覆盖范围和报刊发行区域。

1990 年以前，大众媒体行业主要由政府掌控。1990 年宪法修订案第 74 条规定：“国家实行自由市场经济体制，赋予民众言论自由。”1991 年新的《新闻法》赋予了个人、团体创立媒体企业的自由，政府放弃了对传媒产业的垄断控制。

官方语言的地位在媒体中一直体现得特别明显。殖民时期，收听率最广的洛伦索马贵斯电台（LM Radio）收听范围不仅限于莫桑比克，甚至辐射到今天的南非、津巴布韦和斯威士兰地区，使用葡语播报。成立于 1933 年的莫桑比克电台（Rádio Moçambique，RM）是最大最重要的官方广播电台，也是唯一频率覆盖全国的电台，1990 年以前几乎垄断了广播行业。对外使用葡语、英语播报，对内有两种情况：在首都马普托仅用葡语播报，在下设的地方电台，除葡语节目外，每天会用当地民族语言播送几个小时的节目，至今已包括超过 12 种民族语言。

1991 年以后，一大批私营报刊和私营电台涌现出来，十年间广播电台的数量翻了 50 倍，频率范围也扩大到全国大部分地区，有些甚至覆盖到周边邻国。莫桑比克现约有 80 个官方或私营广播电台，大部分都采用葡语和班图语播送。

除本地电台外，莫桑比克国内还有一些影响力较大的国外电台，如葡萄牙的 RDP Africa，葡语播报；美国之声，葡语播报；RFI，葡语和法语播报；BBC，英语播报；等等。总体来说，1991 年后的广播语言以葡语为主，地方电台会使用民族语言，外国电台会使用葡语、英语和法语等。

莫桑比克有两个主要电视台，一是国营的莫桑比克国家电视台（TVM），主要播放葡语节目，也会播放一些附上葡语字幕的外国电影、电视剧，还会播送一些使用民族语言歌唱的民族歌曲类节目。二是私营的克林特广播电视台（RTK），主要播放的也是葡语节目，但播放国外电影时不会附上葡语字幕。值得注意的是，克林特广播电视台是首个使用葡语和班图语双语播报新闻的电视台。

在印刷媒体中，葡语几乎是唯一通行的语言。1893 年，莫桑比克第一份周报《贝拉邮报》在贝拉发行，使用英语和葡语印刷。1911 年，周刊《非洲人》发行，这是第一份同时用莫桑比克语言兰加语和葡语印刷的周刊。现存历史最悠久的报刊是《新闻报》（1926）和《莫桑比克日报》（1950），其中《新闻报》发行量最大，用葡语印刷。新法案颁布后，第一家私营出版社传真媒体（Mediafax）出现。一种新的日报形式出现，即将新闻印刷成 A4 纸大小，每天以传真形式发行，发行量大，覆盖面广，主要语言为葡语。

可见，葡语是莫桑比克主要的媒体语言，尤其是在印刷媒体中；班图语也正被媒体有意识地采纳；英语在大众媒体中所占比例比较小。

3. 华人社团及中文教育机构的语言管理

据生活在莫桑比克的老侨民口述，19 世纪以后，华人开始来莫定居。莫桑比克独立之前是华侨事业的鼎盛时期，移居莫桑比克的华侨数量增至 5000 多人，他们已经融入当地社会并成为当时的精英阶层。在莫华侨先驱人物、木匠谢三（Ja Assam）在事业有成后，将自己的一块土地无偿捐献出来。1903 年马普托市的华侨先辈踊跃捐款，集资于此地块建成中华会馆。（剑虹，2007）

建立学校、对华人子女进行教育的问题也因此提上日程。1935 年，国民政府外交部特派专员梁宇皋到马普托视察领事与侨务工作，倡议侨胞设立华侨学校，传播中华文化，授以谋生技能。在中华会馆的组织下，经过半年的筹备，在中华会馆内建中华小学，于 1936 年 1 月 1 日开学，首批学生 55 人，第二学期 62 人，教员先后共 3 名。贝拉华侨学校建于 1929 年，当时有教员 1 名，学生 29 人，后因经济困难而停办。

1975 年莫桑比克人民共和国成立后，新政府将前任政府时期的工厂、银行、学校、医院、楼宇等资产一概收归国有，包括华侨的土地财产、中华会馆。绝大多数华侨仓促离境，中华小学停办，人员解散，莫桑比克的中文教育就此停滞。

从 1990 年起，侨胞和中华协会为收回中华会馆进行了不懈的努力，在中国驻莫桑比克使馆与友好人士的大力支持下，2005 年 4 月 17 日，莫政府正式同意将该会馆归还给华侨。2017 年，在中国驻莫桑比克使馆、莫桑比克和平统一促进会、各中资公司负责人、私营业主和个体华商的支持和努力下，中华小学复校，并命名为“中华国际学校”。（郭建玲，2019）

2020 年初，为方便莫桑比克华人学习中文，中华协会与蒙德拉内大学孔子学院合作开设“华人华侨中文专修班”，希望通过该课程，帮助当地华人接触中文、掌握中文，以提高民族自豪感，自觉担当起传承中华优秀文化、增进中莫文化交流的责任。①

2012 年 4 月 16 日，蒙德拉内大学孔子学院正式运营，截至 2021 年 10 月，孔子学院中外方工作人员共 15 人，包括中方院长 1 人，公派教师 5 人，本土教师 5 人；外方院长 1 人，外方工作人员 3 人。孔子学院的教学点由建院时的 2 个扩展到 6 个，主要位于南部马普托和北部楠普拉（贝拉教学点因 2019 年飓风而关停）。2016 年 2 月，蒙德拉内大学汉语专业正式开课，学制 4 年，汉语正式纳入莫桑比克国民高等教育体系，2019 年鲁伍马大学中文专业正式开课，中文教学呈现南北两极辐射莫桑比克全域的特点。2020 年和 2021 年分别有 10 位和 16 位学生顺利毕业，大多从事中葡翻译、中文教师等与中文相关的工作，薪资远远高于当地平均水平。

孔子学院的汉语课程主要有专业课、选修课和语言培训课 3 种类型，包括“汉语桥”选手培训班、政府人员培训班、国防人员短期班、华人华侨专修班、企业员工培训班等，满足了各类学员的需求。此外，孔子学院还开设了太极、武术、剪纸、书法等文化课，广受学生欢迎；积极组织汉语桥比赛、中文歌曲大赛、汉字书写大赛、学生征文比赛等丰富多彩的文化活动，多场活动被当地媒体报道，引起了较大的反响。

2018 年蒙德拉内大学孔子学院承办非洲孔子学院联席会议，为非洲孔子学院创新发展理念、提升办学质量、加强协同合作、促进非洲孔子学院共同进步搭建重要平台。2018 年被评为“全球先进孔子学院”。2021 年 1 月 22 日，蒙德拉内大学孔子学院乔迁至由中国烟建集团援建的新教学楼，办学条件和教学环境大为改观，中文教学迈入新征程，着力提质增效，将为响应“一带一路”倡议、促进中莫文化交流、培养优秀汉语人才做出应有贡献。

四　总结和展望

本文主要梳理了莫桑比克语言使用和语言管理的状况。

莫桑比克语言政策变革可以分为殖民时期（16 世纪初 ~ 1975 年）和

---

① 蒙德拉内大学孔子学院微信公众号，https://mp.weixin.qq.com/s/awKoHZs6tTOGYseNOMx5oA。

独立之后（1975 年至今）两个阶段。葡萄牙殖民政府在莫桑比克主要实行刚性的一元化语言政策，优先发展葡语、抑制班图语言；但也有弹性，在传教活动中可以使用民族语言，其根本目的是实现同化、加强殖民统治。独立后，民族语言得到重视，班图语言被视为文化语言和身份语言，也正被有意识地引入国民教育系统和媒体领域。

经过语言政策发展变革，葡语在莫桑比克始终保持官方语言、通用语言的地位；无论是在教育领域还是在传媒领域，葡语都无疑是权威语言，在大部分民众心中，葡语始终是最为官方、正规、受法律保护的教学语言，也是最通行的媒体语言。

莫桑比克是语言高度多样性国家，各大民族都有自己的语言，80% 以上的人口以班图语为母语，其中马库阿语是使用人口最多且分布最为广泛的民族语言。加上教育普及率的影响，葡语普及率并不高，尤其是在一些偏远的农村地区，人们的葡语能力并不高。但近二十年，民族语言使用人数占比下降明显，语言多样性特征逐渐减弱，且因种类繁多，流通性不强。英语、法语、中文都只在小范围内流通。

中文在莫桑比克的使用与传播的历史就是近代以来华人华侨在莫打拼的历史缩影。从 1936 年中华小学创建开始，莫桑比克的中文教育事业经历了起步、发展、鼎盛、停滞、再次蓬勃发展五个阶段。目前在莫华人华侨已很少使用中文进行日常交际，中文使用场域主要在学校。中华国际学校与蒙德拉内大学孔子学院是当下莫桑比克中文教学的中坚力量，将携手为培养优秀汉语人才、拓展中文使用场域、促进中莫文化交流做出更大贡献。

参考文献

[1] 安妮、孙春颖，2018，《语言功能视角下莫桑比克语言政策的社会效应》，《渤海大学学报》（哲学社会科学版）第 5 期，第 23～28 页。

[2] 郭建玲，2019，《莫桑比克华文教育的历史、现状与挑战》，《非洲研究》第 2 期，第 137～152，230 页。

[3] 胡清月，2021，《莫桑比克独立前后教育发展比较研究》，本科学位论文，蒙德拉内大学。

[4] 剑虹，2007，《莫桑比克华侨的历史与现状》，《西亚非洲》第 5 期，第 57～60 页。

[5] 罗雄，2021，《莫桑比克基础教育现状及影响研究》，本科学位论文，蒙德拉内大学。

[6] 孙春颖、安妮，2018，《莫桑比克语言政策的发展变革及特点》，《汉语国际教育研究》第1期，第205～216页。

[7] 徐丽华主编，2018，《非洲孔子学院：回视与前瞻》，上海交通大学出版社，第175～187页。

[8] 张祺昌，2021，《莫桑比克中文学习者中国文化认同调查研究》，硕士学位论文，浙江师范大学。

[9] INDE (Instituto Nacional do Desenvolvimento da Educação). *Curriculum Plan for Basic Education.* Maputo, 2003.

[10] INDE (Instituto Nacional do Desenvolvimento da Educação). *Estratégias de Introdução e Expansão do Ensino Em Línguas Moçambicanas.* Maputo. 1997.

[11] INDE (Instituto Nacional do Desenvolvimento da Educação). *Statistical Data.* Maputo, 2007.

[12] INE (Instituto Nacional de Estatistica). *Censo* 2017 *Brochura dos Resultados Definitivos do IV RGPH - Nacional.* Maputo, 2019.

[13] INE (Instituto Nacional de Estatistica). *Estatisticas da Cultura* 2020. Maputo, 2020.

[14] INE (Instituto Nacional de Estatistica). *IV Recenseamento Geral DA População E Habitação* 2017. Maputo, 2020.

[15] INE (Instituto Nacional de Estatistica). *Resultados Defintivos do Censo Geral da Populacao e Habitacao.* Maputo, 2010.

[16] Mozlegal. *Constitution of the Republic of Mozambique* 2004. Maputo, 2004.

南　非*

一　国家概况

南非共和国（The Republic of South Africa）位于非洲大陆的最南端，国土面积为1219090平方公里，与6个非洲国家接壤，分别为：西北部的纳米比亚，北部的博茨瓦纳，东北部的津巴布韦、莫桑比克和斯威士兰，以及东部的莱索托。南非东南面是印度洋，西南面是大西洋，地理位置十分重要。其西南端的好望角航线，历来是世界上最繁忙的海上通道之一，有“西方海上生命线”之称。

南非主要因其于1948～1994年实行的种族隔离政策而为世界所闻名，虽然该政策早已废弃，但其影响依旧深远。1994年4月27日，南非第一任黑人总统曼德拉宣誓就职，这也标志着新的民主南非共和国的诞生。南非的议会主要实行两院制，分为国民议会和省级事务委员会。国民议会现有13个政党，其中非洲人国民大会（以下简称“非国大”）为主要执政党，现任南非总统拉马福萨于2017年12月当选非国大主席，并在2019年10月的大选中带领非国大再次获胜，继续执政。

南非属于中等收入的发展中国家，也是非洲经济最发达的国家，其经济传统上主要依赖采矿和制造业等第一和第二产业，但近几十年来，随着全球发展，南非经济增长已逐渐转向第三产业。目前，金融、房地产、商业服务、制造业，以及批发和零售贸易都是南非经济增长的主要产业。①

根据南非统计局2020年数据，南非现有人口5962万人，分黑人、有色人、白人和亚裔四大种族，分别占总人口的80.8%、8.8%、7.8%和2.6%。黑人主要有祖鲁、科萨、斯威士、茨瓦纳、北索托、南索托、聪

---

* ［作者简介］杜玮，博士，宁夏大学外国语学院副教授。研究方向：语言政策与语言规划。

① http：//www. statssa. gov. za/? page_ id = 735&id = 1.

加、文达、恩德贝莱 9 个部族，主要使用班图语。白人主要为阿非利卡人（以荷兰裔为主，融合法国、德国移民形成的非洲白人民族）和英裔白人，语言为阿非利卡语和英语。有色人主要是白人同当地黑人所生的混血人种，主要使用阿非利卡语。亚裔人主要是印度人（占绝大多数）和华人。在南非，约 80% 的人口信仰基督教，其余信仰原始宗教、伊斯兰教、印度教等。①

中华人民共和国与南非共和国于 1998 年 1 月 1 日建交。建交以来，双边关系全面、快速发展。2000 年 4 月两国元首签署了《中华人民共和国与南非共和国关于伙伴关系的比勒陀利亚宣言》，宣布成立高级别国家双边委员会，至今已举行 6 次全体会议，并多次召开外交、经贸、科技、防务、教育、能源、矿产合作分委会会议。2010 年 8 月，祖马总统访华期间，两国元首共同签署《中华人民共和国和南非共和国关于建立全面战略伙伴关系的北京宣言》，将双边关系提升为全面战略伙伴关系。2013 年 3 月，习近平主席对南进行国事访问，双方发表联合公报，中南全面战略伙伴关系迈上新台阶。②

二 语言使用状况

南非的一个显著特征是其语言和文化的多样性。之所以出现这种状况主要是因为数百年来不同的种族和民族移居这里，最早定居在南非这片大陆的是科依人（Khoe）和桑人（San），他们在这里生息繁衍了上千年，直到 12 世纪左右，班图人（Bantu）逐渐迁徙至此。17 世纪时，欧洲人（葡萄牙人、荷兰人、法国人、德国人和英国人）和亚洲人（马来西亚人、印尼人和印度人）纷纷抵达南非（Beukes，2004：3）。

（一）宪法或其他法律对语言使用的规定

南非共和国最重要的一部宪法就是 1996 年的《南非共和国宪法》（*Constitution of the Republic of South Africa*），它对维护南非国内语言与政治形式起到重要作用。宪法第一章第六节规定南非的官方语言包括：斯佩迪语

① https：//www. fmprc. gov. cn/web/gjhdq_ 676201/gj_ 676203/fz_ 677316/1206_ 678284/1206x0_ 678286/.

② https：//www. fmprc. gov. cn/web/gjhdq_ 676201/gj_ 676203/fz_ 677316/1206_ 678284/1206x0_ 678286/.

(Sepedi)、索托语（Sesotho)、茨瓦纳语（Setswana)、斯威士语（siSwati)、齐文达语（Tshivenda)、聪加语（Xitsonga)、阿非利卡语（Afrikaans)、英语、恩德贝莱语（isiNdebele)、科萨语（isiXhosa）和祖鲁语（isiZulu)。

该宪法赋予了11种语言平等的官方地位，一方面，因为98%的人口都会使用其中一种语言作为母语；另一方面，多语政策很好地避免了长期以来讲非洲各语言的黑人和讲英语与阿非利卡语的白人之间的民族语言竞争。许多学者都认为此宪法关于语言方面的条款是当代世界最具进步意义的（Heugh，2007：187)。

南非议会于2011年通过了《南非语言法案》，该法案的目的在于管理和监督政府对官方语言的使用情况；促进所有官方语言享受公平公正的待遇；促使公民公平获得政府服务和信息；提高政府语言管理水平以促进公共服务管理的高效性和满足公众的需求。

此外，政府还颁布了一系列与语言相关的法案，如：1995年的《泛南非语言委员会法案》，意在发展和促进南非所有语言的使用，包括南非最早的世居民众科依人和桑人的语言；1996年的《南非学校法案》，规定了部长对公立学校语言政策的标准和规范的司法权限；1997年的《高等教育法案》，同样也规定了部长对发展高等教育机构的语言政策的司法权限；1998年的《南非地理名称委员会法案》；等等。

（二）国语或官方语言使用状况

南非境内所使用的语言大约有25种（Kamwangamalu，2001)，主要划分为三大类，即欧洲语言、非洲语言和亚洲语言。同时，还有各语言融合而产生的三种混合语（皮钦语）：法纳卡洛语（Fanagalo)、托斯托语（Tsotsitaal）和伊斯卡姆拖语（Iscamtho)。

从2011年的人口普查统计数据来看，大多数南非人依然使用某一种非洲语言作为其母语或家庭语言，其中最常使用的家庭语言为祖鲁语（22.7%）和科萨语（16%)，而以阿非利卡语和英语作为家庭语言的人口分别占总人口的13.5%和9.6%（Stats SA，2012)。

英语在南非有着极其特殊的地位，它既是南非印度人后代和部分白人后代的母语，同时又是其他种族，如黑人的第二语言。英语在南非的普及程度远远高于其他几种官方语言，但是讲英语的人大部分集中在城市。在新南非，除了少数几个传统的以阿非利卡语授课的学校或大学外，全国大多数学校都使用英语授课。英语在南非的出版业、广播电视以及网络传媒方面使用广泛；同时它还被视为科技用语，是能够带来求职机会的语言，以及种族之间、国际的交流用语和商业用语。许多人把英语视为具有权利、声望和地位的语言，是能够使社会地位直线上升的保障（Kamwangamalu，2001：367）。但是，Kamwangamalu（2001）同时还指出，除了具有这些优势之外，在南非（以及在非洲大陆其他的英属殖民地），英语也存在一定的劣势。首先，英语虽然为其使用者提供了教育及工作的机会，但是它也剥夺了不会讲英语或英语较差的人的机会；其次，英语虽然是获取知识、科学和技术的重要途径，但是它也对本土语言构成了极大的威胁；最后，它被视为殖民主义的残余及文化疏离的原因，是许多不能与当地传统和观念保持一致的价值观的载体。

从 2011 年南非人口普查的统计数字来看，13.5% 的人口以阿非利卡语为母语，其中 60.8% 的白人、75.8% 的有色人种、4.6% 的亚裔或印度裔人以及 1.5% 的黑人都以阿非利卡语为母语。与讲英语的人口分布相似，讲阿非利卡语的人口也主要分布在城市地区（Grobler et al.，1990）。

虽然阿非利卡语与英语一样也被视为一种欧洲语言，但是其历史与英语的历史却大相径庭。阿非利卡语主要是由非洲大陆的前殖民语——荷兰语演变而来的，虽然它源自荷兰语，但是阿非利卡语却从未在非洲大陆以外的地区使用过。

阿非利卡语的发展在种族隔离时期（1948～1994 年）达到了高潮，种族隔离将阿非利卡语转换成一种控制南非大多数人口——黑人的工具。在此期间，阿非利卡语几乎获得了神话的地位（Skinner，1998：240），并享受比其他任何语言都高的特权。自 1994 年种族隔离制度解体后，阿非利卡语逐渐丧失了它之前所拥有的许多特权。

（三）民族/族群语言使用状况

南非的非洲语言主要包括班图各语言，大致分为四类，分别是恩古尼语族（包括科萨语、祖鲁语、恩德贝莱语和斯威士语）、索托语族（包括斯佩迪语、索托语和茨瓦纳语）、文达语（Venda）和聪加语（Kamwangamalu，2001：372）。班图各语言都具有一些相似的特征，如黏着构词法，即大量使用前后缀搭配词根构成新词等（Fivaz，1981：4）。

南非的主要语言都带着殖民主义和种族隔离制度的烙印。目前英语在南非享有较高的声誉，阿非利卡语的地位有所下降，而各非洲语言依然拥有较低的经济和教育价值。许多非洲语言的使用者自身也将这些语言视为“没文化、过时的、农村以及文化落后群体所使用的语言，因此它无法表达严肃的想法”。虽然非洲各语言和阿非利卡语从使用人数上来看属于主要语言，但是从语言政治角度来看，它们属于劣势语言。就语言的能力和声望（power and prestige）而言，英语是南非的主要语言，阿非利卡语次之，而非洲各语言则面临被边缘化的危险（Webb，2002）。

除了上述各种官方语言之外，在南非还存在一些由于语言的相互交流、融合而产生的混合语，也称皮钦语，它们也是南非语言的一个组成部分，主要包括法纳卡洛语、托斯托语和伊斯卡姆拖语。

关于法纳卡洛语的起源众说纷纭。有学者认为它是 1860 年来到南非糖料种植园的印度契约工人所使用的英语与祖鲁语的混合语；也有学者认为它早在印度人来到南非前就已经出现了，是日耳曼语言与东南部的班图语融合产生的。关于这种语言唯一统一的认识就是它是一种城市群体间使用的语言，主要用于白人雇主与黑人雇员之间的交流（Kamwangamalu，2001：377）。

托斯托语也被称为“Flaaitaal”，意思是飞翔的语言，它由英语动词“fly”（飞）和阿非利卡语的名词“taal”（语言）构成，它出现于 20 世纪约翰内斯堡和比勒陀利亚的黑人聚居区，是不标准的阿非利卡语方言与恩古尼语族尤其是祖鲁语融合产生的。

伊斯卡姆拖语主要是祖鲁语和索托语与英语之间交融所产生的一种混合语，与法纳卡洛语不同的是，托斯托语和伊斯卡姆拖语主要用于群体内部交流，使用人群通常是城市里年轻的黑人男子（Ponelis，1993：59）。

（四）外语使用状况

在南非所使用的外语主要分为欧洲语言和亚洲语言。欧洲语言主要包括 6 种移民语言，即荷兰语、法语、德语、希腊语、意大利语和葡萄牙语（Lopes，1998）。这 6 种移民语言的使用人群主要集中在国内的一些较大的城市，例如开普敦、约翰内斯堡、伊丽莎白港和德班。这些语言通常用于各个群体之间的内部交流。一些社区，如在夸祖鲁/纳塔尔的德语社区以及在豪登和开普敦的葡萄牙语社区已经建立了良好的体系用以维护其社区语言，这包括提供各自语言作为学习科目或教学用语的私立学校；以本社区语言为媒介所开展的校外活动、文化活动和教堂礼拜活动等。①

南非的亚洲语言主要分成两大类：一类是印度各语言，包括古加拉特语、印地语、泰米尔语、泰卢固语和乌尔都语；另一类是汉语，主要为粤语和客家语。讲印度语的人口主要集中在夸祖鲁/纳塔尔，有大约100万人，是除印度之外讲印度各语言人口最多的地方（Grobler et al.，1990：18）。印度人最早于1860年作为契约工人来到南非纳塔尔的糖料种植园工作，起初他们使用各自的语言作为内部交流，也学会了一种混合的法纳卡洛语与外部人交流。现在，印度裔南非人都使用英语作为群体内部以及群体之间的交流语言。20世纪60~70年代，在南非，英语成为大多数印裔学龄儿童的第一语言（Mesthrie，1996：81）。发生这种语言转换的原因有多种，其中主要因素有：英语的实用价值和种族隔离时期的语言歧视政策；印度人对使用自己的语言进行教育的态度；以及在家庭内部，父母从子女那里学习英语（Mesthrie，1996：81）。经过语言转换，现在印度各语言主要用于宗教活动和作为学校教授的语言科目。虽然新宪法为各少数民族语言提供了保护，但是印度各语言在南非社会的公共生活领域依然没有任何地位。此外，一些以社区为基础的文化组织也建立起来共同维护其民族语言，而这些组织得以建立主要出于宗教目的和良好的经济基础。尽管如此，受歧视性语言政策的影响以及与更具经济活力的语言（如英语和阿非利卡语）长期接触，南非的印度各语言似乎没有广阔的前景。老一代的印度裔南非人还能使用某个印度语言交流，并作为家庭语言使用，但是大部分的年青一代只会讲英语（Kamwangamalu，2001：371）。

中国人，尤其是讲粤语的中国人，是南非亚洲人口的另一重要组成部分，他们在第二次英布战争（1899~1902年）之后来到南非的金矿工作，② 现在主要集中在约翰内斯堡、威特沃特斯兰德和伊丽莎白港等大城市。同印度人口相似，老一代的中国人通常都能够使用英语和汉语，而且汉语主要用于内部交流。按照现行的语言教育政策，在这些中国人口居多的大城市，学校都提供汉语课程（Kamwangamalu，2001：371）。

① South African Year Book，1998.

② South African Year Book，1999.

三 语言管理

1996 年的《南非共和国宪法》体现了政府对南非语言多元化的宏观管理，涉及对南非语言的地位规划和本体规划，但是并未提及如何以及怎样实施宪法所规定的语言多元化，这些规定只是为政府及其行政机构开展具体政策的制定和实施的过程肃清了道路（Beukes，2008）。

（一）南非语言政策的发展变革

南非的语言政策可以依其历史进程划分为四个阶段，即荷兰殖民时期（1652～1795 年、1803～1806 年）、英国殖民时期（1806～1948 年）、荷裔南非人统治时期（1948～1994 年）以及南非民主共和国时期（1994 年至今）。

1. 荷兰殖民时期

1652 年荷兰人抵达开普敦，为荷兰东印度公司的船只建立了一个往返于欧洲与东南亚航线之间的补给站，自此，荷兰在南非的殖民统治正式开始。殖民者在当地推行荷兰语政策，要求在所有社会高层领域，如行政、教育、商业等领域必须使用荷兰语。从 1652～1795 年荷兰占领好望角近一个半世纪以来，荷兰语成为这片土地的通行证，任何想与荷兰政府打交道的人都必须懂得荷兰语。而生活在这里的世居民众科依人和桑人则彻底丧失了他们的语言，取而代之的是一种与荷兰语的混合语，其后代大多都讲阿非利卡语、索托语或科萨语（Kamwangamalu，2001：48）。

2. 英国殖民时期

1795 年英国为了控制具有战略意义的欧亚海路，击败了荷兰并占据了好望角，自此，英语开始在南非传播。1802 年，英国将其归还给荷兰，但是在拿破仑战争时期（1805～1815 年），英国又重新占领了好望角（Kamwangamalu，2000）。英国殖民者一踏上南非土地，也效仿荷兰殖民者开始实行英语化政策。1806 年英国再次占领好望角后，加强了英语化政策的力度，旨在建立一个具有英国特色同时实至名归的英国殖民地。英语化政策的推行就是在“所有公共领域用英语替代荷兰语”（Davenport，1991：40）。截至 1814 年，英语已经在南非殖民地拥有了非常稳定的官方语言地位，而荷兰语，以及后期形成的阿非利卡语都受到英国政府的压制，例如，在教育方面，荷兰裔儿童必须接受英语授课而非他们的母语——荷兰语（Kamwangamalu，2001：408）。英语化政策极大地伤害了荷裔南非人的民族自尊，他们认为这是对其语言、文化及身份的威胁。为了抵制该政策，他们建立了许多以荷兰语或阿非利卡语授课的私立学校。英语化政策一直持续到1910年南非联盟成立，联盟授予了英语与荷兰语同等的官方地位，1925年阿非利卡语取代荷兰语成为英语之外的另一官方语言。

3. 荷裔南非人统治时期

1948年至1994年荷裔南非人执政期间，阿非利卡语获得了空前的发展，在英语日趋成为垄断语言的时代，阿非利卡语成为南非唯一一种能够与英语抗衡的语言。阿非利卡语的兴盛缘自荷裔南非人广泛的政治意愿及其兴起的民族主义（Granville，1998：260）。所有政府控制的机构，广播、电视、教育、国防等领域都逐渐被阿非利卡语所主导。一味提升阿非利卡语的地位导致种族隔离政府实施了一系列极端政策，如《班图教育法案》，使国内民族矛盾激化。《班图教育法案》的核心就是母语教育，旨在将黑人学校的母语教育从原来的4年提升到8年，即母语教育贯穿整个小学教育，而在黑人学校的中学阶段，阿非利卡语与英语一并成为教学用语。从教育的角度来看，这种做法是有益于学习者的，但是种族隔离政府这样做的真正意图，一方面是遏制英语作为黑人中学教育阶段的学习和教学用语的发展；另一方面也可以对黑人进行语言和民族的分化，从而使白人的利益最大化。

4. 南非民主共和国时期

1994年种族隔离政府解体后，南非民主共和国诞生，南非出现了语言民主期，这一阶段的语言政策和语言规划的主要目的在于提升语言的平等性、支持语言的多样化和发展在南非长期被边缘化的非洲各语言。

与此同时，政府授权当时的艺术文化科技部（Ministry of Arts，Culture，Science and Technology，后改为艺术文化部）来处理全国的语言问题，成立了语言规划任务组（Language Plan Task Group，Langtag），主要负责为当时的民族团结政府（Government of National Unity）提供具有指导意见的报告，如：如何在全社会范围内落实语言政策和语言规划；如何促进语言多元化，更确切地说是如何发展各非洲语言；如何应对由于大多数南非人不认同语言多元化而出现的单语化倾向。经过各方专家和学者长时间的反复磋商，语言规划任务组于1996年8月向艺术文化科技部部长提交了《南非国家语言规划：语言规划任务组总结报告》（Towards a National Language Plan for South Africa：Final Report of the Language Plan Task Group）。该报告就南非语言规划和语言政策的方方面面进行了讨论，提供了意见和数据，所涉及的内容包括语言公平、语言发展、语言资源、语言教育、语言用于公共服务体系等，获得了广泛的好评（Beukes，2008：7）。

根据《南非国家语言规划：语言规划任务组总结报告》，南非政府随后出台了《国家语言政策框架》，包含政策陈述、实施规划、《南非语言法案》及《南非语言从业者协会法案》等（DAC，2003b：5）。南非教育部还于1997年颁布了《教育语言政策》（Language – in – Education Policy），政策基于新宪法关于语言与教育的章程，提倡多语化并维护学习者的家庭语言，旨在促进跨肤色、语言和宗教的团体间的交流，并同时营造尊重他人语言的氛围和环境。2002年教育部又出台了《高等教育语言政策》，该政策强烈宣扬母语教育和多语化的价值，这对促进南非的多语化起到积极的作用。

尽管南非政府已经相继出台了众多语言政策与法案，但是各项语言政策的实施情况却极其不尽如人意，国内的文盲率依然居高不下。Lafon（2008：35）指出，以非洲语言作为教学用语仅限于城镇和乡村较落后学校。除了英语和阿非利卡语可以全部或部分行使各项政策所赋予的功能外，宪法所提及的其他9种非洲语言似乎只能是一种象征了。出现这种情况的原因有多种：种族隔离时期语言政策的影响、政府对语言政策贯彻缺乏热情、英语在世界范围的主导地位以及民众对母语教育和母语使用功能所持的态度等。

（二）语言管理机构

总体来说，南非已建立起了比较健全的语言管理机构，并且各机构也具有较清晰的职能划分。这些机构主要可以分为三个层面。

国家层面上的语言管理职能由四个部门承担。艺术文化部负责语言政策的宏观管理，指导语言单位的建立，起草、修改或落实省级语言政策以及辅助每年的提高语言认识运动。教育部负责与教育相关的语言政策，包括公立学校的学习和教学用语、学校课程、省级教育部门和学校主管机构与语言相关的职责，以及高等教育政策。通信部负责在公共广播方面的语言政策，而司法和宪法部负责法庭当中的语言使用问题。

省级层面上，每个省政府负责管理本省的语言事宜，其中一项职能就是使语言政策适合当地状况、民众需求和偏好。

地方政府层面构成了语言管理最广泛的基础，市政当局必须在考虑当地居民的语言使用和喜好的基础上制定与省级语言政策相协调的语言政策（Beukes，2008）。

而在南非参与语言管理的主要机构可以分为两大类，一类是政府性的官方机构，另一类是一些非政府的民间组织。以下就这些负责语言管理的具体机构进行介绍。

成立于1930年的国家语言服务处是当时政府的语言办公室，它为政府机构提供翻译和文字编辑服务，但是从未致力于明显的语言规划活动。新南非成立后，随着语言多元化主张的推广，1993年底，国家语言服务处建立了一个新的分支机构——语言规划部，专门负责语言政策的制定和语言规划。在政府过渡期（1994年4月至1996年5月），语言规划部直接参与了所有主要的语言政策的制定和管理、公共咨询过程，以及漫长的泛南非语言委员会的立法过程（Beukes，2008：4）。随后，政府负责语言事宜的行政管理职能移交给了新成立的艺术文化科技部。

艺术文化部（原艺术文化科技部）为了便于管理和处理国内语言问题，在其内部成立了国家语言服务处，其主要职能是通过政策制定、立法和政策实施，推广和保护11种官方语言，使所有南非人都能认识自己的语言权利，它下设四个部门：语言规划理事会（下设语言政策制定部和语言政策实施部）、术语理事会、人类语言技术理事会以及翻译和文字编辑理事会（下设非洲语言部和阿非利卡语、英语及外语部）。

国家语言论坛（National Language Forum）是由隶属于艺术文化部的国家语言服务处建立的，用于支持语言政策的实施。它集合了政府和非政府组织的代表，共同协作，在艺术文化部的领导下负责监管语言政策的实施过程、划分与语言相关项目的优先顺序，以及开展语言政策的宣传活动（Beukes，2009：42）。

泛南非语言委员会无疑是南非政府投入最多的一个语言规划机构，它是由参议院指定并受宪法保护的独立的法定机构。主要由三种分支机构组成，即省级语言委员会（9个）、国家词典编撰机构（11个），以及每种官方语言、某些“早期语言”[①] 和手语语言机构。

内阁于2007年批准在9个主要的服务部门建立语言部，负责翻译和编

① first languages，如科依语、桑语等。

辑该部门的所有文件。这 9 个部门为：民政部、司法和宪法制定部、社会发展部、卫生部、安全部、惩教部、教育部、住房保障部、省级和地方政府的土地事务部。

南非语言从业者协会是通过一项议会法案成立的一个法定机构，其职能主要是负责管理对笔译和口译人员的培训、资格鉴定和注册，以提高语言职业的地位和语言服务的质量。

鉴于《权利议案》将语言视为一项基本人权，一些处理语言权利的法定机构也参与了南非语言政策的管理。如 2002 年成立的促进和保护文化、宗教及语言社区的权利的委员会（Commission for the Promotion and Protection of the Rights of Cultural，Religious and Linguistic Communities）和人权委员会。

此外，一些专业语言协会也参与了南非的语言管理，如南部非洲语言学协会（Linguistic Society of Southern Africa）、南部非洲非洲语言协会（Africa Language Association of Southern Africa ）、南非应用语言学协会（The South Africa Applied Linguistics Association）、南非语言教学协会（The South African Association for Language Teaching）、英语学会（The English Academy）及以阿非利卡语为主的各种协会。此外，还有一些利益团体也参与了语言规划活动，尤其是涉及阿非利卡语和英语的领域。

（三）社会各领域的语言管理

在教育领域，英语占主导地位，全国大多数学校都使用英语授课。除了少数几个传统的阿非利卡语学校使用阿非利卡语授课，小学和中学阶段也将阿非利卡语作为语言课程学习。班图各官方语言仅在黑人占绝大多数的小学作为前四年的教学语言，之后所有的教育阶段，学校通常会采用英语教学，而班图各语言只会作为选修课程学习（Kamwangamalu，2001：373）。

在公共领域，英语在南非的出版业、广播和电视以及网络方面使用广泛，同时它还被视为科技用语、能够带来求职机会的语言、种族之间和国际之间的交流用语及商业用语。许多人把英语视为具有权利、声望和地位的语言，是社会地位能够直线上升的保障（Kamwangamalu，2001：367）。阿非利卡语在南非依然是一种重要的交际用语，同时还是在社会高层领域唯一能与英语竞争的语言，它在南非已经具有通用语的功能（Ponelis，1993：58）。

班图各语言主要用于日常的口头交流，在社会高层领域，尤其是媒体和教育方面使用频率很低。例如，在媒体方面，班图各语言主要以广播形式出现，在电视和出版业中使用较少（Kamwangamalu，2001：373）。

（四）语言管理的特点和成效

著名的尼日利亚语言规划学者 Bambose（2003：7）认为南非的语言政策虽然无法达到完美，但在设计和规划方面还是要优于大多数非洲国家。

首先，它拥有比较健全的法制体系。南非宪法中的语言条款可以被视为南非政府为国家语言管理所设定的任务，宪法首次将 9 种班图语言也列为国家的官方语言，并且强调 11 种官方语言享受平等的尊重和公正的待遇，充分体现了新的政府对摒弃和修正种族隔离时期语言政策的决心和彻底性。此外，新宪法还制定了具体条款要求促进和发展被边缘化的语言、手语和科依语、桑语，并将语言视为一项人权载入《权利法案》，规定在自由民主的新南非，所有公民都应享有人类尊严、平等和自由的基本权利，禁止语言歧视等。同时，宪法还特别规定成立专门机构——泛南非语言委员会，来处理各种语言事宜。以宪法为依托的各种与语言相关的法律法规随后也纷纷出台，从不同方面和领域细化了语言的法律保障和语言机构的运行准则，这些都为语言政策的制定和实施提供了法律依靠。但还是有一些学者指责宪法的语言条款设定了太多的条件、使用过多的假设性用语、过度关注政策实施方面的国家财政支出以及无法强制执行，这一切都使语言条款丧失了坚实的基础（Webb，2002：55－56）。Kamwangamalu 指出，由于宪法没有明确规定哪个省应该使用哪些官方语言，或中央政府应该使用哪些官方语言，因此各省级政府和中央政府便可以巧妙地选择维持现状，依然使用英语和阿非利卡语作为行政管理语言，这与种族隔离时期的状况毫无区别。正如 Bamgbose（1991：113）所言，如果政策的措辞过于笼统的话，是很难成功运行的，因为它可以被灵活解读。

其次，南非拥有出色的语言政策框架。政府采用由下至上的工作模式，通过 1993 年的“语言为所有人”会议（Language－for－all conference）、1996 年的“语言规划任务组”会议和 2003 年的“促进语言多元化”会议（Making multilingualism work conference）等形式，邀请所有与语言相关的人员和专家进行广泛磋商，以制定合理的语言政策。Webb（2002）认为南非的语言政策具有现代语言政策的所有重要特征，即语言规划宗旨的全面性、强调语言的发展、建立非洲认同感以及保护文化多样性和多元化。

最后，南非已基本建立起了所有必要的语言管理机构，而这些机构都已在运行当中（Webb，2002），例如最重要的两个机构泛南非语言委员会和艺术文化部的国家语言服务处。泛南非语言委员会已在每个省下设了语言委员会，以更好地指导各省语言政策的制定和实施；为保证11种官方语言、手语和科依语、桑语的公平使用和发展，成立了对应每种语言的国家语言机构；为11种官方语言分别建立词典编纂机构以规范和发展其使用；同时还建立了相关的数据库，这一切都是语言政策实施的必要保障。国家语言服务处主要负责国家语言规划、术语的发展和提供翻译服务，就国家语言发展等问题给部长提出建议。此外，还有许多政府和非政府机构都为南非的语言管理做出了自己的贡献。

总体来说南非的语言管理机制较为健全，但是其运行成效却并不尽如人意。首先，许多语言规划专家和具有语言利益关系的人员认为南非语言政策的思想体系与政策实践比较脱节（Moodley，2000；Kamwangamalu，2000；Heugh，2003；Beukes，2009）。这主要体现在国家整体的语言行为日趋单语化，英语在公共生活中越来越重要，而其他官方语言却逐渐被边缘化，语言间的权利关系正趋于不均衡，9种班图语言依然拥有较低的经济、社会和心理价值。语言政策的制定并未给班图语言的政治状况带来多大改观，它依然仅限于私人领域的社交或宗教和文化活动，无法进入教育、司法等上层领域。另外，南非还有相当一部分人口，尤其是棕色人种、印度人和白人并不使用班图语言，这就意味着民族间无法进行平等有价值的交流，从而阻碍了民族融合和民族构建（Webb，2008）。

在南非，关于语言政策实施所讨论的一个核心话题就是英语的地位。英语在缔造新南非的过程中扮演了至关重要的角色，被视为“反抗和自由的语言”，解放运动选择使用英语作为跨民族的交际通用语。然而，在种族隔离制度废除后，新南非希冀通过英语所带来的“解放”并未完全实现，英语对于大多数南非人来说依然遥不可及，反而成为新贵们的“文化资本”的一部分（Neville，2002）。许多语言规划者和其他语言相关人士提出，需要警惕一味提升一种语言在高层领域的功能，而将大多数非洲语言排除在重要的决策之外的“新隔离”状况的出现（Neville，2002；Heugh，2000）。英语在南非作为通用语的价值无可争议，但泛南非语言委员会调查也指出其他语言具有潜在的实用性。例如，调查显示大约有36%的南非人懂英语，30%的人口懂祖鲁语，而懂阿非利卡语和科萨语的人口分别为29%和21%。由此可见，在南非实际上存在四种通用语（Beukes，2004）。

同时，南非国民对使用非洲语言的负面态度也是政策实施的一大障碍。例如，在国家级和省级立法机关绝少使用非洲语言，这是将非洲语言降低到公共政治生活底层的一项有力说明（Beukes，2004）。由于诉讼通常使用英语，这也使英语成为法庭的实际工作语言，但是如果有需要，法庭也会为非洲语言的使用者提供翻译服务。

语言政策实施的脱节还体现在语言管理机构的建立方面。为辅助政策的实施，南非《国家语言政策框架》所提出的需要成立的三个新机构之中，只建立起了一个，即国家语言论坛。该论坛每4个月举办一次，审议各省和国家政府部门的政策问题（Beukes，2004）。2005年开展的一项对各省和市政府提供翻译服务的机构资源的调查发现，政府关于翻译的基础设施和资源建设严重不足（Beukes，2006：4）。语言办公室缺乏资金和人员的现象在各省甚至一些中央政府部门都存在。此外，自1996年泛南非语言委员会成立以来，已建立了超过35个语言分支机构，但是这些机构常被指责运行效能低，这也在一定程度上反映了政策实施的不利（Perry，2003；Beukes，2006）。

Beukes（2004）指出，《国家语言政策框架》所建议设立的辅助语言政策实施的12种机制当中，只有术语发展及翻译和编辑服务已于1994年在艺术文化部的国家语言服务处开始运行，目前，部分其他服务如语言技术、提高语言认识运动、语言审议和调查、信息数据库和语言习得等服务，业已陆续在该处开展。2000年推出的《南非语言从业者协会法案》就语言从业者的行为准则做出了规定。

其次，教育语言政策的实施也不尽如人意。虽然1997年颁布的教育语言政策理论上要求公立学校的学习和教学语言必须是官方语言，低年级学生使用母语教学，三年级以上可以选择一门其他官方语言作为课程学习，然而在实际操作过程中，非母语的英语教程是提供给大多数黑人学生的选择，班图各语言无法进入这一领域。出现这种现象的原因有多种，最主要的是家长认为英语是获得好工作和职业流动性、质量教育、成功、社会地位、开放性、现代化、进步性等的最重要或唯一的途径，因此极力要求老师以英语教学（Beukes，2006）。还有，受种族隔离时期母语教育政策的影响，加之劣等教育的观点，班图各语言在教育和其他上层领域被视为不恰当的语言（Webb，2002）。高等教育领域的状况同样显示出讲非洲语言的人群更偏爱使用英语，非洲语言课程报考人数的下滑也是很好的明证。

南非政府被广泛指责拖延和推诿教育语言政策的实施，导致南非教育体系内的许多学习者的潜能无法发挥，读写水平依然很低（Heugh，2007：188）。Heugh 还认为，政府政策执行力度的不佳，以及轻视语言与读写能力及语言与社会和经济发展的关系，使经济和教育的不平等现象未获得实质上的改变。这一问题最直观的体现就是：有文化并取得高等教育的人，通常都可以讲流利的阿非利卡语和/或英语；而那些非洲语言的使用者，通常是受教育程度低、很难获取经济权利和社会服务的途径。非洲语言作为学习和教学用语仍然仅局限于乡镇地区的落后学校（Lafon，2008：35）。

再次，负责南非语言管理最重要的机构之一的泛南非语言委员会，是遵照宪法的规定来管理语言的发展和保护公民语言权利的，其宗旨是促进跨文化、平行的多语化发展，有效处理各不同种族语言群的关系。但是泛南非语言委员会的运行却完全背离了这一前提，开始逐渐强调各自独立的单语的发展，成为 11 种甚至 14 种独立语言的代表（Neville，2004）。Beukes（2006）指出，泛南非语言委员会在保护语言权利方面的失利也被语言权利主义者批评为“无牙的看门犬”。由于缺乏政府的财政支持，泛南非语言委员会所有重要的语言发展规划都受到影响。例如，泛南非语言委员会负责建立的为本土语言汇编词典的国家词典编撰所，受资源和财政的限制，工作不断被延期，这也显示了政府对于履行《国家语言政策框架》所设定的目标缺乏诚意。①

最后，语言管理机构过于庞杂也使其运行成效降低。例如，泛南非语言委员会与国家语言服务处都接受艺术文化部管理，但是却作为两个独立的、自治的机构在运行，两者之间的工作存在很大程度的重复性，虽然这一问题也引起了人们的关注并正在竭力解决，但利益和活动的重复性依然无法彻底避免。除上述两个主要机构外，较晚成立的 185 号委员会也处理语言问题，其大部分工作是直接重复泛南非语言委员会的语言人权监控功能。而隶属于总统办公室的语言能力部门的出现，使管理机构庞杂的问题更加复杂化，导致语言管理出现混乱甚至南辕北辙的现象。

---

① Paper Read at Xth Linguapax Congress on Linguistic Diversity，Sustainability and Peace，20 – 23 May，Barcelona.

总体来说，学者们对南非的语言政策持肯定态度的较多，但是对政策的实施状况表现出比较多的担忧和不满，而这种不满多集中在教育领域的语言政策的制定和实施。新南非民主共和国诞生至今已快30年，关于其语言政策和规划的研究逐渐趋冷，成果从前十几年的层出不穷降至现在的零星几篇。正如上述许多学者所言，南非的社会语言状况极为复杂，实现整个国家的社会和结构转型是摆在政府面前的一项巨大挑战。语言政策的成功实施需要人们在态度、价值观、准则、信仰和渴望等方面的彻底改变，政府只有重新调和国内现有不平衡的权利关系，才能促进国家的教育、经济和政治发展。政府是国家转型过程中的主导，它应在重建非洲语言的社会和制度权利方面给予清晰明确的指引（Webb，1999：364）。

四　总结

南非的语言政策，其初衷是保护和发展南非境内大多数人口所使用的各非洲语言，但是政策实施近30年了，却收效甚微，究其原因，语言的声望规划不够到位是其中的关键。非洲语言的社会价值无法得到充分的体现，其使用者自身对本族语言也缺乏足够的认识，致使南非的语言政策难以贯彻到底。语言政策的制定需要有合理的目标，而要使政策取得理想效果，具体的实施细则必不可少，必要时可以以法律法规形式加以规范，以确保政策实施的畅通。

南非的语言教育政策强调提高人们对多元文化教育的认识和尊重，从民族认同感的基础出发，激发人们对于本族语言的保护意识。加强艺术和文化教育，使学习者充分理解文化的差异性，并克服由此带来的不平衡性。民族地区的语言教学也可以从加强民族认同感，激发民族自豪感入手，弥补人们对双语或多语教育认识的不足。另外，南非民主共和国时期所实行的语言规划模式结合了自下而上的方式，使非政府机构，如语言协会、社区组织和其他具有语言利益关系的人员等，都能参与到语言规划的活动中来，这就使南非的语言规划活动从一开始就具有广泛的参与性，为其后期语言政策的实施奠定了基础。

参考文献

[1] 道布，2004，《中国的语言政策和语言规划》，载周玉忠、王辉主编《语言规划与语言政策：理论与国别研究》，中国社会科学出版社。

[2] 金清苗，2007，《南非多元文化教育的发展及其启示》，《中国民族教育》第 9 期，第 41 ~43 页。

[3] Bamgbose, A. (1991). *Language and the Nation: The Language Question in Sub - Saharan Africa*. Edinburg: Edinburg University Press.

[4] Bamgbose, A. (2003). The Future of Multilingualism in South Africa: From Policy to Practice. Paper Read at Language Conference of the Department of Arts and Culture, Kopanong, Johannesburg, 12 - 13 June 2002.

[5] Beukes, A - M. (2009). Language Policy Incongruity and African Languages in Post - apartheid South Africa. *Language Matters: Studies in the Languages of Africa*, *40* (1), 35 - 55.

[6] Beukes, A - M. (2004). The First Ten Years of Democracy: Language Policy in South Africa. Diàlegs - Fòrum Universal de les Cultures - Barcelona 2004.

[7] Beukes, A - M. (2006). Translation in South Africa: The Politics of Transmission. *Southern African Linguistics and Applied Language Studies*, *24* (1), 1 - 6.

[8] Beukes, A - M. (2008). Language Policy Implementation in South Africa: How Kempton Park's Great Expectations are Dashed in Tshwane. *Stellenbosch Papers in Linguistics*, *38*, 1 - 26.

[9] *Constitution of the Republic of South Africa* (1996). Pretoria: Government Printer.

[10] DAC. (2003b). *Implementation Plan: National Language Policy Framework*. Final Draft. 10 April 2003. Pretoria: Department of Arts and Culture.

[11] Davenport, T. R. H. (1991). *South Africa - A Modern History* (*4th edn*). London: Macmillan.

[12] Fivaz, D. (1981). Southern Bantu Typology - Arenewed Phase of Enquiry. *South African Journal of African Languages Supplement*, 2 - 11.

[13] Granville, S., Janks, H., Mphahlele, M., Reed, Y., Watson, P., Joseph, M. & Ramani, E. (1998). English with or without g (u) ilt: A Position Paper on Language in Education Policy for South Africa. *Language and Education*, *12* (4), 254 - 272.

[14] Grobler, E., Prinsloo, K. P. and van der Merwe, I. I. (1990). *Language Atlas of South Africa: Language and Literacy Patterns*. Pretoria: Human Sciences Research Council.

[15] Heugh, K. (2000). Multilingual Voices - isolation and the Crumbling of Bridges. *Agenda*, *46*, 21 - 33.

[16] Heugh, K. (2003). Language Policy and Democracy in South Africa. *The Prospects of Equality within Rights - based Policy and Planning*. Stockholm: Stockholm University Centre for Research on Bilingualism.

[17] Heugh, K. (2007). Language and Literacy Issues in South Africa. In Global Issues in

Language, Education and Development. *Perspectives from Postcolonial Countries*, ed. N. Rassool, 187 – 217. Clevedon: Multilingual Matters.

[18] Kamwangamalu, N. M. (2000). A New Policy, Old Language Practices: Status Planning for African Languages in a Multilingual South Africa. *South African Journal of African Languages*, *20* (1), 50 – 60.

[19] Kamwangamalu. N. M. (2001). The Language Planning Situation in South Africa. *Current Issues in Language Planning*, *2* (4), 361 – 445.

[20] Kamwangamalu. N. M. (2007). One Language, Multi – layered Identities: English in a Society in Transition, South Africa. *World Englishes*, *26* (3), 263 – 275.

[21] Lafon, M. 2008. Asikhulume! African Languages for all: A Powerful Strategy for Spear Heading Transformation and Improvement of the South African Education System. In The Standardisation of African Languages. *Language Political Realities*, ed. M. Lafon and V. N. Webb, 34 – 59. Johannesburg: IFAS Working Paper Series No. 11, August.

[22] Lopes, A. J. (1998). The Language Situation in Mozambique. In R. B. Kaplan and R. B. Baldauf, Jr (eds) *Language Planning in Malawi, Mozambique and the Philippines*, 86 – 13, (*Journal of Multilingual and Multicultural Development* , *19* , 440 – 86.) Clevedon: Multilingual Matters.

[23] Mesthrie, R. (1996). Language Contact, Transmission, Shift: South African Indian English. In V. de Klerk (ed.) *English Around the World*: *Focus on South Africa*, 79 – 98, Amsterdam/Philadelphia: Benjamins.

[24] Moodley, K. (2000). African Renaissance and Language Policies in Comparative Perspective. *Politikon*, *27* (1), 103 – 115.

[25] Neville, A. (2002). *An Ordinary Country. Issues in the Transition from Apartheid to Democracy in South Africa.* Pietermaritzburg: University of Natal Press.

[26] Neville, A. (2004). Language Policy: The Litmus Test of Democracy in Post – apartheid South Africa. *Discourse*, *32* (2), 7 – 11.

[27] Perry, T. (2003). Language Rights, Ethnic Politics: A Critique of the Pan South African Language Board. PRAESA Occasional Paper 12. Cape Town: Praesa.

[28] Ponelis, F. (1993). *The Development of Afrikaans.* Frankfurt am Main: Peter Lang.

[29] *Project for the Study of Alternative Education in South Africa* (*PRAESA*). (1999b). Information Brochure. Cape Town: University of Cape Town.

[30] Skinner, J. (1998). *The Stepmother Tongue*: *An Introduction to New Anglophone Fiction.* London and New York: Macmillan and St. Martin's Press.

[31] Stats S. A. (2012). Census 2011 Statistical Release – P0301. 4. http://www. statssa. gov. za/publications/P03014/P030142011. pdf.

[32] van Rensburg, C. (1999). Afrikaans and Apartheid (translated from the Afrikaans by K. McCormick). *International Journal of the Sociology of Language*, *136*, 77 - 96.

[33] Webb, V. (1999). Multilingualism in Democratic South Africa: The Overestimation of Language Policy. *International Journal of Educational Development*, *19*, 351 - 366.

[34] Webb, V. (2002). *Language in South Africa.* The Role of Language in National Transformation, Reconstruction and Development. Amsterdam: John Benjamins.

[35] Webb, V. (2008). Overview of Issues at Stake. In the Standardisation of African Languages. *Language Political Realities*, ed. M. Lafon and V. N. Webb, 7 - 21. Johannesburg: IFAS Working Paper Series No. 11, August.

尼日尔*

一 国家概况

尼日尔，全称尼日尔共和国（The Republic of Niger，La République du Niger），位于非洲大陆西部，撒哈拉沙漠南缘。东邻乍得，西接马里、布基纳法索，南与贝宁、尼日利亚接壤，北毗连阿尔及利亚、利比亚，人口2420万人。①

1960年8月3日，尼日尔正式宣告独立。哈马尼·迪奥里为首任总统。独立后的尼日尔政权极不稳定，先后经历三次军事政变和数次政权更迭。尼日尔现任总统为民社党人巴祖姆，于2021年4月正式就职，目前政局总体稳定。②

尼日尔是联合国公布的最不发达国家之一，经济以自给自足的农作物、牲畜和铀矿开采为主。独立初期国民经济发展缓慢，又历经数年干旱，经济处于崩溃边缘。20世纪70～80年代，国际铀价大幅上涨，曾刺激和带动了尼日尔国民经济的发展。然而80年代之后国际铀价的下跌，又导致收入锐减，国家不得不开始实施经济结构调整计划。后因政局不稳定、非洲法郎的贬值以及西方国家财援的中止，尼经济又陷入困境。

坦贾总统执政后，加强宏观调控，整顿国家财政，西方国家和国际金融机构陆续恢复对尼援助，尼成为“重债穷国减债计划”和“减贫与增长贷款”达标国，经济状况有所好转。2009年尼宪政危机后，部分国家停止对尼援助，尼财政状况恶化。伊素福总统执政后，出台了三年经济社会发

---

* ［作者简介］武卉，硕士，浙江师范大学非洲研究院历史与文化研究所助理研究员。研究方向：西部非洲语言与文化。

① 数据来自世界银行网站，Population，total－Niger ｜ Data（worldbank. org），2021年12月10日。

② 以上根据中华人民共和国商务部网站尼日尔国家概况编辑整理，http：//ne. mofcom. gov. cn/article/ddgk/201508/20150801072241. shtml。

展规划，并积极推进基础设施建设，初步建成本国石油化工产业，同时争取外援和投资。2016 年伊素福总统连任后，继续推进“粮食自给自足倡议”“复兴计划二期”“2016～2020 经济社会发展规划”，大力发展农业、能源、电力、交通等产业，致力于整顿经济，改善民生，取得一定成效，经济保持小幅增长。巴祖姆总统执政后，颁布《政府总政策宣言》，推动农村现代化、基础设施建设和开发经济发展潜力，并宣布将实施“复兴计划三期”。但尼经济基础薄弱，受自然灾害、国际市场波动和国内安全形势影响较大，总体仍十分困难。2020 年以来，受新冠疫情持续影响，尼经济困难加剧。[①] 根据世界银行发布的数据，2020 年度尼日尔国内生产总值 136.78 亿元，人均国内生产总值 1570 元，仍处于低经济发展水平国家。[②]

尼日尔国民是不同民族的集合体。主要民族有豪萨族、哲尔马－桑海族、富拉尼族、图阿雷格族、贝里贝里族、图布族等。最大民族豪萨族主要分布在尼日尔的南部中心，说豪萨语——尼日利亚北部的通用语，也是西非最重要的语言之一。第二个主要民族哲尔马－桑海族，人数占全国人口的 22%，主要分布在尼日尔河沿岸东南部靠近布基纳法索边界的地方，说哲尔马语[③]以及该语的变种。富拉尼族人数占全国人口的 8.5%，是尼日尔人数最多的游牧民族。图阿雷格族主要分布在位于撒哈拉沙漠的南部边缘阿加德兹地区，使用塔马谢克语。此外，还有津德尔东部讲卡努里语的贝里贝里族、图布族，以及少量阿拉伯族和来自法国和其他国家的人。

伊斯兰教是尼日尔的主要宗教。穆斯林人口在 80% 至 98% 之间，还有少量信仰泛灵论的农村人口和信仰基督教的城市人口。[④]

尼日尔与中国关系友好。两国于 1974 年 7 月 20 日正式建立外交关系。1974 年，军人政府建立后，尼日尔最高军事委员会主席孔切上校对外承认了中国政府在国际上特别是第三世界中所处的地位，并于同年 7 月与中国签署了《中华人民共和国和尼日尔共和国关于建立外交关系的联合公报》，宣布两国建立大使级外交关系。

---

① 参见中华人民共和国外交部网站，尼日尔国家概况，https：//www.fmprc.gov.cn/web/gjhdq_676201/gj_676203/fz_677316/1206_678332/1206x0_678334/，2021 年 9 月 1 日。

② 数据来源：https：//m.huaon.com/detail/745751.html，2021 年 10 月 25 日。

③ 哲尔马语，英文 Zarma，有地方也叫作 Zarma－Songhai，译成哲尔马－桑海语，本文统一翻译成哲尔马语。

④ Moussa Yacouba Abdoul Aziz，2015－2016，The Emergence of Hausa as a National Lingua Franca in Niger. MA. Thesis，Adrar：Draia University，p. 4.

中国与尼日尔的经贸关系始于20世纪60年代。早期以中国援助性质项目为主，包括承建水库、开发垦殖区、农村项目改造和水源勘探等，后来因两国“断交”双边贸易也就此终止。1996年复交之后，两国经贸关系进入新的发展时期，中对尼经济合作重点转向城乡基础设置建设以及与民生关系密切的生产企业，单方面的援助也逐渐变为互利合作的形式。

中尼两国在文教卫生方面也签有文化与教育合作协定。1978年开始，中国向尼日尔提供政府奖学金名额。1997年尼有关部门与新华社签署新闻交流合作协定，由新华社向当地新闻部门提供电讯稿。两国同时还签有医疗队派遣协议书，截至目前，中国已经向尼日尔派遣了22批医疗队。①

二 语言使用状况

（一）官方语言

尼日尔宪法规定，尼日尔的官方语言为法语，这是殖民时期遗留下来的语言。在法国殖民者进入之前，尼日尔境内尚未形成统一的政权国家，因此也没有法律规定任何语言为国家用语。1922年，法国占领尼日尔之后，法语便成为法定的官方语言。

作为官方语言，法语的用途包括与其他国家交流、推广讯息，作为正式场合写作公文的规范，起草法律、命令以及传播与法律、法令等有关的行政文本等。会说法语的人群拥有正规教育背景，大部分聚集在首都尼亚美和行政部门，大概占人口总数的10%。普通民众更愿意使用豪萨语和哲尔马语进行交流。②

（二）国语及民族语言使用的情况

根据民族语网（Ethnologue）2021年的数据，尼日尔有26种语言。③尼日尔政府在1989年颁布的宪法中规定其中的8种语言为国家语言。2001年，尼日尔第六部宪法又将国家语言的数量扩大到10种，分别是：

① https：//baijiahao. baidu. com/s？ id = 1688594307938787205&wfr = spider&for = pc，2021年2月1日。

② Moussa Yacouba Abdoul Aziz，2015 - 2016，The Emergence of Hausa as a National Lingua Franca in Niger. M. A. Thesis，Adrar：Draia University，p. 4.

③ 详见https：//www. ethnologue. com/country/NE/languages，2021年12月20日。

豪萨语（Hausa）、哲尔马语（Zarma）、富尔富尔德语（Fulfulde）、卡努里语（Kanuri）、阿拉伯语（Arabic）、塔马谢克语（Tamajaq）、古曼塞马语（Gulmancema）、图布语（Tubu）、塔萨瓦克语（Tassawaq）、布杜马语（Buduma）。根据2019年的数据，这10种被授予国家语言地位的语言使用人数情况如表1所示。

表1　10种被授予国家语言地位的尼日尔语言

单位：人，%

语言名称	使用人数	占比	所属语系
豪萨语	8542000	47.20	亚非语系
哲尔马语*	3298000	18.20	尼罗－撒哈拉语系
富尔富尔德语	1507000	8.30	尼日尔－刚果语系
卡努里语	771000	4.20	尼罗－撒哈拉语系
阿拉伯语	670300	3.60	亚非语系
塔马谢克语	135000	0.70	亚非语系
古曼塞马语	56000	0.30	尼日尔－刚果语系
图布语	19000	0.10	尼罗－撒哈拉语系
塔萨瓦克语	15000	0.08	尼罗－撒哈拉语系
布杜马语	9700	0.05	亚非语系

注：*原表格英文为Zarma－Songhai，与本文哲尔马语其实为同一语言。

资料来源：Moussa Yacouba Abdoul Aziz，2015－2016，The Emergence of Hausa as a National Lingua Franca in Niger. MA. Thesis，Adrar：Draia University，p. 10.

按照语系，上述语言可以分为以下几种。

1. 亚非语系

尼日尔法定的10种民族语言中属于亚非语系的有四种：豪萨语、阿拉伯语、塔马谢克语和布杜马语。

豪萨族是尼日尔境内最大的民族，因此豪萨语使用人数占比最高。这种语言最早兴起于豪萨兰①地区，现为尼日利亚北部主要的通行语言。19世纪，尼日利亚宗教领袖乌斯曼·丹·福迪奥（Usman dan Fodio）在尼日利亚西北部建立了索科托的富拉尼帝国（Fulani Empire of Sokoto）并发起圣战征服了南部的豪萨州和卡内姆帝国。福迪奥运用当地广泛使用的豪萨语来传播伊斯兰教义，使得豪萨语在西非地区广泛传播，同时也促进了豪

① 即hausaland，指豪萨人居住的地区，主要包括现今尼日利亚北部的克比（Kebbi）州等地。

萨语在非洲大陆的传播。目前，豪萨语是尼日尔的主要通行语言，是大约 850 万尼日尔人的母语，也是大多数尼日尔人的第二语言。[①]

尼日尔境内通行的豪萨语属于豪萨语族的西支。与尼日利亚相似，尼日尔境内的豪萨语也有其方言，具体包括西北部地区的库费雅方言（Kurfeyanci）、阿德让方言（Aderanci）、阿雷瓦方言（Arewanci）和提比让方言（Tibiranci），东部地区的津德尔方言和达马嘎让方言（Damagaranci）。尽管有方言差异，不同方言的使用者之间还是可以相互理解的。

阿拉伯语是尼日尔十大民族语言之一，是尼日尔 1.6% 人口的母语。根据民族语网 2016 年的数据，尼日尔存在 4 种阿拉伯语。第一种是阿尔及利亚撒哈拉阿拉伯语，分布在阿加德兹地区，使用人数估计有 26 万人。第二种是坦桑尼亚阿拉伯语，大约有 19000 使用人口，其中大多数人居住在塔瓦地区。第三种是利比亚阿拉伯语，他们居住在阿加德兹、迪法和津德尔地区，使用人数 9300 人。第四种是叙瓦（Shuwa）阿拉伯语。

塔马谢克语是生活在撒哈拉沙漠南部的图阿雷格人使用的主要语言，使用人数占人口的 0.70%。早在公元前 5 世纪，尼日尔已经成为跨撒哈拉沙漠的贸易区，居住在北部的游牧民族图阿雷格人凭借优秀的骑骆驼本领，从北方穿越了巨大的沙漠，向南迁移。

布杜马语同豪萨语一样，同属于乍得语族，主要分布在乍得湖沿岸及其周边岛屿，使用人数约 9700 人。[②] 值得注意的是，在 2004 年的民族语网统计数据中，布杜马语未被列为尼日尔国语，这很可能是随着乍得湖的东移，说布杜马语的人大量迁移到乍得的缘故。[③]

2. 尼罗－撒哈拉语系

尼罗－撒哈拉语系是非洲主要语言之一，覆盖了非洲东部和中部的主要地区，并向西延伸到西非马里的尼日尔河谷。尼日尔国语中的哲尔马语、卡努里语和图布语同属该语系。

哲尔马语是继豪萨语之后尼日尔的第二主要语言。在某些地区，它不

---

① Moussa Yacouba Abdoul Aziz, 2015 – 2016, The Emergence of Hausa as a National Lingua Franca in Niger. M. A. Thesis, Adrar: Draia University, p. 8.

② Moussa Yacouba Abdoul Aziz, 2015 – 2016, The Emergence of Hausa as a National Lingua Franca in Niger. M. A. Thesis, Adrar: Draia University, p. 8.

③ Wolff, H. (2006). Niger: Language Situation. In Brown, E. K., and Anne Anderson (Eds.), *Encyclopedia of Language & Linguistics* (pp. 628 – 631). Boston: Elsevier.

仅是一种方言，而且也是一种通用语。约 320 万人以它为母语。

据民族语网 2016 年的数据，卡努里语有四种变体，分别是阿加德兹比尔马地区有 2 万人使用的比尔马语（Bilma）变体、迪法地区有 8 万人使用的中部卡努里（Central Kanuri）变体、28 万人在津德尔和迪法周边地区使用的马加卡努里（Manga Kanuri）变体，以及居住在迪法及其周边地区的 4 万人说的图马里卡努里（Tumari Kanuri）变体，又称卡南布语（Kanembu）。

图布语的使用人数大约有 19000 人，分为两种方言变体：第一种为泰达（Teda）方言或称泰达加（Tedaga）方言，使用人群分布在阿加德兹和迪法周围；第二种为达萨（Daza）方言或达萨加（Dazaga）方言，主要分布在迪法和津德尔周围地区。

3. 尼日尔－刚果语系

就语言和地理分布而言，尼日尔－刚果语系是非洲最大的语系。使用这些语言的地区从塞内加尔的达喀尔向东延伸到肯尼亚的蒙巴萨，南至南非的开普敦。尼日尔使用的两种尼日尔－刚果语是富尔富尔德语和古曼塞马语。

富尔富尔德语有两种变体：一种是中东变体，在多贡杜奇（Dogondoutchi）周围和乍得边境以东使用；另一种是西部变体，在蒂拉贝里（Tillabéri）地区以及布基那法索边境和多贡杜奇之间使用。古曼塞马语的使用人群主要分布在与布基纳法索接壤的西南边境和尼亚美南部。

国家语言（此处指表 1 中所列的被授予国家语言地位的 10 种语言）中的最后一种语言是塔萨瓦克语。在印加尔绿洲和邻近的特吉丹－特苏姆特盐矿地区约有 8000 人说这种语言。还有一种叫塔格达尔的塔萨瓦克语，使用人群分布在阿加德兹和塔霍瓦之间，数量约 25000 人。

尽管宪法赋予这些民族语言以国语的地位，但在现实中，尼日尔的一些民族语言只在村庄或特定地区的国民中使用。由于缺乏统一的正字法，它们在尼日尔境内没有真正的分量。[①]

4. 汉语的使用状况

随着尼日尔在经济和文化方面的对外联系不断增多以及全球化的发展趋势，英语和汉语也逐渐成为尼日尔外来语言中重要的两种语言。下面主

---

① Ibrahima Ousmane Ida，2015，L'alphabétisation au Niger：Une Analyse à Partir des Données du Recensement de 2012 Rapport de Recherche de l'odsef，Québec，p. 33.

要介绍汉语的使用情况。

汉语的出现源于1996年中尼两国恢复建交以来的经济和文化交流。中尼两国政府签有文化和教育合作协定，中国向尼日尔多个不同领域的公职人员和学生提供奖学金和实习机会。自1978年起中方向尼提供奖学金名额。截至2018年，中方共接受尼奖学金留学生563名。2018年全年在华学习的尼日尔学生总数为538名，其中奖学金生179名，自费生359名。[①]

如今，尼日尔已经拥有一家汉语学院，该学院由华人张娜于2015年在首都尼亚美创立，目前是尼日尔境内唯一一家中国国家汉办指定的考点，同时设立中尼文化教育奖学金。该机构为弘扬中国文化，协助海外企业华人华商与当地人的沟通、交流提供了一座桥梁，得到了驻尼日尔使馆、各个中资企业以及当地华人华商的大力支持。[②]

位于首都尼亚美的尼日尔汇才能源与地质高等教育学院（以下简称“汇才学院”），是第一所由中国华侨在非洲投资设立的本科院校。设立之初，学院性质是汉语言培训和托管中心。2016年底，学院与尼日尔的一所高校签署了开设汉语课程的协议。目前尼日尔高等教育部批准汇才学院开设8个专业，包括化学工程与工艺、石油天然气储运工程、电子商务、行政管理等，汉语是所有专业的必修课。

三　语言政策

（一）国家语言政策的发展变革

尼日尔是一个多民族、多语言的国家。为了保障民族语言的发展，尼日尔政府在教育法中强制规定使用民族语言，采取多种措施并取得了一定的成效。可以说，尼日尔的语言政策是严格的学校政策，所有提到一种或多种语言的法律都是学校法。[③]

尼日尔共和国1999年颁布的宪法第三条规定：尼日尔民族的所有社区都有使用自己语言的自由，且应尊重他人的语言；这些语言应平等地享有民

① 数据来源：中华人民共和国驻尼日尔共和国大使馆（mfa. gov. cn），2021年10月5日。

② https：//baijiahao. baidu. com/s？id = 1714952769392433089&wfr = spider&for = pc，2021年10月25日。

③ Leclerc，J.，2015，Niger. Axl. cefan. ulaval. ca，http：//www. axl. cefan. ulaval. ca/afrique/niger. htm，2021年10月25日。

族语言的地位；宪法规定这些语言促进和发展的程序；官方语言是法语。

独立之后，尼日尔政权经历了几次更迭，宪法也先后颁布多次，然而几乎每一版本的宪法都对民族语言报以相同的认可态度。然而在民族语言众多的情况下，让每种语言都获得相同的地位显然是不太现实的。比如在行政等领域，民族语言根本不用，清一色用法语。自 1922 年尼日尔正式成为法国的殖民地之后，法语便成为当地的官方用语。因为殖民统治时期，尼日尔人民既无立法权也无行政权，一切政权都掌握在法国总督手里，重大的政策和法令也都在法国首都巴黎制定。此外，因为政权的频繁更迭，有观点认为，在独裁政权的长期统治下，尼日尔不需要法律来使其语言政策合法化。[①] 所以除了宪法中对官方语言和国家语言的规定，其他大部分有关国家语言政策的决议，都是从教育系统中对语言的规范来体现的。

可追溯的最早的有关语言的法律是 1967 年第一届政府教育部颁布的第 017/MEN/ALPHA 号法令。该法规定了 5 种民族语言——富尔富尔德语、豪萨语、卡努里语、哲尔马语和塔马谢克语的字母表。当时哈马尼・迪奥里政府的首要任务是大力发展民族经济以巩固其政权，其为此制定了国家发展计划和总方针，在发展计划的五大目标中有一条便是进行文化建设，开展基本教育和职业教育工作。[②] 所以该法呈现一种优先发展这 5 种民族语言的趋势。

1974 年，赛义尼・孔切领导的军人政府制定了教育改革计划，自此，尼日尔正式确定了双语教育的目标。即要用民族语言和法语来作为教学语言和教学科目。教育改革计划中写道：语文方面重点是引入民族语言作为教学媒介与法语交替使用，并设立双语教学目标、修订教师培训内容、刺激双语教育发展的研究，以及编写适合双语教育需要的教材。[③]

双语教育的改革计划制定后，一批双语学校应运而生，这批学校一度覆盖了当时 80% 以上的地区，[④] 开设双语学校以测试该法可行性的实验也一直延续到 1998 年。1998 年，尼日尔政府又颁布了第 98 - 12 号法律，简

① Leclerc, J., 2015, Niger. Axl. cefan. ulaval. ca, http://www. axl. cefan. ulaval. ca/afrique/niger. htm, 2021 年 10 月 25 日。

② 彭坤元：《尼日尔》，社会科学文献出版社，2006，第 70 页。

③ Moussa Yacouba Abdoul Aziz, 2015 - 2016, The Emergence of Hausa as a National Lingua Franca in Niger. MA. Thesis, Adrar: Draia University, p. 6.

④ Leclerc, J., 2015, Niger. Axl. cefan. ulaval. ca, http://www. axl. cefan. ulaval. ca/afrique/niger. htm, 2021 年 10 月 25 日。

称“LOSEN 法”。该法对尼日尔的教育系统有指导性作用，它强制性地规定在教育系统中要使用和教授民族语言，并且确定了具体的双语教学计划。该法规定：“学校的教学语言应为法语和民族语言，其他语言作为学校的教学科目；各级教育管理部门的文件应规定语言教学的原则、方式、内容和教学方法，为普及双语教育做准备，并制定了发展双语教育的传播战略。”①

在第 98 - 12 号法律颁布 4 年后，尼教育部于 2001 年 12 月 31 日颁布第 2001 - 037 号法律，规定“国家有责任通过公共、准公共和私营机构以及自然人和法人促进、发展和控制民族语言”②。同时宣布阿拉伯语、布杜马语、富尔富尔德语、古曼塞马语、豪萨语、卡努里语、哲尔马语、塔马谢克语、塔萨瓦克语和图布语为民族语言。③ 至此，教育系统中的民族语言种类增加到 10 种。法律同时在国家一级设立了一个支持发展和促进民族语言的机构。④

（二）社会各领域的语言管理

1. 教育领域的语言

法语是尼日尔教育系统中的主要语言，几乎垄断了整个教育系统。⑤然而尼日尔政府很早就意识到民族语言的重要性，国家及其相关部门颁布多项法令以确保在基础教育中引入法语和主要民族语言。一方面，这是由于单纯法语教育给高文盲率的尼日尔带来的教育效果并不理想，因为大多数孩子在入学时不会说外来语，所以不可避免出现频繁的重复上课或辍学的现象。另一方面，是因为在尼日尔当地，以豪萨语和哲尔马语为代表的民族语言普及率要远远高于法语。因此，同时使用法语和民族语言作为教学语言的“双语教育”就成为教育体系改革中的一个重要组成部分。后来，由于受到宗教等的影响，一些双语学校中也出现了以法语和阿拉伯语为主要教学语言的教学模式。

① 详细见该法律第 10 条条款。

② 详细见该法律第 4 条条款。

③ 详细见该法律第 2 条条款。

④ 详细见该法律第 7 条条款。

⑤ Moussa Yacouba Abdoul Aziz, 2015 - 2016, The Emergence of Hausa as a National Lingua Franca in Niger. MA. Thesis, Adrar: Draia University, p. 5.

起初，教育系统中的民族语言主要有5种，即富尔富尔德语、豪萨语、卡努里语、哲尔马语和塔马谢克语，这是1967年颁布的第017/MEN/ALPHA号法令规定的。该法令规定了上述5种语言的字母表。但是在双语学校开办之初，这5种民族语言并不是齐头并进共同使用的。

1974年，赛义尼·孔切的教育改革计划实施，尼日尔第一所双语学校在津德尔的一所附属学校成立，并于1973年下半年开学，称作“实验学校”（Ecole Experimental 或 Experimental School），以豪萨语和法语为教学语言。除此之外，同期还有21所使用豪萨语的双语学校，以及6所使用哲尔马语、5所使用富尔富尔德语、5所使用塔马谢克语、4所使用卡努里语作为教学语言的双语学校。[①] 当时，国家教育文献研究和促进研究所［des structures telles que l'Institut national de documentation, de recherche et d'animation pédagogique（INDRAP）］、国家教育改革委员会常设秘书处和学校计划［le Secrétariat permanent de la commission nationale pour la réforme de l'enseignement et le Plan de scolarisation（SP - CNRE/PS）］等机构以及尼亚美大学等院校，都被动员起来参与到解决“将法语和民族语言作为教学科目所需的内部创新和以前课程不匹配”这个问题的行动中。[②]

到1979～1980学年开学时，有7所学校提供以该国5种主要民族语言——豪萨语、哲尔马语、富尔富尔德语、塔马谢克语和卡努里语为教学语言的课程。1993年，这一数字增加到42所，仍然以上述5种民族语言作为教学用语。这一数据覆盖了当时80%以上的地区。

除了作为教学语言，民族语言和法语同时也作为课程在尼日尔教育系统中教授。

在尼日尔，教育分为正规教育、非正规教育、非正式教育和专门教育四类。正规教育是在学校环境中接受教育和职业培训的一种方式，包括学前教育、小学教育（基础1）、初中教育（基础2）、中等教育（普通教育和职业技术教育）及高等教育。非正规教育是指在非学术环境中获得教育的方式。这种类型的教育学习活动形式更加灵活，不受限于正规教育的框

---

① Woff, H. E., 2006, Niger: Language Situation, In Brown, E. K., and Anne Anderson (Eds.), *Encyclopedia of Language & Linguistics*, p. 630. Boston: Elsevier.

② Leclerc, J., 2015, Niger. Axl. cefan. ulaval. ca, http://www. axl. cefan. ulaval. ca/afrique/niger. htm, 2021年10月25日。

架模式。专门教育特指对精神和身体残疾者的教育和培训。[①]

幼儿园为年龄6~7岁的儿童提供学前教育，包括四种类型：法语单语学校、法语阿拉伯语学校、双语学校（民族语言和法语）以及为身体残疾者开设的特殊教育学校。在小学教育阶段，母语或第一语言是教学语言，法语是从一年级开始的教学科目；[②] 在初中教育阶段，法语是教学语言，母语或第一语言为教学科目。[③] 中等教育的期限为两年，可以引入第二外语的学习，法语仍然是教学语言，文学科必须继续学习民族语言。职业技术学校、重点学校和大学院系会在课程中开设一些适当的法语语言培训，以使离校生有效地融入社会，并在全国范围内有效地传播其研究成果。在非正规教育领域，教学语言的选择则完全取决于社区或目标群体，因此，通常使用的是当地大多数或占主导地位的民族语言。法语的教授会在培训开始或结束时根据学生的要求提供。

在促进双语教育的政策制定之后，教育部将其注意力转向识字和阿拉伯语培训。为此拟订了一项全面和参与性方案，旨在促进正规教育中的法－阿拉伯双语教育。例如在大学里引入阿拉伯语作为教学媒介，以实验性的方式教授阿拉伯语等。

在非正规教育中引入阿拉伯语的具体表现，是向不同年龄的儿童教授古兰经，这种教育方式可以分为两类。第一类是学校提供完整的小学课程，入学头两年所有课程都是教授古兰经，三年级开始75%的课程教授古兰经，25%的课程教授法语和数学。第二类是学校向所有人开放课程，不分年龄，主要提供带有融合古兰经文字的当地语言文本。目前这种教学模式并未引起尼日尔政府的重视，也很少给予资助，因此这种教学模式事实上被边缘化了。但是这种教学模式得到了伊斯兰开放银行等伊斯兰组织的资金支持，并且随着尼日尔国内关注伊斯兰教宗教群体的势力越来越强，阿拉伯语的教学在尼日尔变得越来越重要。[④]

① Moussa Yacouba Abdoul Aziz, 2015 - 2016, The Emergence of Hausa as a National Lingua Franca in Niger. M. A. Thesis, Adrar: Draia University, p. 11.

② 详细见 LOSEN 法第 19 条。

③ 详细见 LOSEN 法第 21 条。

④ Leclerc, J., 2015, Niger. Axl. cefan. ulaval. ca, http://www. axl. cefan. ulaval. ca/afrique/niger. htm, 2021 年 10 月 25 日。

2. 立法和司法领域

作为官方语言，尼日尔法律的起草和颁布都使用法文[①]，但是在议会辩论中（当有议会时）可以使用豪萨语和哲尔马语[②]。

在法庭上，法语是唯一允许使用的书面语言，偶尔也可以使用古典阿拉伯语，但是在口头交流中，大多数民族语言诸如豪萨语、哲尔马语、富尔富尔德语、塔马谢克语、卡努里语、阿拉伯语及其方言等都可以被使用。也就是说，尼日尔公民有权在司法和警察机关那里以自己选择的语言进行听证或获得司法服务，[③] 但不保证能被理解。当诉讼当事人不说或不懂法语，或者当诉讼者是聋哑人时，必须使用口译员，以帮助其翻译必要的文件。[④] 在与法官的口头交流中，法官可以使用一名或多名口译员。审判结束时，将以法文形成判决书，有时候也会使用阿拉伯文，但这种情况很少见。

3. 行政领域

在公共行政部门，当地语言可以被允许用于与讲同一语言的公职人员进行口头交流，但这不构成一项权利，因为法语是国家的官方语言，国家行政人员有权使用法语。[⑤]

2001 年 12 月 31 日，尼日尔颁布了第 2001 - 037 号法律，其中规定：允许在公共、准公共和私营部门机构使用民族语言。[⑥] 也就是说，虽然法语是尼日尔的官方用语，但是在一些公共行政场合，民族语言仍然是被允许使用的。在行政部门及其上下属单位，管理人员和工作人员必须具备用国语识字的本领，政府会为此颁发“语言知识证书”，以证明申请所需职位的人的语言能力。

但是在一些正式场合，例如与学徒签订劳动合同时，必须使用官方语言法语。1996 年颁布的《劳动法》（*Code du Travail*）第 25 条和第 227 条

---

① 详细可见 2011 年尼日尔颁布的《国民议会议事规则》（*Règlement intérieur de l'Assemblée nationale*）第 7 条，此处条款出处：Niger（ulaval. ca）。

② Leclerc，J.，2015，Niger. Axl. cefan. ulaval. ca，http：//www. axl. cefan. ulaval. ca/afrique/niger. htm，2021 年 10 月 25 日。

③ 详细可见尼日尔 2001 年 12 月 31 日颁布的第 2001 - 037 号法律第 5 条，以及 2007 年颁布的尼日尔《刑事诉讼法》（*Code de procédure pénale*）第 57 条，条款出处：Niger（ulaval. ca）。

④ 详细可见 2007 年颁布的尼日尔《刑事诉讼法》第 260、393、430 条。

⑤ Moussa Yacouba Abdoul Aziz，2015 - 2016，The Emergence of Hausa as a National Lingua Franca in Niger. MA. Thesis，Adrar：Draia University. p. 17.

⑥ 详细参见 2001 年 12 月 31 日颁布的尼日尔第 2001 - 037 号法律第 3 条。

规定：工业、商业或农业机构负责人、工匠或造型师有义务向他人提供或安排系统和全面的职业培训合同，根据该合同，他人有义务遵守指示，并执行委托给他的学习工作任务。合同必须以书面形式呈现，否则无效。书面合同必须是用法文写的。集体协议必须以法语起草，否则无效。[①] 也就是说，在需要书写正式合同的场合，法语仍然是唯一被允许的书面语言。

4. 媒体领域

尼日尔的电子和纸质媒体也以法语和民族语言为主。

1978 年 10 月 12 日第 78 – 21 号法令公布设立尼日尔广播电视局（ORTN），由其提供国家的公共广播电视服务。电视局设立的主要目的是满足公众的信息、教育、文化和娱乐需求。萨赫勒电视台（TéléSahel）和塔尔电视台（Tal TV）是目前两家主要的公共电视台。萨赫勒电视台的节目覆盖大约 80% 的尼日尔人口，而塔尔电视台的节目主要在首都尼亚美及其周边地区播出。节目使用法语和豪萨语、哲尔马语、富尔富尔德语、塔马谢克语、卡努里语等民族语言。还有一些私人电视频道，这些电台接收和播放来自多个国际频道的节目，如 TV5、Canal Horizon、CFI 等。

尼日尔的报社分为公共和私营两种。官方报纸《萨赫勒报》（*Le Sahel*）创刊于 1974 年，发行量为 5000 份，主要用法语发布一些官方和机构的信息；私营报纸主要有《民主者》（*Le Démocrate*）、《共和主义者》（*Le Républicain*）、《人民论坛》（*La Tribune du peuple*）等，各发行 3000 份。[②]

尼日尔的电台通常用法语和民族语言播出。例如《萨赫勒之声》除用法语外，还用豪萨语、哲尔马语、卡努里语、阿拉伯语、图布语等 8 种民族语言广播，节目覆盖率为 95%，由法国海外广播公司统一管理。[③] 其他广播频道（R&M、Anfani、TénéréFM、Tambara、Saraouina、La Voix de l'Hemicycle）也用法语播出，但是大约 70% 的节目是以本国语言提供的。此外还有一些外国广播电台，如法国国际广播电台（RFI）、英国广播公司（BBC）、美国之音（VOA）或德国之音（Voice de la Germany）等分别用

① 翻译自 1996 年尼日尔颁布的《劳动法》第 25 条和第 227 条，条文出处：Niger (ulaval. ca)。

② 数据来源：中华人民共和国外交部网站，https://www.mfa.gov.cn/web/gjhdq_676201/gj_676203/fz_677316/1206_678332/1206x0_678334/，2021 年 10 月 25 日。

③ 数据来源：中华人民共和国外交部网站，https://www.mfa.gov.cn/web/gjhdq_676201/gj_676203/fz_677316/1206_678332/1206x0_678334/，2021 年 10 月 25 日。

法语、英语和德语提供节目。[①] 中国国际广播电台在尼日尔也设立了落地广播基站，以豪萨语对当地广播。

（三）语言管理的特点和问题

1. 语言管理的特点

尼日尔是一个多民族、多语言的国家，其国内语言涵盖亚非、尼罗－撒哈拉、尼日尔－刚果三大语系。作为法国殖民地的尼日尔共和国，其独立之后的语言管理政策呈现以下几处特点。

（1）法语与其他民族语言并行

作为法国曾经的殖民地，尼日尔的语言政策也受到法国殖民政府的影响，即使在独立之后的后殖民时期，法语也始终是国家唯一的官方语言。但是值得庆幸的是，尼日尔一直重视民族语言的发展，尤其在教育方面，双语制一直贯穿法语与民族语言共同发展的始末。在司法、媒体和经济生活中，虽然也强调法语的官方地位，但是在实际的交流和语言运用中，民族语言的出现率依然很高。

（2）双语制成为教育趋势

双语制是尼日尔政府为了有效应对多语种社会采取的在教育系统中引入本国语言（不是全部语言）的一项政策。为此，国家制定了一系列教育法，开设了一些实验性的双语学校，在这些学校中，除了教授正式语言——法语外，还教授民族语言。到目前为止，双语教学的实验是成功的。

根据联合国发展署《人文发展报告》2001 年的有关统计，尼日尔的成人识字率为 16.5%，妇女识字率为 7%，在农村地区，妇女文盲的人数高达 92%。随着 LOSEN 法和 2001 年 12 月 31 日第 2001－037 号法律以及其他一系列法律的颁布，2012 年，尼日尔 10 岁及以上人口中能至少识法语字的人占 20.07%，至少识阿拉伯语字的人占 3.95%，至少识民族语言（不包括阿拉伯语）文字的人占 9.29%。[②] 不难看出，国家的语言政策在降低文盲率、提高识字能力方面取得了一定的成效。

---

① Leclerc，J.，2015，Niger. Axl. cefan. ulaval. ca，http：//www. axl. cefan. ulaval. ca/afrique/niger. htm，2021 年 10 月 25 日。

② Ibrahima Ousmane Ida，2015，L'alphabétisation au Niger：Une Analyse à Partir des Données Du Recensement de 2012 Rapport de Recherche de l'odsef，Québec，p. 37.

（3）外来语逐渐加入双语制系统行列

随着经济全球化的发展，尼日尔无可避免地受到来自全球不同国家与地区经济、文化的影响。缓慢的经济发展态势以及常年需要国际社会援助的现状，导致越来越多的外来语加入尼日尔语言多元化行列。英语、汉语开始在尼日尔的经济生活中发生作用，成为教育及生活领域中新出现的语言，未来或将在尼日尔的语言环境中发挥更大的作用。

2．语言管理的问题

虽然国家层面给予民族语言以相应政策的保护，但在实际执行过程中，难免还存在一些问题。

（1）民族语言作为国家语言难以真正与法语实现平等地位

虽然通过法律赋予10种民族语言国家语言的地位，并且在小学教育阶段作为学生的教学语言，但是随着教育的深入，涉及数学、科学领域使用的语言往往以法语居多[①]。国家语言的授予无意中将尼日尔人口划分为十个民族语言群体，这意味着除了法语之外，每个语言群体都必须用自己的语言进行教学，每个地区和种族开设不同的课程，因此学生可能无法获得平等的成功机会，甚至引发某些语言群体对其他语言群体的仇恨。

（2）作为官方语言的法语在日常生活中的运用十分有限

虽然双语制学校确立了法语与民族语言并行的教学模式，但是由于大部分入学的学生来自农村地区，在其社区及家庭中使用法语的情景十分有限，仅仅依靠课堂的教学无法应对法语的日常使用。有研究表明，在尼日尔的首都，法语正迅速发展成为中上层家庭儿童的第一或第二语言，当这些孩子入学后，熟练的法语口语与书面语能使他们适应学校的教学方法，课堂表现积极，老师也会给予他们更多的关注，然而这样的学生只占少数。城市和农村学校的大多数学生都来自贫困、低文化的家庭。在那里，法语不是日常交流的工具。除了学生层面法语基础的差异，教师的语言教学方法也是法语习得率低的原因之一。因为自殖民时代以来，语言教学方法并没有发生根本性的变化。法语仍然是唯一的教学语言，尽管对95%的农村和城市贫困儿童来说，法语可以被认为是一门外语。特别是在农村地区，法语仍然严格地作为学校和家庭作业的语言使用，孩子们从不把它作

---

① Par Hassane Beidou, 2014, Dynamiques Linguistiques Au Niger: Cohabitation ET/OU Concurrence Entre Le Francais Et Les Langues Locales, Ph. D. Thesis, Universit? Du QuÉbec À MontrÉal. p. 79.

为他们家庭或社区的交流手段。在这些环境中，当地语言是交流的主要手段。[①]

(3) 语言政策的实施存在地区、性别、年龄的差异

尼日尔2012年人口普查数据显示，在城市地区，法语识字率为47.03%，阿拉伯语识字率为5.39%，民族语言识字率为12.81%；在农村地区，法语识字率仅为14.11%，阿拉伯语识字率为3.63%，民族语言识字率为8.52%。这表明，在文化普及方面，城市地区比农村地区更有利。另外，10岁及以上的男性人口中法语识字率为24.42%，阿拉伯语识字率为6.14%，民族语言识字率为11.19%；在10岁及以上的女性中，只有15.87%的人会说法语，1.84%的人会说法语、阿拉伯语，6.68%的人会说民族语言。也就是说，女性接受教育的程度要低于男性。

同样地，地区之间也存在巨大的识字差距。就法语识字率而言，首都尼亚美10岁及以上人口中识字率最高，达51.35%。迪法和阿加德兹的10岁及以上人口中阿拉伯语识字率最高，分别为6.53%、6.01%。阿加德兹、尼亚美和津德尔三个地区10岁及以上人口中民族语言识字率最高，分别为13.37%、11.12%、11.06%。此外，受过教育的人比没有受过教育的人识字率高。所以缩小地区差异、提高农村地区入学率、提高女性接受教育率，仍然是尼日尔政府需要探索和做出努力的方向。

四 总结和展望

语言政策和语言规划都属于国家政府行为，两者的提出与制定必须深深根植于本国的基本国情和历史文化背景，并考虑到该国所处的国际社会背景。语言规划是指："为解决语言交际问题，由政府授权并持续性地、有意识地去改变语言在社会中的职能的方案。"[②] 语言政策是指："社会中有关语言沟通方面的政策，即能反映社会与语言表达能力和语言交际潜能之间关系的态度立场、规划和决策。"[③]

---

① Ngugi wa Thiong' o, 2005, *Black Linguistics*, *Language*, *Society*, *and Politics in Africa and the Americas*, Edited by Sinfree Makoni, Geneva Smitherman, Arnetha F. Ball, and Arthur K., Spearspublished in the Taylor & Francis e – Library, p. 103.

② Weinstein, B., 1980, Language Planning in Francophone Africa, In Language, Problems and Language Planning.

③ Schiffman, Harold F., 1996, *Linguistic Culture and Language Policy*. London and New York: Routledge & Taylor & Francis Group.

尼日尔的语言政策是尼日尔社会历史、经济、文化背景的具体体现。从殖民时期被迫接纳宗主国语言到独立之后国语的设立，从法语与豪萨语双语教学制到法语与阿拉伯语、法语与10种国语并行，每一步都反映出尼日尔政府立足本国实际发展需要和适应国际政治经济形势积极调整语言政策的努力。

与此同时，不能忽略的一个事实是，虽然尼日尔已经从法国殖民的历史中走出，但是在后殖民时代，尼日尔仍然是法国出版公司的一个巨大教科书市场，生产目前在法语非洲使用的大多数教育材料。为了保护这一市场，法国对非洲教育提供支持，这与从小学到高等教育始终以法语为基础的教育政策紧密联系在一起。这一政策是法国政府为非洲教育提供财政和技术支持的一个重要因素。[①] 作为世界上最不发达的国家之一，尼日尔短期内想要完全摆脱外来援助，依靠本国经济发展国民教育是不太现实的。虽然尼日尔政府从独立初期就开始积极倡导民族语言与法语并行的双语制教学政策，但是在财政方面多少会显得有些“力不从心”。此外，一直以来，尼日尔的民族语言教学缺乏规范的正字法，双语学校使用的民族语言至少有两种或三种正字法。教师们面临着使用几种不同的语言正字法来教授儿童识字技能的问题，这对学生学习书写和阅读有潜在的负面影响，因为对于刚刚接触书面写作的学生来说，规范的文字对发展识字技能非常重要。

对于大部分不以法语为第一语言的城市及农村入学者来说，仅仅依靠课堂教授学习的法语远远达不到口语交流、课堂阅读以及书面写作的教学目的。一方面是缘于第一语言的差异，另一方面也与双语制学校教师的教学水平有关。在农村学校和位于城市贫困社区的学校，教师们沿袭了殖民时期法语教学的方法，即以语法规则教学、重复练习、记忆为语言教学方法，强迫学生说法语，并不惜使用体罚措施。学生为了避免体罚，会重复背诵课文而不是去理解课文内容和意义。这种机械性的学习使学生无法掌握法语语法，同样也无法通过测试。如果不更新陈旧的教学方法，双语制学校的高复读率和高辍学率现象仍然将持续下去。

在学校使用民族语言和法语必须得到城市和农村中推广识字文化的支

---

① Ngugi wa Thiong' o, 2005, *Black Linguistics*, *Language*, *Society*, *and Politics in Africa and the Americas*, Edited by Sinfree Makoni, Geneva Smitherman, Arnetha F. Ball, and Arthur K., Spearspublished in the Taylor & Francis e – Library, p. 104.

持。尤其在非正规教育领域，社区对教学语言的选择拥有决定权。在社区营造使用法语的良好氛围，有助于帮助法语零基础的学生掌握并快速提高法语听说读写的能力。可以考虑开设图书馆，采取提供以学校使用的所有语言编写的阅读材料等举措促进成人和儿童识字，使儿童能够获得以国家语言和法语编写的有意义的语言输入。

总之，在政权稳定、经济平稳发展的情况下，尼日尔的语言实践才有可能朝着政府所规划的方向健康发展。

参考文献

[1] 彭坤元，2006，《尼日尔》，社会科学文献出版社。

[2] Ibrahima Ousmane Ida, 2015, L'alphabétisation au Niger: Une Analyse à Partir des Données du Recensement de 2012 Rapport de Recherche de l'ODSEF, Québec.

[3] Leclerc, J. 2015, Niger. Axl. Cefan. Ulaval. ca. Retrieved 10 September 2021, fromhttp: // www. axl. cefan. ulaval. ca/ afrique/ niger. htm.

[4] Moussa Yacouba Abdoul Aziz, 2015 – 2016, The Emergence of Hausa as a National Lingua Franca in Niger. MA. Thesis, Adrar: Draia University.

[5] Ngugi wa Thiong' o, 2005, *Black Linguistics, Language, Society, and Politics in Africa and the Americas*, Edited by Sinfree Makoni, Geneva Smitherman, Arnetha F. Ball, and Arthur K. , Spearspublished in the Taylor & Francis e – Library, 103 – 117.

[6] Norbert Nikie`ma, 2011, A First – language – first Multilingual Model to Meet the Quality Imperative in Formal Basic Education in Three "Francophone" West African Countries, In *International Review of Education*, 57, 5 – 6.

[7] Par Hassane Beidou, 2014, Dynamiques Linguistiques Au Niger: Cohabitation ET/OU Concurrence Entre Le Francais Et Les Langues Locales, Ph. D. Thesis, UniversitÉ Du QuÉbec À MontrÉal.

[8] Schiffman, Harold F. , 1996, *Linguistic Culture and Language Policy*. London and New York: Routledge&Taylor&Francis Group.

[9] Woff, H. E. , 2006, Niger: Language Situation, In Brown, E. K. , and Anne Anderson (Eds.), *Encyclopedia of Language & Linguistics*, 628 – 631. Boston: Elsevier.

苏　丹*

一　国家概况①

地处非洲东北部的苏丹共和国（阿拉伯语：جمهورية السودان。英语：Republic of the Sudan），简称苏丹，国土面积约188万平方公里，位列非洲第3，世界第15，首都为喀土穆。苏丹北邻埃及，西接利比亚、乍得，南达南苏丹，东毗埃塞俄比亚、厄立特里亚，肯尼亚和乌干达在东南部，西南连接中非与刚果，东北部与红海相邻，海岸线长约720公里。因其贯通的地理位置，苏丹自诩为“非洲的十字路口”（Stevenson，1971：11）。

苏丹1956年1月1日宣布独立，成立共和国。苏丹共和国常年内战不断，政局不稳。2005年1月9日在内罗毕签署《全面和平协议》，暂时缓解了长达20多年的内战，但是南北地区因政治理念等依然难以全面统一。2011年，国家彻底分裂，南部地区独立成国，建立南苏丹共和国。此后，由于受西亚北非地区局势持续动荡、南苏丹独立等影响，苏丹政局受到一定冲击，国家至今仍然处于战事、冲突不断的状态。

苏丹的经济结构单一，基础薄弱，工业落后，农业发展对自然环境的依赖性较强，内驱动力不足。近年来，苏丹国内物价上涨，货币贬值，财政收入锐减。为消除不利影响，苏丹在逐步加大对水利、道路、铁路、电站等基础设施以及教育、卫生等民生项目的投入贯通四面的力度，同时努力改变财政严重依赖石油出口的情况，将发展农业作为长期战略。在对外发展中，苏丹将中国、阿联酋、沙特、印度、埃及等国以及欧盟诸国作为

---

* ［作者简介］周雪，博士，银川科技学院副教授。研究方向：跨文化语言教育，语言政策与语言规划，教师身份认同。

① 苏丹的国情概况主要内容来源于中华人民共和国外交部网站，https：//www. fmprc. gov. cn/web/gjhdq_ 676201/gj_ 676203/fz_ 677316/1206_ 678526/1206x0_ 678528/，2021年10月5日；中华人民共和国驻苏丹共和国大使馆，http：//sd. china - embassy. org/chn/zsgx/，2021年10月5日。

主要的贸易伙伴。

苏丹约有4435万人口（2020年数据统计），全国人口的年增长率为2.55%，主要民族构成中，阿拉伯人约占总人口的80%，贝贾人（Beja）、努比亚人（Nubian）、富拉人（Fula）共占10%~15%。虽然当代苏丹社会盛行伊斯兰教法，但最早传入苏丹的是基督教，由埃及人在公元6世纪时引入。自7世纪中叶，伊斯兰教开始在苏丹传播，于14世纪初成为该国第一大宗教。19世纪末，英国殖民者侵占苏丹并实施南北分治体系，允许北方民众信奉伊斯兰教，在南方则着力推行基督教。

苏丹坚持独立、自主的外交政策，坚守国家主权的独立性，积极促进阿拉伯国家的团结，与非洲诸国合作密切，通过灵活的外交方式，主动改善与西方国家的关系，注重与中国等发展中国家的友好往来。1959年2月4日，苏丹与中国建交，此后两国之间一直保持着多元、友好的合作发展关系。特别是随着中苏两国经贸合作的不断深入，苏丹已成为中国在非洲重要的贸易和投资伙伴，而中国则是苏丹第一大贸易伙伴，也是第一大投资来源国。

二　语言使用状况

苏丹的语言状况复杂多样，现有80余种[①]（南苏丹独立前有120多种[②]）已命名的语言。语言多样性导致苏丹语言在推广和规划过程中遇到了意识形态、科学性界定等方面的困难与挑战（Abdelhay et al.，2011：

---

① 根据民族语网（Ethnologue）的统计，苏丹现有语言如下：Acheron、Acholi、Afitti、Aka、Ama、Amharic、Andaandi、Arabic、Algerian Spoken、North Levantine Spoken、Standard、Sudanese Spoken、Bari、Baygo、Bedawiyet、Berta、Berti、Birked、Bornu、Burun、Dagik、Dair、Daju、Dar Fur、Daju、Dar Sila、Dilling、Dinka、El Hugeirat、English、Fulfulde Adamawa、Fur、Gaam、Ganza、Gbaya、Ghulfan、Gula、Gule、Gumuz、Hausa、Heiban、Jumjum、Kadaru、Kanga、Karko、Katcha - Kadugli - Miri、Katla、Keiga、Kelo、Ko、Koalib、Komo、Krongo、Lafofa、Laro、Logol、Logorik、Lotuko、Lumun、Masalit、Madi、idob、Molo、Moro、Nding、Ngile、Nuer、Nobiin、Oromo、West Central、Otoro、Shatt、Shilluk、Shwai、Sulaihab、Tagoi、Talodi、Tama、Tegali、Temein、Tese、Tigré、Tigrigna、Tima、Tira、Tocho、Torona、Tulishi、Tumtum、Uduk、Wali、Warnang、Yulu、Zaghawa、Zande。资料来源于https：//www.ethnologue.com/country/SD/languages，2020年10月9日。

② 2011年1月1日苏丹南部独立成为南苏丹共和国，对苏丹现存语种数量产生了一定影响。对于苏丹语言管理的讨论离不开2011年以前的规划及政策。并且，独立后的苏丹各种战事不断，政界和学界的主要关注点尚未从政治转向语言，基本上延续之前的规划和政策，故而2011年以前苏丹的语言管理成为本文的重要讨论内容。

263）。整体而言，苏丹语言的使用具有两个较明显的特征。一是语言使用的人口和地理分布不均。苏丹境内可发现的多种语言中，近70%在西部和南部地区出现。二是苏丹的语言状况不稳定，这主要是人口流动和城市化所致，人口流动的集中地即中心城市的语言多样性尤为明显（Miller，2006：7）。

（一）宪法或其他法律对语言使用的规定

苏丹政府制定的语言政策代表着官方理想化的决议与规划，是政治意识形态的体现。但在现实语言生活中，无论是社会政体还是政策推行都与其有着难以逾越的鸿沟。在多次的语言政策制定过程中，决策者过于理想化地构想了苏丹的语言生态环境，忽视了现实社会中的实际障碍，在没有相应整改举措的情况下，贸然推行、更新语言政策，导致诸多法律中的语言条款仅存于书面文字和法典记录，实践中收效甚微。

在苏丹的发展历程中，出现过多部与语言相关的法律和政策决议，其中1972年的《亚的斯亚贝巴协议》（*Addis Ababa Agreements*）①，2005年的《奈瓦沙全面和平协议》［*Comprehensive Peace Agreement*（*CPA*）*of Naivasha*］②、《临时国家宪法》（*The Interim National Constitution*）③和《苏丹南部临时宪法》（*InterimConstitution of Southern Sudan*）④等，都对苏丹共和国的语言政策和规划产生了尤为明显且深远的影响。

1.《亚的斯亚贝巴协议》的语言政策

《亚的斯亚贝巴协议》呼吁尊重少数民族语言，认可公民的语言权利，鼓励少数民族语言的传承。与此同时，根据语言权利的“个性”和“属地”原则，承认了阿拉伯语和英语的地位（Kloss，1971），即阿拉伯语为苏丹境内所有地区的官方语言，而英语只能作为南部地区的“主要语言”。

---

① Beshir，M. O.（1975）. *The Southern Sudan*：*From Conflict to Peace*. London：C. Hurst.

② The Comprehensive Peace Agreement between the Government of the Republic of Sudan and the Sudan's People's Liberation Movement/Sudan People's Liberation Army. 2005. Retrieved from http：//www. sd. undp. org/doc/CPA. pdf.

③ The Interim National Constitution of the Republic of Sudan. 2005. Retrieved from http：//www. unhcr. org/cgi－bin/texis/vtx/refworld/rwmain？page＝search&docid＝4ba749762&skip＝0&query＝Interim%20national%20constituion%20of%20sudan.

④ The Interim Constitution of Southern Sudan. 2005. Retrieved fromhttp：//www. unhcr. org/refworld/ country，NATLEGBOD，SDN，456d621e2，4ba74c4a2，0. html.

具体条款如下。

> 第三章第6条：阿拉伯语是苏丹的官方语言，英语为南部地区的主要语言，但是二者不能妨碍地方行政部门使用其他语言以提升其行政职能。
>
> 第五章第11条第ⅵ款：促进地方语言和文化。
>
> 附录A：
>
> 基本权利和自由：
>
> （2）公民平等：（i）所有公民，不分种族、民族、出生、语言、性别、经济或社会地位，在法律面前应有平等的权利和义务。
>
> （6）少数民族有使用自己的语言和发展自己文化的自由。

2.《奈瓦沙全面和平协议》的语言政策

2005年，在肯尼亚奈瓦沙镇达成的和平协议中产生的“奈瓦沙语言政策”（Naivasha Language Policy，NLP）是《奈瓦沙全面和平协议》的重要构成部分。其中关于语言的条款承认阿拉伯语和英语同为国家官方语言，以及高等教育机构的教学媒介语。同时，奈瓦沙语言政策推翻了20世纪90年代倡导的大学教育阿拉伯化——只使用阿拉伯语的单语政策。随着《奈瓦沙全面和平协议》的宪法化，“奈瓦沙语言政策”被批准为苏丹的官方语言政策。具体条款如下。

> 2.8　语言
>
> 2.8.1　所有本土语言都是国家认可的民族语言，应予以尊重、发展和促进；
>
> 2.8.2　阿拉伯语是广泛使用的国语；
>
> 2.8.3　阿拉伯语和英语同为国家政务工作的官方语言，商务和高等教育教学用语；
>
> 2.8.4　除阿拉伯语和英语外，任何地方的立法机关都可以采用其他语言作为辅助的官方工作语言；
>
> 2.8.5　在任何级别的政府或教育机构中使用任一语言（阿拉伯语和英语）均不应受到歧视。

3.《临时国家宪法》

根据《临时国家宪法》的规定，在语言选择和使用方面，阿拉伯语应当优先于英语，该法案几乎原文复制了《奈瓦沙全面和平协议》中相关的语言政策条款，即“奈瓦沙语言政策”。

> 8. 语言
>
> 苏丹所有的本土语言都属于国家认可的民族语言，应得到尊重、发展和推广；
>
> 阿拉伯语是广泛使用的国语；
>
> 阿拉伯语和英语同为国家政务的官方工作语言，也是商务和高等教育教学用语；
>
> 在任何级别的政府或教育机构中，使用阿拉伯语或英语时都不应该受到歧视。

4.《苏丹南部临时宪法》

《苏丹南部临时宪法》的文本结构与“奈瓦沙语言政策”基本一致，具体的条款反映出殖民文化对语言生活的影响，特别提出了手语的发展需求。

> 6. 语言
>
> 苏丹南部的所有本土语言都是境内的民族语言，应得到尊重、发展和推广；
>
> 英语和阿拉伯语应成为苏丹南部和该地区各州政府的官方工作语言，以及高等教育的教学语言；
>
> 在各级政府或教育阶段，不得歧视英语或阿拉伯语的使用；
>
> 英语是苏丹南部的主要语言，阿拉伯语是苏丹南部各级政府和各州的官方工作语言，也是高等教育的教学语言；
>
> 除了英语和阿拉伯语，南部苏丹的各级立法机关和政府可以采用其他的语言作为辅助的官方工作语言；
>
> 苏丹南部政府应促进手语的发展并服务于有特殊需要的人。

从上述苏丹法律条款的节选可以发现，相关的语言政策能够基本映射出苏丹的语言政治变化。《亚的斯亚贝巴协议》协议的签订结束了国家的第一次内战，在语言方面则承认了除阿拉伯语以外其他语言的使用权利，但是对英语的使用做出了限制，将其认定为南部的主要语言，有着明显的地域色彩。其后，随着国家对和平的需求，《奈瓦沙全面和平协议》中的语言政策消除了《亚的斯亚贝巴协议》对南部地区语言使用的关注，展开面向全国的语言规划，意图统一全国语言的使用要求，明确阿拉伯语的国语地位，尊重其他语言的发展，将英语提升为全国通用语。鉴于“奈瓦沙语言政策”的普适性及纲领性，后期颁布的《临时国家宪法》基本全盘吸纳了相关的政策条款，以期促进国家的统一，而“奈瓦沙语言制政策”也被认作苏丹的国家语言政策。然而，苏丹南北部问题由来已久，难以调和，因此同时期的南部自治法律《苏丹南部临时宪法》鲜明地体现出语言使用态度的差异。《苏丹南部临时宪法》在语言条款的文本陈述中，将英语的地位置于阿拉伯语之前，没有承认阿拉伯语的国语地位，反而着重突出了英语是该地区的主要语言。由此可见，对苏丹语言使用和发展有着重要影响的法律和政策文本均受到了国家、地区政治倾向的影响，由此产生的语言规划则具有强烈的政治色彩，人为干预明显。因而，或将不利于语言的多样性和自发性发展，难以实现语言生态平衡。

（二）国语的使用状况

虽然近当代的苏丹语言政策赋予了阿拉伯语国语和官方语言的地位，然而事实上，在南苏丹共和国独立之前，阿拉伯语是否可以被定性为国语一度引起争议。特别是在南部地区，支持派认为：“阿拉伯语将成为未来的通用语言，因为年青一代当下正在学习和谈论阿拉伯语，当他们离开学校时将会懂得阿拉伯语，而阿拉伯语是一种内涵丰富而文明的语言。”（Kasfir，1977：162－163）反对派则宣称英语是与西非和东非保持适当联系的媒介语，阿拉伯语则是北部用于进一步边缘化南部的工具和手段（Mahmud，1984），认为阿拉伯语只是北方的通用语，于南方而言并非如此，不能成为国语。

即便存在争议，但无论是《亚的斯亚贝巴协议》，还是《奈瓦沙全面和平协议》中产生的“奈瓦沙语言政策”，乃至《临时国家宪法》等有着全国性影响力的语言政策中，皆认可阿拉伯语是国语和官方语言，可以在各种公众场合、各领域被全体民众使用。现实中，由于国家领导者的大力推动，以及整个社会文化的发展均以伊斯兰文化为基础，因此阿拉伯语的地位和使用规划得以全面实现，在国家的不同领域、层级等全面使用（Abdelhay et al.，2011：475－476）。具体而言，在苏丹的科、教、文、卫等公共事务中，所有的通报、活动用语均以阿拉伯语为主。日常生活中，虽然不同的少数民族社区有特色鲜明的民族文化和语言，甚至是专门致力于本土语言①发展的语言群体，但是由于在苏丹境内，需要语言交流的地方皆以阿拉伯语为主，基于其宽泛且强大的使用范围和社交功能，各民族成员在现实的生产生活中会主动选择学习和使用阿拉伯语（Abdelhay et al.，2011：264－267）。

鉴于此，就国语的使用状况而言，苏丹相关的语言政策实践是成功的，能够基本落实法律条文中赋予国语的地位、作用和功能。

（三）民族语言的使用状况

苏丹有近20个民族，590多个部落，阿拉伯人约占八成。除此之外，较大的民族群体有：受阿拉伯文化影响的努比亚人，青、白尼罗河之间的丰吉人（Funj），达尔富尔地带的富拉人，尼罗河、阿特巴拉河与红海之间的贝贾人，北部的卡巴比什人，西部的巴加拉人（Baggara）。这些族群的生活以农业生产为主，部分也会以畜牧业为主，兼营农业。社区的社会、经济结构主要受到伊斯兰文化和阿拉伯人的影响，因此虽然这些不同民族的人有自己的本民族语言，但是为了更好地适应社会结构，多以阿拉伯语为主要交际用语。

苏丹境内主要使用的语言有80余种，因此苏丹是一个多语、多宗教共存的国家，其中伊斯兰教、基督教和非洲原始宗教为主要宗教。讲阿拉伯语且信奉伊斯兰教的苏丹北方人与讲英语或本土语言且信奉基督教或原始宗教的南方人之间的矛盾构成了国家的基本矛盾，这也是后来苏丹南部分离成为独立国家的主要原因。

尽管苏丹语言种类众多，大约70%的苏丹语言是在南北分离之前的西部和南部地区被发现的。特别是在苏丹南部和努巴山区，语言多样性显著，但是每种语言的使用者数量较少。在努巴山区，居民曾试图组建“语言群体”②（Abdelhay et al.，2011：272），大力推崇努巴语，甚至用努巴

① 本文的讨论中如无特殊说明，本土语言皆指除了阿拉伯语以外苏丹其他世居民众的语言及其变体方言。

② 自1993年，苏丹开始推行“语言群体”（Language groups）战略，其由同一民族或语言群体的少数人组成，希望通过专门的培训习得、保护本民族语言。到2005年已形成大约30个语言团体，相对有效地保护了语言的多样性。

语翻译并出版圣经，以保证该语种的传承。而北部，主要使用尼罗语、努比亚和贝贾语。此外，苏丹阿拉伯语是至少1500万苏丹人的母语，而作为第二大语言的丁卡语（Dinka）只有不到200万人使用。为了保护语言的多样性，1928年的雷贾夫语言会议（Rejaf Language Conference）确立了用于编写苏丹书本教材的8种语言，即丁卡语、巴里语（Bari）、努尔语（Nuer）、卢图科语（Lotuko）、希卢克语（Shilluk）、阿赞德语（Zande）、阿科利语（Acholi）和马迪语（Madi）。

然而自1964年起，为了追求国家统一，苏丹各地的本土语言教育被全面暂停（Abdelhay et al.，2011：267）。已经用丁卡语、阿赞德语、巴里语、摩罗语以及卢图科语等撰写、翻译的教材、文献都被转译为阿拉伯语。虽然这一政策引起了多元文化主义支持者的抗议，很快被废除，但是1993年又被重新推行。在这个过程中，由于努比亚人对文化遗产的高度重视和坚定守护，努比亚语幸免于难，较好地保存了其语言文化及相关文献。此外，自1977年起苏丹语言研究所陆续推出罗马文字教材，但更多的本土语言仅在社区居民的口语交流中使用。直到1997年，苏丹成立了国家语言规划委员会，才将苏丹国内现有的除阿拉伯语外的其他语言定性为合法的民族语言，并制定积极的语言政策，发起对文化和语言多样性的保护。

（四）外语使用状况

1. 英语的使用情况

英国从19世纪末开始对苏丹实施殖民统治，在半个多世纪的时间里，其采取的一系列政策措施对苏丹产生了深远影响。特别是以语言为显著表征之一的南北分而治之政策，深化了南北文化差异，为最终的分裂埋下种子。

最初，殖民者在苏丹传播英语的途径主要有两种。一是政府教育。殖民者宣称要培育能够为其提供服务的苏丹人，面向北方地区的儿童开展英语教育，允诺他们未来可以在殖民政府的下属部门任职。二是通过南部的基督教教会学校传播英语，在这类学校中，英语是主导语言（Abdel，2003）。之后随着殖民时代的终结，北方人依然选择阿拉伯语为社会生产、生活的主要用语，南方则将之作为反抗伊斯兰文化的工具（Abdelhay et al.，2011：458）。在2011年南方独立后的苏丹，英语更多的是作为教学以及官方处理对外事务和宣传时所使用的语言。

事实上，受到伊斯兰文化全面且深刻的影响，苏丹人民对英语的反抗从未消失，部分激进分子要求将英语彻底驱逐出境，严重影响了英语在现实社会中的持续传播、语言地位和使用范围。即使各类法律文本中均不同程度地强调过英语的自由使用权，甚至将其作为官方认可的主要语言予以推行，但是现实中使用范围依然有限。即使曾经被赋予了其与阿拉伯语同等的地位，但是境内国民却仍持有抵制情绪，语言使用的主观能动性不高。英语在苏丹的使用更多的时候是被当作标记或是展示政治民主、自由的符号与象征，至于其实际应用效果，语言管理者似乎秉持不置可否，自由放任的态度。

2. 汉语的使用情况

如前所述，苏丹是一个多语国家。近些年来，苏丹的语言政策和相关的法律法规都提及了对语言多样性的保护和重视。以此为背景，加之中国综合国力和国际影响力的不断提升，以及不断增扩的中苏贸易往来，使得苏丹出现了汉语热现象。2008 年，苏丹喀土穆大学建立了孔子学院，为自愿学习汉语的苏丹人提供了优秀的学习平台。汉语在苏丹的发展和使用方兴未艾，虽然全国汉语的学习者已逾 3000 人，但是使用程度和范围依然有限，主要是在汉语教育和相关的赛事活动中有所体现。

自 1959 年 2 月中苏建交后，两国友好合作关系愈加密切。如今，中苏经贸合作已经从单纯的向苏丹提供援助，发展为以石油合作为龙头的多边合作。[①] 鉴于此，越来越多的苏丹人主动学习汉语，至今主要的学习机构除了喀土穆大学与西北师范大学合建的孔子学院外，还有卡拉里大学中文系、巴哈里大学中文系、苏丹国立大学汉语课堂、visita 教学机构、alresala 高中汉语课堂，以及石油部教学机构等都在开展系统的汉语教学，开设专门课程，配备专业教师。[②]

无论是孔子学院、中文系还是汉语课堂，都有效地促进了苏丹的汉语的传播与使用。前往苏丹进行汉语教学的中国教师对于当地语言文化的熟悉度参差不齐，本土汉语教师又存在数量以及汉语教学经验不足等问题，

---

① 苏丹的国情概况主要内容来源于中华人民共和国外交部网站，https：//www. fmprc. gov. cn/web/gjhdq_ 676201/gj_ 676203/fz_ 677316/1206_ 678526/1206x0_ 678528/，2021 年 10 月 5 日。

② 中华人民共和国驻苏丹共和国大使馆，http：//sd. china - embassy. org/ch n/zsgx/whjl/t907517. htm。

经过多方协调与不断磨合，两国汉语教师现已能够相互协作，在教学实践中探索更加适宜的教学方法，共同编写教材、组织课堂等，最终提升学生的汉语应用能力，提升本地师生学习、使用汉语的主动性（Omer，2020：7）。

语言是文化的载体，正向的文化交流能够促进语言传播与应用。在苏丹，孔子学院主导的春节晚会是中文及中国文化爱好者体验中国语言文化魅力的途径之一。除此之外，“汉语桥”、汉字听写和诗歌朗诵等活动的开展，能够促进和提升苏丹人民对汉语的兴趣，进而促进汉语的传播和使用。可是，被激发了兴趣的苏丹汉语爱好者在使用汉语，特别是参加比赛时往往会遇到缺乏教师指导、比赛次数少、学习途径匮乏、比赛难度大等问题，挫伤学习热情和积极性，影响汉语传播和使用。

苏丹自2020年起，将汉语纳入普通中等教育课程体系中，提高了汉语在苏丹的普及度。随着中国与苏丹两国之间经贸、科技、文卫等方面的交流不断增加，汉语的使用范围在苏丹会更加广泛。苏丹尊重和支持语言的多样性发展，汉语的传播和使用亦将在这一利好背景下随着爱好者的增多而更加广泛。

三　语言管理

“语言管理一般是指政府对公共语言事务进行自上而下的管理。”（王辉、周智婉，2021）在苏丹，政府的政治意识形态透过语言政策和语言规划，引导着国家的语言生态发展，而语言政策的每一次发展变革几乎无不受到政治变革的影响。

（一）语言政策的发展变革

综观苏丹的语言政策，自殖民时代到后殖民时期（1920～2011年），直至南北分裂之前，共经历了6次主要的发展变革（Abdelhay，et al. 2011）。推动或是促成这些变革的意识形态，以及具体的实施效果和影响，是形成苏丹目前语言生活状况的主要因素。具体如下。

1920～1950年，殖民时期的“分而治之”政策，即殖民地的地方管理与南部封闭地区的反伊斯兰或阿拉伯管理政策。在该政策的作用下，苏丹北部广泛推行和鼓励阿拉伯语的使用，而南部地区则积极提倡英语和苏丹本土语言的使用。英国殖民者通过政治手段，在苏丹南部地区大力推广和普及英国语言文化。然而，由于阿拉伯语的强大影响力和阿拉伯人口的庞大比重，英国的努力收效甚微，阿拉伯语依然在苏丹全国广泛使用，阿拉伯文化习俗也深刻地影响着国民的生活方式。

1956 年，在为国家独立做准备而制定的一系列政令政策中，明确规定阿拉伯语为全国通用的国语和官方语言，要求全境民众皆使用阿拉伯语进行交流。但是，由于早期英国殖民者的治理，南方地区积极推行英国语言文化的传播与学习，刻意压制、抵制阿拉伯语习得，致使南部地区的国民在新政治环境中遭受了语言歧视与交流障碍，引发了南部民众的不满，为后来的内战以及最终的分裂埋下隐患。

1956～1972 年，全面阿拉伯化和伊斯兰教的推行带动了国家统一的进程。语言方面，要求北部和南部地区皆认可阿拉伯语为唯一的官方语，甚至要将南部地区用英语、本土语言等撰写的文字材料全部转译为阿拉伯语。这一不平等的语言政策成为南部地区挑起内战的主要诱因之一，反阿拉伯文化派坚决抵制阿拉伯化与伊斯兰文化的传播。尽管有不同的意见，但是以北方为代表的阿拉伯语言文化支持者迅速在国家的政治、文化和经济等方面占据了绝对的主导地位，作为统治者影响并把控着国家意识形态走向。

1972～1989 年制定的《亚的斯亚贝巴协议》改变了之前强硬的唯阿拉伯语政策，认可了苏丹语言和文化的多样性，从政策层面呼吁尊重和保护不同语言和文化。但是，在相关政策条款中，除了说明本土语言是苏丹文化遗产的重要组成部分以外，并没有明确这些语言的使用范围和场所，是一种模糊的认可和界定。加之 20 世纪 80 年代，南部地区内战严重，且遭遇旱灾，大部分人选择向北迁移，阿拉伯语的使用人口也随之增加。因此，虽然政策层面有尊重语言多样性的倡议，但是在现实中，依然是以阿拉伯语为主导，使用人口数量不断增加，无形中强化了阿拉伯语的重要性和广泛性。

1989～2004 年，苏丹重新回到了以阿拉伯为尊的时代，国家积极提倡和推广阿拉伯语及伊斯兰文化。高等教育阿拉伯化，反西方化和民族主义情绪高涨，再一次认定阿拉伯语为唯一的官方语言。在这样的政治环境下，南部地区内战持续加强，其他区域的武装冲突不断，大量世居民众被迫北迁，再一次扩大了阿拉伯语使用者的队伍。因此，不同语言使用人口数量比例严重失调的现象，唤起了语言意识的觉醒。阿拉伯反对派坚决抵制语言垄断，积极推动语言的多样化发展。

经过不懈努力，在 2004 年至 2011 年，语言多样化的意识形态得到认可，特别是 2005 年《奈瓦沙全面和平协议》的签订，正式承认了文化和语言的多样性，即阿拉伯语和英语同为国家的官方语言，其他苏丹本土语言被认定为国家的合法民族语言。即便是在南北分裂之后，“奈瓦沙语言政策”仍然在很长一段时间内被视为国家语言政策的蓝本，是现当代苏丹的国家通用语言政策，保障了苏丹语言的多样化，成为境内语言生态得以积极发展的前提和保证。

（二）语言管理机构及管理方式

Joseph 曾说过“语言自上而下都是具有政治属性的”，此言恰如其分地描述了苏丹的语言管理与政治统治的关系。苏丹的语言管理机构主要是殖民政府、执政党，主要的方式是通过会议签订相关语言政策或协议。在被殖民时期，殖民政府企图通过学校教育、改变宗教信仰等强制方式进行语言管理，推广殖民语言文化，不惜在苏丹构建两种近乎独立的社会政治体系。如前所述，苏丹语言政策体现着浓厚的政治意图，特别是当权执政党对国语的选择。自独立之后，历届中央政府都在语言管理战略中积极推动阿拉伯语，巩固其国语地位。在加速全国的阿拉伯化进程中，使其成为民族身份和国家统一的象征之一。例如 1990 年的总统令要求在教育部的指导下设立“阿拉伯化最高权威机构”，为大学编写阿拉伯语教材。1993 年教育部批准成立的阿拉伯语学院被赋予了霸权式监管职权，严苛地打压其他语言的使用，无视语言多样化的存在。同时期，作为执政党的全国大会党更是将阿拉伯语定义为表达国家文明、政治意识形态的法定语言媒介，全力支持将阿拉伯语作为国家通用语，成为全国阿拉伯政策以及阿拉伯化的缩影。

通过会议及所签订的协议来制定语言政策和语言规划，进而实现语言管理是苏丹语言管理的主要途径之一。在被英国殖民时，殖民政府的行政人员、传教士、语言学家以及非殖民地的代表等在一起召开的雷贾夫语言会议，承认了苏丹本土语言的重要性，认为丁卡语、巴里语、努尔语、卢图科语、西卢克语、阿赞德语等应当得到适度发展和保护，甚至可以用于教材的编写（Abdelhay et al.，2011：471）。在这一语言会议中，政府明确表达了摒弃阿拉伯语转而将英语作为官方语言的意愿，特别是在南部地区，力图通过这一举措阻断伊斯兰教的传播，借助语言选择策略逐渐降低国民对阿拉伯语言甚至是文化的依赖，展现出南北二分，分而治之的管理模式。

1972 年走上政治舞台的五月政权颁布了《亚的斯亚贝巴协议》，认为英国的殖民政策是苏丹南北不和的主要原因，包括其推行的英语语言政策。因此在语言方面，该协议的第二章第60条规定，阿拉伯语应被认定为国家官方语言，英语为主要语言，可以在南部地区使用但是不能干预其他任何语言的使用；附录A（一）规定，保障少数民族使用自己的语言，发展民族文化的权利。此外，要求高等教育阶段要将阿拉伯语作为教学媒介语。可见《亚的斯亚贝巴协议》认定了阿拉伯语的地位，而英语则仅为南部地区的主要语言。由于在语言管理方面亦出现了分而治之的现象，该协议之后，南部的地区会议中不乏关于语言的争议，将政治倾向加注在了教学媒介语的选择问题上，最终通过议员投票的方式赞成将英语重新引入南部教育机构。

2005年在肯尼亚奈瓦沙镇会议中签署的《奈瓦沙全面和平协议》，承认了苏丹的联邦政治体系，勾勒出了《苏丹临时宪法》的雏形，其中的语言政策更是成为现当代国家语言政策的基础。如前所述，在"奈瓦沙语言政策"中，可以看出国家语言规划认可阿拉伯语和英语同为官方语，并将二者都作为国家高等教育的教学媒介语，尊重和认同多种语言共存现象，抵制在阿拉伯语和英语使用中产生的歧视。然而，虽然"奈瓦沙语言政策"以立法的形式规定了高等教育可以任意选用阿拉伯语或英语进行教学，但是阿拉伯语的单语政策在苏丹的教育发展过程中留下了根深蒂固的影响，英语短时间内难以实现其应有的功效。而事实上，该语言政策随着南方的独立逐渐呈现出式微的状态，阿拉伯语的国语和官方地位则更加牢固。

（三）社会各领域的语言管理

在苏丹语言政策发展历程中，"奈瓦沙语言政策"的影响较之其他语言政策更加显著，是当代苏丹语言管理的主要依据。该政策认可语言多样性的存在，尊重和支持在国家科教文卫等公共领域的发展中使用不同语言。除此之外，阿拉伯语作为国家官方语可以在境内各个领域广泛使用；英语位同阿拉伯语，作为政府的官方工作语言可以被各级政府部门及高等院校自由使用；各政府部门、政要机构和教育机构都不能歧视阿拉伯语或英语的使用，力图确保两种语言使用的平等性和公平性。事实上，由于阿拉伯文化对苏丹的深远影响，加之对殖民史的抗拒，苏丹国民在多数情况下，仍然自发地将阿拉伯语作为社会各领域的主要交际用语。

为了落实语言多样性的相关政策法令，保障国家意识形态在语言应用和推广中的展现，苏丹的新闻媒介充当桥梁，通过多种语言对外宣传苏丹国情概况，对内传播不同语言文化。国内的主要阿拉伯语日报有《今日新闻报》、《新闻报》和《舆论报》。英文报纸有《新地平线》和《今日苏丹》。影视媒体方面，苏丹国家电视台每天播报近 15 小时的阿拉伯语或英语节目。1971 年成立至今的苏丹通讯社是国家官方通讯社，在日常播报中主要使用阿拉伯语、英语、不同国家或区域的地方语等。苏丹国家广播电台在政府授权许可下，常年使用阿、英、法、索马里等语言对国内外播音。进入 21 世纪以来，苏丹本土语言的应用和发展有了明显进步，2006 年天主教的广播媒体开始用朱巴语进行播报。苏丹广播服务（Sudan Radio Service）除了播出阿拉伯语和英语节目外，还会定期使用丁卡语、努尔语、朱巴语、巴里语、希卢克语、阿赞德语、摩罗语播报。①

在苏丹当代的教育体系中，包括被视为国家级语言政策的“奈瓦沙语言政策”在内，诸多语言政策条例中，明确规定教育机构可以自由地使用任何语言进行教学（Abdelhay et al.，2011：276）。然而，由于专业教师人数不足、教材有限等（Abdelhay et al.，2011：278），本土语言、英语和其他外来语作为教学用语的实践很难全面开展，只有在部分重视语言群体发展和语言保护的地区或社区学校，以及高等教育机构开展专门的学术研讨时，才会充分予以使用。

如前所述，在全面阿拉伯化的影响下，一度将用丁卡语、阿赞德语、巴里语、摩罗语以及卢图科语等撰写和创作的文学和文艺作品全部转译为阿拉伯语。20 世纪末，因为政治冲突，随着民族意识的觉醒，苏丹的非阿拉伯群体中出现了一批提倡使用和保护本土语言的民众，全力捍卫民族文化和语言发展。当代苏丹社会各界中的语言能够呈现多样化，则可部分归因于此。然而，就文学和文艺创作方面而言，由于长时期接受阿拉伯文化教育，不仅是阿拉伯人选用阿拉伯语，即使苏丹的非阿拉伯群体也偏向于选择使用阿拉伯语进行创作，特别是文学文本。值得一提的还有苏丹学界对不同语言的本体进行官方描述时，除了阿拉伯语外，其他的语言基本是使用欧洲语言进行编写、描述，并且使用罗马或国际音标进行标注和誊写的。

---

① 苏丹的媒体语言使用介绍主要来自中华人民共和国外交部网站，https：//www. fmprc. gov. cn/web/gjhdq_ 676201/gj_ 676203/fz_ 677316/1206_ 678526/1206x0_ 678528/，2021 年 10 月 11 日。

（四）语言管理的特点和成效

“国家立法（或政府机构制定语言政策）明确官方语言的使用范围，是有组织地进行语言管理的一个重要表现形式”（Spolsky 2009：5）。宏观来看，在苏丹的语言管理中，无论是被殖民时代、独立之后还是南北分裂后，国家政治意识形态内嵌的现象十分显著，对国家语言管理产生着较大的影响。苏丹早期的语言管理有管而不治现象，导致语言政策长期停滞于规章制度的层面。虽然国家主张多语言平等、共存，但是现实社会中阿拉伯语的使用在各领域独占鳌头，进入二十一世纪后才有所改变，初显成效。

首先，体现在多语言共存方面。苏丹是一个多民族、多语言的国家，拥有阿拉伯语、英语、数十种土著语言等。近当代苏丹语言管理倾向于尊重和保护各种语言的共存，并为此制定和颁布了相关政策条款，鼓励在实际生产生活中使用外来语、土著语言，推动多语言共存。苏丹政府尊重不同语言组织、团体对多种语言的保护和选择权，通过书面法律条款的制定呼吁在公共机构和教育系统中使用多种语言开展活动，进而提升不同民族、种族民众之间的理解。

其次，语言教育方面。自二十世纪 90 年代初起，苏丹就开始推行“语言群体”战略，同一民族或语言群体的少数人组成某种语言的保护组织，通过专门的培训教授、习得、保护民族语言。进入二十一世纪时已形成大约 30 个语言团体，积极参与和呼吁保护语言的多样化发展。于此同时，近当代苏丹政府意识到了跨文化交际的重要性，重视国民语言能力和多语言交流能力的提升。在国家的宏观教育政策中，积极推行多语种教学，许可用土著语编写教材，设置多语种课程，号召师生打破语言壁垒，培养学生掌握和使用多种语言的能力。鼓励社区组织、参与语言教育活动，加强不同语言社群之间的联系和相互交流，增进彼此的融合度，拓宽交流与合作的渠道及领域。

第三，近当代苏丹政府主张以语言为主要媒介之一，通过语言管理来保护和传承不同种类的文化和历史。语言与文化的发展相辅相成，互为载体，苏丹语言管理的目标之一就是通过使用和传播不同语言，保持和延续各个民族的文化传统，促进社会和文化多样性的可持续发展。苏丹在将官方语言的选择列入法律文件的同时，也明确了其他外来语言和土著语言的合法性，确保各类语言在政策层面得到充分的保护和发展。同时，通过鼓励使用外来语言、土著语言进行广播、电视节目、报纸和杂志等媒体的宣传与制作来支持和传播外来语、土著语言的使用。

苏丹语言管理在政策层面已经出现了积极转向，通过有效的制度来保护和传承多种语言和文化，促进多语言共存和交流，有效提高人们的语言和交流能力，促进社会和文化的多样性发展。然而，苏丹语言管理成效也是瑕瑜互见的，其不足之处主要表现在如下三个方面：

第一，现实语言资源分配不平衡，一些土著语言使用率较低。由于历史和政治原因，苏丹的语言管理存在一定的政治偏好，受国家传统意识形态的影响较大。阿拉伯语在政府、教育和媒体领域占主导地位，而其他语言的发展受到了一定的限制。虽然现当代国家法律呼吁保护土著语言和其它外来语，认同它们的使用权利和选择自由，但在现实使用中，由于阿拉伯文化的深远影响，土著语言的使用率较低。在公共场合和公众事物方面，政府、商业和教育等领域阿拉伯语的使用率居高不下。这将会导致其他语言的使用范围受到限制，一些语言可能只在家庭和社区内使用，难以在更广泛的社会和职业环境中得到有效发展和传承。并且，由于许多地区的学校仍然按照传统模式，只提供阿拉伯语教学，忽视了其他群体的语言需求和教育传承，导致语言管理的公平性仅停留于书面条例，而现实中一些民族或地区的语言逐渐衰退，令人堪忧。

第二，语言政策执行力度和监管力度欠佳，导致语言冲突和分歧。由于缺乏明确、严格、有效的语言协调和交流机制，当语言使用者触及多种语言和文化及其背后所附加的历史情感因素时，就可能会产生语言与文化的认同和冲突问题。例如，在南苏丹的分裂中，对于英语使用的争议就被赋予了浓重的政治色彩，成为抵制阿拉伯文化的一种方式，从语言管理层面率先出现了分而治之的现象。苏丹的多语言生态发展长期受到领导阶级意识形态的影响，即使政策中展现出美好的愿景，在实际语言应用中却难以持续和巩固，且这种政策与实践时常相脱节，甚至背道而驰，难以摆脱国家意志的拘囿。此外，苏丹的语言管理在实际推行中存在无视语言生活的实际情况，缺乏对语言习得者接受程度和心理情感适应性的考虑，导致许多地区和社区群体使用不同外来语或者土著语言交流时，产生沟通障碍和文化隔阂，甚至是断层，因而会加剧社会撕裂和文化分野。与此同时，当代苏丹社会正面临文化转型和全球化冲击，对土著语言的生存和发展产生了无形压力。随着苏丹现代化的不断推进，现实社会中年轻一代更倾向于学习和使用国际通用语言，土著语言的使用范围和需求正逐渐减少。

第三，语言教育资源分配不均，缺乏土著语言教师和教材。如前所述，苏丹语言政策的发展更迭体现出国家对语言多样化的认可，提倡多语共存，给予政策性的平等。但是因为缺少切实有力的执行监管，苏丹语言政策在实际推行中呈现出的是“虚构的地位平等”（Abdelhay 2011：8）与多元。而这种虚构性在语言教育资源的现实分配方面尤为明显，苏丹的现实教育系统对土著语言的教育支持力度显然不够。虽然相关的法律条例和政策都认可土著语言的使用，但是现有的大部分教育资源和课程还是以阿拉伯语或英语为主导，忽视了土著语言，使得其教育质量和数量都受到限制，学习难度增加，制约了学生对土著语言的学习和使用渠道，逐渐降低了学生对土著语言的学习兴趣和意愿，最终将无益于土著语言的传承和发展。

综上所述，苏丹语言管理仍面临一些挑战和不足之处，亟需在现实中付出更多的努力来平衡语言资源分配、改善教育体系、促进语言使用多样性和公平性，以增进不同地区和群体之间的交流和理解。

四　总结与展望

苏丹的语言管理受到了政治意识形态的诸多影响，反映着苏丹内部的权力关系。在多种语言特别是阿拉伯语与其他语言之间，更多时候体现出的是竞争而非共存，并在语言属性方面隐约出现了阿拉伯语和非阿拉伯语的两极分化现象。苏丹语言管理者有着理想的语言规划，却没有认真考虑语言功能和实际使用情况，制定的语言政策本身就隐含着矛盾，从而出现理论与实际长期不符，语言管理效果不佳的状况。语言是国家、民族、个人身份认同的重要组成因素之一。在苏丹，语言地位的争夺一直都被视为政治权利斗争的主要工具之一。“语言可以作为认同和排外的工具”，推广英语教育被视为反阿拉伯化的重要表现，是南北分化、身份区别的标志。英语在独立以前的南部地区使用相对广泛，但是在北部地区一直以阿拉伯语为主，盛行阿拉伯文化。虽然当代的国家语言政策不否认英语的重要性，但是苏丹境内阿拉伯文化历史悠久，深刻影响着社会生活的方方面面，人们更多情况下会自发地选择使用阿拉伯语以适应现实社会环境。

另外，苏丹的语言管理掺杂了过多的政治意识形态，无形中就会忽视现实社会中的实际语用情况，导致语言政策与现实难以契合，在语言习得及应用过程中反而容易产生抵触心理。通过政治手段自上而下强势推动的语言传播难以符合苏丹基层生活需求。与此同时，由于政治主张的倾斜，语言政策条款不乏自相矛盾之处，反映出语言霸权现象，凸显了阿拉伯语的地位，对语言进行隐性的等级划分，加之现实中的无效监管，放任甚至是鼓励阿拉伯语的主导作用和广泛使用，使得语言的多样性与平等性只能体现在法律或是政策文本中。

苏丹的语言政策文本较多，连贯性较差，容易跟随会议或是政权的更迭而变化。在公投前后，苏丹就出现了重新恢复全面阿拉伯化的萌芽。与反阿拉伯情绪强烈的南方地区脱离后，当代苏丹本就是以阿拉伯语和阿拉伯文化为核心的社会结构，阿拉伯语的国语和官方语言地位更加巩固，难以撼动。然而，苏丹边界以及国家内部的政治甚至武装冲突依然存在，影响着国家的稳定与和平，对于语言的关注尚未成为国内与世界的焦点。但是展望未来的发展，苏丹须防微杜渐，在考虑国家的统一与长治久安时，不能忽视语言管理的力量。语言统一固然是国家和民族统一不可或缺的组成部分，苏丹在未来的语言管理中，或将继续保持乃至强化阿拉伯语独大的现象，可是语言多样性不应当成为国家动荡、民族分裂的根本诱因。反之，高效合理的语言管理反而能够通过语言多样性发展促进不同民族间的友好、团结与共生。若苏丹能够思辨地进行语言管理，对其他语言采取适当的保护措施，塑造健康的语言生态，减少濒危语言，调动自身语言多样性的优势，积极储备多语人才，将会使语言成为有效媒介，服务于国家多边建设。

发展当以史为鉴，但不能被历史禁锢。鉴于苏丹当代灵活开放的外交理念，身处全球化思潮和跨文化交流日益广泛的时代，苏丹应当减轻对英语及其他语言的敌意，辩证地对待语言和历史问题。与此同时，在制定出合理的语言规划和政策之后，应建立监督机制和监管机构，推动规划与政策的实施，并根据反馈适时修订，展现语言管理应有的功能和成效，而非纸上谈兵。在未来发展中，苏丹政府或需要尽快提升语言管理成效，使其成为国家良性发展的助力。

参考文献

［1］〔苏〕Abdalgafar，A.，2019，《苏丹喀土穆大学孔子学院中国文化活动调查报告》，硕士学位论文，广东外语外贸大学。

［2］〔苏〕Omer，O. B. B.，2020，《苏丹喀土穆地区汉语教学现状问题及师资培训研究》，硕士学位论文，河北大学。

［3］王辉、周智婉，2021，《从治理到“智理”：提升国家语言治理能力的新路向》，

《中国社会科学报》2021 年 7 月 9 日，第 4 版。

[4] 羽戈，1963，《苏丹共和国》，《世界知识》第 9 期，第 23 ~ 24 页。

[5] Abdel, R. M. Y. E. (2003). *History of English Language in Sudan: A Critical Re - reading*. New Delhi: Board of Islamic Publications.

[6] Abdelhay, A., et al. (2011) The Naivasha Language Policy: The Language of Politics and the Politics of Language in the Sudan. *Language Policy*, *10*, 1 - 18.

[7] Abdelhay, A., et al. (2010). The Politics of Linguistic Indigenousness in Sudan. In J. Spaulding, et al. (Ed.), *Sudan's Wars and Peace Agreements* (pp. 17 - 58). Newcastle Upon Tyne: Cambridge Scholars.

[8] Abdelhay, A., et al. (2011). The Sociolinguistics of Nationalism in the Sudan: The Politicisation of Arabic and the Arabicisation of Politics. *Current Issues in Language Planning*, *12* (4), 457 - 501.

[9] Ashraf, A., et al. (2015). Language Policy and Planning in Sudan from Local Vernaculars to National Languages. In B. Casciarri, et al. (Ed.), *Multidimensional Change in the Republic of Sudan* (1989 - 2011) (263 - 280). Livelihoods: Berghahn.

[10] Kasfir, N. (1977). Southern Sudanese Politics since the Addis Ababa Agreement. *African Affairs*, *76* (303), 143 - 166.

[11] Kloss, H. (1971). Language Rights of Immigrant Groups. *International Migration Review*, *5* (2), 250 - 268.

[12] Kroskrity, P. (2001). Language Ideologies. In J. Verschueren, et al. (Ed.), *Handbook of Pragmatics* (pp. 1 - 17). Amsterdam: John Benjamins.

[13] Mahmud, U. (1984). D, íd, al - ta'rιb¯. Nadwat al - dírāsāt al - lughuwíyya, Ma'had al - Dira - sa - t al - Afrīqíyya wa - l - Āsyawíyya [Against Arabicisation. Symposium on Linguistic Studies, Institute of African and Asian Studies], Khartoum, SudanOctober, 13 - 17.

[14] Miller, C. (2006). Language, Identities, and Ideologies: A New Era for Sudan? In Proceedings of the 7th International Sudan Studies Conference, University of Bergen, Norway. Retrieved from http://hal. archives - ouvertes. fr/docs/00/15/04/38/PDF/millerBergen. pdf.

[15] Spolsky, B. (2009). *Language Management*. Cambridge: Cambridge University Press.

[16] Stevenson, R. C. (1971), The Significance of the Sudan in Linguistic Research: Past, Present and Future. In Y. F. Hasan (Ed.), *Sudan in Africa* (pp. 11 - 25). Khartoum: Khartoum University Press.

[17] Wight, S. (2004). *Language Policy and Planning: From Nationalism to Globalisation*. New York: Palgrave Macmillan.

索马里[*]

一 国家概况

索马里联邦共和国，简称索马里，位于非洲与亚洲两大州的交接处，是非洲东部的一个单一民族国家，也是全世界最贫穷的国家之一。索马里地处非洲大陆最东部的索马里半岛，[①] 由18个行政区域组成，首都摩加迪沙（Mogadishu）。其领土北濒亚丁湾，东临印度洋，西邻埃塞俄比亚，西南毗邻肯尼亚，西北与吉布提接壤，总面积达637657平方公里。[②] 索马里位于曼德海峡的南部入口处，与阿拉伯半岛隔海相望，被视为欧亚非三大洲的连接点，其地理位置具有重要的战略意义。

根据2012年通过的《索马里联邦共和国临时宪法》，索马里是一个议会制民主国家，实行立法、行政和司法三权分立制度。索马里联邦总统为国家元首，根据宪法与其他法律实行总统权力。总统兼任军队总司令，有权宣布国家进入战争状态和紧急状态。索马里的立法机构是由人民院（House of the People）和上院（Upper House）组成的联邦议会。以总理为首的联邦内阁构成索马里行政机构，其中总理由总统任命，其余内阁成员由总理任命。司法方面，索马里奉行司法独立，其司法体制由宪法法院、联邦法院和州法院三级法院组成。

索马里被认为是世界上最不发达的国家之一。据统计，2017年索马里的GDP世界排名为154，实际增长率为2.4%，其中农业占了一半以上

---

* ［作者简介］隆娅玲，博士，四川外国语大学东方语言文化学院阿拉伯语专业副教授。研究方向：阿拉伯语言政策及社会文化研究，中东问题研究。

① 索马里半岛，因其形似犀牛的角，又被称为“非洲之角”，是非洲最大的半岛。

② 数据来源：联合国数据库，http：//data. un. org/en/iso/so. html。

（60.2%），而工业仅占7.4%。[①] 可见农业是索马里经济的一个重要支柱。工业方面，索马里以纺织、烟草、食品加工等轻工业为主，其中大部分为中小型企业，分布在摩加迪沙等城镇附近。

连年的内战内乱几乎导致索马里经济全面崩塌。尽管2012年联邦政府成立后，通过改善基础设施、吸引外资、实行经济规划与改革等措施大力发展经济、改善国民生活，取得了一些成绩，但当前总体经济形势仍旧严峻。

索马里的近现代史充满殖民割裂和反殖民斗争。20世纪初，索马里沦为英国和意大利的殖民地或保护地。随后20世纪50～60年代，原意属区成为意大利管理下的联合国托管地。1960年，原英属区和托管地相继宣布独立，合并为一个独立国家——索马里共和国（The Somali Republic）。1969年，其国民军司令穆罕默德·西亚德·巴雷（Mohamed Siad Barre）发动政变，索马里由此进入民主共和国时期。1991年，西亚德政权被推翻。此后，索马里内战不断，出现多政权并存的局面。

长期内战后，2005年成立的索马里过渡联邦政府首次获得国际社会的普遍承认。随后，2012年8月索马里全国制宪大会成功通过《索马里联邦共和国临时宪法》，标志着政治过渡期的正式结束。索马里联邦政府成为内战持续21年来首个被国际社会承认的合法政权，由此正式结束了索马里长期以来的无政府状态。

索马里总人口约1103万人，其中0～14岁人口占43.2%，65岁以上人口占2.2%，中青年人口比例则为54.6%。[②] 85%的索马里国民是索马里人，剩余的15%则为班图人、阿拉伯人、波斯人和印度人等亚洲移民，以及极少数的欧洲人后裔。从民族和文化来源角度，占人口绝大多数的索马里人属于含族（Hamitic），包括萨马莱和萨布两大族系，其中萨马莱族系占全国人口80%以上，分为达鲁德、哈维耶、伊萨克和迪尔四大部族，[③]

① 数据来源于美国中情局（CIA）《世界概况》（*The World Factbook*，又译作《世界各国纪实年鉴》，它是由美国中情局于1962年开始每年出版发行的调查报告，发布世界各国及地区的概况，例如人口、地理、政治及经济等各方面的统计数据），https：//www. cia. gov/library/publications/the - world - factbook/geos/so. html#Econ。

② 数据来源于美国中情局《世界概况》中所发布的2017年的估测数据，https：//www. cia. gov/library/publications/the - world - factbook/geos/so. html。

③ 数据来源于中华人民共和国外交部官网，http：//www. fmprc. gov. cn/web/gjhdq_ 676201/gj_ 676203/fz_ 677316/1206_ 678550/1206x0_ 678552/。

而萨布族系则分为迪吉尔和拉汉文两大部族。

索马里是一个伊斯兰国家，宪法规定伊斯兰教为国教，绝大多数人信仰伊斯兰教逊尼派，还有极少量的什叶派信徒。伊斯兰文化是索马里文化中不可或缺的一部分。在索马里信仰基督教的人非常少，仅有一个基督教教区即摩加迪沙教区。

二　语言使用状况

（一）关于语言使用的立法规定

索马里未制定和颁布针对国内语言文字的专门法律，只在历部宪法中明确了语言地位。

1960 年索马里宣布独立并成立索马里共和国后颁布的《索马里共和国宪法》中未出现明确国家语言或官方语言的内容。1979 年《索马里民主共和国宪法》中首次明确了国内语言的使用和地位，其第一章第三条明确规定：索马里语是所有索马里人的语言，并通过这种语言互相辨识和认可；阿拉伯语是将索马里人与阿拉伯民族联系起来的语言，它们是阿拉伯民族的一部分。这两种语言构成索马里民主共和国的官方语言。1990 年穆罕默德·西亚德·巴雷签发的宪法也明确规定国家官方语言为索马里语和阿拉伯语。

内战期间，索马里北部的索马里兰宣布独立，颁布《索马里兰共和国（临时）宪法》，其中第一部分第六条明文规定：索马里兰的官方语言是索马里语，阿拉伯语是第二语言。其他语言在必要时也可使用。邦特兰的宪法则规定：索马里语是邦特兰自治政府的官方语言；其他语言亦可使用。

2004 年《索马里共和国过渡联邦宪章》规定：索马里共和国的官方语言是索马里语（马伊 - Maay 和马克萨蒂里 - Maxaa - tiri）和阿拉伯语。过渡联邦政府的第二语言为英语和意大利语。

2012 年索马里联邦共和国全国制宪大会通过的《索马里联邦共和国临时宪法》第一章第五条规定：索马里联邦共和国的官方语言是索马里语（马伊 - Maay 和马克萨蒂里 - Maxaa - tiri），阿拉伯语是第二语言。与前面几部宪法不同的是这部宪法进一步明确了索马里语的两个分支马伊语和马克萨蒂里语的官方用语地位，同时在规范公民平等权的内容中将前几部宪法中的“语言”一词变更为“方言”：所有公民，不分性别、宗教、经济、社会地位、政治观点、宗派、残疾、职业、出生或方言，在法律面前都享有平等的权利和义务，国家不得由于年龄、民族、肤色、部族、种族、文化、方言、性别、出生、残疾、宗教、政治观点、职业或贫富这些原因歧视任何人。这意味着索马里将国内的语言差异明确为方言间差异，而非语言间差异。

由此可见，索马里关于语言的立法规定主要体现为对民族语言——索马里语的地位规划，通过宪法将索马里语官方化，逐渐弱化外族语言的影响。同时，从上述几部宪法中也可看出阿拉伯语在索马里社会中的重要地位和影响。

（二）民族语和官方语言：索马里语的使用情况

索马里历史上曾出现并流通多种语言，包括阿拉伯语、阿姆哈拉语、斯瓦希里语、法语、英语、意大利语等，现在，索马里的国语和官方语言都是索马里语。索马里是一个单语型国家，因为其绝大多数国民都属于同一个民族，所以索马里语一直是当地人的母语和民族语言。因此，尽管由于殖民经历索马里出现了多种外来语言，但本土语言——索马里语仍是当地居民最主要的日常用语。在非洲之角居住的人，超过95%能够听懂索马里语（Laitin，1977：23）。因此，索马里语被认为是索民族文化最显著的标志之一。

索马里语属于亚非语系中库希特语族的东库希特语支。自1972年起作为索马里的官方语言，也在吉布提、埃塞俄比亚、肯尼亚等国使用。民族语网（Ethnologue）数据显示，全世界索马里语使用者超过1600万人。[①]索马里语主要包括三种方言：北部索马里语（Northern Somali）、贝纳迪尔语（Benaadir）和阿什拉夫语（Ashraaf）。其中北部索马里语是现代标准索马里语的基础，流行于大部分地区及邻近国家和地区；贝纳迪尔语又被称为“沿海索马里语”，使用于沿海一带；阿什拉夫语则主要在南部的迪吉尔和米利弗等部族使用。尽管存在方言差异，但几乎所有索马里人都能或多或少理解北部索马里语，因而后来北部方言成为标准索马里语的基础。

索马里语一直作为口语存在，没有正式的书写符号系统，直到1972年10月才最终确定了基于拉丁字母的书写系统。索马里语采用了除p、v、z

---

① 民族语网，https：//www.ethnologue.com/language/som。

三个字母之外的所有英文字母，包含21个辅音和5个元音，其中元音有长短之分，文字与发音基本一致。它的发音中有15个音和英语中的发音相似，但有6个辅音与1个发音符号和英语发音不一致。它的词汇主要来源于库希特语，因此它是一种典型的库希特语。在用拉丁字母书写索马里语前，曾出现过多种书写系统，其中影响最广泛的是用阿拉伯字母书写。此外，20世纪早期还发明过一些本土的书写系统，但均未被广泛接受和采纳。

索马里语作为索马里的本土语言被广泛使用于当地人民生活的各个领域。索马里语在确定了书写文字后，作为受到国家宪法保护的国家官方语言，可以在全国境内所有领域使用。

（三）主要外语使用情况

索马里从血统、语言和宗教的角度来看，具有高度一致性，是单语型国家。但历史上，阿拉伯人、法国人、英国人、意大利人、埃塞俄比亚人和肯尼亚人都曾试图统治索马里人民（Laitin，1977：43）。多种殖民语言的进入和传播，在不同程度上影响了索马里本土语言的发展，增添了索马里语言的多样性，改变了索马里社会的语言状况。其中，阿拉伯语、英语和意大利语是索马里主要的外来语言，对索马里的语言状况影响最为深刻。

上述三种语言中，阿拉伯语是最早进入索马里的外来语言。阿拉伯语在索马里的传播历史悠久，可追溯至公元7世纪伊斯兰教传入索马里之时，但著名索马里研究专家刘易斯（2012：18）认为："阿拉伯人可能在伊斯兰教出现之前就已经渗入索马里北部和东部沿海地区。"该时期阿拉伯人与索马里人之间的交流限于贸易往来，且限于沿海地区，未深入腹地，但这种贸易活动为后来阿拉伯语随着伊斯兰教进入索马里落地生根并广泛传播奠定了基础。

自公元7世纪起，得益于伊斯兰教的传播和深入，阿拉伯语在索马里迎来繁荣时期，通用于宗教、政治、司法、行政、贸易、文化和交际等社会各领域，成为索马里社会的通用外语。"几乎所有的索马里人都懂一些阿拉伯语，一些人甚至精通阿拉伯语。"（Laitin，1977：56）伊历4世纪至9世纪之间，在索马里曾建立过多个伊斯兰政权或国家，"阿拉伯语是这些政体的官方语言，官方通信、商贸合同等皆用阿拉伯语书写"。因此，由于历史和宗教原因，阿拉伯语在索马里享有独特的地位和重要性。

可以说从公元 7 世纪伊斯兰教传入至公元 19 世纪西方殖民势力到来的这段漫长时期内，阿拉伯语是索马里社会各领域的主导语言。在教育领域，阿拉伯语是唯一的教学语言，阿拉伯语教育不仅在沿海城市很盛行，在远离海岸的乡村地区也有很多教授阿拉伯语和伊斯兰教法的教学中心；在司法领域，伊斯兰教法是立法基础，所有文件皆使用阿拉伯语记录；在商贸领域，阿拉伯语是各类合同、协议、文件的唯一用语；在交际领域，官方与民间通信使用阿拉伯语，图书编撰、行政管理等皆使用阿拉伯语……

然而，阿拉伯语的这种重要地位未能一直持续，欧洲殖民势力到来后，阿拉伯语的地位和影响力大幅下降。在殖民政府的大力推动下，意大利语和英语逐渐成为索马里教育、行政等领域的主要语言。

在意属索马里，意大利语的普及程度很高，广泛使用于行政部门和公共服务机构。一方面，相较英语而言，意大利语更容易一些；另一方面，意属索马里认为索马里语是一种蛮族语言，推行必须要让索马里语让位给文明的统治者语言的政策（刘易斯，2012：103～104）。在意属索马里推广意大利语的政策影响下，意大利语成为教育、社会服务、行政管理等公共领域的主要语言。这类语言政策不仅影响了意属索马里的语言构成，也影响了索马里人的思想、价值和观念，因为它灌输意大利语代表现代化、先进和发展，而本土语——索马里语则意味着落后和野蛮这样的观念。

英语是英属索马里的工作语言。与意大利不同，最初英国对索马里的需求仅停留在贸易利益上，未过多地介入和影响当地社会传统和行政治安，也并未刻意开展语言等文化传播活动。二战后，英国开始在索马里开设学校，教授英语和其他技能。英国占领原本意属索马里之后，英语随之延展至索马里南部地区，并被确立为新员工的培训语言。尽管如此，英语在当时的普及程度并不是太高，特别是在 20 世纪 50 年代意大利恢复其对原意属索马里区域的托管权利之后，索马里南部英语的影响力更弱，只在少数学校仍有英语的教学活动，但英语的很多单词，特别是科技类词语已进入索马里语中。

这一时期，意大利语和英语意味着现代化和进步发达，而阿拉伯语的影响力则明显下降，主要用于清真寺或阐释教法等宗教场合。尽管索马里 1974 年加入阿拉伯国家联盟后，在各阿拉伯国家和阿拉伯国家联盟的支持下开展了保护和发展阿拉伯语运动，但收效甚微。

由于以上三种语言在索马里不同的区域或领域发挥不同的影响和作用，索马里独立初期的语言状况主要表现为英、阿、意三外语并存并用，它们被视为事实上的行政语言或官方语言。

三　索马里语言管理

（一）国家语言政策的发展变革

索马里国家语言政策的历史发展主要体现为索马里人民的母语——索马里语的地位演进，以 1972 年 10 月索马里语书写文字的确定为转折点。1972 年以前，作为本土语言的索马里语没有统一的书写规范，因而该时期索马里主要依赖三大外来语言。1972 年以后，索马里语正式成为索马里的官方语言，作为索马里人民最鲜明的民族特征和认同要素的索马里语，其地位和发展得到政府高度重视。

1. 无决策时期

独立初期，索马里的语言管理主要面临两大问题：确定国家的官方语言；认定英、阿、意三种外语的地位与使用领域。而 1960 年颁布的《索马里共和国宪法》未对上述语言问题做出相关规定和说明。由此可以看出，独立初期的索马里共和国在国家语言问题方面未做出明确规划或提出相应政策，殖民时期的多外语状况得以延续。戴维·莱丁将此时期索马里的语言政治称为无决策的政治（The Politics of Nondecision）（Laitin，1977：84）。

政府在语言上的“无决策”，以及多语共存的社会现实，给独立初期的国家管理带来了很大困难。索马里南部和北部独立并合并为一体后，语言障碍凸显，北部公职人员只懂英文，南部行政系统则使用意大利语，由于没有共同的书写符号系统，双方沟通、处理事务时得依靠翻译。由语言问题造成的不和谐存在于公、私各领域，加剧了两地在司法、行政等领域的差异和隔阂，给共和国的行政管理带来极大的消极影响，进而影响到全国的统一和一体化，因此，统一语言势在必行。

对于选择哪一种语言作为官方语言，两方各持己见，争论不休。此时，索马里作为少见的单一民族国家，拥有唯一的民族语——索马里语，将其作为官方语言，不仅可以使国家从英、阿、意三种外来语的竞争中解脱，而且可以将其作为促进国家统一和人民团结的有效工具，凸显自我民族共性及其异于其他民族的特性。“民族独立前用民族语言来界定民族，独立建国后用语言促进国家的统一和团结，成为大多数民族国家的惯例。”（刘易斯，2012：103－104）在此情形下，索马里人民的共同民族语——索马里语是最合适的选择。但索马里语没有统一的书写文字，只是一种口语，无法切实发挥其作为官方语言的作用。

由此可见，确定国家官方语言的关键在于解决索马里语的文字问题。不首先确定索马里语的文字，就无法将其纳入国家官方语言的考虑范围，如此一来，关于索马里官方语言的争论也将持续，同时也无法明确英、阿、意三种外语在索马里社会中的地位及作用，进而导致索马里语言问题长期悬而未决。

2. 索马里语文字之争

索马里语文字及书写体系的确定至关重要，但并非易事。为此，索马里经历了长达 12 年的讨论和磋商。

事实上，索马里语的文字在历史上曾出现过，但未被广泛承认。“早在 1956 年，一个联合国教科文组织的委员会被要求评估 10 种不同的索马里语书写系统的适用性。这些文字系统都宣称自己是独特的民族书写系统，它们要么是基于罗马字母或阿拉伯字母，要么来源于在已确立的书写传统基础上独立发展的书写形式，但它们都没有获得国家承认。”（Brain Weinstein，1990：174）

独立后，索马里政府为了确定索马里语的文字系统，早在 1960 年即组建委员会调查和研究最适合索马里语的书写符号系统。委员会考察了 18 种不同的书写符号系统，其中 11 种是索马里人自己创造发明的索马里文字，剩下 7 种里面有 4 种是经索马里人修改后的阿拉伯语字母系统，另外 3 种则是经索马里人修改后的拉丁字母系统（The Report of the Somali Language Committee，1961：19）。最后，委员会从文字本身的专业角度向政府推荐了一套由西拉·贾马（Shirreh Jama）提交并由委员会改良的拉丁文字书写符号系统，“因为它经济、语音准确、适合所有索马里方言，以后可用于电报通信，而且它的读和写都很容易……简单来说，这种文字能给我们这个发展中的民族带来最佳前景……我们推荐该套字母文字作为第一选择，卡达里（Xuseen Sheekh Axmed Kaddare）发明的索马里文字作为第二选择。本委员会除此二者之外不推荐其他任何文字”（The Report of the Somali Language Committee，1961：73）。

然而，该委员会的报告未被采纳执行。由于索马里社会中根深蒂固的宗族观念和官方语言带来的利益牵连，索马里的各组织和个人难以就文字系统达成一致，其皆拥护自己利益最大化的文字系统而强烈反对其他的选择。在这些文字系统中，最具竞争力的有西斯马尼亚文（Cismaaniya）、阿拉伯文和拉丁文。这三种文字都拥有各自的优势，也存在被反对的理由，具体见表 1。

表 1　三种备选文字的优劣势对比

	优势	劣势
西斯马尼亚文	本土文字 语音精确度高 凸显民族特性	和特定宗派关系紧密 代表特定团体利益 不易被大众广泛接受
阿拉伯文	宗教意义重大 历史悠久 普及度高	语音（特别是元音）不适合索马里语 会弱化索马里人异于阿拉伯人的民族特性
拉丁文	语音契合度高 代表“先进、发达”，与世界接轨	会严重削弱索马里的伊斯兰属性 不利于宗教文化发展

直到 1972 年，西亚德政府决定采用拉丁字母书写民族语言——索马里语。至此，索马里语正式拥有了自己的拼写系统，国家也由此完成了对索马里语的一次重大本体规划。

3. 发展本族语时期

索马里语的文字确定后，不仅其语言系统本身得到了发展和完善，其语言地位也得到了提升，被认定为国家官方语言。尽管索马里首次正式确立索马里语的官方语言地位是在 1979 年颁布的《索马里民主共和国宪法》，但其实早在 1972 年西亚德总统宣布采用拉丁字母书写索马里语的同时就承认了索马里语的官方语言地位：“从今天开始，索马里语将会被作为国家的唯一官方语言。经过细致的研究决定采用拉丁字母作为我们语言的书写符号。在其他单独条款中将会就该语言（索马里语）在我们民族生活的各个领域里的实际使用做出规定。”（Laitin，1977：120）

由此，索马里的国家语言规划进入一个全新的阶段——发展本族语阶段。在此阶段，政府大力发展民族语，努力在全国范围内推广和普及拉丁字母的索马里语。在确定文字的第二年，索马里政府在首都摩加迪沙开展针对索马里语的扫盲运动。该运动首先从政府公职人员开始，以语言速成班的形式，要求所有人必须通过考试才能保有工作。随后该运动逐渐拓展至城市普通公民，后又继续拓展至乡村和游牧区，演变成全国范围的识字运动。"当年，国内所有学校关闭一年，有超过 25000 名六年级至十一年级的学生被派至乡村及游牧部落向居民介绍新书写形式，在 125 万参加扫盲运动的索马里人中，最终有约 74 万人通过考试。"（Susan J. Hoben，1988：405）最终，在政府的大力推动下，索马里语在该时期得到发展，成为政府办公语言。

然而，1991 年索马里内战爆发，中断了推进索马里语的努力，减缓了索马里语的发展。之后，索马里政局长期动荡，未能出台或实施发展索马里语的专项政策法规，但仍不乏一些保护和发展索马里语的努力，例如，在 2015 年 1 月 21 日索马里文字创制 42 周年纪念会上，时任索马里总统的哈桑·谢赫·马哈茂德宣布，所有官方文件均应使用索马里语，禁止使用其他外国语言，并表示："外语只可在与外国和外国民众交流时使用。"① 以此号召人民重视并推动本族语，也进一步明确外语的地位和使用。

此外，吉布提、索马里、埃塞俄比亚三国政府于 2013 年创建了一家政府间监管组织——"索马里地区语言学院"（the Regional Somali Language Academy – RSLA），总部在索马里首都摩加迪沙，致力于研究、保护与发展索马里语及文化。由此可见，受内战影响，索马里无法有序、稳定地推进发展本族语的计划，但政府保护和发展索马里语的态度和努力未改变。

此外，对索马里自 1960 年宣布独立以来颁布的数部宪法进行比较研究，可发现自《索马里民主共和国宪法》首次赋予索马里语官方语言地位起，后续颁布的数部宪法，无论是内战期间索马里兰和邦特兰所颁布的宪法，还是后来的《索马里共和国过渡联邦宪章》以及《索马里联邦共和国临时宪法》，都未改变索马里语作为国家官方语言的政策。与此同时，考察上述几部宪法中关于语言的规定还可发现索马里语地位在不断提升，《索马里民主共和国宪法》和《索马里共和国过渡联邦宪章》将索马里语与阿拉伯语并列为官方语言，而最新的《索马里联邦共和国临时宪法》则将索马里语确定为唯一官方语言，阿拉伯语退居第二语言。由此可见，索

① 索马里独立媒体网站 Goobjoog 新闻网报道，http://goobjoog.com/english/somali-president-orders-the-use-of-somali-language-in-the-official-documents/。

马里一直保持稳定的保护和发展索马里语的宏观政策。

综上可见，索马里独立初期，面临依赖多种外来语的语言国情，由于本族语——索马里语没有书写文字，政府无力解决语言问题，因而未就语言问题制定相应政策法规，甚至宪法中也未提及语言问题。此时期被称为无决策时期。随后，政府经过长达12年的研究，决定使用拉丁字母书写索马里语，完成了对索马里语的一次重大本体规划，同时也开启了索马里国家语言规划的新时期。此后，索马里主要采用保护和发展本族语——索马里语的宏观政策，且坚持这一政策不变。然而，由于内战爆发，政局不稳，社会动荡，在发展索马里语的关键时期，索马里缺乏统一、稳定的政府机构来持续制定、实施和推动语言规划事宜，索马里语尚未得到充分发展。综合来看，索马里的语言规划还停留在宏观宪法层面，未制定出系统、有效的专项语言发展和语言管理的法规政策。

（二）教育领域的语言管理

1. 殖民时期的阿－英－意多外语教学

索马里语文字确定以前，索马里教育呈现多元化，各地教学语言各不相同，阿拉伯语、英语和意大利语等语言同时应用于教育领域，而作为母语的索马里语则未进入学校教育体系。

在被殖民以前，索马里的学校为了便于学生赴临近的阿拉伯国家求学，采用阿拉伯语教学，且索马里一直是一个伊斯兰国家，所以国内设有很多伊斯兰宗教教育机构，这些机构自然选择作为宗教语言的阿拉伯语进行教学。殖民时期，北部英属索马里和南部意属索马里推行不同的教育政策：其中北部地区大学前教育阶段沿用英国教育体系，采取11年学制（3年小学、4年初中、4年高中），小学教学语言采用阿拉伯语，中学则用英语作为教学语言（Goodwin，1970：1）；南部地区则采用意大利教学体系，采取12年学制（5年小学、3年初中、4年高中），其中小学一年级、二年级的教学语言为阿拉伯语，三年级开始使用意大利语（Goodwin，1970：1）。由此可见，此时的索马里语还停留在口语交际阶段，尽管它是几乎所有索马里人的母语，但全国各地的学校没在任一阶段使用它教学。

2. 独立初期的英阿双语教学

独立初期，索马里共和国教育部重新规划了教育体系，将大学前教育定为由4年小学、4年初中和4年高中构成的12年学制教育。同时教育部规定：所有的小学将阿拉伯语作为官方的教学语言，英语在小学二年级作为一门课程来学习；从初中开始，官方的教学语言改为英语，而阿拉伯语则作为一门课程。（Goodwin，1970：2）

由此可以看出，刚实现独立的索马里共和国实行的是双语制教育。这一方面是由于殖民经历的影响，另一方面也是由于作为本族语的索马里语没有统一的文字。阿拉伯语在索马里历史悠久，被人们广泛熟悉和了解，而且它也是伊斯兰教的语言和学前阶段古兰经学校的教学语言，因此，教育部采用阿拉伯语作为小学阶段的教学语言。然而，索马里教育部采用英语而不是意大利语作为中高阶段的教学语言，则是缘于联合国教科文组织相关会议和报告的建议，而且英语是全球性语言，采用英语教学有助于学生将来继续深造，也有助于索马里自身经济、文化等方面的发展。因此，在刚独立的十多年里，索马里有关语言教育的国家政策表现为阿拉伯语和英语兼用的双语制教育政策。

3. 1972 年后的索马里语教育

1972 年索马里文字被确立之后，索马里的语言教育政策则开始向索马里语聚焦。索马里最高革命委员会于 1971 年组织了一个由 21 个成员组成的语言委员会来完成编写小学课本、构建索马里语语法体系、编撰索马里语字典等工作，为实现索马里语教育做准备。西亚德总统在其发言中说道：“你们知道 1971 年我们组建了一个特别委员会来准备在学校教授索马里语的必备材料……该委员会已经完成第一阶段的工作，并将研究结果和编撰的书籍提交给了教育部……”（Laitin，1977：119）因此，在索马里文字确立之后，索马里语被引入教育的各个阶段，成为整个基础教育阶段的教学语言。同时，西亚德政府还通过开展城市和乡村的扫盲运动等实际行动大力推进索马里语的教育和发展。

在西亚德政府的大力推进下，拉丁字母书写的索马里语逐渐成为中小学阶段的主要教学语言，但未能实现教育领域的全面索马里语化。

4. 内战后的语言教育政策

1991 年内战爆发后，索马里教育一度中断。虽然后期各方积极努力推动索马里教育的重建工作，但也因此造成统一的教育政策的缺失，各方资助创办的学校实施的是不同的政策和体制。

2011 年索马里教育、文化和高等教育部发布的《国家教育计划》中规定：“索马里语为民族教学语言。教育、文化和高等教育部将会加强索马里语推广，并计划使之成为所有学校都教授的官方语言，且将开发索马里语的课程评述，最终印刷足够的书本来满足对索马里语课本的巨大需求。”该计划的学制规划为幼儿阶段 2～6 年，小学低年级 5 年，小学高年级 3 年，中学 4 年，学院教育 2～3 年。同时规定小学低年级的所有科目都使用索马里语教学，阿拉伯语和英语作为语言课程教授，小学高年级的语言教育则未确定以三种语言中的哪一种作为教学语言，而是提供了所有课程都选择其中一种语言作为教学语言，另两种语言作为课程的三种选择。中学阶段，该计划提供了四种选择,在小学高年级同样的三种选择之后增加了一种选择，即各个科目自行选择合适的语言，但要将索马里语作为其中的一个科目。此外，该计划在所有阶段的课程设置中都设有阿拉伯语、英语和索马里语等语言课程。

另外，邦特兰颁布的《邦特兰教育部门战略计划（2012～2016）》中表明邦特兰教育语言体系的主要目标是“培养完全通晓索马里语、阿拉伯语和英语的三语人才”，其小学八年的教学语言都是索马里语，但在第五年的时候引入英语作为一门课程，而中学阶段的教学语言变成英语，索马里语则作为一门课程。

同时，《索马里兰教育部门战略计划（2012～2016）》中则将“制定一项资源充足且连贯有效的语言政策来促进教育、文化和高等教育部所有员工、小学生、培训生和教师的索马里语和英语的优秀识字能力的培养”作为其战略目标之一。该计划表示小学教育的语言政策以及教师培训的相关教学语言尚无定论，但极有可能将索马里语定为小学阶段（包括老师和学生）的教学语言。然而，由于中学的教学语言为英语，所以诸如阿拉伯语等语言需被引入课程教学中。

由此可见，索马里的国家语言教育政策虽然设定索马里语为民族教学语言，但其唯一性限于小学阶段（特别是低年级阶段），后续各阶段的语言教学则有很大的自由选择空间，且其课程设置体现出三语同授的特点。

5. 索马里语言教育现状

到目前为止，索马里尚未实施统一、系统的教育体系，很多学校都是由当地或国际的非政府组织（international NGOs）资助运行。在索马里境内主要有七大“教育保护伞”（Education Umbrellas）组织，其中规模最大的索马里正规民办教育网（Formal Private Education Network in Somalia -

FPENS）在 2015～2016 学年旗下共有学校 947 所，学生总人数超过 23 万人。[①] 这些学校拥有不同的规章制度、学制规划、课程规划、语言政策和教学考核体系等。因此，尽管国家和地方教育政策都表达出维护和发展索马里民族语言的意愿和努力，但事实上，索马里国内很多私立学校都是用阿拉伯语或英语上课，这在很大程度上取决于学校资助资金的来源。

摩加迪沙遗产政策研究院（The Heritage Institute for Policy Studies）阿卜杜拉博士（Abdullahi Sh. Adam Hussein）2015 年通过实证研究发现：“索马里的大部分学校都选择英语和阿拉伯语作为教学语言。其中选择英语作为教学活动的语言的情况是最普遍的，其次是阿拉伯语。即使是在公立学校，索马里语也仅在小学一年级使用，二年级开始即可使用英语或者阿拉伯语。”（Abdullahi，2015：11）他调查发现：“所调查的这些学校当中没有一所学校采用索马里语作为教学语言。只有一所学校在一年级使用索马里语，而二年级则转为英语。”（Abdullahi，2015：11）由此可见，尽管索马里语是索马里的官方语言，但其作为教学语言的全面普及尚未完成。

此外，索马里几乎每部宪法中都规定其国教是伊斯兰教，且各时期的教育政策中都包含宗教学习的规划。在小学前阶段，人们虽然可以自由选择进入世俗幼儿学校或古兰经学校学习，但多数情况下，索马里人在小学前都会进行宗教学习。这类宗教学习使用阿拉伯语进行教学。小学及中学的课程设置中也普遍存在宗教类学习课程，这类课程也均使用阿拉伯语教学。也就是说，在宗教教育领域，阿拉伯语是唯一的教学语言。

教育是发展和推广语言的最好途径。综观索马里语言教育的现实情况，可发现其总体上仍呈现多语特点，仅在小学低年级实现了索马里语主导，小学后阶段则仍依赖外语。由此可见，要实现国家教育的全面索马里语化是一个漫长的过程，仍需要政府机构的大力推进和持续努力。

（三）其他领域的语言管理

媒体领域呈现多语共存局面。索马里社会主流媒体所使用的语言主要有索马里语、阿拉伯语和英语。其官方通讯社——索马里国家通讯社（Somali National News Agency）同时采用上述三种语言。索马里社会媒体中占有绝对

---

① 数据来源于索马里正规民办教育网，Formal Private Education Network in Somalia，http：//fpens. so/en/programs/schools/。

优势的广播绝大部分采用索马里语播报，一部分使用索马里语和英语或阿拉伯语双语播报，少量电台采用索、阿、英三语播报。索马里境内 14 家电视台中，官方电视台——索马里国家电视台（Somali National Television）使用索、阿、英三语，索马里兰国家电视台（Somaliland National TV）使用索、英双语，其余皆为私有电视台，绝大部分使用索马里语。索马里另一媒体——报纸，则以索、英两种语言为主，阿拉伯语的报纸数量很少。此外，索马里大部分网站使用索马里语单语或索、英双语，少量网站使用索、阿、英三种语言。

公共领域索马里语为主导。索马里语作为本土语言，被广泛使用于日常生活交际中，在确定书写系统后，作为受宪法保护的官方语言，通用于全国境内所有领域。此外，经常出现在公众生活中的语言还有英语和阿拉伯语。阿拉伯语完全融入索马里人每日宗教生活中，频繁出现在公众视野和日常交流中。至于英语，则在教育、科技、医疗和贸易等领域保有活力。在极少数地区，意大利语和一些本土方言也会在公共领域中使用。

宗教领域阿拉伯语为主导。索马里作为伊斯兰国家，几乎全民信奉伊斯兰教，阿拉伯语自然成为其主要宗教用语。索马里人对穆斯林身份尤为看重，因而对古兰经的语言——阿拉伯语有浓厚情感。阿拉伯语是其伊斯兰属性的标志之一。索马里儿童在幼年时期都要进入用阿拉伯语教学的古兰经学校学习。学生们在学习古兰经的同时也学会了阿拉伯语的读和写。因此，在索马里，几乎所有人都或多或少知道阿拉伯语。

（四）语言管理的特点与效果

1. 语言管理的特点

综合研究索马里的语言使用及管理，可发现其具有以下特点。

一是以发展本族语为核心。综观索马里独立以来关于语言的所有国家立法、政策规划，可发现其语言管理围绕促进和发展索马里语这一核心展开。索马里完成的首次重大语言管理行为是 1972 年确定索马里语的文字系统，后续的主要语言管理行为则体现为通过多部宪法明确索马里语为唯一官方语言。尽管这一过程中伴随着阿拉伯语等外语法律地位的降级和变迁，但这些行为的核心目标都是保护和发展作为索马里人民族属性最大标志的索马里语。因此，可以说索马里的语言规划史等同于索马里语的地位升迁史。

二是外语特色明显。受殖民经历的影响，索马里国内长期通用阿拉伯语、英语和意大利语等外语。其中，阿拉伯语长期与索马里语一起被认定为官方语言，即便最新宪法中将阿拉伯语从官方语言中剔除，但仍明确阿拉伯语为第二语言。同时，阿拉伯语作为《古兰经》《圣训》等伊斯兰经典的语言，对于索马里人的重要性不言而喻。此外，索马里的外语特色还体现在教育领域。索马里教育长期由外语主导，其教学语言长期是阿拉伯语或英语等外语。尽管政府一度大力推进拉丁字母书写的索马里语进校园，但也仅初步实现了小学阶段（特别是低年级阶段）的索马里语化，中学及以上阶段的教学仍将外语作为主要或唯一教学用语。此外，索马里教育全阶段都设有英语和阿拉伯语等外语课程，可见外语教育在索马里语言教育中所占的比重不轻。

2. 语言管理的效果

综合考量索马里当前的语言状况及其60多年来的语言管理历程，可以发现索马里主要取得了两大成就：确定了统一的索马里语文字系统；确定了索马里语的官方语言地位。然而，细致考察其语言规划及管理，可发现索马里的语言规划还存在以下较明显的不足之处，影响了国家语言管理的成效。

一是起步晚。1960年索马里独立时所颁发的宪法未提及语言问题，且此后12年里都未提出国家语言规划，未能完成对国内主要语言的统筹管理，直到1972年才通过确定索马里语的拉丁书写完成针对索马里语的首次语言本体规划，而正式赋予索马里语官方语言的法律地位则是在1979年才完成。由此可见，索马里在独立后很长一段时间内未就语言问题做出决策。

二是欠全面。目前，索马里未能制定出全面、系统的语言规划方案。政府对国内语言的态度和管理仅可通过国家宪法中关于官方语言的内容进行考察，且宪法中也仅提及官方语言及第二语言的问题，没有明确规范官方语言在社会各领域的使用，没有针对索马里语各种方言的发展和使用的规范性规定，也没有针对国内各种外语的使用、发展及实践规范做出解释和指示。

三是欠有效性。尽管索马里语较之从前已经有了很大发展，但事实是，拉丁字母书写的索马里语的普及度和影响力都还有待提高，特别是在国民教育领域，作为官方语言和本族语的索马里语甚至还未能成为首要教学语言，由此可见当前索马里语所面临的严峻形势。

四是欠稳定性。语言管理规划的制定及实施应是从上至下，由国家机关发起并运作，且应具备连续性和稳定性，但索马里受内战影响，政局动荡不安，国家本身没有和平与稳定，无法顾及语言管理问题。因而索马里的语言管理受索马里国内局势的影响欠缺稳定持续性。

四　总结

综上所述，索马里独立61 年来初步实现了由依赖外族语到发展本族语的政策转向，但纵观索马里语的发展历程，其普及度与现实地位都有待提高，特别是在教育领域，作为官方语言的索马里语所发挥的作用及影响力明显不足。由此可见，索马里发展本族语的语言规划所取得的成效较有限，面对英语和阿拉伯语等主要外语在部分领域的强势存在，索马里语的未来发展仍面临严峻挑战。为了更好地发展本族语并使其有利于国家综合发展，索马里的语言管理应高度重视以下方面。

尽快制定专门的语言文字法律法规。语言因素是助力国家治理的重要力量（王春辉，2020：9）。索马里宣布独立至今尚未颁布与宪法中语言内容相匹配的语言文字法律法规来进一步引导和指导国内语言的发展，从而造成索马里的语言管理显得较空泛，无切实可行的指导性文件或指示，因此，建议重视国内语言的应用治理，尽快完善关于语言使用的政策法规。

明确本族语与外族语的关系。当前索马里的语言规划尚不全面，只存在发展本族语的宏观方针，而针对国内长期存在且在不同领域扮演重要角色的外族语，索马里未进行明确规范，从而导致本族语的发展面临外族语的强势竞争，无法实现索马里语的全面普及和快速发展。因此，索马里政府应厘清本族语与外族语间的关系，并就其使用做出合理规划。

妥善处理教育中的语言问题。索马里的语言问题在教育领域里尤为突出。政府一度推进基础教育阶段的索马里语化，取得了一定成绩，但未能持续。内战爆发中断了教育索马里语化进程，因此，当前索马里教育仍呈多语特点，特别是中学及高等教育，其教学仍以外语为主。面对索马里国内复杂多样的国民教育环境，统一公立教育的体系和管理势在必行，而统一各阶段教学语言或许可成为索马里公立教育发展的第一步。

重视政策的落地实施。索马里目前缺乏可实施的语言规划方案和相关指导部门，宏观语言政策的切实执行和达成效果不够理想。国家语言管理不仅应重视相关语言政策法规的提出与制定，还应重视后续的执行实施与效果评估，从而反哺政策的改革与革新，但这一过程的完成不仅需要国家高层机构的方向引导，还需要相关具体部门的执行推进及专业团队的考察研究等系统性努力，以保障国家语言政策方针得到有效落实。

总而言之，索马里局势近来总体稳定，索联邦政府也正在积极推进国家各领域重建工作，但其和平与稳定仍面临诸多严峻挑战，其国家治理任务艰巨，但仅就语言问题而言，索马里的语言管理还处于初级阶段，同样面临巨大挑战。

参考文献

[1] 王春辉，2020，《论语言与国家治理》，《云南师范大学学报》（哲学社会科学版）第3期，第29~37页。محمد علي عبد الكريم وآخرون، تاريخ التعليم في الصومال، ص٤ مقديشو ١٩٧٨

[2] Abdullahi Sh. Adam Hussein. (2015). *Educational Challenges in Post – Transitional Somalia*, The Heritage Institute for Policy Studies, Mogadishu, Somalia.

[3] Brain Weinstein. (1990). *Language Policy and Political Development*, Ablex Publishing Corporation.

[4] David D. Laitin. (1977). *Politics, Language, and Thought: The Somalia Experience*, the University of Chicago Press, London.

[5] I. M. 刘易斯，2012，《索马里史》，赵俊译，中国出版集团东方出版中心。

[6] Susan J. Hoben. (1988). *Language Issues and Education in Somalia*, Il Pensiero Scientifico Editore.

[7] The Report of the Somali Language Committee – 1961, Mogadiscio, 15th May, 1961.

[8] W. A. B. Goodwin, Somalia Curriculum Development: September 1966 – June 1970, UNESCO, Serial No. 2244, December 1970.

图书在版编目（CIP）数据

“一带一路”国家语言状况与语言政策．第四卷，非洲／王辉主编．-- 北京：社会科学文献出版社，2023.7

（“一带一路”上的语言系列丛书）

ISBN 978-7-5228-1787-3

Ⅰ．①一… Ⅱ．①王… Ⅲ．①语言政策-概况-非洲 Ⅳ．①H002

中国国家版本馆 CIP 数据核字（2023）第 085973 号

“一带一路”上的语言系列丛书

“一带一路”国家语言状况与语言政策·第四卷（非洲）

主　　编／王　辉

出 版 人／冀祥德
责任编辑／李建廷
责任印制／王京美

出　　版／社会科学文献出版社
地址：北京市北三环中路甲 29 号院华龙大厦　邮编：100029
网址：www.ssap.com.cn
发　　行／社会科学文献出版社（010）59367028
印　　装／三河市龙林印务有限公司

规　　格／开　本：787mm×1092mm　1/16
印　张：25.5　字　数：428 千字
版　　次／2023 年 7 月第 1 版　2023 年 7 月第 1 次印刷
书　　号／ISBN 978-7-5228-1787-3
定　　价／128.00 元

读者服务电话：4008918866